高等职业院校学生专业技能抽查标准与题库丛书

汽车制造与装配技术

任成高　王宏峰　何忆斌　等编著

湖南大学出版社

内 容 简 介

本书是根据《关于职业院校学生专业技能抽查考试标准开发项目申报工作的通知》等文件要求开发的专业系列丛书之一，是高职院校汽车制造与装配技术专业学生专业技能抽查训练和考试的依据。本书内容分为汽车制造与装配技术专业技能抽查标准和技能抽查题库两部分，其中，题库部分包括汽车零件检验、焊接加工、装配钳工、汽车机械部件装配与调整、汽车电气安装与检测、汽车性能检测与调试等六个模块，共 236 套试题，但由于篇幅所限，本书只收编了其中的 135 道试题。

本书是高职院校汽车制造与装配技术专业技能抽查指定教材，也可为相关的专业人员提供参考。

图书在版编目（CIP）数据

汽车制造与装配技术/任成高，王宏峰，何忆斌等编著 . —长沙：湖南大学出版社，2017.10

（高等职业院校学生专业技能抽查标准与题库丛书）

ISBN 978 - 7 - 5667 - 1181 - 6

Ⅰ.①汽… Ⅱ.①任… ②王… ③何… Ⅲ.①汽车—车辆制造—高等职业教育—教学参考资料 ②汽车—装配（机械）—高等职业教育—教学参考资料 Ⅳ.①U463

中国版本图书馆 CIP 数据核字（2016）第 189036 号

高等职业院校学生专业技能抽查标准与题库丛书

汽车制造与装配技术
QICHE ZHIZAO YU ZHUANGPEI JISHU

编　　著：任成高　王宏峰　何忆斌　等
责任编辑：张建平　　　　责任校对：全　健
印　　装：长沙宇航印刷有限责任公司
开　　本：787×1092　16 开　印张：25　字数：634 千
版　　次：2017 年 10 月第 1 版　印次：2017 年 10 月第 1 次印刷
书　　号：ISBN 978 - 7 - 5667 - 1181 - 6
定　　价：68.00 元

出 版 人：雷　鸣
出版发行：湖南大学出版社
社　　址：湖南·长沙·岳麓山　　　邮　　编：410082
电　　话：0731 - 88822559（发行部），88821006（编辑室），88821006（出版部）
传　　真：0731 - 88649312（发行部），88822264（总编室）
网　　址：http://www.hnupress.com
电子邮箱：presscheny@hnu.cn

高等职业院校学生专业技能抽查标准与题库丛书

编 委 会

主 任 委 员： 应若平

副主任委员： 郭建国　郭荣学

委 员：（按姓氏笔画排名）

王江清　朱日红　刘显泽　刘　婕

周韶峰　舒底清　刘建湘　邓德艾

王雄伟　刘国华　李　斌　袁维坤

朱厚望

本册主要研究与编著人员

任成高（湖南工业职业技术学院）　　　　王宏峰（湖南工业职业技术学院）

何忆斌（湖南工业职业技术学院）　　　　易宏彬（湖南工业职业技术学院）

骆　锐（湖南工业职业技术学院）　　　　孙忠刚（湖南工业职业技术学院）

龙凤凉（湖南工业职业技术学院）　　　　张　静（湖南工业职业技术学院）

朱清喜（广汽长丰汽车股份有限公司）　　郭凯文（湖南科技工业职业技术学院）

李秋艳（湖南交通职业技术学院）　　　　侯谭刚（湖南汽车工程职业学院）

张雪文（益阳职业技术学院）　　　　　　程宏贵（潇湘职业学院）

宁同海（湖南吉利汽车职业技术学院）　　任石金（湖南吉利汽车工业有限公司）

左大平（博世汽车部件（长沙）有限公司）　孙全民（长沙日立汽车零部件有限公司）

总　序

　　当前,我国已进入深化改革开放、转变发展方式、全面建设小康社会的攻坚时期。加快经济结构战略性调整,促进产业优化升级,任务重大而艰巨。要完成好这一重任,不可忽视的一个方面,就是要大力建设与产业发展实际需求及趋势要求相衔接、高质量有特色的职业教育体系,特别是大力加强职业教育基础能力建设,切实抓好职业教育人才培养质量工作。

　　提升职业教育人才培养质量,建立健全质量保障体系,加强质量监控监管是关键。这就首先要解决"谁来监控"、"监控什么"的问题。传统意义上的人才培养质量监控,一般以学校内部为主,行业、企业以及政府的参与度不够,难以保证评价的真实性、科学性与客观性。而就当前情况而言,只有建立起政府、行业(企业)、职业院校多方参与的职业教育综合评价体系,才能真正发挥人才培养质量评价的杠杆和促进作用。为此,自2010年以来,湖南职教界以全省优势产业、支柱产业、基础产业、特色产业特别是战略性新兴产业人才需求为导向,在省级教育行政部门统筹下,由具备条件的高等职业院校牵头,组织行业和知名企业参与,每年随机选取抽查专业、随机抽查一定比例的学生。抽查结束后,将结果向全社会公布,并与学校专业建设水平评估结合。对抽查合格率低的专业,实行黄牌警告,直至停止招生。这就使得"南郭先生"难以再在职业院校"吹竽",从而倒逼职业院校调整人、财、物力投向,更多地关注内涵和提升质量。

　　要保证专业技能抽查的客观性与有效性,前提是要制订出一套科学合理的专业技能抽查标准与题库。既为学生专业技能抽查提供依据,同时又可引领相关专业的教学改革,使之成为行业、企业与职业院校开展校企合作、对接融合的重要纽带。因此,我们在设计标准、开发题库时,除要考虑标准的普适性,使之能抽查到本专业完成基本教学任务所应掌握的通用的、基本的核心技能,保证将行业、企业的基本需求融入标准之外,更要使抽查标准较好地反映产业发展的新技术、新工艺、新要求,有效对接区域产业与行业发展。

　　湖南职教界近年探索建立的学生专业技能抽查制度,是加强职业教育质量监管,促进职业院校大面积提升人才培养水平的有益尝试,为湖南实施全面、客观、科学的职业教育综合评价迈出了可喜的一步,必将引导和激励职业院校进一步明确技能型人才培养的专业定位和岗位指向,深化教育教学改革,逐步构建起以职业能力为核心的课程体系,强化专业实践教学,更加注重职业素养与职业技能的培养。我也相信,只要我们坚持把这项工作不断完善和落实,全省职业教育人才培养质量提升可期,湖南产业发展的竞争活力也必将随之更加强劲!

　　是为序。

郭开朗

2011年10月10日于长沙

目 次

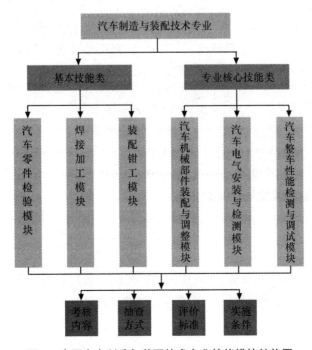

第一部分 汽车制造与装配技术专业技能抽查标准

一、适应专业与对象

1. 适应专业

本标准适应于高职汽车制造与装配技术专业(560701)。

2. 适应对象

高等职业院校三年一期全日制在籍学生。

二、专业技能基本要求

为了体现高职院校人才培养的办学定位和培养层次,以及高素质和较强持续发展能力的要求,达到专业人才培养适应产业转型发展的高职教育发展目标,特制定本标准。

通过对相关企业和其他高职院校的深入调研,结合相关的国家职业标准要求,并兼顾各院校的专业教学特色,同时考虑到本专业学生就业的广泛性和适应性,经专家讨论论证后,确定汽车制造与装配技术专业技能抽查标准的主要技能要求由两大类共六个模块组成。即,基本技能类:汽车零件检验模块、焊接加工模块和装配钳工模块等三个模块;专业核心技能类:汽车机械部件装配与调整模块、汽车电气安装与检测模块和汽车整车性能检测与调试模块等三个模块。本专业技能模块结构如图 1 所示。

图 1 高职汽车制造与装配技术专业技能模块结构图

模块一　汽车零件检验

本模块要求学生能识读零件图,会根据指定项目选择其检测的计量器具及辅助工具,会判断所使用的计量器具或设备是否正常,会进行项目参数的检测,会对检测数据进行必要的分析处理,会判定被测项目是否合格,能客观、清晰、完整地填写"汽车零件检验报告"单。主要包括直径(半径)的检验,长度与厚度的检验,角度与锥度的检验,螺纹参数的检验,齿轮参数的检验,几何公差形状误差的检验,几何公差方向、位置及跳动误差的检验,表面粗糙度的检验,零件表面硬度的检验,汽车冲压件的检验等十个技能点。本模块考核时长为90分钟。

各技能点编号及其基本要求如下:(编号带 * 号者为核心技能点)

1. 直径(半径)的检验(编号:J-1-1*)

基本要求:

(1)技能要求

①会根据零件的外圆、圆孔、内圆槽和圆弧等表面的几何尺寸及其精度要求选择合适的计量器具及辅助工具;②能正确并熟练使用游标卡尺、外径千分尺、外卡规、内径千分尺、内径百分表、内径千分表、内卡规、R 规等计量器具对零件的外圆、圆孔、内圆槽直径或圆弧半径等进行检测。③会进行检测数据的分析、判断,并能正确填写"汽车零件检验报告"单。

(2)职业素养

检测操作时必须着装规范,并按规定使用劳动防护用品;工作准备充分,符合企业的6S管理要求;严格遵守安全操作规程;严格执行相关标准、工作程序与规范;爱护检测器具,始终保持检测器具的清洁可靠;能公正填写检测数据和判定结论。

2. 长度与厚度的检验(编号:J-1-2*)

基本要求:

(1)技能要求

①会根据零件的长度或厚度尺寸及其精度要求选择合适的测量器具;②能正确并熟练使用游标卡尺、高度游标卡尺、深度游标卡尺、千分尺、塞尺等计量器具对零件的长度、高度、深度、厚度等尺寸进行相应地检测;③会进行检测数据的分析、判断,并能正确填写"汽车零件检验报告"单。

(2)职业素养

检测操作时必须着装规范,并按规定使用劳动防护用品;工作准备充分,符合企业的6S管理要求;严格遵守安全操作规程;严格执行相关标准、工作程序与规范;爱护检测器具,始终保持检测器具的清洁可靠;能公正填写检测数据和判定结论。

3. 角度与锥度的检验(编号:J-1-3)

基本要求:

(1)技能要求

①会根据零件表面角度的形式、大小及其精度要求选择合适的测量器具;②能正确并熟练使用万能角度尺、正弦尺(规)、百分表、量块、圆锥量规、直角尺、样板、塞尺等计量器具对零件表面的角度、锥度等进行检测和数据处理;③会进行检测数据的分析、判断,并能正确填写"汽车零件检验报告"单。

(2)职业素养

检测操作时必须着装规范,并按规定使用劳动防护用品;工作准备充分,符合企业的6S管理要求;严格遵守安全操作规程;严格执行相关标准、工作程序与规范;爱护检测器具,始终保持检测器具的清洁可靠;能公正填写检测数据和判定结论。

4. 螺纹的检验(编号:J-1-4*)

基本要求:

(1)技能要求

①会根据零件的螺纹形式、参数及其精度要求选择合适的检测方法及测量器具;②能正确并熟练使用螺纹千分尺、杠杆千分尺、螺距规、螺纹环规、螺纹塞规等计量器具对内、外螺纹的中径、螺距或综合精度等进行相应地检测;③会进行检测数据的分析、判断,并能正确填写"汽车零件检验报告"单。

(2)职业素养

检测操作时必须着装规范,并按规定使用劳动防护用品;工作准备充分,符合企业的6S管理要求;严格遵守安全操作规程;严格执行相关标准、工作程序与规范;爱护检测器具,始终保持检测器具的清洁可靠;能公正填写检测数据和判定结论。

5. 齿轮参数的检验(编号:J-1-5*)

基本要求:

(1)技能要求

①会根据零件的齿轮参数及其精度要求选择合适的检测方法及测量器具;②能正确并熟练使用公法线千分尺、齿轮游标卡尺、百分表等计量器具对齿轮的公法线长度、齿厚及节圆(分度圆)径向跳动等齿轮参数进行相应地检测;③会进行检测数据的分析、判断,并能正确填写"汽车零件检验报告"单。

(2)职业素养

检测操作时必须着装规范,并按规定使用劳动防护用品;工作准备充分,符合企业的6S管理要求;严格遵守安全操作规程;严格执行相关标准、工作程序与规范;爱护检测器具,始终保持检测器具的清洁可靠;能公正填写检测数据和判定结论。

6. 几何公差形状误差的检验(编号:J-1-6)

基本要求:

(1)技能要求

①会根据零件表面的形状误差要求合理选择测量方法和测量器具;②能正确并熟练使用合像水平仪、百分表、杠杆百分表、千分表、平尺、千分尺等计量器具对零部件表面的直线度、平面度、圆度、圆柱度等进行检测和数据处理;③会进行检测数据的分析、判断,并能正确填写"汽车零件检验报告"单。

(2)职业素养

检测操作时必须着装规范,并按规定使用劳动防护用品;工作准备充分,符合企业的6S管理要求;严格遵守安全操作规程;严格执行相关标准、工作程序与规范;爱护检测器具,始终保持检测器具的清洁可靠;能公正填写检测数据和判定结论。

7. 几何公差方向、位置及跳动误差的检验(编号:J-1-7*)

基本要求:

(1)技能要求

①会根据零件表面的方向、位置及跳动误差要求合理选择测量方法和测量器具;②能正确

并熟练使用百分表、千分表、水平仪、游标卡尺、直角尺、塞尺等计量器具对零部件表面的平行度、垂直度、位置度、径向跳动等进行检测和数据处理;③会进行检测数据的分析、判断,并能正确填写"汽车零件检验报告"单。

(2)职业素养

检测操作时必须着装规范,并按规定使用劳动防护用品;工作准备充分,符合企业的 6S 管理要求;严格遵守安全操作规程;严格执行相关标准、工作程序与规范;爱护检测器具,始终保持检测器具的清洁可靠;能公正填写检测数据和判定结论。

8. 表面粗糙度的检验(编号:J-1-8*)

基本要求:

(1)技能要求

①会根据零件的表面粗糙度要求合理选择测量方法和测量器具;②能正确并熟练使用电动轮廓仪、粗糙度样块等计量器具对零件的表面粗糙度进行检测;③会进行检测数据的分析、判断,并能正确填写"汽车零件检验报告"单。

(2)职业素养

检测操作时必须着装规范,并按规定使用劳动防护用品;工作准备充分,符合企业的 6S 管理要求;严格遵守安全操作规程;严格执行相关标准、工作程序与规范;爱护检测器具,始终保持检测器具的清洁可靠;能公正填写检测数据和判定结论。

9. 零件表面硬度的检验(编号:J-1-9)

基本要求:

(1)技能要求

①会根据零件的表面硬度要求合理选择检测设备;②能正确并熟练使用洛氏硬度计、布氏硬度计等检测设备对零件的表面硬度进行检测;③会进行检测数据的分析、判断,并能正确填写"汽车零件检验报告"单。

(2)职业素养

检测操作时必须着装规范,并按规定使用劳动防护用品;工作准备充分,符合企业的 6S 管理要求;严格遵守安全、文明操作规程;严格执行相关标准、工作程序与规范;爱护检测设备,始终保持检测设备的清洁可靠;能公正填写检测数据和判定结论。

10. 汽车冲压件的检验(编号:J-1-10)

基本要求:

(1)技能要求

①会根据汽车冲压件的形状及其精度要求选择合适的检测方法及测量器具;②能正确使用投影测量仪、三坐标测量仪等计量器具对冲压模具或冲压件进行检测;③会根据冲压零件的表面质量要求,对照标准样件及缺陷样式图片进行冲压件的表面缺陷检测;④会进行检测数据的分析、判断,并能正确填写"汽车零件检验报告"单。

(2)职业素养

检测操作时必须着装规范,并按规定使用劳动防护用品;工作准备充分,符合企业的 6S 管理要求;严格遵守安全操作规程;严格执行相关标准、工作程序与规范;爱护检测设备和量具,始终保持检测器具的清洁可靠;能公正填写检测数据和判定结论。

模块二　焊接加工

本模块要求学生会识读和分析零件的焊接结构图,能够根据图纸要求正确使用焊接夹具对工件进行装夹,会选择合适的焊接工艺参数并正确使用焊接设备进行焊接,能够完整地填写焊接工艺卡。主要包括手工焊条电弧焊,CO_2 气体保护焊,电阻焊,机器人焊接、手工钨极氩弧焊等五个技能点。本模块还涉及汽车零件检验模块的部分技能点。本模块考核时长为90分钟。

各技能点编号及其基本要求如下:(编号带＊号者为核心技能点)

1. 手工焊条电弧焊(编号:J-2-1＊)

基本要求:

(1)技能要求

①能够对工件的焊接部位进行焊前处理;②能对 3～7 mm 的碳钢类材料的手工焊条电弧焊工艺参数进行合理选择;③能够采用对接平位焊和角接平位焊等方法对工件进行手工焊条电弧焊;④能够对焊接质量进行检验;⑤能正确填写"焊接工艺卡"。

(2)职业素养

焊接操作时必须着装规范,并按规定使用劳动防护用品;焊前准备充分,符合企业的6S管理要求;严格遵守手工焊条电弧焊安全操作规程;严格执行手工焊条电弧焊相关标准、工作程序与规范。

2. CO_2 气体保护焊(编号:J-2-2＊)

基本要求:

(1)技能要求

①能够对工件的焊接部位进行焊前处理;②能对 5～7 mm 的碳钢类材料的 CO_2 气体保护焊工艺参数进行合理选择;③能够采用对接平位焊和角接平位焊等方法对工件进行 CO_2 气体保护焊;④能够对焊接质量进行检验;⑤能正确填写"焊接工艺卡"。

(2)职业素养

焊接操作时必须着装规范,并按规定使用劳动防护用品;焊前准备充分,符合企业的6S管理要求;严格遵守 CO_2 气体保护焊安全操作规程;严格执行 CO_2 气体保护焊相关标准、工作程序与规范。

3. 电阻点焊(编号:J-2-3)

基本要求:

(1)技能要求

①能够对工件的焊接部位进行焊前处理;②能对 1～2 mm 的碳钢类材料的电阻点焊工艺参数进行合理选择;③能够对工件进行搭接点焊加工;④能够对焊接质量进行检验;⑤能正确填写"焊接工艺卡"。

(2)职业素养

焊接操作时必须着装规范,并按规定使用劳动防护用品;焊前准备充分,符合企业的6S管理要求;严格遵守电阻点焊安全操作规程;严格执行电阻点焊相关标准、工作程序与规范。

4. 机器人弧焊(编号:J-2-4)

基本要求:

（1）技能要求

①会对工件的焊接部位进行焊前处理；②能够对薄板工件设置正确的弧焊工艺参数；③能够根据焊接路线对机器人进行编程，并安全低速验证；④能够操纵机器人完成对接平位焊和角接平位焊的自动化焊接；⑤能够对焊接质量进行检验；⑥能正确填写"焊接工艺卡"。

（2）职业素养

焊接操作时必须着装规范，并按规定使用劳动防护用品；焊前准备充分，符合企业的6S管理要求；严格遵守机器人焊接安全操作规程；严格执行机器人焊接相关标准、工作程序与规范。

5. 手工钨极氩弧焊（编号：J-2-5）

基本要求：

（1）技能要求

①能够对工件的焊接部位进行焊前处理；②能够对2 mm碳钢类材料材料的手工钨极氩弧焊工艺参数进行合理选择；③能够采用对接平位焊和角接平位焊等方法对工件进行手工钨极氩弧焊加工；④能够对焊接质量进行检验；⑤能正确填写"焊接工艺卡"。

（2）职业素养

焊接操作时必须着装规范，并按规定使用劳动防护用品；焊前准备充分，符合企业的6S管理要求；严格遵守手工钨极氩弧焊安全操作规程；严格执行手工钨极氩弧焊相关标准、工作程序与规范。

模块三　装配钳工

本模块要求学生能识读机械部件装配图及零件图，会使用测量器具对零部件进行相应的检测，能根据要求正确选择零件的钳工制作工具，并完成其钳工制作，会根据机械部件装配图的要求进行零部件装配，并达到图纸要求。主要包括划线，锯削，锉削，钻孔，铰孔，螺纹制作，机械部件的装配等七个技能点。本模块还涉及汽车零件检验模块的部分技能点。本模块考核时长为90分钟。

各技能点编号及其基本要求如下：（编号带＊号者为核心技能点）

1. 划线（编号：J-3-1＊）

基本要求：

（1）技能要求

①能看懂图样，核实工件的外形结构是否符合图样尺寸要求；②能根据图纸及加工要求正确选择划线工具及辅助工具；③能正确选择划线基准，并合理地使用工具进行划线。

（2）职业素养

划线操作时应严格执行工作程序、工作规范、工艺文件和安全操作规程；工作准备充分，符合企业的6S管理要求；爱护划线工具、夹具、量具；着装整洁，符合规定；保持工作环境清洁有序，文明生产；着装应规范，并按规定使用劳动防护用品；遵守考场纪律。

2. 锯削（编号：J-3-2）

基本要求：

（1）技能要求

①能根据加工对象选择合适的锯条，并进行正确安装；②能正确装夹工件；③能根据工件的加工特征，选择合理的锯削方法进行锯削操作。

（2）职业素养

锯削操作时应严格执行工作程序、工作规范、工艺文件和安全操作规程；工作准备充分，符合企业的6S管理要求；爱护锯削工具、夹具、量具；着装整洁，符合规定；保持工作环境清洁有序，文明生产。着装应规范，并按规定使用劳动防护用品。遵守考场纪律。

3. 锉削（编号：J-3-3*）

基本要求：

（1）技能要求

①能根据工件的加工要求制定合理的锉削步骤；②能正确装夹工件；③会选择合适的锉刀，并进行正确的锉削加工。

（2）职业素养

锉削操作时应严格执行工作程序、工作规范、工艺文件和安全操作规程；工作准备充分，符合企业的6S管理要求；爱护锉削工具、夹具、量具；着装整洁，符合规定；保持工作环境清洁有序，文明生产。着装应规范，并按规定使用劳动防护用品。遵守考场纪律。

4. 钻孔（编号：J-3-4*）

基本要求：

（1）技能要求

①能根据工件的加工要求，选择合理的钻孔设备及工具；②能正确装夹工件；③会正确使用台钻、立式钻床等常用钻孔设备完成钻孔加工。

（2）职业素养

钻孔操作时应严格执行工作程序、工作规范、工艺文件和安全操作规程；工作准备充分，符合企业的6S管理要求；爱护设备及工具、夹具、刀具、量具；着装整洁，符合规定；保持工作环境清洁有序，文明生产；着装应规范，并按规定使用劳动防护用品；遵守考场纪律。

5. 铰孔（编号：J-3-5*）

基本要求：

（1）技能要求

①能根据工件的加工要求正确选用机用或手用铰刀；②能正确装夹工件；③会正确使用钻床或手动完成铰孔加工。

（2）职业素养

铰孔操作时应严格执行工作程序、工作规范、工艺文件和安全操作规程；工作准备充分，符合企业的6S管理要求；爱护设备及工具、夹具、刀具、量具；着装整洁，符合规定；保持工作环境清洁有序，文明生产；着装应规范，并按规定使用劳动防护用品；遵守考场纪律。

6. 螺纹制作（编号：J-3-6*）

基本要求：

（1）技能要求

①能根据螺纹的加工要求正确选择攻螺纹底孔的钻头直径或套螺纹用的圆杆直径；②能根据工件的螺纹加工要求正确选择手用丝锥或板牙；③能正确装夹工件；④能正确使用丝锥或板牙完成工件的攻螺纹或套螺纹加工。

（2）职业素养

螺纹制作时应严格执行工作程序、工作规范、工艺文件和安全操作规程；工作准备充分，符合企业的6S管理要求；爱护设备及工具、夹具、刀具、量具；着装整洁，符合规定；保持工作环境清洁有序,文明生产;着装应规范,并按规定使用劳动防护用品;遵守考场纪律。

7. 机械部件的装配(编号:J-3-7*)

基本要求:

(1)技能要求

①会识读和分析简单机械部件的装配图及其零件图,并确定零部件的装配方案;②会对装配件进行修配加工;③能选择合适的装配工具进行简单机械部件的装配。

(2)职业素养

装配操作时应严格执行工作程序、工作规范、工艺文件和安全操作规程;工作准备充分,符合企业的6S管理要求;爱护工具、夹具、刀具、量具;着装整洁,符合规定;保持工作环境清洁有序,文明生产;着装应规范,并按规定使用劳动防护用品;遵守考场纪律。

模块四　汽车机械部件装配与调整

本模块要求学生会查阅汽车机械部件装配相关技术资料,能拟定汽车机械部件的装配方案,会选择通用、专用装配工具,能使用装配工具对汽车机械部件进行装配,能按照装配技术要求对汽车机械部件进行调整,会正确填写操作工单。主要包括汽车机械部件装配方案的拟定,固定连接的装配,轴承的装配与调整,传动机构的装配与调整,弹性元件的装配,机械部件的润滑与密封等六个技能点。本模块考核时长为45分钟。

各技能点编号及其基本要求如下:(编号带*号者为核心技能点)

1. 汽车机械部件装配方案的拟定(编号:J-4-1)

基本要求:

(1)技能要求

①会正确查阅汽车机械部件装配相关技术资料;②能根据装配技术资料正确拟定汽车机械部件的装配方案。

(2)职业素养

必须保持装配技术资料完整与整洁;养成独立思考问题的习惯;严格执行相关标准、工作程序与规范;具有积极进取严谨细致的工作作风。

2. 固定连接的装配(编号:J-4-2*)

基本要求:

(1)技能要求

①根据紧固件的装配要求,会正确选择卡口扳手、梅花扳手、套筒扳手、扭力扳手等装配工具;②按照操作规范要求,能熟练使用卡口扳手、梅花扳手、套筒扳手、扭力扳手等装配工具,对汽车机械部件进行螺纹、键、销、过盈配合等固定连接的装配;③能正确填写工单。

(2)职业素养

操作时必须符合企业的6S管理要求,具有良好的环保理念;严格执行相关标准、工作程序与规范;具有爱岗敬业的职业道德意识、积极进取严谨细致的工作作风。

3. 轴承的装配与调整(编号:J-4-3*)

基本要求:

(1)技能要求

①根据轴承的装配要求,会正确选择卡口(梅花)扳手、套筒扳手、扭力扳手、起子等通用装

配工具及专用装配工具;②按照操作规范要求,能熟练使用卡口(梅花)扳手、套筒扳手、扭力扳手、起子等通用装配工具及专用装配工具,对汽车机械部件进行滚动、滑动等轴承配合的装配;③按照装配技术要求,能对汽车机械部件轴承配合的松紧度进行调整;④能正确填写工单。

（2）职业素养

操作时必须符合企业的6S管理要求,具有良好的环保理念;严格执行相关标准、工作程序与规范;具有爱岗敬业的职业道德意识、积极进取严谨细致的工作作风。

4. 传动机构的装配与调整（编号：J-4-4*）

基本要求:

（1）技能要求

①根据传动机构的装配要求,会正确选择卡口(梅花)扳手、六角扳手、套筒扳手、扭力扳手、一字(十字)起等通用装配工具及专用装配工具;②按照操作规范要求,能熟练使用卡口(梅花)扳手、六角扳手、套筒扳手、扭力扳手、一字(十字)起等通用装配工具及专用装配工具,对汽车机械部件进行带、链、齿轮、蜗杆、螺旋机构等传动机构的装配;③按照装配技术要求,能对汽车机械部件传动机构的松紧度进行调整;④能正确填写工单。

（2）职业素养

操作时必须符合企业的6S管理要求,具有良好的环保理念;严格执行相关标准、工作程序与规范;具有爱岗敬业的职业道德意识、积极进取严谨细致的工作作风。

5. 弹性元件的装配（编号：J-4-5*）

基本要求:

（1）技能要求

①根据弹性元件的装配要求,会正确选择扳手、起子、钳子等通用装配工具及专用装配工具;②按照操作规范要求,能熟练使用扳手、起子、钳子等通用装配工具及专用装配工具,对汽车机械部件进行螺旋弹簧、卡簧等连接的装配;③能正确填写工单。

（2）职业素养

操作时必须符合企业的6S管理要求,具有良好的环保理念;严格执行相关标准、工作程序与规范;具有爱岗敬业的职业道德意识、积极进取严谨细致的工作作风。

6. 机械部件的润滑与密封（编号：J-4-6）

基本要求:

（1）技能要求

①根据机械部件润滑与密封的要求,会正确选择黄油枪等工具;②按照操作规范要求,能熟练使用黄油枪等工具,对汽车机械部件进行润滑与密封。

（2）职业素养

操作时必须符合企业的6S管理要求,具有良好的环保理念;严格执行相关标准、工作程序与规范;具有爱岗敬业的职业道德意识、积极进取严谨细致的工作作风。

模块五　汽车电气安装与检测

本模块要求学生会识读和分析汽车电器设备结构图及汽车电气系统原理图,会选择合适的工具对电器设备进行装配或对电气系统进行安装,并能拟定正确的装配或安装步骤,能正确操作和使用检测器具对电器设备或电气系统进行检测,会对检测数据进行分析和判定被测项目是否合格,能正确、完整地填写工单。主要包括汽车电器设备装配方案的拟定,汽车电气系统安装方案的拟定,汽车线束插接器的插接,汽车电气设备的电压测量,汽车电气设备的电阻测量,汽车电气设备二极管测量,汽车电气系统参数的检测等 7 个技能点。本模块还涉及汽车零件检验和汽车机械部件装配与调整模块的部分技能点。本模块考核时长为 45 分钟。

各技能点编号及其基本要求如下:(编号带 * 号者为核心技能点)

1. 汽车电器设备装配方案的拟定(编号:J-5-1)

基本要求:

(1)技能要求

①会正确识读和分析汽车电器设备装配相关技术资料;

②能根据技术资料装配图正确拟定汽车电器设备的装配方案。

(2)职业素养

查阅时爱护技术资料、摆放整齐规范、做到完好无损,使用完成后能正确的归还原位;操作时符合企业的 6S 管理要求;具有爱岗敬业的职业道德意识、积极进取严谨细致的工作作风;严格遵守考场纪律、服从考官的管理。

2. 汽车电气系统安装方案的拟定(编号:J-5-2*)

基本要求:

(1)技能要求

①会正确识读和分析汽车电气系统装配相关技术资料;②能根据技术资料装配图正确拟定汽车电气系统的装配方案。

(2)职业素养

查阅时爱护技术资料、摆放整齐规范、做到完好无损,使用完成后能正确的归还原位;操作时符合企业的 6S 管理要求;具有爱岗敬业的职业道德意识、积极进取严谨细致的工作作风;严格遵守考场纪律、服从考官的管理。

3. 汽车线束插接器的插接(编号:J-5-3*)

基本要求:

(1)技能要求

①能根据插接器的规格及导线或插接头的颜色,分别接于电器上并插接到位;②拆开插接器时,会正确地解除闭锁装置,然后把插接器脱开;③能正确填写工单。

(2)职业素养

操作时符合企业的 6S 管理要求;具有爱岗敬业的职业道德意识、积极进取严谨细致的工作作风;严格遵守考场纪律、服从考官的管理。

4. 汽车电气设备的电压测量(编号:J-5-4*)

基本要求:

(1)技能要求

①能正确并熟练找到汽车电气设备的电压检测点;②会正确使用万用表对被测电气设备的电压参数进行检测,并对照技术资料的标准数据判断检测设备和系统的好坏;③能正确填写工单。

(2)职业素养

检测仪器摆放整齐规范,使用过程中爱护设备仪器,做到完好无损,使用完成后能正确的归还原位;操作时符合企业的 6S 管理要求;具有爱岗敬业的职业道德意识,积极进取严谨细致的工作作风;严格遵守考场纪律、服从考官的管理。

5. 汽车电气设备的电阻测量(编号:J-5-5＊)

基本要求:

(1)技能要求

①能正确并熟练找到汽车电气设备的电阻检测点;②会正确使用万用表对被测电气设备的电阻参数进行检测,并对照技术资料的标准数据判断检测设备和系统的好坏;③能正确填写工单。

(2)职业素养

检测仪器摆放整齐规范,使用过程中爱护设备仪器,做到完好无损,使用完成后能正确的归还原位;操作时符合企业的6S管理要求;具有爱岗敬业的职业道德意识,积极进取严谨细致的工作作风;严格遵守考场纪律、服从考官的管理。

6. 汽车电气设备二极管测量(编号:J-5-6)

基本要求:

(1)技能要求

①能正确并熟练找到汽车电气设备的二极管检测点;②会正确使用万用表对被测电气设备的二极管参数进行检测,并对照技术资料的标准数据判断检测设备和系统的好坏;③能正确填写工单。

(2)职业素养

检测仪器摆放整齐规范,使用过程中爱护设备仪器,做到完好无损,使用完成后能正确的归还原位;操作时符合企业的6S管理要求;具有爱岗敬业的职业道德意识,积极进取严谨细致的工作作风;严格遵守考场纪律、服从考官的管理。

7. 汽车电气系统参数的检测(编号:J-5-7＊)

基本要求:

(1)技能要求

①能依据不同的车型选择合适的诊断插头;②能正确地连接诊断插头与诊断座;③能正确地使用汽车专用诊断仪检测电气系统的数据流、故障码、波形图等参数;④会对照技术资料的标准数据判断检测电气系统的好坏,并能正确填写工单。

(2)职业素养

检测仪器摆放整齐规范,使用过程中爱护设备仪器,做到完好无损,使用完成后能正确的归还原位;操作时符合企业的6S管理要求;具有爱岗敬业的职业道德意识,积极进取严谨细致的工作作风;严格遵守考场纪律、服从考官的管理。

模块六　汽车整车性能检测与调试

本模块要求学生能正确使用汽车性能检测技术资料,会根据检测项目准确选择工量具及设备,会判断选用的工量具及设备是否正常,能正确使用工量具及设备对汽车性能进行检测,会分析判定检测参数是否合格,根据要求对不合格检测项目进行调试,能完整的填写操作工单。主要包括汽车动力性能检测,汽车燃料经济性能检测,汽车安全性能检测,汽车操纵稳定性能检测,汽车环保性能检测,汽车可靠性能检测,汽车外观质量检测,汽车舒适性能检测,汽车行驶平顺性能检测,汽车通过性检测等十个技能点。

各技能点编号及其基本要求如下:(编号带＊号者为核心技能点)

1. 汽车动力性能检测（编号：J-6-1*）

基本要求：

（1）技能要求

①会根据检测项目合理的选择汽车动力性能检测设备和工具；

②能正确并熟练的使用检测设备和工具的检测发动机功率、气缸压力、点火波形、汽油压力、机油压力、冷却水压力、底盘功率、传动系消耗功率、游动角度以及汽车动力性能等。

（2）职业素养

操作时必须着装规范，并按规定使用劳动防护用品；符合企业的 6S 管理要求，严格遵守安全操作规程；严格执行相关标准、工作程序与规范；具有良好的沟通能力和独立思考能力；保持设备及工量具的完好；完成后设备及工量具需整洁的放回原位；遵守考场纪律。

2. 汽车燃料经济性能检测（编号：J-6-2*）

基本要求：

（1）技能要求

①会根据检测项目合理的选择汽车燃料经济性能检测检测设备；②能正确并熟练的使用检测设备对汽车燃料经济性能进行检测。

（2）职业素养

操作时必须着装规范，并按规定使用劳动防护用品；符合企业的 6S 管理要求，严格遵守安全操作规程；严格执行相关标准、工作程序与规范；具有良好的沟通能力和独立思考能力；听从考官指令，确保安全，尾排接入排气管；检测完成后恢复原样；遵守考场纪律。

3. 汽车安全性能检测（编号：J-6-3*）

基本要求：

（1）技能要求

①会根据检测项目合理的选择汽车安全性能检测设备和工具；②能正确并熟练的使用检测设备和工具的检测轮胎气压、制动性能、侧滑性能、前照灯、轮胎不平衡度及车底等。

（2）职业素养

操作时必须着装规范，并按规定使用劳动防护用品；符合企业的 6S 管理要求，严格遵守安全操作规程；严格执行相关标准、工作程序与规范；具有良好的沟通能力和独立思考能力；保持设备及工量具的完好；确保人员安全；完成后设备及工量具需整洁的放回原位；遵守考场纪律。

4. 汽车操纵稳定性能检测（编号：J-6-4*）

基本要求：

（1）技能要求

①会根据检测项目合理选择汽车操纵稳定性能检测设备和工具；②能正确并熟练的使用检测设备和工具的检测转向盘参数、四轮定位参数以及车辆静态功能等。

（2）职业素养

操作时必须着装规范，并按规定使用劳动防护用品；符合企业的 6S 管理要求，严格遵守安全操作规程；严格执行相关标准、工作程序与规范；具有良好的沟通能力和独立思考能力；保持设备及工具的完好；完成后设备及工具需整洁的放回原位；遵守考场纪律。

5. 汽车环保性能检测（编号：J-6-5*）

基本要求：

（1）技能要求

①会根据检测项目合理选择汽车环保性能检测设备；②能正确并熟练的使用检测设备的检测汽油机废气、柴油机烟度及车辆噪声等。

（2）职业素养

操作时必须着装规范，并按规定使用劳动防护用品；符合企业的6S管理要求，严格遵守安全操作规程；严格执行相关标准、工作程序与规范；具有良好的沟通能力和独立思考能力；保持设备的完好；完成后设备需整洁的放回原位；遵守考场纪律。

6. 汽车可靠性能检测（编号：J-6-6）

基本要求：

（1）技能要求

①会根据检测项目合理选择汽车可靠性能检测设备；②能正确并熟练的使用检测设备和工具的检测雨淋密封性、车速表误差等。

（2）职业素养

操作时必须着装规范，并按规定使用劳动防护用品；符合企业的6S管理要求，严格遵守安全操作规程；严格执行相关标准、工作程序与规范；具有良好的沟通能力和独立思考能力；保持设备的完好；完成后设备需恢复原样；遵守考场纪律。

7. 汽车外观内饰质量检测（编号：J-6-7）

基本要求：

（1）技能要求

①会根据检测项目合理选择汽车外观质量检测量具和工具；②能正确并熟练的使用检测量具和工具的检测车辆外观的间隙面差、外观漆面、内饰材料和钣金等。

（2）职业素养

操作时必须着装规范，并按规定使用劳动防护用品；符合企业的6S管理要求，严格遵守安全操作规程；严格执行相关标准、工作程序与规范；具有良好的沟通能力和独立思考能力；保持工量具的完好；完成后工量具需整洁的放回原位；遵守考场纪律。

8. 汽车舒适性能检测（编号：J-6-8）

基本要求：

（1）技能要求

①会根据检测项目合理选择汽车舒适性能检测设备；②能正确并熟练的使用检测设备检测车辆驾驶室温度。

（2）职业素养

操作时必须着装规范，并按规定使用劳动防护用品；符合企业的6S管理要求，严格遵守安全操作规程；严格执行相关标准、工作程序与规范；具有良好的沟通能力和独立思考能力；保持设备的完好；完成后设备需整洁的放回原位；遵守考场纪律。

9. 汽车行驶平顺性能检测（编号：J-6-9）

基本要求：

（1）技能要求

①会根据检测项目合理选择汽车行驶平顺性检测设备；②能正确并熟练的使用检测设备检测车辆悬架性能。

（2）职业素养

操作时必须着装规范，并按规定使用劳动防护用品；符合企业的 6S 管理要求，严格遵守安全操作规程；严格执行相关标准、工作程序与规范；具有良好的沟通能力和独立思考能力；保持设备的完好；完成后设备需整洁；遵守考场纪律。

10. 汽车通过性检测（编号：J-6-10）

基本要求：

（1）技能要求

①会根据检测项目合理选择汽车通过性检测量具和工具；②能正确并熟练的使用检测量具和工具的检测车辆通过性的最小离地间隙、接近角、离去角等。

（2）职业素养

操作时必须着装规范，并按规定使用劳动防护用品；符合企业的 6S 管理要求，严格遵守安全操作规程；严格执行相关标准、工作程序与规范；具有良好的沟通能力和独立思考能力；保持工量具的完好；完成后工量具需整洁的放回原位；遵守考场纪律。

三、专业技能抽查方式

根据汽车制造与装配技术专业技能基本要求，本专业技能抽查设置了汽车零件检验模块、焊接加工模块和装配钳工模块等三个基本技能类模块，以及汽车机械部件装配与调整模块、汽车电气安装与检测模块和汽车整车性能检测与调试模块等三个专业核心技能类模块。每个模块应有 40 道操作试题，题库总试题量为 240 道。抽查时，要求学生能按照相关操作规范独立完成给定任务，并体现良好的职业精神与职业素养。具体抽查方式如下：

1. 考试模块的抽取

专业基本技能类的三个模块为必考模块，核心技能类的三个模块为选考模块，并由省教育厅相关组织机构随机抽取一个模块，与三个必考模块一起共四个模块作为当年的测试模块。

各院校按考生人数各半分别参与基本技能模块和专业核心技能模块的技能测试，考生通过现场抽签确定其具体参与哪类模块的测试。每位考生只需完成一道试题的测试，并在试题规定的时间内独立完成测试任务。

2. 试题的抽选

由组考机构负责在被抽考模块的题库中分别抽取一道或若干道试题作为该次技能抽查的考题，并在考核前 6～7 天通知考点做好相应的准备工作，同时考点应做好试题的保密工作。

3. 考试工位的抽签

考生根据其抽签确定的测试模块类别，按既定顺序分别到相应考场抽取工位号，并按号就位（工位号与测试题目对应）。

4. 成绩评定

各模块的分值均包括职业素养、作品或工作质量两个部分，总分为 100 分。其中职业素养占该项目总分的 20%，作品或工作质量占该项目总分的 80%。

学生考核总成绩达到 60 分，个人成绩评定为及格，低于 60 分为不及格。

四、参照标准或规范

机械制图　图样画法　图线：GB/T 4457.4-2002

形状和位置公差 通则、定义、符号和图样表示法：GB/T1182-2008

一般公差 未注公差的线性和角度尺寸的公差：GB/T1804-2000

形状和位置公差未注公差值：GB/T 1184 - 1996

冲压件形状和位置为主公差：GB/T 13916- 2013

形状和位置公差检测规定：GB/T 1958-2004

《焊工》国家职业技能标准（2009 年修订）

焊接基础通用标准：GB/T 2654-2008/ISO 9015-1：2001

焊缝符号表示法：GB/T 324-2008

焊接及相关工艺方法代号：GB/T 5185-2005/ISO 4063

焊接操作工技能评定：GB/T 19805-2005/ISO 14732

焊接质量要求：GB/T 12467.1～12467.4

焊接与切割安全：GB 9448-1999

焊接材料焊接工艺性能评定方法：GB/T 25776-2010

装配钳工国家职业标准（2009 年修订）

汽车零部件再制造与装配：GB/T 28679-2012

汽车电气设备基本技术条件：QC/T 413-2002

汽车综合性能检测：GB T17993-2005

第二部分　汽车制造与装配技术专业技能抽查题库

本试题库的结构与内容依据 2014 年颁布的《湖南省高职汽车制造与装配技术专业学生专业技能抽查标准》命制,范围包括汽车零件检验、焊接加工、装配钳工、汽车机械部件装配与调整、汽车电气安装与检测、汽车性能检测与调试等六个模块,总题量为 236 道试题。但因篇幅所限,本书只收编了其中的 135 道试题,完整题库详见网络版。

一、汽车零件检验模块

项目一　偏心轴检验

1. 试题编号及名称:T-1-1　偏心轴检验(1)

考核技能点编号:J-1-1*、J-1-2*、J-1-6、J-1-7*、J-1-8*

2. 任务描述

识读如下偏心轴零件图及其技术要求,根据指定的检验项目(见汽车零件检验报告),选择合适的计量器具以及辅助工具等,检查所用计量器具是否正常,然后对被测项目逐一进行检测及合格性判断,填写《汽车零件检验报告》。

T-1-1 试题　汽车零件检验报告

零件名称			零件图号		
辅助工具					
序号	检测项目	图纸要求	检测结果	计量器具	判定结论
1		$\phi 25_{-0.033}^{0}$			
2	外圆	35 ± 0.125			
3		$Ra0.8$			
4		$\phi 30_{-0.052}^{0}$			
5	偏心外圆	2 ± 0.05			
6		23 ± 0.105			
7	外圆	$\phi 36_{-0.16}^{0}$			
8		$Ra3.2$			
9	外圆	$\phi 34_{-0.062}^{0}$			
10		$Ra0.8$			

续表

11		$\phi 28_{-0.033}^{0}$			
12	外圆	32 ± 0.125			
13		$Ra 0.8$			
14	圆弧倒角	$R3$			
15	$\phi 25$ 外圆跳动允差	0.015			
16	$\phi 25$ 圆柱度允差	0.006			
17	$\phi 34$ 外圆跳动允差	0.06			
工位号		检验员(考生编号)		日 期	

3. 实施条件

实施条件见下表。

零件检验实施条件

项目	实施条件	备注
场地	每个检测工位约 5 m²,照明、通风良好。	
辅助工具	检验平板,偏摆仪,磁性表座,方箱,万能分度头,V 形架; 铜棒、木墩或橡胶墩等。	
计量器具	0—125/0.02 游标卡尺、0—200 mm 游标卡尺; 0—300/0.02 高度游标卡尺、0—200/0.02 深度游标卡尺; 0—25 mm 外径千分尺、25—50 mm 外径千分尺; 50—175 mm 内径千分尺、6—10 mm 内径百分表; 0—5 mm 百分表、0—0.8 mm 杠杆百分表、千分表; 1—6.5 mm R 规、7—14.5 R 规、15—25 R 规; $Ra 6.3—0.012$ 粗糙度样块; 量块	考场提供 按需领用

4. 考核时量

90 分钟。

5. 评价标准

评价标准见下表。

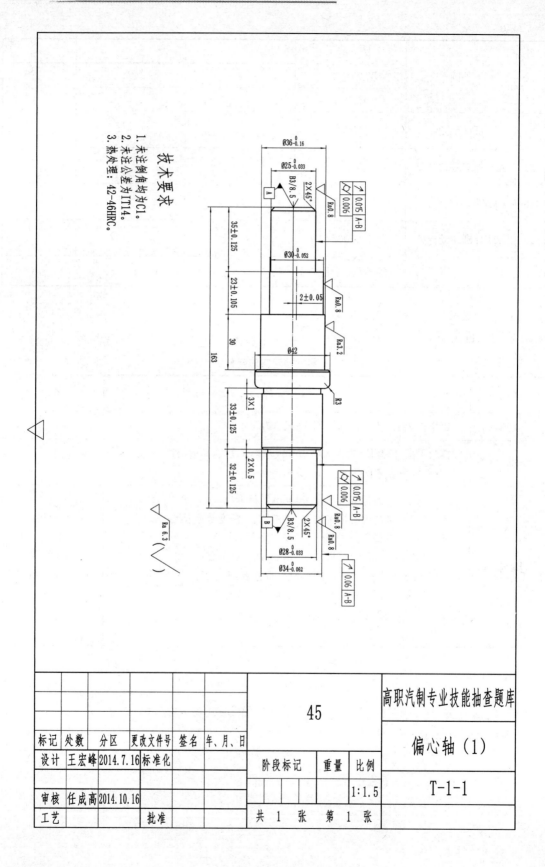

技术要求
1. 未注倒角均为C1。
2. 未注公差为IT14。
3. 热处理：42-46HRC。

标记	处数	分区	更改文件号	签名	年、月、日			高职汽制专业技能抽查题库
							45	
								偏心轴（1）
设计	王宏峰	2014.7.16	标准化			阶段标记	重量	比例
								1:1.5
审核	任成高	2014.10.16				共 1 张	第 1 张	T-1-1
工艺			批准					

偏心轴检验(1)评价标准

序号	考核内容	配分	评分标准	扣分	得分
1	安全意识	3	未遵守安全操作规程,每次扣1分,扣完为止;		
			安全操作技能欠缺,每项次扣1分,扣完为止;		
			考生出现人伤械损等安全事故,造成恶劣影响的,本题考核计零分。		
2	组织纪律	2	不服从考试安排及考场纪律,扣2分		
3	工作准备	3	未清点图纸、量具、被测工件,扣1分;		
			量具状况判断错误,扣1分;		
			不清洁工件,扣1分		
4	操作规范	6	计量器具使用不当,扣2分;		
			检测原理不合理,扣2分;		
			检测过程不规范,扣2分。		
5	文明生产	6	着装不规范,扣1分;		
			有损害工具设备和工件的野蛮操作行为,扣2分;		
			工作结束后,未整理、清洁工具设备、工件和工作场地,扣3分。		
			考生严重违反考场纪律,造成恶劣影响的,本题考核计零分。		
6	检验报告	3	表格填写不完整,扣3分;		
		3	字迹不清晰或不规范,扣3分;		
		12	计量器具选择不合理,每项扣2分,扣完为止;		
		3	辅助工具选择不合理,每项扣3分;		
		30	几何尺寸检测数据不准确,每项扣3分,扣完为止;		
		15	形状和位置公差检测数据不准确,每项扣5分,扣完为止;		
		4	表面质量检测数据不准确,每项扣1分,扣完为止;		
		10	判定结论不正确,每项扣1分,扣完为止。		
合　计		100			

项目二　过渡盘检验

1. 试题编号及名称: T-1-3　过渡盘检验(1)

考核技能点编号:J-1-1*、J-1-2*、J-1-8*

2. 任务描述

识读如下过渡盘零件图及其技术要求,根据指定的检验项目(见汽车零件检验报告),选择合适的计量器具以及辅助工具等,检查所用计量器具是否正常,然后对被测项目逐一进行检测及合格性判断,填写《汽车零件检验报告》。

高等职业院校学生专业技能抽查标准与题库丛书

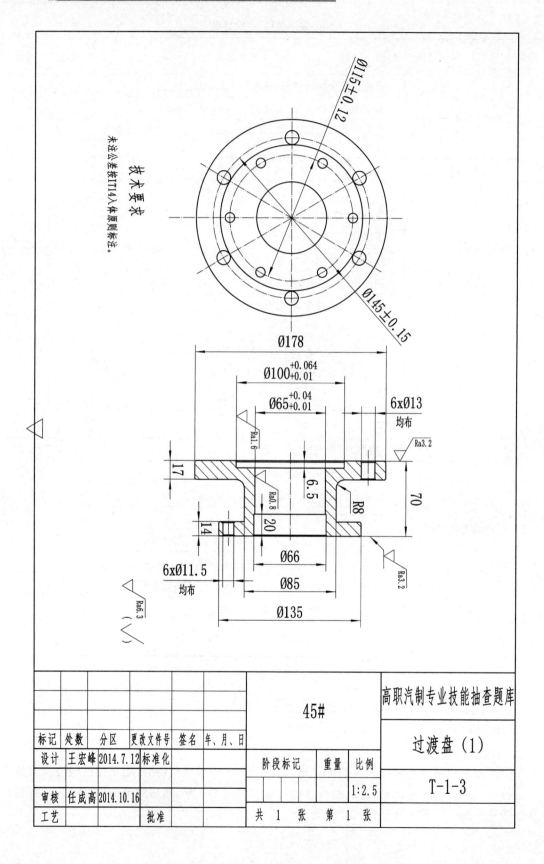

技术要求

未注公差按IT14入体原则标注。

Ø115±0.12
Ø145±0.15
Ø178
Ø100 +0.064 +0.01
Ø65 +0.04 +0.01
6xØ13
均布
Ra1.6
Ra3.2
Ra0.8
6.5
R8
17
14
20
70
Ø66
Ø85
Ø135
6xØ11.5
均布
Ra6.3
(√)
Ra3.2

标记	处数	分区	更改文件号	签名	年、月、日				高职汽制专业技能抽查题库
设计	王宏峰	2014.7.12	标准化			阶段标记	重量	比例	过渡盘（1）
审核	任成高	2014.10.16						1:2.5	T-1-3
工艺			批准			共 1 张	第 1 张		

45#

T-1-3 试题 汽车零件检验报告

零件名称			零件图号		
辅助工具					

序号	检测项目	图纸要求	检测结果	计量器具	判定结论
1	外圆	ϕ135			
2	外圆	ϕ85			
3	外圆	ϕ178			
4		17			
5	总长	70			
6	内孔	$\phi65^{+0.04}_{+0.01}$			
7	内孔	$\phi100^{+0.064}_{+0.01}$			
8		6.5			
9	内孔	ϕ66			
10		20			
11	孔	$6\times\phi11.5$			
12	孔	$6\times\phi13$			
13	过渡圆弧	R8			
14	分布圆	$\phi115\pm0.12$			
15	分布圆	$\phi145\pm0.15$			
16	端面粗糙度	Ra3.2(2处)			
17	止口粗糙度	Ra1.6			
18	内孔粗糙度	Ra0.8			
工位号		检验员(考生编号)		日 期	

3. 实施条件
实施条件见下表。

零件检验实施条件

项目	实施条件	备注
场地	每个检测工位约5 m²,照明、通风良好。	
工具	检验平板,偏摆仪,磁性表座,方箱,万能分度头,V形架;铜棒、木墩或橡胶墩、测量心轴等。	

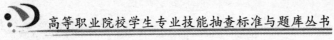

续表

项目	实施条件	备注
计量器具	0－125/0.02 游标卡尺、0－200/0.02 游标卡尺； 0－300/0.02 高度游标卡尺、0－200/0.02 深度游标卡尺； (0－75 mm)外径千分尺； 50－175 mm 内径千分尺、50－70 mm 内径百分表； 0－5 mm 百分表、0－0.8 mm 杠杆百分表、千分表； 1－6.5 mm R 规、7－14.5 R 规、15－25 R 规； Ra6.3－0.012 粗糙度样块； 量块	考场提供 按需领用

4. 考核时量

90 分钟。

5. 评价标准

评价标准见下表。

过渡盘检验(1)评价标准

序号	考核内容	配分	评分标准	扣分	得分
1	安全意识	3	未遵守安全操作规程,每次扣1分,扣完为止； 安全操作技能欠缺,每项次扣1分,扣完为止； 考生出现人伤械损等安全事故,造成恶劣影响,本题考核计零分。		
2	组织纪律	2	不服从考试安排及考场纪律,扣2分		
3	工作准备	3	未清点图纸、量具、被测工件,扣1分； 量具状况判断错误,扣1分； 不清洁工件,扣1分		
4	操作规范	6	计量器具使用不当,扣2分； 检测原理不合理,扣2分； 检测过程不规范,扣2分。		
5	文明生产	6	着装不规范,扣1分； 有损害工具设备和工件的野蛮操作行为,扣2分； 工作结束后,未整理、清洁工具设备、工件和工作场地,扣3分。 考生严重违反考场纪律,造成恶劣影响的,本题考核计零分。		

续表

序号	考核内容	配分	评分标准	扣分	得分
6	检验报告	3	表格填写不完整,扣3分;		
		3	字迹不清晰或不规范,扣3分;		
		12	计量器具选择不合理,每项扣2分,扣完为止;		
		3	辅助工具选择不合理,每项扣3分;		
		45	几何尺寸检测数据不准确,每项扣3分,扣完为止;		
		4	表面质量检测数据不准确,每项扣1分,扣完为止;		
		10	判定结论不正确,每项扣1分,扣完为止。		
合　计		100			

项目三　法兰盘检验

1. 试题编号及名称:T-1-5　法兰盘检验(1)

考核技能点编号:J-1-1*、J-1-2*、J-1-4*、J-1-7*、J-1-8*

2. 任务描述

识读如下法兰盘零件图及其技术要求,根据指定的检验项目(见汽车零件检验报告),选择合适的计量器具以及辅助工具等,检查所用计量器具是否正常,然后对被测项目逐一进行检测及合格性判断,填写《汽车零件检验报告》。

T-1-5试题　汽车零件检验报告

零件名称			零件图号		
辅助工具					
序号	检测项目	图纸要求	检测结果	计量器具	判定结论
1	外圆	$\phi225$			
2		36			
3	外圆	$\phi120$			
4	大止口	$\phi210^{+0.046}_{0}$			
5		5			
6		$Ra0.8$			
7	止口内端面	$Ra0.8$			
8	内孔	$\phi110$			
9		15			
10	内孔	$\phi78$			
11	内孔	$\phi74^{0}_{-0.3}$			

续表

12		3×φ23			
13	螺钉沉孔	3×15			
14		3×φ15			
15	螺纹孔	3×M10			
16	过渡圆弧	R8			
17	平行度允差	0.05			
工位号		检验员(考生编号)		日　期	

3. 实施条件

实施条件见下表。

零件检验实施条件

项目	实施条件	备注
场地	每个检测工位约 5 m²,照明、通风良好。	
工具	检验平板,偏摆仪,磁性表座,方箱,万能分度头,V 形架; 铜棒、木墩或橡胶墩、垫铁、测量心轴等。	
计量器具	0—125/0.02 游标卡尺、0—300 mm 游标卡尺; 0—300/0.02 高度游标卡尺、0—200/0.02 深度游标卡尺; (0—75 mm)外径千分尺; 50—175 mm 内径千分尺、6—50 mm 内径百分表; 0—5 mm 百分表、0—0.8 mm 杠杆百分表、千分表; 1—6.5 mm R 规、7—14.5 R 规、15—25 R 规; M10 螺纹塞规; Ra6.3—0.012 粗糙度样块; 量块	考场提供 按需领用

4. 考核时量

90 分钟。

5. 评价标准

评价标准见下表。

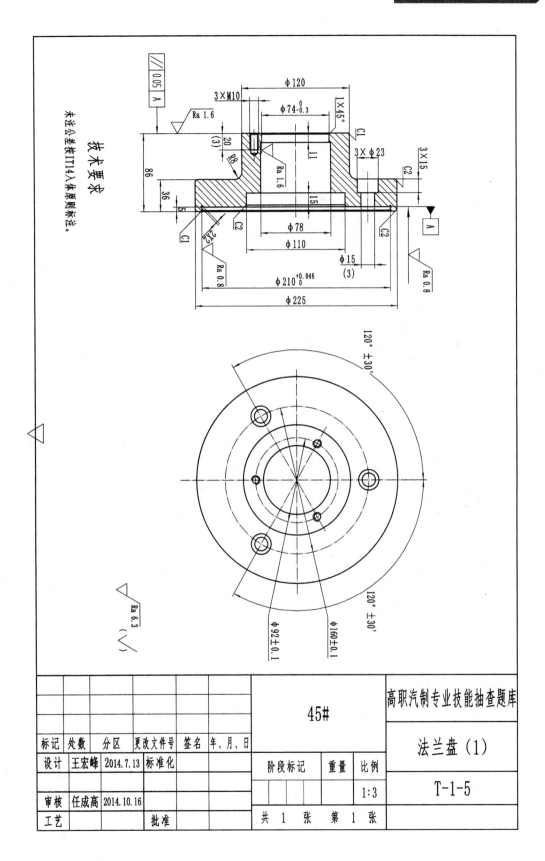

技术要求

未注公差按IT14入体原则标注。

标记	处数	分区	更改文件号	签名	年、月、日			高职汽制专业技能抽查题库
设计	王宏峰		2014.7.13	标准化				法兰盘（1）
					45#			
审核	任成高		2014.10.16		阶段标记	重量	比例	
工艺				批准			1:3	T-1-5
					共 1 张	第 1 张		

法兰盘检验(1)评价标准

序号	考核内容	配分	评分标准	扣分	得分
1	安全意识	3	未遵守安全操作规程,每次扣1分,扣完为止;		
			安全操作技能欠缺,每项次扣1分,扣完为止;		
			考生出现人伤械损等安全事故,造成恶劣影响的,本题考核计零分。		
2	组织纪律	2	不服从考试安排及考场纪律,扣2分		
3	工作准备	3	未清点图纸、量具、被测工件,扣1分;		
			量具状况判断错误,扣1分;		
			不清洁工件,扣1分		
4	操作规范	6	计量器具使用不当,扣2分;		
			检测原理不合理,扣2分;		
			检测过程不规范,扣2分。		
5	文明生产	6	着装不规范,扣1分;		
			有损害工具设备和工件的野蛮操作行为,扣2分;		
			工作结束后,未整理、清洁工具设备、工件和工作场地,扣3分。		
			考生严重违反考场纪律,造成恶劣影响的,本题考核计零分。		
6	检验报告	3	表格填写不完整,扣3分;		
		3	字迹不清晰或不规范,扣3分;		
		12	计量器具选择不合理,每项扣2分,扣完为止;		
		3	辅助工具选择不合理,每项扣3分;		
		42	几何尺寸检测数据不准确,每项扣3分,扣完为止;		
		5	形状和位置公差检测数据不准确,每项扣5分;		
		2	表面质量检测数据不准确,每项扣1分,扣完为止;		
		10	判定结论不正确,每项扣1分,扣完为止。		
合　计		100			

项目四　轴承盖检验

1. 试题编号及名称:T-1-7　轴承盖检验(1)

考核技能点编号:J-1-1*、J-1-2*、J-1-7*、J-1-8*

2. 任务描述

识读如下轴承盖零件图及其技术要求,根据指定的检验项目(见汽车零件检验报告),选择合适的计量器具以及辅助工具等,检查所用计量器具是否正常,然后对被测项目逐一进行检测及合格性判断,填写《汽车零件检验报告》。

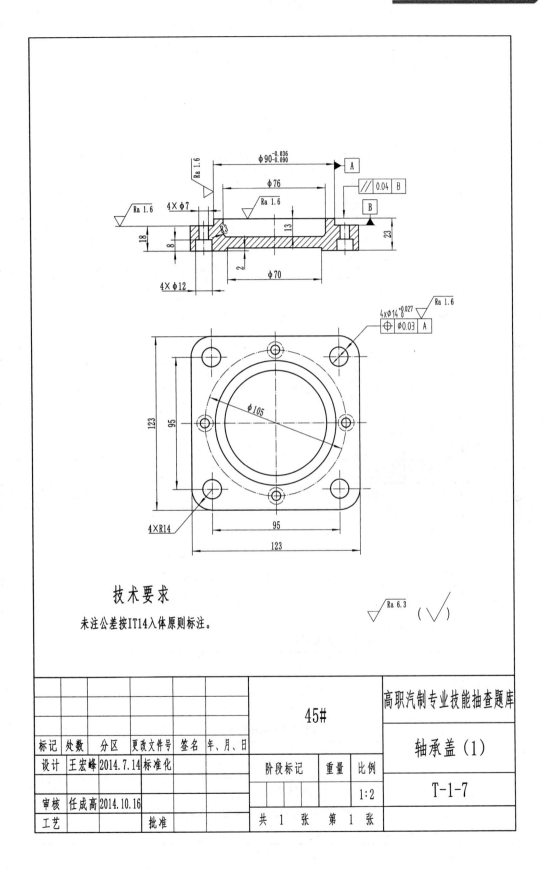

技术要求

未注公差按IT14入体原则标注。

						高职汽制专业技能抽查题库		
						45#		
标记	处数	分区	更改文件号	签名	年、月、日	轴承盖（1）		
设计	王宏峰	2014.7.14	标准化			阶段标记	重量	比例
								1:2	T-1-7
审核	任成高	2014.10.16						
工艺			批准			共 1 张 第 1 张		

T-1-7 试题　汽车零件检验报告

零件名称				零件图号	
辅助工具					

序号	检测项目	图纸要求	检测结果	计量器具	判定结论
1	外圆止口	$\phi 90^{-0.036}_{-0.09}$			
2	止口端面	$Ra1.6$			
3	孔	$\phi 76$			
4		13			
5	沉孔	$\phi 70$			
6		2			
7	外形	123			
8		123			
9		R14			
10		18			
11	螺钉过孔	$4\times\phi 12$			
12		4×8			
13		$4\times\phi 7$			
14	孔	$4\times\phi 14^{+0.027}_{0}$			
15	小端面	$Ra1.6$			
16	平行度允差	0.04			
工位号		检验员(考生编号)		日　期	

3. 实施条件

实施条件见下表。

零件检验实施条件

项目	实施条件	备注
场地	每个检测工位约 5 m²，照明、通风良好。	
工具	检验平板，偏摆仪，磁性表座，方箱，万能分度头，V 形架； 铜棒、木墩或橡胶墩、垫块等。	

续表

项目	实施条件	备注
计量器具	0—125/0.02 游标卡尺、0—200 mm 游标卡尺； 0—300/0.02 高度游标卡尺、0—200/0.02 深度游标卡尺； (0—100 mm)外径千分尺； 50—175 mm 内径千分尺、6—50 mm 内径百分表； 0—5 mm 百分表及磁性表座、0—0.8 mm 杠杆百分表、千分表； 150 mm 刀口尺、直角尺、0.02—1.00 mm 塞尺； 1—6.5 mm R 规、7—14.5 R 规、15—25 R 规； Ra 6.3—0.012 粗糙度样块； 量块	考场提供 按需领用

4. 考核时量

90 分钟。

5. 评价标准

评价标准见下表。

轴承盖检验(1)评价标准

序号	考核内容	配分	评分标准	扣分	得分
1	安全意识	3	未遵守安全操作规程,每次扣1分,扣完为止;		
			安全操作技能欠缺,每项次扣1分,扣完为止;		
			考生出现人伤械损等安全事故,造成恶劣影响的,本题考核计零分。		
2	组织纪律	2	不服从考试安排及考场纪律,扣2分		
3	工作准备	3	未清点图纸、量具、被测工件,扣1分;		
			量具状况判断错误,扣1分;		
			不清洁工件,扣1分		
4	操作规范	6	计量器具使用不当,扣2分;		
			检测原理不合理,扣2分;		
			检测过程不规范,扣2分。		
5	文明生产	6	着装不规范,扣1分;		
			有损害工具设备和工件的野蛮操作行为,扣2分;		
			工作结束后,未整理、清洁工具设备、工件和工作场地,扣3分。		
			考生严重违反考场纪律,造成恶劣影响的,本题考核计零分。		

续表

序号	考核内容	配分	评分标准	扣分	得分
6	检验报告	3	表格填写不完整,扣3分;		
		3	字迹不清晰或不规范,扣3分;		
		12	计量器具选择不合理,每项扣2分,扣完为止;		
		3	辅助工具选择不合理,每项扣3分;		
		42	几何尺寸检测数据不准确,每项扣3分,扣完为止;		
		5	形状和位置公差检测数据不准确,每项扣5分;		
		2	表面质量检测数据不准确,每项扣1分,扣完为止;		
		10	判定结论不正确,每项扣1分,扣完为止。		
合　计		100			

项目五　导向套检验

1. 试题编号及名称:T-1-9　导向套检验(1)

考核技能点编号:J-1-1*、J-1-2*、J-1-6、J-1-7*、J-1-8*、J-1-9

2. 任务描述

识读如下导向套零件图及其技术要求,根据指定的检验项目(见汽车零件检验报告),选择合适的计量器具以及辅助工具等,检查所用计量器具是否正常,然后对被测项目逐一进行检测及合格性判断,填写《汽车零件检验报告》。

T-1-9试题　汽车零件检验报告

零件名称				零件图号		
辅助工具						
序号	检测项目	图纸要求		检测结果	计量器具	判定结论
1	外圆	$\phi48^{+0.05}_{+0.034}$				
2		33				
3		$Ra0.8$				
4	外圆	$\phi52$				
5	内孔	$\phi33^{+0.025}_{0}$				
6		85				
7		$Ra0.2$				
8	内孔圆柱度允差	0.007				
9	内孔	$\phi35$				
10		$Ra3.2$				
11	退刀槽	3				
12		1				
13		34				
14	小端倒角	$R2$				
15	大端倒角	$R2$				
16	小端外圆跳动允差	0.008				
17	硬度	43—48HRC				
工位号			检验员(考生编号)		日　期	

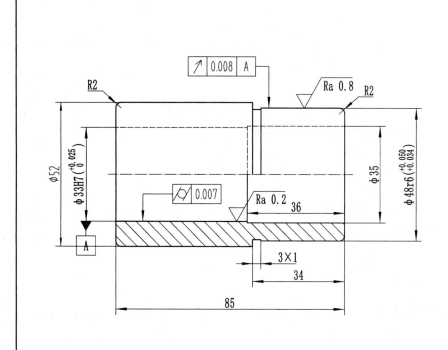

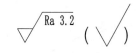

技术要求

1. 未注直径公差按IT14入体原则标注。
2. 未注长度尺寸允许偏差±0.2mm。
3. 热处理：43~48HRC。

标记	处数	分区	更改文件号	签名	年、月、日			45#	高职汽制专业技能抽查题库
设计	王宏峰	2014.7.15	标准化						导向套（1）
						阶段标记	重量	比例	
审核	任成高	2014.10.16						1:1	T-1-9
工艺			批准			共 1 张	第 1 张		

3. 实施条件

实施条件见下表。

零件检验实施条件

项目	实施条件	备注
场地	每个检测工位约 5 m²，照明、通风良好。	
工具	检验平板，偏摆仪，磁性表座，方箱，万能分度头，V 形架；铜棒、木墩或橡胶墩、测量心轴等。	
计量器具	0－125/0.02 游标卡尺、0－200 mm 游标卡尺； 0－300/0.02 高度游标卡尺、0－200/0.02 深度游标卡尺； (0－75 mm)外径千分尺； 50－175 mm 内径千分尺、6－50 mm 内径百分表； 0－5 mm 百分表、0－0.8 mm 杠杆百分表、千分表； 1－6.5 mm R 规、7－14.5 R 规、15－25 R 规； $Ra6.3－0.012$ 粗糙度样块； 量块； 洛氏硬度计。	考场提供 按需领用

4. 考核时量

90 分钟。

5. 评价标准

评价标准见下表。

导向套检验(1)评价标准

序号	考核内容	配分	评分标准	扣分	得分
1	安全意识	3	未遵守安全操作规程，每次扣 1 分，扣完为止；		
			安全操作技能欠缺，每项次扣 1 分，扣完为止；		
			考生出现人伤械损等安全事故，造成恶劣影响的，本题考核计零分。		
2	组织纪律	2	不服从考试安排及考场纪律，扣 2 分		
3	工作准备	3	未清点图纸、量具、被测工件，扣 1 分；		
			量具状况判断错误，扣 1 分；		
			不清洁工件，扣 1 分		
4	操作规范	6	计量器具使用不当，扣 2 分；		
			检测原理不合理，扣 2 分；		
			检测过程不规范，扣 2 分。		

续表

序号	考核内容	配分	评分标准	扣分	得分
5	文明生产	6	着装不规范,扣1分;		
			有损害工具设备和工件的野蛮操作行为,扣2分;		
			工作结束后,未整理、清洁工具设备、工件和工作场地,扣3分;		
			考生严重违反考场纪律,造成恶劣影响的,本题考核计零分。		
6	检验报告	3	表格填写不完整,扣3分;		
		3	字迹不清晰或不规范,扣3分;		
		12	计量器具选择不合理,每项扣2分,扣完为止;		
		3	辅助工具选择不合理,每项扣3分,扣完为止;		
		33	几何尺寸检测数据不准确,每项扣3分,扣完为止;		
		10	形状和位置公差检测数据不准确,每项扣5分,扣完为止;		
		3	表面质量检测数据不准确,每项扣1分,扣完为止;		
		3	硬度检测数据不准确,扣3分;		
		10	判定结论不正确,每项扣1分,扣完为止。		
合计		100			

项目六 皮带轮检验

1. 试题编号及名称:T-1-11 皮带轮检验(1)

考核技能点编号:J-1-1*、J-1-2*、J-1-3、J-1-7*、J-1-8*

2. 任务描述

识读如下皮带轮零件图及其技术要求,根据指定的检验项目(见汽车零件检验报告),选择合适的计量器具以及辅助工具等,检查所用计量器具是否正常,然后对被测项目逐一进行检测及合格性判断,填写《汽车零件检验报告》。

T-1-11试题 汽车零件检验报告

零件名称			零件图号		
辅助工具					

序号	检测项目	图纸要求	检测结果	计量器具	判定结论
1	外圆	$\phi 95_{-0.14}^{0}$			
2		30			

续表

3		$2\times\phi74^{\ 0}_{-0.074}$			
4	皮带槽	$2\times32°$			
5		8			
6		14			
7		$\phi17^{+0.043}_{\ 0}$			
8	内孔	21			
9		$Ra1.6$			
10		$4^{+0.03}_{\ 0}$			
11	键槽	$19.1^{+0.13}_{\ 0}$			
12		$Ra3.2$			
13	凹槽深度	10			
14	总长	34.5			
15	径向跳动允差	0.04			
工位号		检验员(考生编号)		日 期	

3. 实施条件

实施条件见下表。

零件检验实施条件

项目	实施条件	备注
场地	每个检测工位约 5 m²，照明、通风良好。	
工具	检验平板，偏摆仪，磁性表座，方箱，万能分度头，V 形架； 铜棒、木墩或橡胶墩、测量心轴、平键等。	
计量器具	0—125/0.02 游标卡尺、0—200 mm 游标卡尺； 0—300/0.02 高度游标卡尺、0—200/0.02 深度游标卡尺； (0—100 mm)外径千分尺； 50—175 mm 内径千分尺、6—50 mm 内径百分表； 0°—300°游标万能角度尺； 0—5 mm 百分表及磁性表座、0—0.8 mm 杠杆百分表、千分表； 150 mm 刀口尺、直角尺、0.02—1.00 mm 塞尺； 1—6.5 mm R 规、7—14.5 R 规、15—25 R 规； $Ra6.3$—0.012 粗糙度样块； 量块。	考场提供 按需领用

4. 考核时量

90 分钟。

5. 评价标准

评价标准见下表。

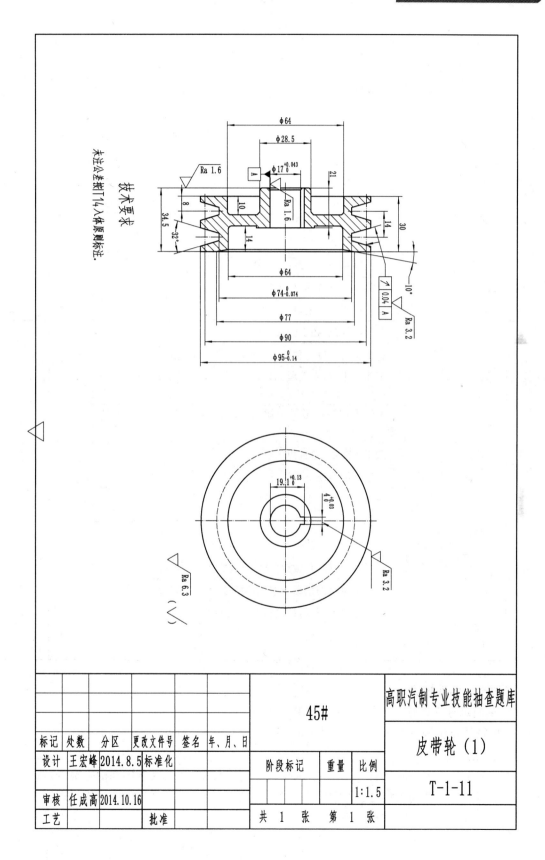

35

皮带轮检验(1)评价标准

序号	考核内容	配分	评分标准	扣分	得分
1	安全意识	3	未遵守安全操作规程,每次扣1分,扣完为止;		
			安全操作技能欠缺,每项次扣1分,扣完为止;		
			考生出现人伤械损等安全事故,造成恶劣影响的,本题考核计零分。		
2	组织纪律	2	不服从考试安排及考场纪律,扣2分		
3	工作准备	3	未清点图纸、量具、被测工件,扣1分;		
			量具状况判断错误,扣1分;		
			不清洁工件,扣1分		
4	操作规范	6	计量器具使用不当,扣2分;		
			检测原理不合理,扣2分;		
			检测过程不规范,扣2分。		
5	文明生产	6	着装不规范,扣1分;		
			有损害工具设备和工件的野蛮操作行为,扣2分;		
			工作结束后,未整理、清洁工具设备、工件和工作场地,扣3分。		
			考生严重违反考场纪律,造成恶劣影响的,本题考核计零分。		
6	检验报告	3	表格填写不完整,扣3分;		
		3	字迹不清晰或不规范,扣3分;		
		12	计量器具选择不合理,每项扣2分,扣完为止;		
		3	辅助工具选择不合理,每项扣3分,扣完为止;		
		42	几何尺寸检测数据不准确,每项扣3分,扣完为止;		
		5	形状和位置公差检测数据不准确,扣5分;		
		2	表面质量检测数据不准确,每项扣1分,扣完为止;		
		10	判定结论不正确,每项扣1分,扣完为止。		
合 计		100			

项目七 齿轮检验

1. **试题编号及名称:**T-1-13 齿轮检验

考核技能点编号:J-1-1*、J-1-2*、J-1-5*、J-1-7*、J-1-8*、J-1-9

2. **任务描述**

识读如下齿轮零件图及其技术要求,根据指定的检验项目(见汽车零件检验报告),选择合适的计量器具以及辅助工具等,检查所用计量器具是否正常,然后对被测项目逐一进行检测及合格性判断,填写《汽车零件检验报告》。

齿形参数	
齿数Z	34
模数m	2.5
压力角α	20°
变位系数x	0
齿顶高系数ha*	1
齿顶隙系数C*	0.25
齿顶圆直径da	90mm
分度圆直径d	85mm
齿根圆直径df	78.75mm
齿根圆过渡圆角半径	0.95mm
齿厚s	$3.92_{-0.25}^{0}$
公法线长度W_k	$27.02_{-0.084}^{0}$
跨齿数k	4

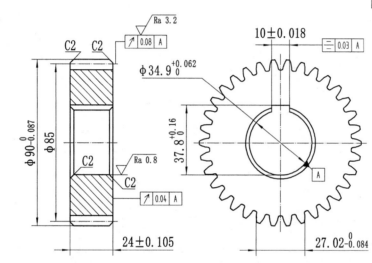

技术要求

1.未注公差按IT14入体原则标注.

2.调质28~32HRC.

$\sqrt{Ra\ 6.3}$ ($\sqrt{}$)

标记	处数	分区	更改文件号	签名	年、月、日			高职汽制专业技能抽查题库	
设计	王宏峰	2014.7.27	标准化			45#		齿轮	
						阶段标记	重量	比例	T-1-13
审核	任成高	2014.10.16						1:1.5	
工艺			批准			共 1 张	第 1 张		

T-1-13试题　汽车零件检验报告

零件名称			零件图号		
辅助工具					

序号	检测项目	图纸要求	检测结果	计量器具	判定结论
1	齿数	34			
2	齿顶圆直径	$\phi 90_{-0.087}^{0}$			
3	齿根圆直径	$\phi 78.75$			
4	齿宽	24 ± 0.105			
5	公法线长度	$27.02_{-0.084}^{0}$			
6	齿厚	$3.92_{-0.025}^{0}$			
7	齿面粗糙度	$Ra6.3$			
8	内孔	$\phi 34.9_{0}^{+0.062}$			
9		$Ra1.6$			
10	键槽宽度	10 ± 0.018			
11	键槽深度	$37.8_{0}^{+0.16}$			
12	键槽粗糙度	$Ra3.2$			
13	键槽对称度	0.03			
14	端面跳动允差	0.04			
15	节圆跳动允差	0.08			
16	硬度	28-32HRC			
工位号		检验员(考生编号)		日　期	

3. 实施条件

实施条件见下表。

零件检验实施条件

项目	实施条件	备注
场地	每个检测工位约 5 m^2,照明、通风良好。	
工具	检验平板,偏摆仪,磁性表座,方箱,万能分度头,V 形架; 铜棒、木墩或橡胶墩、测量心轴、平键等。	

续表

项目	实施条件	备注
计量器具	0—125/0.02 游标卡尺、0—200 mm 游标卡尺； 0—300/0.02 高度游标卡尺、0—200/0.02 深度游标卡尺； (0—100 mm)外径千分尺、0—50 mm 公法线千分尺、齿厚千分尺； 50—175 mm 内径千分尺、6—50 mm 内径百分表； 0—5 mm 百分表、0—0.8 mm 杠杆百分表、千分表； 0.005 mm 齿轮周节仪、0.001 mm 基节仪； $Ra6.3—0.012$ 粗糙度样块； 量块； 洛氏硬度计。	考场提供 按需领用

4．考核时量

90 分钟。

5．评价标准

评价标准见下表。

齿轮检验评价标准

序号	考核内容	配分	评分标准	扣分	得分
1	安全意识	3	未遵守安全操作规程，每次扣1分，扣完为止； 安全操作技能欠缺，每项次扣1分，扣完为止； 考生出现人伤械损等安全事故，造成恶劣影响的，本题考核计零分。		
2	组织纪律	2	不服从考试安排及考场纪律，扣2分		
3	工作准备	3	未清点图纸、量具、被测工件，扣1分； 量具状况判断错误，扣1分； 不清洁工件，扣1分		
4	操作规范	6	计量器具使用不当，扣2分； 检测原理不合理，扣2分； 检测过程不规范，扣2分。		
5	文明生产	6	着装不规范，扣1分； 有损害工具设备和工件的野蛮操作行为，扣2分； 工作结束后，未整理、清洁工具设备、工件和工作场地，扣3分。 考生严重违反考场纪律，造成恶劣影响的，本题考核计零分。		

续表

序号	考核内容	配分	评分标准	扣分	得分
6	检验报告	3	表格填写不完整，扣3分；		
		3	字迹不清晰或不规范，扣3分；		
		12	计量器具选择不合理，每项扣2分，扣完为止；		
		3	辅助工具选择不合理，每项扣3分；		
		27	几何尺寸检测数据不准确，每项扣3分，扣完为止；		
		15	形状和位置公差检测数据不准确，每项扣5分；扣完为止；		
		3	表面质量检测数据不准确，每项扣1分，扣完为止；		
		3	硬度检测数据不准确，扣3分；		
		11	判定结论不正确，每项扣1分，扣完为止。		
合　计		100			

项目八　盖板检验

1. 试题编号及名称：T-1-14　盖板检验(1)

考核技能点编号：J-1-1*、J-1-2*、J-1-7*、J-1-8*

2. 任务描述

识读如下盖板零件图及其技术要求，根据指定的检验项目(见汽车零件检验报告)，选择合适的计量器具以及辅助工具等，检查所用计量器具是否正常，然后对被测项目逐一进行检测及合格性判断，填写《汽车零件检验报告》。

T-1-14试题　汽车零件检验报告

零件名称			零件图号		
辅助工具					
序号	检测项目	图纸要求	检测结果	计量器具	判定结论
1	外形尺寸	138			
2		100			
3		16			
4		30 ± 0.016			
5		$R8$			
6	孔	$\phi8^{+0.022}_{0}$			
7		15			

续表

8		$\phi 20^{+0.033}_{0}$			
9	孔	50 ± 0.031			
10		20 ± 0.01			
11		$Ra1.6$			
12		$\phi 12^{+0.027}_{0}$			
13	孔	50 ± 0.019			
14		$Ra1.6$			
15	孔	$\phi 16^{+0.027}_{0}$			
16	孔	$\phi 18^{+0.027}_{0}$			
17	孔垂直度允差	0.04			
工位号		检验员(考生编号)		日 期	

3. 实施条件

实施条件见下表。

零件检验实施条件

项目	实施条件	备注
场地	每个检测工位约 5 m²,照明、通风良好。	
工具	检验平板,偏摆仪,磁性表座,方箱,万能分度头,V 形架;铜棒、木墩或橡胶墩、测量心轴等。	
计量器具	0—125/0.02 游标卡尺、0—200 mm 游标卡尺; 0—300/0.02 高度游标卡尺、0—200/0.02 深度游标卡尺; (0—100 mm)外径千分尺; 50—175 mm 内径千分尺、6—50 mm 内径百分表; 0—5 mm 百分表、0—0.8 mm 杠杆百分表、千分表; 150 mm 刀口尺、直角尺、0.02—1.00 mm 塞尺; 1—6.5 mm R 规、7—14.5 R 规、15—25 R 规; $Ra6.3$—0.012 粗糙度样块; 量块; 洛氏硬度计。	考场提供 按需领用

4. 考核时量

90 分钟。

5. 评价标准

评价标准见下表。

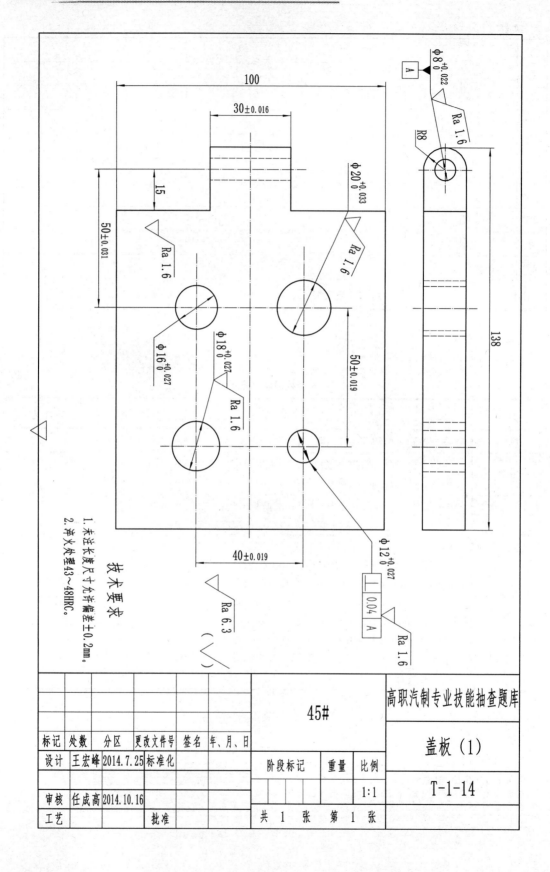

技术要求

1. 未注长度尺寸允许偏差±0.2mm。
2. 淬火处理43~48HRC。

标记	处数	分区	更改文件号	签名	年、月、日				高职汽制专业技能抽查题库
							45#		
设计	王宏峰	2014.7.25	标准化			阶段标记	重量	比例	盖板（1）
								1:1	T-1-14
审核	任成高	2014.10.16							
工艺			批准			共 1 张 第 1 张			

盖板检验(1)评价标准

序号	考核内容	配分	评分标准	扣分	得分
1	安全意识	3	未遵守安全操作规程,每次扣1分,扣完为止;		
			安全操作技能欠缺,每项次扣1分,扣完为止;		
			考生出现人伤械损等安全事故,造成恶劣影响的,本题考核计零分。		
2	组织纪律	2	不服从考试安排及考场纪律,扣2分		
3	工作准备	3	未清点图纸、量具、被测工件,扣1分;		
			量具状况判断错误,扣1分;		
			不清洁工件,扣1分		
4	操作规范	6	计量器具使用不当,扣2分;		
			检测原理不合理,扣2分;		
			检测过程不规范,扣2分。		
5	文明生产	6	着装不规范,扣1分;		
			有损害工具设备和工件的野蛮操作行为,扣2分;		
			工作结束后,未整理、清洁工具设备、工件和工作场地,扣3分。		
			考生严重违反考场纪律,造成恶劣影响的,本题考核计零分。		
6	检验报告	3	表格填写不完整,扣3分;		
		3	字迹不清晰或不规范,扣3分;		
		12	计量器具选择不合理,每项扣2分,扣完为止;		
		3	辅助工具选择不合理,每项扣3分;扣完为止;		
		42	几何尺寸检测数据不准确,每项扣3分,扣完为止;		
		5	形状和位置公差检测数据不准确,扣5分;		
		2	表面质量检测数据不准确,每项扣1分,扣完为止;		
		10	判定结论不正确,每项扣1分,扣完为止。		
合　计		100			

项目九　凹模板检验

1. 试题编号及名称:T-1-16　凹模板检验

考核技能点编号:J-1-1*、J-1-2*、J-1-7*、J-1-8*、J-1-9

2. 任务描述

识读如下凹模板零件图及其技术要求,根据指定的检验项目(见汽车零件检验报告),选择合适的计量器具以及辅助工具等,检查所用计量器具是否正常,然后对被测项目逐一进行检测及合格性判断,填写《汽车零件检验报告》。

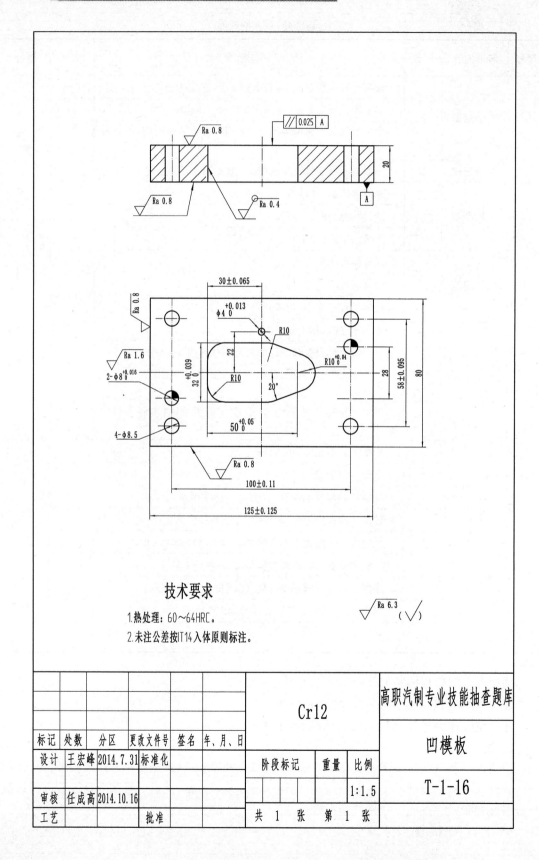

技术要求

1.热处理：60～64HRC。

2.未注公差按IT14入体原则标注。

标记	处数	分区	更改文件号	签名	年、月、日			Cr12			高职汽制专业技能抽查题库
设计	王宏峰	2014.7.31	标准化								凹模板
						阶段标记	重量	比例			
审核	任成高	2014.10.16							1:1.5		T-1-16
工艺			批准			共 1 张		第 1 张			

T-1-16 试题　汽车零件检验报告

零件名称				零件图号	
辅助工具					
序号	检测项目	图纸要求	检测结果	计量器具	判定结论
1	长度	125			
2	宽度	80			
3	厚度	20			
4	异型孔	$4 \times R10$			
5		$R10^{+0.04}_{0}$			
6		$32^{+0.039}_{0}$			
7		$Ra0.4$			
8	销钉孔	$\phi4^{+0.013}_{0}$			
9	销钉孔	$2 \times \phi8^{+0.016}_{0}$			
10		$R1.6$			
11	螺钉过孔	$4 \times \phi8.5$			
12		100			
13		85			
14	上表面	$Ra0.8$			
15	平行度	0.025			
16	底面	$Ra0.8$			
17	左侧面	$Ra0.8$			
18	前侧面	$Ra0.8$			
19	表面硬度	$60-64HRC$			
工位号		检验员(考生编号)		日　期	

3. 实施条件

实施条件见下表。

零件检验实施条件

项目	实施条件	备注
场地	每个检测工位约 $5\ m^2$,照明、通风良好。	
工具	检验平板,偏摆仪,磁性表座,方箱,万能分度头,V 形架;铜棒、木墩或橡胶墩等。	
计量器具	$0-125/0.02$ 游标卡尺、$0-200\ mm$ 游标卡尺; $0-300/0.02$ 高度游标卡尺、$0-200/0.02$ 深度游标卡尺; $50-175\ mm$ 内径千分尺、$6-50\ mm$ 内径百分表; $0-5\ mm$ 百分表、$0-0.8\ mm$ 杠杆百分表、千分表; $150\ mm$ 刀口尺、直角尺、$0.02-1.00\ mm$ 塞尺; $1-6.5\ mm\ R$ 规、$7-14.5\ R$ 规、$15-25\ R$ 规; $\phi4^{+0.013}_{0}$ 塞规; $Ra6.3-0.012$ 粗糙度样块; 量块; 洛氏硬度计。	考场提供按需领用

4. 考核时量

90 分钟。

5. 评价标准

评价标准见下表。

凹模板检验评价标准

序号	考核内容	配分	评分标准	扣分	得分
1	安全意识	3	未遵守安全操作规程,每次扣1分,扣完为止;		
			安全操作技能欠缺,每项次扣1分,扣完为止;		
			考生出现人伤械损等安全事故,造成恶劣影响的,本题考核计零分。		
2	组织纪律	2	不服从考试安排及考场纪律,扣2分		
3	工作准备	3	未清点图纸、量具、被测工件,扣1分;		
			量具状况判断错误,扣1分;		
			不清洁工件,扣1分		
4	操作规范	6	计量器具使用不当,扣2分;		
			检测原理不合理,扣2分;		
			检测过程不规范,扣2分。		
5	文明生产	6	着装不规范,扣1分;		
			有损害工具设备和工件的野蛮操作行为,扣2分;		
			工作结束后,未整理、清洁工具设备、工件和工作场地,扣3分;		
			考生严重违反考场纪律,造成恶劣影响的,本题考核计零分。		
6	检验报告	3	表格填写不完整,扣3分;		
		3	字迹不清晰或不规范,扣3分;		
		12	计量器具选择不合理,每项扣2分,扣完为止;		
		3	辅助工具选择不合理,每项扣3分,扣完为止;		
		36	几何尺寸检测数据不准确,每项扣3分,扣完为止;		
		5	形状和位置公差检测数据不准确,扣5分;		
		5	表面质量检测数据不准确,每项扣1分,扣完为止;		
		3	表面硬度检测不准确,扣3分;		
		10	判定结论不正确,每项扣1分,扣完为止。		
	合　计	100			

项目十　滑块检验

1. 试题编号及名称:T-1-17　滑块检验(1)

考核技能点编号:J-1-1*、J-1-2*、J-1-3、J-1-7*、J-1-8*

2. 任务描述

识读如下滑块零件图及其技术要求,根据指定的检验项目(见汽车零件检验报告),选择合适的计量器具以及辅助工具等,检查所用计量器具是否正常,然后对被测项目逐一进行检测及合格性判断,填写《汽车零件检验报告》。

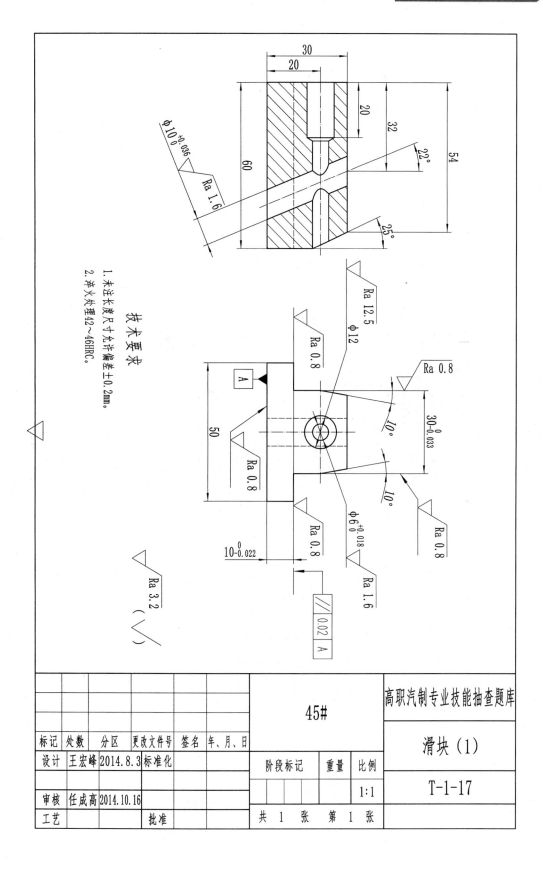

技术要求

1. 未注长度尺寸允许偏差±0.2mm。
2. 淬火处理42~46HRC。

标记	处数	分区	更改文件号	签名	年、月、日					高职汽制专业技能抽查题库
设计	王宏峰	2014.8.3	标准化							滑块（1）
审核	任成高	2014.10.16				阶段标记		重量	比例	
工艺			批准						1:1	T-1-17
						共 1 张 第 1 张				

45#

T-1-17试题　汽车零件检验报告

零件名称			零件图号		
辅助工具					

序号	检测项目	图纸要求	检测结果	计量器具	判定结论
1	凸缘	$2 \times 10_{-0.022}^{0}$			
2	底面	$Ra0.8$			
3	凸缘面	$2 \times Ra0.8$			
4	宽度	$30_{-0.033}^{0}$			
5		$2 \times Ra0.8$			
6	宽度	50			
7	长度	60			
8	孔	$\phi6_{0}^{+0.018}$			
9		$Ra1.6$			
10	孔	$\phi12$			
11		20			
12	斜孔	$\phi10_{0}^{+0.036}$			
13		32			
14		$22°$			
15		$Ra1.6$			
16	斜面	$25°$			
17		54			
18	高度	30			
19	凸缘平行度	0.02(2边)			
工位号		检验员(考生编号)		日　期	

3. 实施条件

实施条件见下表。

零件检验实施条件

项目	实施条件	备注
场地	每个检测工位约 5 m²，照明、通风良好。	

续表

项目	实施条件	备注
工具	检验平板,偏摆仪,磁性表座,方箱、万能分度头、V形架; 铜棒、木墩或橡胶墩、测量心轴等。	
计量器具	0—125/0.02 游标卡尺、0—200 mm 游标卡尺; 0—300/0.02 高度游标卡尺、0—200/0.02 深度游标卡尺; 50—175 mm 内径千分尺、6—50 mm 内径百分表; 0°—300°游标万能角度尺; 0—5 mm 百分表、0—0.8 mm 杠杆百分表、千分表; $Ra6.3—0.012$ 粗糙度样块; 量块; 洛氏硬度计。	考场提供 按需领用

4．考核时量

90分钟。

5．评价标准

评价标准见下表。

滑块检验(1)评价标准

序号	考核内容	配分	评分标准	扣分	得分
1	安全意识	3	未遵守安全操作规程,每次扣1分,扣完为止; 安全操作技能欠缺,每项次扣1分,扣完为止; 考生出现人伤械损等安全事故,造成恶劣影响的,本题考核计零分。		
2	组织纪律	2	不服从考试安排及考场纪律,扣2分		
3	工作准备	3	未清点图纸、量具、被测工件,扣1分; 量具状况判断错误,扣1分; 不清洁工件,扣1分		
4	操作规范	6	计量器具使用不当,扣2分; 检测原理不合理,扣2分; 检测过程不规范,扣2分。		
5	文明生产	6	着装不规范,扣1分; 有损害工具设备和工件的野蛮操作行为,扣2分; 工作结束后,未整理、清洁工具设备、工件和工作场地,扣3分。 考生严重违反考场纪律,造成恶劣影响的,本题考核计零分。		

续表

序号	考核内容	配分	评分标准	扣分	得分
6	检验报告	3	表格填写不完整,扣3分;		
		3	字迹不清晰或不规范,扣3分;		
		12	计量器具选择不合理,每项扣2分,扣完为止;		
		3	辅助工具选择不合理,每项扣3分;扣完为止;		
		39	几何尺寸检测数据不准确,每项扣3分,扣完为止;		
		5	形状和位置公差检测数据不准确,每项扣3分,扣完为止;		
		5	表面质量检测数据不准确,每项扣1分,扣完为止;		
		10	判定结论不正确,每项扣1分,扣完为止。		
合　计		100			

项目十一　传动轴检验

1. **试题编号及名称:** T-1-19　传动轴检验(1)

考核技能点编号:J-1-1*、J-1-2*、J-1-6、J-1-7*、J-1-8*

2. **任务描述**

识读如下传动轴零件图及其技术要求,根据指定的检验项目(见汽车零件检验报告),选择合适的计量器具以及辅助工具等,检查所用计量器具是否正常,然后对被测项目逐一进行检测及合格性判断,填写《汽车零件检验报告》。

T-1-19 试题　汽车零件检验报告

零件名称				零件图号		
辅助工具						
序号	检测项目	图纸要求	检测结果	计量器具	判定结论	
1		$\phi 25_{-0.033}^{0}$				
2	外圆	58 ± 0.15				
3		$Ra0.8$				
4	外圆	$\phi 36_{-0.16}^{0}$				
5		$Ra3.2$				
6		$\phi 34_{-0.062}^{0}$				
7	外圆	33 ± 0.125				
8		$Ra0.8$				
9		$\phi 28_{-0.033}^{0}$				
10	外圆	32 ± 0.125				
11		$Ra0.8$				

续表

12		$10^{\ 0}_{-0.036}$			
13	键槽	$28.8^{\ 0}_{-0.021}$			
14		15			
15	键槽对称度允差	0.04			
16	$\phi25$ 外圆跳动	0.015			
17	$\phi25$ 外圆圆柱度	0.006			
工位号		检验员(考生编号)		日 期	

3. 实施条件

实施条件见下表。

零件检验实施条件

项目	实施条件	备注
场地	每个检测工位约 5 m²,照明、通风良好。	
工具	检验平板,偏摆仪,磁性表座,方箱,万能分度头,V 形架; 铜棒、木墩或橡胶墩、平键等。	
计量器具	0—125/0.02 游标卡尺、0—125/0.01 带表游标卡尺; 0—25 mm 外径千分尺、25—50 mm 外径千分尺; 6—10 mm 内径百分表; 0—5 mm 百分表、0—0.8 mm 杠杆百分表、千分表; 150 mm 刀口尺、直角尺、0.02—1.00 mm 塞尺; $Ra6.3—0.012$ 粗糙度样块; 量块。	考场提供 按需领用

4. 考核时量

90 分钟。

5. 评价标准

评价标准见下表。

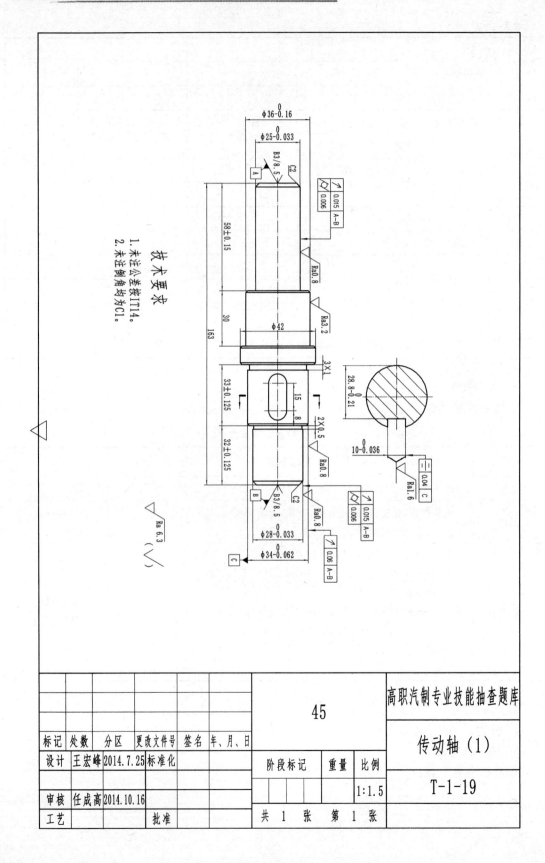

技术要求

1. 未注公差按IT14。
2. 未注倒角均为C1。

标记	处数	分区	更改文件号	签名	年、月、日				高职汽制专业技能抽查题库
设计	王宏峰	2014.7.25	标准化			阶段标记	重量	比例	传动轴（1）
审核	任成高	2014.10.16						1:1.5	T-1-19
工艺			批准			共 1 张 第 1 张			

45

传动轴检验(1)评价标准

序号	考核内容	配分	评分标准	扣分	得分
1	安全意识	3	未遵守安全操作规程,每次扣1分,扣完为止;		
			安全操作技能欠缺,每项次扣1分,扣完为止;		
			考生出现人伤械损等安全事故,造成恶劣影响的,本题考核计零分。		
2	组织纪律	2	不服从考试安排及考场纪律,扣2分		
3	工作准备	3	未清点图纸、量具、被测工件,扣1分;		
			量具状况判断错误,扣1分;		
			不清洁工件,扣1分		
4	操作规范	6	计量器具使用不当,扣2分;		
			检测原理不合理,扣2分;		
			检测过程不规范,扣2分。		
5	文明生产	6	着装不规范,扣1分;		
			有损害工具设备和工件的野蛮操作行为,扣2分;		
			工作结束后,未整理、清洁工具设备、工件和工作场地,扣3分。		
			考生严重违反考场纪律,造成恶劣影响的,本题考核计零分。		
6	检验报告	3	表格填写不完整,扣3分;		
		3	字迹不清晰或不规范,扣3分;		
		12	计量器具选择不合理,每项扣2分,扣完为止;		
		3	辅助工具选择不合理,每项扣3分;		
		30	几何尺寸检测数据不准确,每项扣3分,扣完为止;		
		15	形状和位置公差检测数据不准确,每项扣3分,扣完为止;		
		4	表面质量检测数据不准确,每项扣1分,扣完为止;		
		10	判定结论不正确,每项扣1分,扣完为止。		
合 计		100			

项目十二 支架检验

1.试题编号及名称: T-1-21 支架检验

考核技能点编号:J-1-1*、J-1-2*、J-1-3、J-1-8*

2.任务描述

识读如下支架零件图及其技术要求,根据指定的检验项目(见汽车零件检验报告),选择合适的计量器具以及辅助工具等,检查所用计量器具是否正常,然后对被测项目逐一进行检测及合格性判断,填写《汽车零件检验报告》。

高等职业院校学生专业技能抽查标准与题库丛书

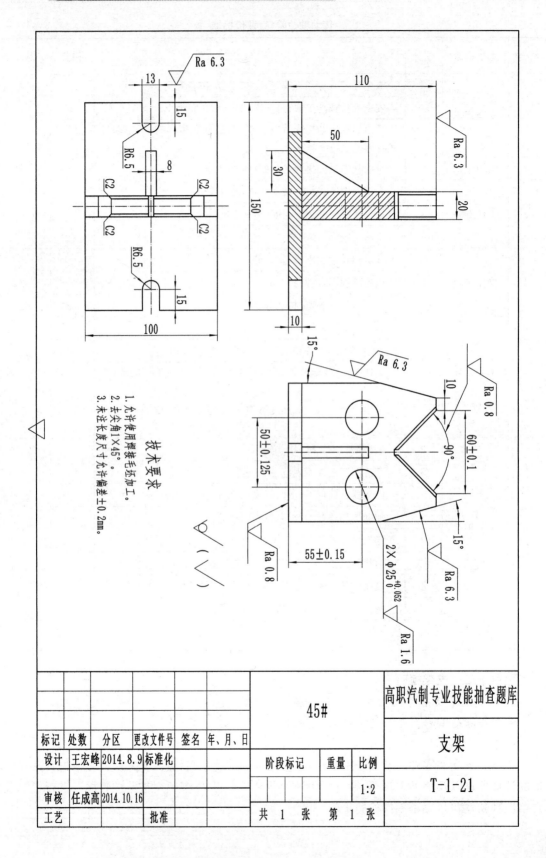

技术要求

1. 允许使用焊接毛坯加工。
2. 去尖角1×45°。
3. 未注长度尺寸允许偏差±0.2mm。

$\sqrt{\ (\sqrt{\ })}$

标记	处数	分区	更改文件号	签名	年、月、日				高职汽制专业技能抽查题库
设计	王宏峰	2014.8.9	标准化			阶段标记	重量	比例	支架
审核	任成高	2014.10.16						1:2	T-1-21
工艺			批准			共 1 张	第 1 张		

45#

54

T-1-21 试题　汽车零件检验报告

零件名称			零件图号		
辅助工具					

序号	检测项目	图纸要求	检测结果	计量器具	判定结论
1	外形	150			
2		100			
3		110			
4		$Ra0.8$			
5	V形槽	60 ± 0.1			
6		90°			
7		$4\times C2$			
8		$2\times Ra0.8$			
9	厚度	20			
10	孔	$2\times\phi25^{+0.052}_{0}$			
11		$2\times Ra1.6$			
12		55 ± 0.15			
13		50 ± 0.125			
14	斜面	2×10			
15		$2\times15°$			
16		$2\times Ra6.3$			
17	开口槽	2×13			
18		2×15			
19		$Ra6.3$			
工位号		检验员(考生编号)		日　期	

3. 实施条件

实施条件见下表。

零件检验实施条件

项目	实施条件	备注
场地	每个检测工位约 5 m²，照明、通风良好。	

续表

项目	实施条件	备注
工具	检验平板,偏摆仪,磁性表座,方箱,万能分度头,V形架; 铜棒、木墩或橡胶墩、测量心轴等。	
计量器具	0—125/0.02 游标卡尺、0—200 mm 游标卡尺; 0—300/0.02 高度游标卡尺、0—200/0.02 深度游标卡尺; 50—175 mm 内径千分尺、6—50 mm 内径百分表; 0°—300°游标万能角度尺; 0—5 mm 百分表、0—0.8 mm 杠杆百分表、千分表; 150 mm 刀口尺、直角尺、0.02—1.00 mm 塞尺; 1—6.5 mm R规、7—14.5 R规、15—25 R规; Ra6.3—0.012 粗糙度样块; 量块。	考场提供 按需领用

4. 考核时量

90分钟。

5. 评价标准

评价标准见下表。

支架检验评价标准

序号	考核内容	配分	评分标准	扣分	得分
1	安全意识	3	未遵守安全操作规程,每次扣1分,扣完为止; 安全操作技能欠缺,每项次扣1分,扣完为止; 考生出现人伤械损等安全事故,造成恶劣影响的,本题考核计零分。		
2	组织纪律	2	不服从考试安排及考场纪律,扣2分		
3	工作准备	3	未清点图纸、量具、被测工件,扣1分; 量具状况判断错误,扣1分; 不清洁工件,扣1分		
4	操作规范	6	计量器具使用不当,扣2分; 检测原理不合理,扣2分; 检测过程不规范,扣2分		
5	文明生产	6	着装不规范,扣1分; 有损害工具设备和工件的野蛮操作行为,扣2分; 工作结束后,未整理、清洁工具设备、工件和工作场地,扣3分。 考生严重违反考场纪律,造成恶劣影响的,本题考核计零分。		

续表

序号	考核内容	配分	评分标准	扣分	得分
6	检验报告	3	表格填写不完整,扣3分;		
		3	字迹不清晰或不规范,扣3分;		
		12	计量器具选择不合理,每项扣2分,扣完为止;		
		3	辅助工具选择不合理,每项扣3分;扣完为止;		
		42	几何尺寸检测数据不准确,每项扣3分,扣完为止;		
		7	表面质量检测数据不准确,每项扣1分,扣完为止;		
		10	判定结论不正确,每项扣1分,扣完为止。		
合　计		100			

项目十三　衬套检验

1. 试题编号及名称:T-1-22　衬套检验(1)

考核技能点编号:J-1-1*、J-1-2*、J-1-6、J-1-7*、J-1-8*

2. 任务描述

识读如下衬套零件图及其技术要求,根据指定的检验项目(见汽车零件检验报告),选择合适的计量器具以及辅助工具等,检查所用计量器具是否正常,然后对被测项目逐一进行检测及合格性判断,填写《汽车零件检验报告》。

T-1-22试题　汽车零件检验报告

零件名称		零件图号	

辅助工具	

序号	检测项目	图纸要求	检测结果	计量器具	判定结论
1	外圆	$\phi 52^{-0.06}_{-0.134}$			
2		88 ± 0.11			
3		$Ra1.6$			
4	外圆跳动允差	0.04			
5	内孔	$\phi 34^{+0.062}_{0}$			
6		$Ra1.6$			
7	圆柱度	0.015			
8	倒角	$2\times R3$			

续表

9	端面垂直度允差	0.05			
10		$14^{+0.043}_{0}$			
11		$47^{-0.025}_{-0.087}$			
12	键槽	20			
13		15			
14		$Ra1.6$			
15	对称度允差	0.04			
工位号		检验员(考生编号)		日期	

3. 实施条件

实施条件见下表。

零件检验实施条件

项目	实施条件	备注
场地	每个检测工位约 5 m²,照明、通风良好。	
工具	检验平板,偏摆仪,磁性表座,方箱,万能分度头,V 形架;铜棒、木墩或橡胶墩、平键、测量心轴等。	
计量器具	0−125/0.02 游标卡尺、0−200 mm 游标卡尺; 0−300/0.02 高度游标卡尺、0−200/0.02 深度游标卡尺; (0−100 mm)外径千分尺; 50−175 mm 内径千分尺、6−50 mm 内径百分表; 0−5 mm 百分表、0−0.8 mm 杠杆百分表、千分表; 1−6.5 mm R 规、7−14.5 R 规、15−25 R 规; $Ra6.3−0.012$ 粗糙度样块; 量块; 洛氏硬度计。	考场提供 按需领用

4. 考核时量

90 分钟。

5. 评价标准

评价标准见下表。

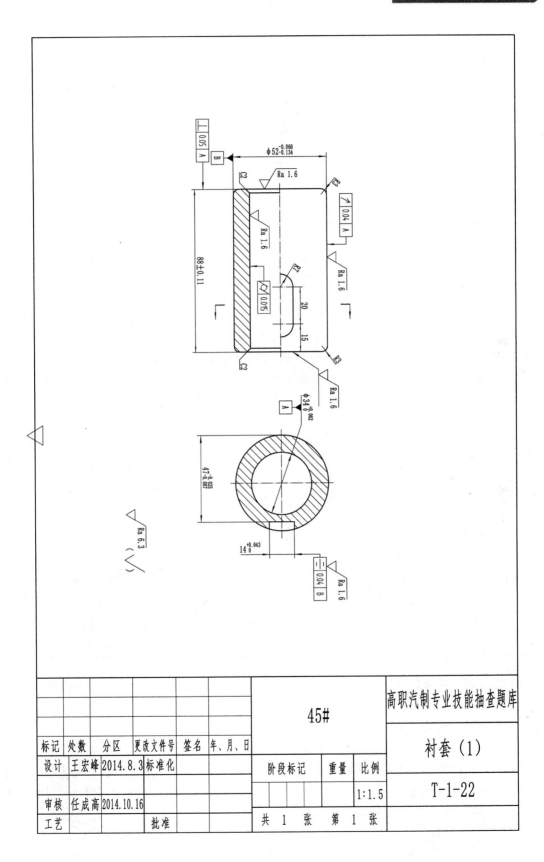

标记	处数	分区	更改文件号	签名	年、月、日			高职汽制专业技能抽查题库
							45#	
设计	王宏峰	2014.8.3	标准化					衬套（1）
						阶段标记	重量	比例
审核	任成高	2014.10.16						1:1.5
工艺			批准			共 1 张	第 1 张	T-1-22

衬套检验(1)评价标准

序号	考核内容	配分	评分标准	扣分	得分
1	安全意识	3	未遵守安全操作规程,每次扣1分,扣完为止;		
			安全操作技能欠缺,每项次扣1分,扣完为止;		
			考生出现人伤械损等安全事故,造成恶劣影响的,本题考核计零分。		
2	组织纪律	2	不服从考试安排及考场纪律,扣2分		
3	工作准备	3	未清点图纸、量具、被测工件,扣1分;		
			量具状况判断错误,扣1分;		
			不清洁工件,扣1分		
4	操作规范	6	计量器具使用不当,扣2分;		
			检测原理不合理,扣2分;		
			检测过程不规范,扣2分。		
5	文明生产	6	着装不规范,扣1分;		
			有损害工具设备和工件的野蛮操作行为,扣2分;		
			工作结束后,未整理、清洁工具设备、工件和工作场地,扣3分。		
			考生严重违反考场纪律,造成恶劣影响的,本题考核计零分。		
6	检验报告	3	表格填写不完整,扣3分;		
		3	字迹不清晰或不规范,扣3分;		
		12	计量器具选择不合理,每项扣2分,扣完为止;		
		3	辅助工具选择不合理,每项扣3分,扣完为止;		
		27	几何尺寸检测数据不准确,每项扣3分,扣完为止;		
		20	形状和位置公差检测数据不准确,每项扣5分,扣完为止;		
		2	表面质量检测数据不准确,每项扣1分,扣完为止;		
		10	判定结论不正确,每项扣1分,扣完为止。		
合 计		100			

项目十四 连接套检验

1. 试题编号及名称:T-1-24 连接套检验(1)

考核技能点编号:J-1-1*、J-1-2*、J-1-7*、J-1-8*

2. 任务描述

识读如下连接套零件图及其技术要求,根据指定的检验项目(见汽车零件检验报告),选择合适的计量器具以及辅助工具等,检查所用计量器具是否正常,然后对被测项目逐一进行检测及合格性判断,填写《汽车零件检验报告》。

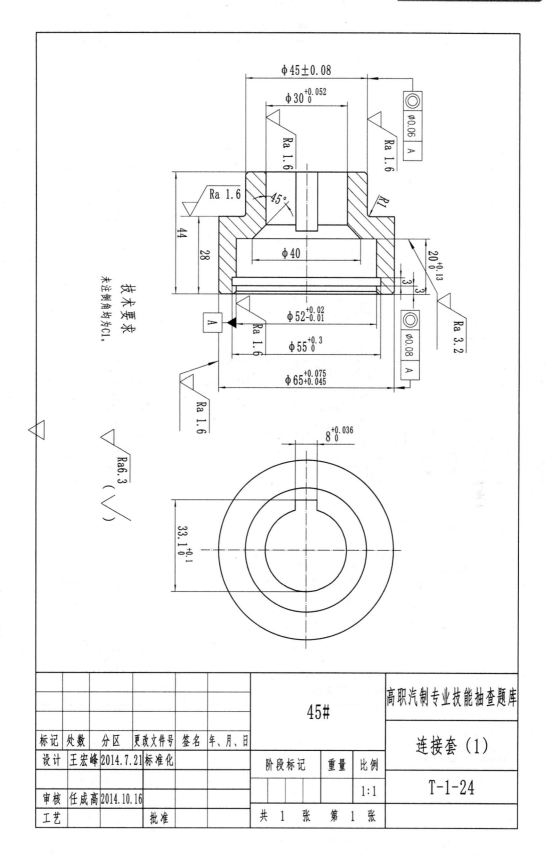

技术要求

未注倒角均为C1。

Ra6.3（√）

			标记	处数	分区	更改文件号	签名	年、月、日		45#	高职汽制专业技能抽查题库

设计	王宏峰	2014.7.21	标准化				连接套（1）

		阶段标记	重量	比例	

审核	任成高	2014.10.16				1:1	T-1-24

工艺			批准	共 1 张 第 1 张	

T-1-24试题 汽车零件检验报告

零件名称				零件图号	
辅助工具					

序号	检测项目	图纸要求	检测结果	计量器具	判定结论
1	外圆	$\phi65^{+0.075}_{+0.045}$			
2		28			
3		$Ra1.6$			
4	外圆	$\phi45\pm0.08$			
5		$Ra1.6$			
6	同轴度允差	$\phi0.06$			
7	同轴度允差	$\phi0.08$			
8	总长	44			
9	内孔	$\phi30^{+0.052}_{0}$			
10		$\phi52^{+0.02}_{-0.01}$			
11	内孔	$20^{+0.13}_{0}$			
12		$Ra1.6$			
13	内槽	$\phi55^{+0.03}_{0}$			
14	内槽至端面尺寸	3			
15	键槽	$8^{+0.036}_{0}$			
16		$33.1^{+0.1}_{0}$			
17	过渡圆角	$R1$			
工位号		检验员(考生编号)		日 期	

3. 实施条件

实施条件见下表。

零件检验实施条件

项目	实施条件	备注
场地	每个检测工位约 5 m²,照明、通风良好。	

续表

项目	实施条件	备注
工具	检验平板,偏摆仪,磁性表座,方箱,万能分度头、V形架; 铜棒、木墩或橡胶墩、测量心轴等。	
计量器具	0－125/0.02 游标卡尺、0－200 mm 游标卡尺; 0－300/0.02 高度游标卡尺、0－200/0.02 深度游标卡尺; (0－100 mm)外径千分尺; 50－175 mm 内径千分尺、6－50 mm 内径百分表; 0－5 mm 百分表、0－0.8 mm 杠杆百分表、千分表; 1－6.5 mm R 规、7－14.5 R 规、15－25 R 规; *Ra*6.3－0.012 粗糙度样块; 量块。	考场提供 按需领用

4. 考核时量

90分钟。

5. 评价标准

评价标准见下表。

连接套检验(1)评价标准

序号	考核内容	配分	评分标准	扣分	得分
1	安全意识	3	未遵守安全操作规程,每次扣1分,扣完为止; 安全操作技能欠缺,每项次扣1分,扣完为止; 考生出现人伤械损等安全事故,造成恶劣影响的,本题考核计零分。		
2	组织纪律	2	不服从考试安排及考场纪律,扣2分		
3	工作准备	3	未清点图纸、量具、被测工件,扣1分; 量具状况判断错误,扣1分; 不清洁工件,扣1分		
4	操作规范	6	计量器具使用不当,扣2分; 检测原理不合理,扣2分; 检测过程不规范,扣2分。		
5	文明生产	6	着装不规范,扣1分; 有损害工具设备和工件的野蛮操作行为,扣2分; 工作结束后,未整理、清洁工具设备、工件和工作场地,扣3分。 考生严重违反考场纪律,造成恶劣影响的,本题考核计零分。		

续表

序号	考核内容	配分	评分标准	扣分	得分
6	检验报告	3	表格填写不完整,扣3分;		
		3	字迹不清晰或不规范,扣3分;		
		12	计量器具选择不合理,每项扣2分,扣完为止;		
		3	辅助工具选择不合理,每项扣3分,扣完为止;		
		36	几何尺寸检测数据不准确,每项扣3分,扣完为止;		
		10	形状和位置公差检测数据不准确,每项扣5分,扣完为止;		
		3	表面质量检测数据不准确,每项扣1分,扣完为止;		
		10	判定结论不正确,每项扣1分,扣完为止。		
合　计		100			

项目十五　箱体检验

1. 试题编号及名称：T-1-26　箱体检验

考核技能点编号：J-1-1*、J-1-2*、J-1-4*、J-1-7*、J-1-8*

2. 任务描述

识读如下箱体零件图及其技术要求,根据指定的检验项目(见汽车零件检验报告),选择合适的计量器具以及辅助工具等,检查所用计量器具是否正常,然后对被测项目逐一进行检测及合格性判断,填写《汽车零件检验报告》。

T-1-26试题　汽车零件检验报告

零件名称				零件图号		
辅助工具						
序号	检测项目		图纸要求	检测结果	计量器具	判定结论
1	外形		156 ± 0.2			
2			150 ± 0.2			
3			180 ± 0.2			
4	凸台		6 ± 0.15			
5	孔		$2\times\phi30^{+0.052}_{0}$			
6			60 ± 0.095			
7	孔		$2\times\phi25^{+0.052}_{0}$			
8			70 ± 0.06			
9			$Ra1.6$			

续表

10	孔	$2 \times \phi 28^{+0.052}_{0}$			
11		$Ra1.6$			
12	螺纹孔	$2 \times M12$			
13	垂直度允差	0.12			
工位号		检验员(考生编号)		日 期	

3. 实施条件

实施条件见下表。

零件检验实施条件

项目	实施条件	备注
场地	每个检测工位约 5 m², 照明、通风良好。	
工具	检验平板,偏摆仪,磁性表座,方箱,万能分度头,V形架; 铜棒、木墩或橡胶墩、测量心轴等。	
计量器具	0—125/0.02 游标卡尺、0—300 mm 游标卡尺; 0—300/0.02 高度游标卡尺、0—200/0.02 深度游标卡尺; 50—175 mm 内径千分尺、6—50 mm 内径百分表; 0—5 mm 百分表、0—0.8 mm 杠杆百分表、千分表; M12—M30 g6 公制螺纹环规、M8—M30 6H 公制螺纹塞规; 150 mm 刀口尺、直角尺、0.02—1.00 mm 塞尺; 1—6.5 mm R 规、7—14.5 R 规、15—25 R 规; $Ra6.3$—0.012 粗糙度样块; 量块。	考场提供 按需领用

4. 考核时量

90 分钟。

5. 评价标准

评价标准见下表。

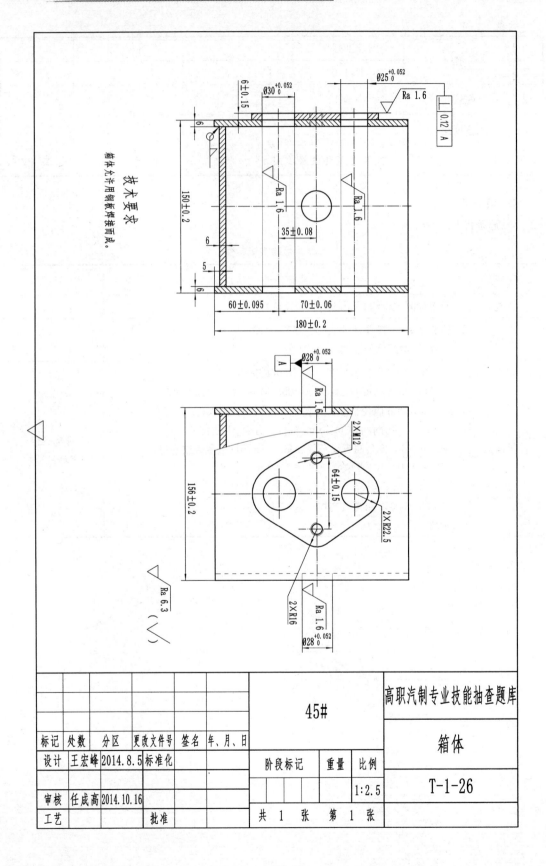

技术要求

箱体允许用钢板焊接而成。

标记	处数	分区	更改文件号	签名	年、月、日			高职汽制专业技能抽查题库
						45#		箱体
设计	王宏峰	2014.8.5	标准化			阶段标记	重量	比例
								1:2.5	T-1-26
审核	任成高	2014.10.16						
工艺			批准			共 1 张	第 1 张	

箱体检验评价标准

序号	考核内容	配分	评分标准	扣分	得分
1	安全意识	3	未遵守安全操作规程,每次扣1分,扣完为止;		
			安全操作技能欠缺,每项次扣1分,扣完为止;		
			考生出现人伤械损等安全事故,造成恶劣影响的,本题考核计零分。		
2	组织纪律	2	不服从考试安排及考场纪律,扣2分		
3	工作准备	3	未清点图纸、量具、被测工件,扣1分;		
			量具状况判断错误,扣1分;		
			不清洁工件,扣1分		
4	操作规范	6	计量器具使用不当,扣2分;		
			检测原理不合理,扣2分;		
			检测过程不规范,扣2分。		
5	文明生产	6	着装不规范,扣1分;		
			有损害工具设备和工件的野蛮操作行为,扣2分;		
			工作结束后,未整理、清洁工具设备、工件和工作场地,扣3分。		
			考生严重违反考场纪律,造成恶劣影响,本题考核计零分。		
6	检验报告	3	表格填写不完整,扣3分;		
		3	字迹不清晰或不规范,扣3分;		
		12	计量器具选择不合理,每项扣2分,扣完为止;		
		3	辅助工具选择不合理,每项扣3分,扣完为止;		
		42	几何尺寸检测数据不准确,每项扣3分,扣完为止;		
		5	形状和位置公差检测数据不准确,每项扣5分,扣完为止;		
		2	表面质量检测数据不准确,每项扣1分,扣完为止;		
		10	判定结论不正确,每项扣1分,扣完为止。		
合　计		100			

项目十六　锥套检验

1. 试题编号及名称:T-1-27　锥套检验

考核技能点编号:J-1-1*、J-1-2*、J-1-3、J-1-7*、J-1-8*

2. 任务描述

识读如下锥套零件图及其技术要求,根据指定的检验项目(见汽车零件检验报告),选择合适的计量器具以及辅助工具等,检查所用计量器具是否正常,然后对被测项目逐一进行检测及合格性判断,填写《汽车零件检验报告》。

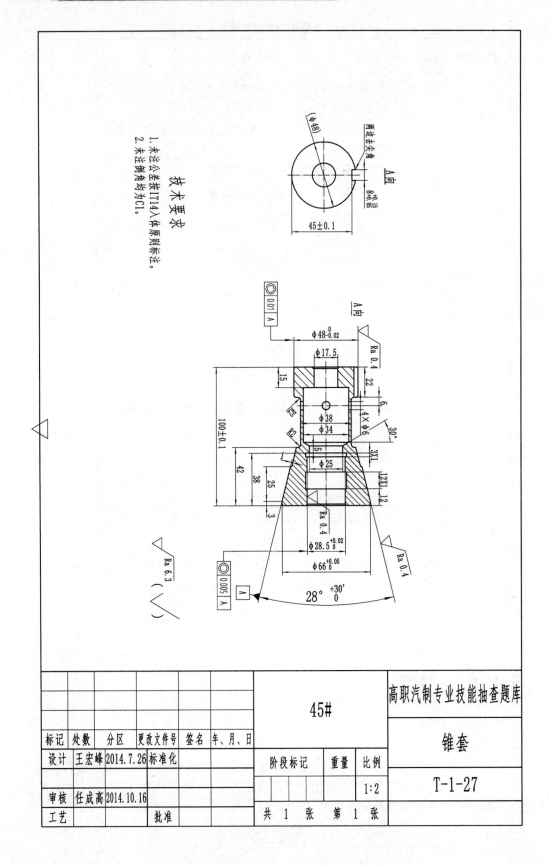

技术要求
1. 未注公差按IT14入体原则标注。
2. 未注倒角均为C1。

标记	处数	分区	更改文件号	签名	年、月、日				高职汽制专业技能抽查题库
设计	王宏峰	2014.7.26	标准化					45#	
						阶段标记	重量	比例	锥套
审核	任成高	2014.10.16						1:2	T-1-27
工艺			批准			共 1 张 第 1 张			

T-1-27 试题　汽车零件检验报告

零件名称			零件图号		
辅助工具					

序号	检测项目	图纸要求	检测结果	计量器具	判定结论
1	外圆	$\phi66^{+0.05}_{0}$			
2		3			
3	外圆	$\phi48^{0}_{-0.02}$			
4		22			
5	外圆	$\phi38$			
6	外圆锥	$28°^{+30'}_{0}$			
7		25			
8		$Ra0.4$			
9	内孔	$\phi28.5^{+0.02}_{0}$			
10		38			
11		$Ra0.4$			
12	内槽	$12×1$			
13	内孔	$\phi34$			
14	内孔	$\phi17.5$			
15		15			
16	总长	$100±0.1$			
17	内孔同轴度允差	0.005			
工位号		检验员(考生编号)		日期	

3. 实施条件

实施条件见下表。

零件检验实施条件

项目	实施条件	备注
场地	每个检测工位约 5 m²，照明、通风良好。	

续表

项目	实施条件	备注
工具	检验平板,偏摆仪,磁性表座,方箱,万能分度头,V形架; 铜棒、木墩或橡胶墩、测量心轴等。	
计量器具	0—125/0.02 游标卡尺、0—200 mm 游标卡尺; 0—300/0.02 高度游标卡尺、0—200/0.02 深度游标卡尺; (0—100 mm)外径千分尺; 50—175 mm 内径千分尺、6—50 mm 内径百分表; 0°—300°游标万能角度尺; 0—5 mm 百分表、0—0.8 mm 杠杆百分表、千分表; Ra6.3—0.012 粗糙度样块; 量块。	考场提供 按需领用

4. 考核时量

90 分钟。

5. 评价标准

评价标准见下表。

锥套检验评价标准

序号	考核内容	配分	评分标准	扣分	得分
1	安全意识	3	未遵守安全操作规程,每次扣1分,扣完为止; 安全操作技能欠缺,每项次扣1分,扣完为止; 考生出现人伤械损等安全事故,造成恶劣影响,本题考核计零分。		
2	组织纪律	2	不服从考试安排及考场纪律,扣2分		
3	工作准备	3	未清点图纸、量具、被测工件,扣1分; 量具状况判断错误,扣1分; 不清洁工件,扣1分		
4	操作规范	6	计量器具使用不当,扣2分; 检测原理不合理,扣2分; 检测过程不规范,扣2分。		
5	文明生产	6	着装不规范,扣1分; 有损害工具设备和工件的野蛮操作行为,扣2分; 工作结束后,未整理、清洁工具设备、工件和工作场地,扣3分。 考生严重违反考场纪律,造成恶劣影响,本题考核计零分。		

续表

序号	考核内容	配分	评分标准	扣分	得分
6	检验报告	3	表格填写不完整,扣3分;		
		3	字迹不清晰或不规范,扣3分;		
		12	计量器具选择不合理,每项扣2分,扣完为止;		
		3	辅助工具选择不合理,每项扣3分,扣完为止;		
		42	几何尺寸检测数据不准确,每项扣3分,扣完为止;		
		5	形状和位置公差检测数据不准确,每项扣5分,扣完为止;		
		2	表面质量检测数据不准确,每项扣1分,扣完为止;		
		10	判定结论不正确,每项扣1分,扣完为止。		
合　计		100			

项目十七　锥度轴检验

1. 试题编号及名称:T-1-28　锥度轴检验(1)

考核技能点编号:J-1-1*、J-1-2*、J-1-3、J-1-4*、J-1-7*、J-1-8*

2. 任务描述

识读如下锥度轴零件图及其技术要求,根据指定的检验项目(见汽车零件检验报告),选择合适的计量器具以及辅助工具等,检查所用计量器具是否正常,然后对被测项目逐一进行检测及合格性判断,填写《汽车零件检验报告》。

T-1-28试题　汽车零件检验报告

零件名称			零件图号		
辅助工具					

序号	检测项目	图纸要求	检测结果	计量器具	判定结论
1		$\phi 28_{-0.033}^{0}$			
2	外圆	35			
3		$Ra0.8$			
4		$\phi 25.5$			
5	外圆	20			
6		$Ra0.8$			
7	外圆	$\phi 22_{-0.21}^{0}$			
8		$8'36''$			
9	外圆锥面	120			
10		$Ra0.8$			

续表

11	总长	195±0.145			
12	螺纹	M24			
13		30			
14	退刀槽	4.5×2.5			
15	退刀槽	3×1			
16	跳动允差	0.015			
17	跳动允差	0.006			
工位号		检验员（考生编号）		日 期	

3. 实施条件

实施条件见下表。

零件检验实施条件

项目	实施条件	备注
场地	每个检测工位约 5 m²，照明、通风良好。	
工具	检验平板，偏摆仪，磁性表座，方箱，万能分度头，V 形架、200×40 正弦尺；铜棒、木墩或橡胶墩等。	
计量器具	0—125/0.02 游标卡尺、0—200 mm 游标卡尺； (0—75 mm)外径千分尺、0—25 mm 螺纹千分尺； 0—5 mm 百分表、0—0.8 mm 杠杆百分表、千分表； M12—M30 g6 公制螺纹环规、M24×1.5 g6 公制螺纹环规； Ra6.3—0.012 粗糙度样块； 量块。	考场提供 按需领用

4. 考核时量

90 分钟。

5. 评价标准

评价标准见下表。

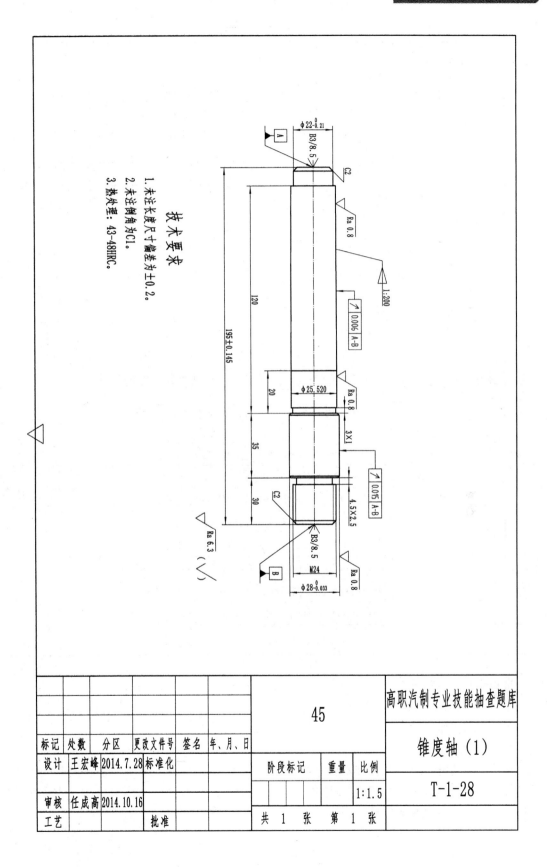

技术要求

1. 未注长度尺寸偏差为±0.2。
2. 未注倒角为C1。
3. 热处理：43~48HRC。

						45	高职汽制专业技能抽查题库
标记	处数	分区	更改文件号	签名	年、月、日		锥度轴（1）
设计	王宏峰	2014.7.28	标准化			阶段标记	重量	比例	
审核	任成高	2014.10.16						1:1.5	T-1-28
工艺			批准		共 1 张 第 1 张		

锥度轴检验(1)评价标准

序号	考核内容	配分	评分标准	扣分	得分
1	安全意识	3	未遵守安全操作规程,每次扣1分,扣完为止; 安全操作技能欠缺,每项次扣1分,扣完为止; 考生出现人伤械损等安全事故,造成恶劣影响的,本题考核计零分。		
2	组织纪律	2	不服从考试安排及考场纪律,扣2分		
3	工作准备	3	未清点图纸、量具、被测工件,扣1分; 量具状况判断错误,扣1分; 不清洁工件,扣1分		
4	操作规范	6	计量器具使用不当,扣2分; 检测原理不合理,扣2分; 检测过程不规范,扣2分。		
5	文明生产	6	着装不规范,扣1分; 有损害工具设备和工件的野蛮操作行为,扣2分; 工作结束后,未整理、清洁工具设备、工件和工作场地,扣3分。 考生严重违反考场纪律,造成恶劣影响的,本题考核计零分。		
6	检验报告	3	表格填写不完整,扣3分;		
		3	字迹不清晰或不规范,扣3分;		
		12	计量器具选择不合理,每项扣2分,扣完为止;		
		3	辅助工具选择不合理,每项扣3分,扣完为止;		
		36	几何尺寸检测数据不准确,每项扣3分,扣完为止;		
		10	形状和位置公差检测数据不准确,每项扣5分,扣完为止;		
		3	表面质量检测数据不准确,每项扣1分,扣完为止;		
		10	判定结论不正确,每项扣1分,扣完为止。		
合　计		100			

项目十八　连杆检验

1. 试题编号及名称:T-1-30　连杆检验(1)

考核技能点编号:J-1-1*、J-1-2*、J-1-7*、J-1-8*

2. 任务描述

识读如下连杆零件图及其技术要求,根据指定的检验项目(见汽车零件检验报告),选择合适的计量器具以及辅助工具等,检查所用计量器具是否正常,然后对被测项目逐一进行检测及合格性判断,填写《汽车零件检验报告》。

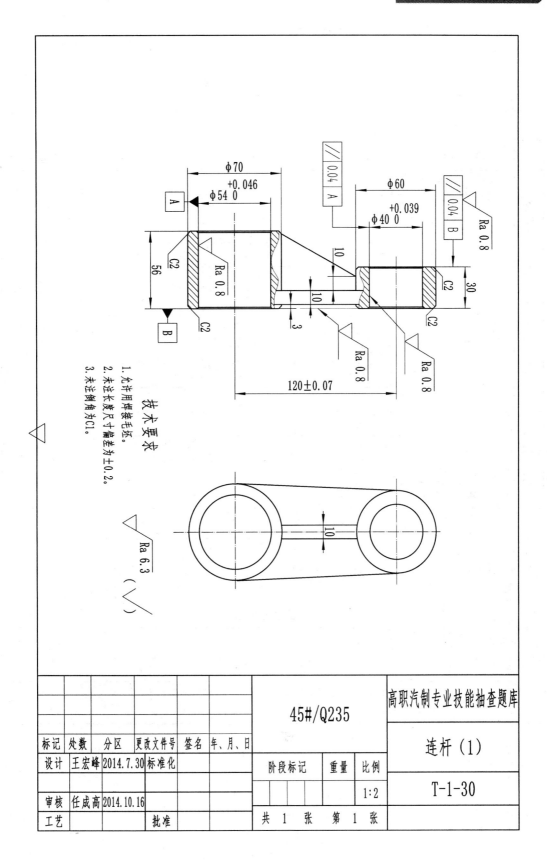

技术要求
1. 允许用焊接毛坯。
2. 未注长度尺寸偏差为±0.2。
3. 未注倒角为C1。

φ70
φ54 0 +0.046
56
C2
Ra 0.8
C2

0.04 A
A

φ60
φ40 0 +0.039
10
C2
30
C2
0.04 B
Ra 0.8

10
3
Ra 0.8
Ra 0.8

120±0.07

Ra 6.3 (✓)

10

标记	处数	分区	更改文件号	签名	年、月、日				高职汽制专业技能抽查题库
设计	王宏峰	2014.7.30	标准化				45#/Q235		连杆（1）
						阶段标记	重量	比例	
审核	任成高	2014.10.16						1:2	T-1-30
工艺			批准			共 1 张	第 1 张		

T-1-30试题　汽车零件检验报告

零件名称			零件图号		
辅助工具					

序号	检测项目	图纸要求	检测结果	计量器具	判定结论
1	外圆	$\phi60$			
2		30			
3	内孔	$\phi40^{+0.039}_{0}$			
4		120 ± 0.07			
5		$Ra0.8$			
6	外圆	$\phi70$			
7		56			
8	内孔	$\phi54^{+0.046}_{0}$			
9		$Ra0.8$			
10	底面	3			
11		$Ra0.8$			
12	倒角	C2,4处			
13	端面平行度允差	0.04			
14	小孔轴线平行度允差	0.04			
工位号		检验员(考生编号)		日　期	

3. 实施条件

实施条件见下表。

零件检验实施条件

项目	实施条件	备注
场地	每个检测工位约 5 m²,照明、通风良好。	
工具	检验平板,偏摆仪,磁性表座,方箱,万能分度头,V 形架;铜棒、木墩或橡胶墩、测量心轴等。	

续表

项目	实施条件	备注
计量器具	0—125/0.02 游标卡尺、0—200 mm 游标卡尺； 0—300/0.02 高度游标卡尺、0—200/0.02 深度游标卡尺； 50—175 mm 内径千分尺、6—50 mm 内径百分表； 0—5 mm 百分表、0—0.8 mm 杠杆百分表、千分表； 150 mm 刀口尺、直角尺、0.02—1.00 mm 塞尺； Ra 6.3—0.012 粗糙度样块； 量块。	考场提供 按需领用

4. 考核时量

90 分钟。

5. 评价标准

评价标准见下表。

连杆检验(1)评价标准

序号	考核内容	配分	评分标准	扣分	得分
1	安全意识	3	未遵守安全操作规程，每次扣1分，扣完为止； 安全操作技能欠缺，每项次扣1分，扣完为止； 考生出现人伤械损等安全事故，造成恶劣影响的，本题考核计零分。		
2	组织纪律	2	不服从考试安排及考场纪律，扣2分		
3	工作准备	3	未清点图纸、量具、被测工件，扣1分； 量具状况判断错误，扣1分； 不清洁工件，扣1分		
4	操作规范	6	计量器具使用不当，扣2分； 检测原理不合理，扣2分； 检测过程不规范，扣2分。		
5	文明生产	6	着装不规范，扣1分； 有损害工具设备和工件的野蛮操作行为，扣2分； 工作结束后，未整理、清洁工具设备、工件和工作场地，扣3分。 考生严重违反考场纪律，造成恶劣影响的，本题考核计零分。		
6	检验报告	3	表格填写不完整，扣3分；		
		3	字迹不清晰或不规范，扣3分；		
		12	计量器具选择不合理，每项扣2分，扣完为止；		
		3	辅助工具选择不合理，每项扣3分，扣完为止；		
		36	几何尺寸检测数据不准确，每项扣3分，扣完为止；		

续表

序号	考核内容	配分	评分标准	扣分	得分
6	检验报告	10	形状和位置公差检测数据不准确,每项扣5分,扣完为止;		
		3	表面质量检测数据不准确,每项扣1分,扣完为止;		
		10	判定结论不正确,每项扣1分,扣完为止。		
合　计		100			

项目十九　燕尾块检验

1. 试题编号及名称:T-1-34　燕尾块检验

考核技能点编号:J-1-1*、J-1-2*、J-1-3、J-1-7*、J-1-8*

2. 任务描述

识读如下燕尾块零件图及其技术要求,根据指定的检验项目(见汽车零件检验报告),选择合适的计量器具以及辅助工具等,检查所用计量器具是否正常,然后对被测项目逐一进行检测及合格性判断,填写《汽车零件检验报告》。

T-1-34试题　汽车零件检验报告

零件名称			零件图号		
辅助工具					
序号	检测项目	图纸要求	检测结果	计量器具	判定结论
1	外形	80 ± 0.06			
2		50			
3		10			
4	两平面	$2\times Ra0.8$			
5		平行度0.02			
6	凹槽	30 ± 0.016			
7		18 ± 0.035			
8		$3\times Ra0.8$			
9	燕尾	$2\times55°$			
10		50 ± 0.05			
11		2×10			

续表

12		$2 \times \phi 10^{+0.022}_{0}$			
13	孔	50 ± 0.05			
14		25			
15		$Ra1.6$			
工位号		检验员(考生编号)		日　期	

3. 实施条件

实施条件见下表。

零件检验实施条件

项目	实施条件	备注
场地	每个检测工位约 5 m²,照明、通风良好。	
工具	检验平板,偏摆仪,磁性表座,方箱,万能分度头,V 形架; 铜棒、木墩或橡胶墩、测量心轴等。	
计量器具	0—125/0.02 游标卡尺、0—200 mm 游标卡尺; 0—300/0.02 高度游标卡尺、0—200/0.02 深度游标卡尺; 50—175 mm 内径千分尺、6—50 mm 内径百分表; 0°—300°游标万能角度尺; 0—5 mm 百分表、0—0.8 mm 杠杆百分表、千分表; 150 mm 刀口尺、直角尺、0.02—1.00 mm 塞尺; $Ra6.3$—0.012 粗糙度样块; 量块。	考场提供 按需领用

4. 考核时量

90 分钟。

5. 评价标准

评价标准见下表。

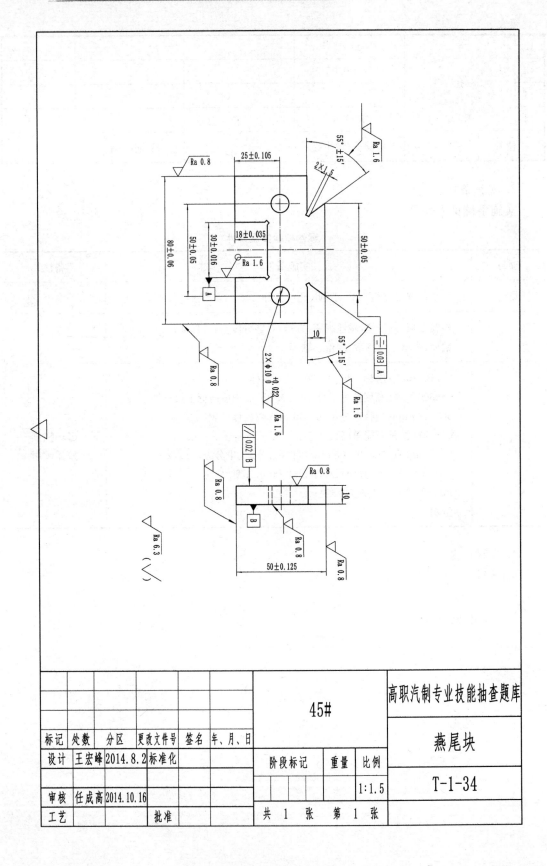

燕尾块检验评价标准

序号	考核内容	配分	评分标准	扣分	得分
1	安全意识	3	未遵守安全操作规程,每次扣1分,扣完为止; 安全操作技能欠缺,每项次扣1分,扣完为止; 考生出现人伤械损等安全事故,造成恶劣影响的,本题考核计零分。		
2	组织纪律	2	不服从考试安排及考场纪律,扣2分		
3	工作准备	3	未清点图纸、量具、被测工件,扣1分; 量具状况判断错误,扣1分; 不清洁工件,扣1分		
4	操作规范	6	计量器具使用不当,扣2分; 检测原理不合理,扣2分; 检测过程不规范,扣2分。		
5	文明生产	6	着装不规范,扣1分; 有损害工具设备和工件的野蛮操作行为,扣2分; 工作结束后,未整理、清洁工具设备、工件和工作场地,扣3分。 考生严重违反考场纪律,造成恶劣影响的,本题考核计零分。		
6	检验报告	3	表格填写不完整,扣3分;		
		3	字迹不清晰或不规范,扣3分;		
		12	计量器具选择不合理,每项扣2分,扣完为止;		
		3	辅助工具选择不合理,每项扣3分,扣完为止;		
		42	几何尺寸检测数据不准确,每项扣3分,扣完为止;		
		5	形状和位置公差检测数据不准确,每项扣5分,扣完为止;		
		2	表面质量检测数据不准确,每项扣1分,扣完为止;		
		10	判定结论不正确,每项扣1分,扣完为止。		
合　计		100			

项目二十　凸凹模检验

1. 试题编号及名称:T-1-35　凸凹模检验(1)

考核技能点编号:J-1-1*、J-1-2*、J-1-4*、J-1-7*、J-1-8*、J-1-9

2. 任务描述

识读如下凸凹模零件图及其技术要求,根据指定的检验项目(见汽车零件检验报告),选择合适的计量器具以及辅助工具等,检查所用计量器具是否正常,然后对被测项目逐一进行检测及合格性判断,填写《汽车零件检验报告》。

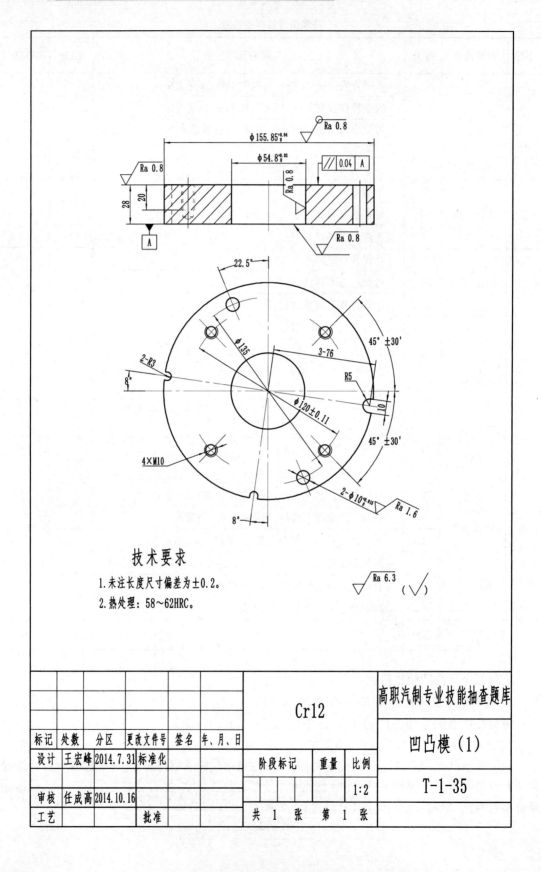

技术要求

1.未注长度尺寸偏差为±0.2。

2.热处理：58～62HRC。

标记	处数	分区	更改文件号	签名	年、月、日			Cr12		高职汽制专业技能抽查题库
设计	王宏峰	2014.7.31	标准化			阶段标记		重量	比例	凹凸模（1）
审核	任成高	2014.10.16							1:2	T-1-35
工艺			批准			共 1 张	第 1 张			

T-1-35 试题　汽车零件检验报告

零件名称				零件图号		
辅助工具						

序号	检测项目	图纸要求	检测结果	计量器具	判定结论
1	外圆	$\phi 155.85^{+0.04}_{0}$			
2		28			
3	凹槽	$2 \times R3$			
4		2×76			
5	凹槽	$R5$			
6		76			
7	内孔	$\phi 54.8^{+0.03}_{0}$			
8		$Ra0.8$			
9	孔	$2 \times \phi 10^{+0.015}_{0}$			
10	螺孔	$4 \times M10$			
11		4×20			
12		$\phi 120 \pm 0.11$			
13	上表面	$Ra0.8$			
14	平行度	0.04			
15	表面硬度	$58-62$HRC			
工位号		检验员(考生编号)		日　期	

3. 实施条件

实施条件见下表。

零件检验实施条件

项目	实施条件	备注
场地	每个检测工位约 5 m²,照明、通风良好。	
工具	检验平板,偏摆仪,磁性表座,方箱,万能分度头,V 形架; 铜棒、木墩或橡胶墩、测量心轴等。	

续表

项目	实施条件	备注
计量器具	0—125/0.02 游标卡尺、0—200/0.01 带表游标卡尺； 50—175 mm 内径千分尺、6—50 mm 内径百分表； 0—5 mm 百分表、0—0.8 mm 杠杆百分表、千分表； M12—M30 g6 公制螺纹环规、M8—M30 6H 公制螺纹塞规； 1—6.5 mm R 规、7—14.5 R 规、15—25 R 规； Ra 6.3—0.012 粗糙度样块； 量块； 洛氏硬度计。	考场提供 按需领用

4. 考核时量

90 分钟。

5. 评价标准

评价标准见下表。

凸凹模检验(1)评价标准

序号	考核内容	配分	评分标准	扣分	得分
1	安全意识	3	未遵守安全操作规程，每次扣1分，扣完为止； 安全操作技能欠缺，每项次扣1分，扣完为止； 考生出现人伤械损等安全事故，造成恶劣影响的，本题考核计零分。		
2	组织纪律	2	不服从考试安排及考场纪律，扣2分		
3	工作准备	3	未清点图纸、量具、被测工件，扣1分； 量具状况判断错误，扣1分； 不清洁工件，扣1分		
4	操作规范	6	计量器具使用不当，扣2分； 检测原理不合理，扣2分； 检测过程不规范，扣2分。		
5	文明生产	6	着装不规范，扣1分； 有损害工具设备和工件的野蛮操作行为，扣2分； 工作结束后，未整理、清洁工具设备、工件和工作场地，扣3分。 考生严重违反考场纪律，造成恶劣影响的，本题考核计零分。		

续表

序号	考核内容	配分	评分标准	扣分	得分
6	检验报告	3	表格填写不完整,扣3分;		
		3	字迹不清晰或不规范,扣3分;		
		12	计量器具选择不合理,每项扣2分,扣完为止;		
		3	辅助工具选择不合理,每项扣3分,扣完为止;		
		42	几何尺寸检测数据不准确,每项扣3分,扣完为止;		
		5	形状和位置公差检测数据不准确,每项扣5分,扣完为止;		
		2	表面质量检测数据不准确,每项扣1分,扣完为止;		
		10	判定结论不正确,每项扣1分,扣完为止。		
合　计		100			

项目二十一　发电机盖检验

1. 试题编号及名称:T-1-37　发电机盖检验

考核技能点编号:J-1-1*、J-1-2*、J-1-4*、J-1-7*、J-1-8*

2. 任务描述

识读如下发电机盖零件图及其技术要求,根据指定的检验项目(见汽车零件检验报告),选择合适的计量器具以及辅助工具等,检查所用计量器具是否正常,然后对被测项目逐一进行检测及合格性判断,填写《汽车零件检验报告》。

T-1-37试题　汽车零件检验报告

零件名称			零件图号		
辅助工具					
序号	检测项目	图纸要求	检测结果	计量器具	判定结论
2	止口	$\phi130^{+0.063}_{0}$			
3		5			
		$Ra3.2$			
4	轴承孔	$\phi40^{+0.039}_{0}$			
5		$Ra1.6$			
6	轴承孔内端面	12			
7	螺纹孔挂脚	M8			
8		15			

续表

9		16.5			
10	光孔挂脚	$\phi40^{+0.039}_{0}$			
11		89.5 ± 0.11			
12	螺杆孔	$\phi133\pm0.125$			
13	螺钉过孔	$3\times\phi5.6$			
14		$\phi50\pm0.125$			
15	同轴度允差	0.06			
工位号		检验员(考生编号)		日 期	

3. 实施条件

实施条件见下表。

零件检验实施条件

项目	实施条件	备注
场地	每个检测工位约 5 m²,照明、通风良好。	
工具	检验平板,偏摆仪,磁性表座,方箱,万能分度头,V 形架; 铜棒、木墩或橡胶墩、止口座、测量心轴等。	
计量器具	0—125/0.02 游标卡尺、0—200 mm 游标卡尺; 0—300/0.02 高度游标卡尺、0—200/0.02 深度游标卡尺; 50—175 mm 内径千分尺、6—50 mm 内径百分表; 0—5 mm 百分表、0—0.8 mm 杠杆百分表、千分表; M12—M30 g6 公制螺纹环规、M8—M30 6H 公制螺纹塞规; Ra6.3—0.012 粗糙度样块; 量块。	考场提供 按需领用

4. 考核时量

90 分钟。

5. 评价标准

评价标准见下表。

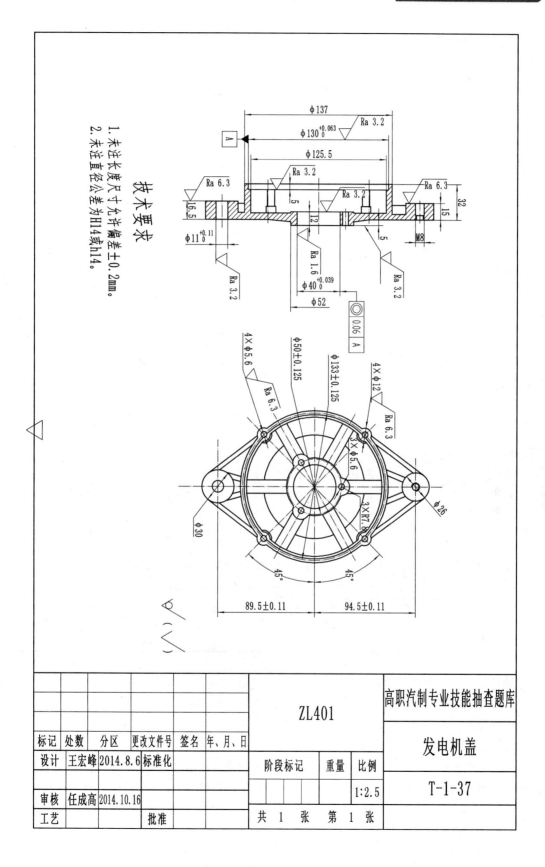

技术要求

1. 未注长度尺寸允许偏差±0.2mm。
2. 未注直径公差为H14或h14。

						高职汽制专业技能抽查题库			
			ZL401			发电机盖			
标记	处数	分区	更改文件号	签名	年、月、日				
设计	王宏峰	2014.8.6	标准化			阶段标记	重量	比例	
								1:2.5	T-1-37
审核	任成高	2014.10.16							
工艺			批准			共 1 张	第 1 张		

发电机盖检验评价标准

序号	考核内容	配分	评分标准	扣分	得分
1	安全意识	3	未遵守安全操作规程,每次扣1分,扣完为止;		
			安全操作技能欠缺,每项次扣1分,扣完为止;		
			考生出现人伤械损等安全事故,造成恶劣影响的,本题考核计零分。		
2	组织纪律	2	不服从考试安排及考场纪律,扣2分		
3	工作准备	3	未清点图纸、量具、被测工件,扣1分;		
			量具状况判断错误,扣1分;		
			不清洁工件,扣1分		
4	操作规范	6	计量器具使用不当,扣2分;		
			检测原理不合理,扣2分;		
			检测过程不规范,扣2分。		
5	文明生产	6	着装不规范,扣1分;		
			有损害工具设备和工件的野蛮操作行为,扣2分;		
			工作结束后,未整理、清洁工具设备、工件和工作场地,扣3分。		
			考生严重违反考场纪律,造成恶劣影响的,本题考核计零分。		
6	检验报告	3	表格填写不完整,扣3分;		
		3	字迹不清晰或不规范,扣3分;		
		12	计量器具选择不合理,每项扣2分,扣完为止;		
		3	辅助工具选择不合理,每项扣3分,扣完为止;		
		42	几何尺寸检测数据不准确,每项扣3分,扣完为止;		
		5	形状和位置公差检测数据不准确,每项扣5分,扣完为止;		
		2	表面质量检测数据不准确,每项扣1分,扣完为止;		
		10	判定结论不正确,每项扣1分,扣完为止。		
合　计		100			

项目二十二　支座检验

1.试题编号及名称:T-1-38　支座检验(1)

考核技能点编号:J-1-1*、J-1-2*、J-1-6、J-1-7*、J-1-8*

2.任务描述

识读如下支座零件图及其技术要求,根据指定的检验项目(见汽车零件检验报告),选择合适的计量器具以及辅助工具等,检查所用计量器具是否正常,然后对被测项目逐一进行检测及合格性判断,填写《汽车零件检验报告》。

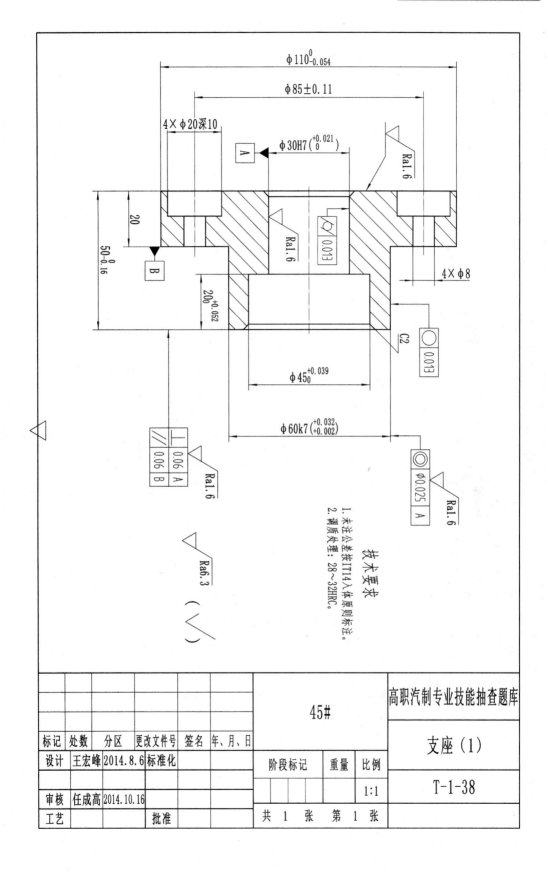

技术要求
1. 未注公差按IT14入体原则标注。
2. 调质处理：28～32HRC。

45#

高职汽制专业技能抽查题库

支座（1）

标记	处数	分区	更改文件号	签名	年、月、日			
设计	王宏峰	2014.8.6	标准化			阶段标记	重量	比例
								1:1
审核	任成高	2014.10.16				共 1 张	第 1 张	T-1-38
工艺			批准					

T-1-38 试题　汽车零件检验报告

零件名称			零件图号	
辅助工具				

序号	检测项目	图纸要求	检测结果	计量器具	判定结论
1	外圆	$\phi110^{0}_{-0.054}$			
2		20			
3		$Ra6.3$			
4	外圆	$\phi60K7(^{+0.032}_{+0.002})$			
5		$Ra1.6$			
6	总长	$500-0.16$			
7	孔	$\phi45^{+0.039}_{0}$			
8		$20^{+0.052}_{0}$			
9	孔	$\phi30H7(^{+0.021}_{0})$			
10		$Ra1.6$			
11	沉孔	$4\times\phi20$			
12		深10			
13	外圆圆度允差	0.013			
14	端面平行度允差	0.06			
工位号		检验员(考生编号)		日　期	

3. 实施条件

实施条件见下表。

零件检验实施条件

项目	实施条件	备注
场地	每个检测工位约 5 m², 照明、通风良好。	
工具	检验平板, 偏摆仪, 磁性表座, 方箱, 万能分度头, V形架; 铜棒、木墩或橡胶墩、测量心轴等。	

续表

项目	实施条件	备注
计量器具	0—125/0.02 游标卡尺、0—200/0.01 带表游标卡尺； 0—300/0.02 高度游标卡尺、0—200/0.02 深度游标卡尺； (0—100 mm)外径千分尺； 50—175 mm 内径千分尺、6—50 mm 内径百分表； 0—5 mm 百分表、0—0.8 mm 杠杆百分表、千分表； $Ra6.3$—0.012 粗糙度样块； 量块。	考场提供 按需领用

4. 考核时量

90 分钟。

5. 评价标准

评价标准见下表。

支座检验(1)评价标准

序号	考核内容	配分	评分标准	扣分	得分
1	安全意识	3	未遵守安全操作规程,每次扣1分,扣完为止； 安全操作技能欠缺,每项次扣1分,扣完为止； 考生出现人伤械损等安全事故,造成恶劣影响的,本题考核计零分。		
2	组织纪律	2	不服从考试安排及考场纪律,扣2分		
3	工作准备	3	未清点图纸、量具、被测工件,扣1分； 量具状况判断错误,扣1分； 不清洁工件,扣1分		
4	操作规范	6	计量器具使用不当,扣2分； 检测原理不合理,扣2分； 检测过程不规范,扣2分。		
5	文明生产	6	着装不规范,扣1分； 有损害工具设备和工件的野蛮操作行为,扣2分； 工作结束后,未整理、清洁工具设备、工件和工作场地,扣3分。 考生严重违反考场纪律,造成恶劣影响的,本题考核计零分。		

续表

序号	考核内容	配分	评分标准	扣分	得分
6	检验报告	3	表格填写不完整,扣3分;		
		3	字迹不清晰或不规范,扣3分;		
		12	计量器具选择不合理,每项扣2分,扣完为止;		
		3	辅助工具选择不合理,每项扣3分,扣完为止;		
		36	几何尺寸检测数据不准确,每项扣3分,扣完为止;		
		10	形状和位置公差检测数据不准确,每项扣5分,扣完为止;		
		3	表面质量检测数据不准确,每项扣1分,扣完为止;		
		10	判定结论不正确,每项扣1分,扣完为止。		
合　计		100			

项目二十三　安装垫板检验

1. 试题编号及名称:T-1-40　安装垫板检验

考核技能点编号:J-1-1*、J-1-2*、J-1-10

2. 任务描述

识读如下驱动器座零件图及其技术要求,根据指定的检验项目(见汽车零件检验报告),选择合适的计量器具以及辅助工具等,检查所用计量器具是否正常,然后对被测项目逐一进行检测及合格性判断,填写《汽车零件检验报告》。

T-1-40试题　汽车零件检验报告

零件名称				零件图号		
辅助工具						
序号	检测项目	图纸要求	检测结果		计量器具	判定结论
1	长腰圆孔	2 * 40				
2		2 * 20				
3		60				
4		17				
5	短腰圆孔	35				
6		20				
7		40.5				
8	小腰圆孔	14				
9		10				
10		13.2				

续表

11	圆孔	φ10			
12		25.9			
13	尖翼	54.8			
14	表面质量	无裂纹			
15		无起皱			
16		无拉伤			
17		毛刺高小于0.5			
18					
19					
20					
工位号		检验员（考生编号）		日 期	

3. 实施条件

实施条件见下表。

零件检验实施条件

项目	实施条件	备注
场地	每个检测工位约 5 m²，照明、通风良好。	
工具	检验平板，偏摆仪，磁性表座，方箱，万能分度头，V形架；铜棒、木墩或橡胶墩等。	
计量器具	0－125/0.02 游标卡尺； 0－300/0.02 高度游标卡尺、0－200/0.02 深度游标卡尺； 0°－300° 游标万能角度尺； 0－5 mm 百分表、0－0.8 mm 杠杆百分表、千分表； 150 mm 刀口尺、直角尺、0.02－1.00 mm 塞尺； Ra6.3－0.012 粗糙度样块； 量块； 三坐标测量仪。	考场提供 按需领用

4. 考核时量

90 分钟。

5. 评价标准

评价标准见下表。

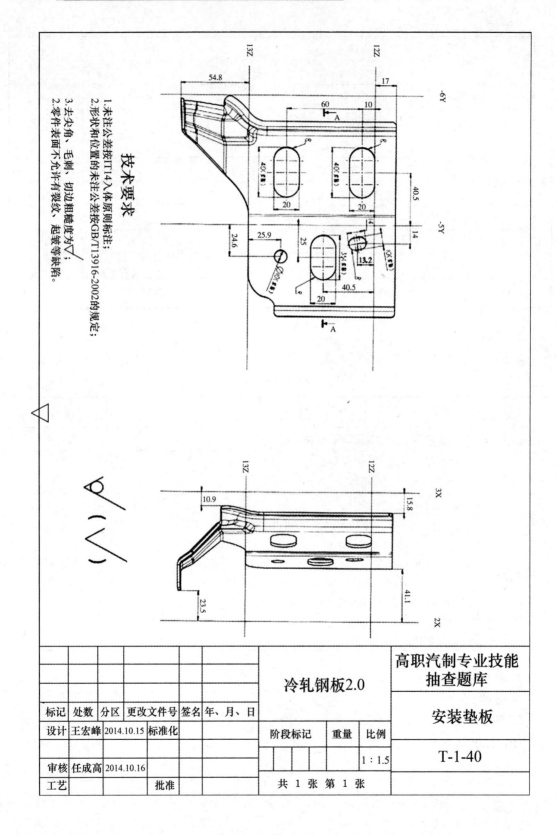

安装垫板检验评价标准

序号	考核内容	配分	评分标准	扣分	得分
1	安全意识	3	未遵守安全操作规程,每次扣1分,扣完为止;		
			安全操作技能欠缺,每项次扣1分,扣完为止;		
			考生出现人伤械损等安全事故,造成恶劣影响的,本题考核计零分。		
2	组织纪律	2	不服从考试安排及考场纪律,扣2分		
3	工作准备	3	未清点图纸、量具、被测工件,扣1分;		
			量具状况判断错误,扣1分;		
			不清洁工件,扣1分		
4	操作规范	6	计量器具使用不当,扣2分;		
			检测原理不合理,扣2分;		
			检测过程不规范,扣2分。		
5	文明生产	6	着装不规范,扣1分;		
			有损害工具设备和工件的野蛮操作行为,扣2分;		
			工作结束后,未整理、清洁工具设备、工件和工作场地,扣3分。		
			考生严重违反考场纪律,造成恶劣影响的,本题考核计零分。		
6	检验报告	3	表格填写不完整,扣3分;		
		3	字迹不清晰或不规范,扣3分;		
		12	计量器具选择不合理,每项扣2分,扣完为止;		
		3	辅助工具选择不合理,每项扣3分,扣完为止;		
		45	几何尺寸检测数据不准确,每项扣3分,扣完为止;		
		4	表面质量检测数据不准确,每项扣1分,扣完为止;		
		10	判定结论不正确,每项扣1分,扣完为止。		
合　计		100			

二、焊接加工模块

项目一 3 mm 厚 Q235 钢板对接焊条电弧平位焊

1. **试题编号**：T-2-1

考核技能点编号：J-2-1*

2. **任务描述**

识读如下工件图样，按焊接工艺要求对具有 V 形坡口的 Q235 钢板进行焊前处理，采用手工焊条电弧焊完成钢板的平位对接（单面焊双面成型）。将焊接过程采用的工艺参数、熔敷图及技术要求等填入《焊接工艺卡》。

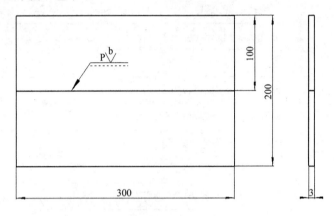

焊接工艺卡

任务名称						工位编号	
工件材质			规格				
焊接工艺参数	焊接方法	层数	焊材(焊条或焊丝)型号	焊接电流(A)	焊接电压(V)	焊接速度(cm/min)	气体流量(L/min)
熔敷图				焊接技术要求			
编制(考生编号)			审核			日期	年 月 日

3. **实施条件**

实施条件见下表。

焊接加工模块实施条件

项目	实施条件	备注
场地	焊接工位 20 个,钳桌 2 个,照明、通风良好。	
设备	ZX7-400 手工焊条电弧焊机 20 台,1 台/工位。	
工具	E4303 焊条(规格:Φ3.2 mm); 焊缝专用检测尺 1 把/工位; 钢丝刷 1 把/工位; 敲渣锤 1 把/工位; 角向砂轮机 1 台/工位; 手持式或头盔式焊接面罩 1 个/工位; 焊工手套 1 双/工位; 焊条保温桶 1 个/手工焊条电弧焊工位; 游标卡尺(规格 1-150 mm)1 把/工位; 焊接夹具 40 套,1 套/工位。	考场提供按需领用

4. 考核时量

90 分钟。

5. 评价标准

评价标准见下表。

焊接加工评价标准

考核项目	序号	考核内容	配分	评分标准	扣分	得分
职业素养及操作规范	1	安全意识	2	未遵守安全操作规程,每次扣 1 分,扣完为止; 安全操作技能欠缺,每项次扣 1 分,扣完为止。 考生出现人伤械损等安全事故,造成恶劣影响的,本模块记 0 分。		
	2	组织纪律	2	不服从考试安排及考场纪律,扣 2 分。		
	3	工作准备	4	未对图纸、设备、场地及工量具检查,扣 1 分; 未对工件坡口及其两侧 20 mm 范围内进行铁锈、油等污物清理,扣 3 分。		
	4	操作规范	7	在焊接操作平台上引弧,扣 2 分; 定位焊位置不正确,试件固定的空间位置不符合要求,每项扣 2 分,扣完为止; 没有按规定关闭电源,扣 1 分。		
	5	文明生产	5	着装不规范,扣 1 分; 有损害工具设备和工件的野蛮操作行为,扣 2 分; 工作结束后,未整理、清洁工具设备、工件和工作场地,扣 2 分; 考生严重违反考场纪律,造成恶劣影响的,本模块记 0 分。		

续表

考核项目	序号	考核内容	配分	评分标准	扣分	得分
手工焊条电弧焊产品考核	6	焊缝成型性	10	焊接产品不牢固、松动，此项目记 0 分； 焊缝不完整、不连续，每处扣 2 分，扣完为止； 焊缝存在未熔合、未焊满，此项目记 0 分。		
	7	焊缝缺陷	30	焊缝表面存在大于 3 mm 的裂纹，每处扣 2 分，扣完为止； 焊缝表面存在直径超过 2 mm 的气孔，每个扣 2 分，扣完为止； 咬边深度大于 0.5 mm 处，每处扣 2 分，扣完为止； 焊缝弧坑未焊满，每处扣 2 分，扣完为止； 焊缝存在长度大于 4 mm，深度大于 1 mm 的夹渣，每处扣 2 分，扣完为止； 焊缝中存在焊瘤，每处扣 2 分，扣完为止。		
	8	焊缝外观	10	焊缝高低、宽窄不一致，每相差 1 mm，扣 2 分，扣完为止； 焊缝波纹不均匀、不细密，每处扣 2 分，扣完为止。		
	9	焊缝余高	10	焊缝余高高于 3 mm 处，每处扣 2 分，扣完为止。		
	10	焊接变形	10	产品焊接变形最大处，变形角度每增加 1°扣 2 分，扣完为止。		
工艺文件考核	11	焊接工艺卡	10	表格填写字迹不清晰，扣 2 分； 焊接顺序、焊接方法、焊接工艺参数选择不恰当，每处扣 1 分，扣完为止； 熔敷图中焊接层数及道数绘制不完整不明确，每处扣 1 分，扣完为止； 技术要求中对焊前处理、焊中操作及焊后清理的书写不完整、不规范，每处扣 1 分，扣完为止。		
合 计			100			

项目二　3 mm 厚 Q345 钢板对接 CO$_2$ 气体保护平位焊

1. 试题编号：T-2-4

考核技能点编号：J-2-2*

2. 任务描述

识读如下工件图样，按焊接工艺要求对具有 V 形坡口的 Q235 钢板进行焊前处理，采用 CO$_2$ 气体保护焊完成钢板的平位对接（单面焊双面成型）。将焊接过程采用的工艺参数、熔敷图及技术要求等填入《焊接工艺卡》。

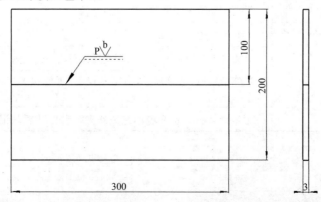

焊接工艺卡

任务名称						工位编号		
工件材质				规格				
焊接工艺参数		焊接方法	层数	焊材(焊条或焊丝)型号	焊接电流(A)	焊接电压(V)	焊接速度(cm/min)	气体流量(L/min)
熔敷图						焊接技术要求		
编制(考生编号)			审核			日期	年　月　日	

3. 实施条件

实施条件见下表。

焊接加工模块实施条件

项目	实施条件	备注
场地	焊接工位 20 个,钳桌 2 个,照明、通风良好。	
设备	KR-500 CO_2 气体保护焊机 20 台,1 台/工位。	
工具	ER50-6 焊丝; 焊缝专用检测尺 1 把/工位; 钢丝刷 1 把/工位; 敲渣锤 1 把/工位; 角向砂轮机 1 台/工位; 手持式或头盔式焊接面罩 1 个/工位; 焊工手套 1 双/工位; 游标卡尺(规格 1-150 mm)1 把/工位; 焊接夹具 20 套,1 套/工位。	考场提供按需领用

4. 考核时量

90 分钟。

5. 评价标准

评价标准见下表。

焊接加工评价标准

考核项目	序号	考核内容	配分	评分标准	扣分	得分
职业素养及操作规范	1	安全意识	2	未遵守安全操作规程,每次扣1分,扣完为止; 安全操作技能欠缺,每项次扣1分,扣完为止。 考生出现人伤械损等安全事故,造成恶劣影响的,本模块记0分。		
	2	组织纪律	2	不服从考试安排及考场纪律,扣2分。		
	3	工作准备	4	未对图纸、设备、场地及工量具检查,扣1分; 未对工件坡口及其两侧20 mm范围内进行铁锈、油等污物清理,扣3分。		
	4	操作规范	7	在焊接操作平台上引弧,扣2分; 定位焊位置不正确,试件固定的空间位置不符合要求,每项扣2分,扣完为止。 没有按规定关闭电源,扣1分。		
	5	文明生产	5	着装不规范,扣1分; 有损害工具设备和工件的野蛮操作行为,扣2分; 工作结束后,未整理、清洁工具设备、工件和工作场地,扣2分; 考生严重违反考场纪律,造成恶劣影响的,本模块记0分。		
CO_2气体保护焊产品考核	6	焊缝成型性	10	焊接产品不牢固,松动,此项目记0分; 焊缝不完整、不连续,每处扣2分,扣完为止; 焊缝存在未熔合、未焊满,此项目记0分。		
	7	焊缝缺陷	30	焊缝表面存在大于3 mm的裂纹,每处扣2分,扣完为止; 焊缝表面存在直径超过2 mm的气孔,每个扣2分,扣完为止; 咬边深度大于0.5 mm处,每处扣2分,扣完为止; 焊缝弧坑未焊满,每处扣2分,扣完为止; 焊缝存在长度大于4 mm,深度大于1 mm的夹渣,每处扣2分,扣完为止; 焊缝中存在焊瘤,每处扣2分,扣完为止。		
	8	焊缝外观	10	焊缝高低、宽窄不一致,每相差1 mm,扣2分,扣完为止; 焊缝波纹不均匀、不细密,每处扣2分,扣完为止。		
	9	焊缝余高	10	焊缝余高高于3 mm处,每处扣2分,扣完为止。		
	10	焊接变形	10	产品焊接变形最大处,变形角度每增加1°扣2分,扣完为止。		
工艺文件考核	11	焊接工艺卡	10	表格填写字迹不清晰,扣2分; 焊接顺序、焊接方法、焊接工艺参数选择不恰当,每处扣1分,扣完为止; 熔敷图中焊接层数及道数绘制不完整不明确,每处扣1分,扣完为止; 技术要求中对焊前处理、焊中操作及焊后清理的书写不完整、不规范,每处扣1分,扣完为止。		
合 计			100			

项目三 5 mm 厚 Q235 钢板对接焊条电弧平位焊

1. **试题编号**:T-2-5

考核技能点编号:J-2-1*

2. **任务描述**

识读如下工件图样,按焊接工艺要求对具有 V 形坡口的 Q235 钢板进行焊前处理,采用手工焊条电弧焊完成钢板的平位对接(单面焊双面成型)。

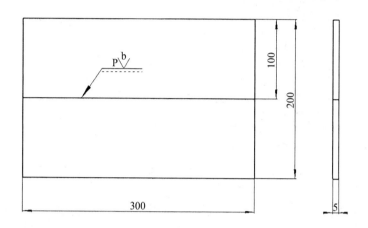

焊接工艺卡

任务名称							工位编号	
工件材质			规格					
	焊接方法	层数	焊材(焊条或焊丝)型号	焊接电流(A)	焊接电压(V)	焊接速度(cm/min)	气体流量(L/min)	
焊接工艺参数								
熔敷图					焊接技术要求			
编制(考生编号)			审核			日期	年 月 日	

3. **实施条件**

实施条件见下表。

焊接加工模块实施条件

项目	实施条件	备注
场地	焊接工位 20 个,钳桌 2 个,照明、通风良好。	
设备	ZX7-400 手工焊条电弧焊机 20 台,1 台/工位。	
工具	E4303 焊条(规格:Φ2.5 mm,Φ3.2 mm); 焊缝专用检测尺 1 把/工位; 钢丝刷 1 把/工位; 敲渣锤 1 把/工位; 角向砂轮机 1 台/工位; 手持式或头盔式焊接面罩 1 个/工位; 焊工手套 1 双/工位; 焊条保温桶 1 个/手工焊条电弧焊工位; 游标卡尺(规格 1-150 mm)1 把/工位; 焊接夹具 20 套,1 套/工位。	考场提供按需领用

4.考核时量

90 分钟。

5.评价标准

评价标准见下表。

焊接加工评价标准

考核项目	序号	考核内容	配分	评分标准	扣分	得分
职业素养及操作规范	1	安全意识	2	未遵守安全操作规程,每次扣 1 分,扣完为止; 安全操作技能欠缺,每项次扣 1 分,扣完为止。 考生出现人伤械损等安全事故,造成恶劣影响的,本模块记 0 分。		
	2	组织纪律	2	不服从考试安排及考场纪律,扣 2 分。		
	3	工作准备	4	未对图纸、设备、场地及工量具检查,扣 1 分; 未对工件坡口及其两侧 20 mm 范围内进行铁锈、油等污物清理,扣 3 分。		
	4	操作规范	7	在焊接操作平台上引弧,扣 2 分; 定位焊位置不正确,试件固定的空间位置不符合要求,每项扣 2 分,扣完为止; 没有按规定关闭电源,扣 1 分。		
	5	文明生产	5	着装不规范,扣 1 分; 有损害工具设备和工件的野蛮操作行为,扣 2 分; 工作结束后,未整理、清洁工具设备、工件和工作场地,扣 2 分; 考生严重违反考场纪律,造成恶劣影响的,本模块记 0 分。		

续表

考核项目	序号	考核内容	配分	评分标准	扣分	得分
手工焊条电弧焊产品考核	6	焊缝成型性	10	焊接产品不牢固、松动，此项目记 0 分； 焊缝不完整、不连续，每处扣 2 分，扣完为止； 焊缝存在未熔合、未焊满，此项目记 0 分。		
	7	焊缝缺陷	30	焊缝表面存在大于 3 mm 的裂纹，每处扣 2 分，扣完为止； 焊缝表面存在直径超过 2 mm 的气孔，每个扣 2 分，扣完为止； 咬边深度大于 0.5 mm 处，每处扣 2 分，扣完为止； 焊缝弧坑未焊满，每处扣 2 分，扣完为止； 焊缝存在长度大于 4 mm，深度大于 1 mm 的夹渣，每处扣 2 分，扣完为止； 焊缝中存在焊瘤，每处扣 2 分，扣完为止。		
	8	焊缝外观	10	焊缝高低、宽窄不一致，每相差 1 mm，扣 2 分，扣完为止； 焊缝波纹不均匀、不细密，每处扣 2 分，扣完为止。		
	9	焊缝余高	10	焊缝余高高于 3 mm 处，每处扣 2 分，扣完为止。		
	10	焊接变形	10	产品焊接变形最大处，变形角度每增加 1° 扣 2 分，扣完为止。		
工艺文件考核	11	焊接工艺卡	10	表格填写字迹不清晰，扣 2 分； 焊接顺序、焊接方法、焊接工艺参数选择不恰当，每处扣 1 分，扣完为止； 熔敷图中焊接层数及道数绘制不完整不明确，每处扣 1 分，扣完为止； 技术要求中对焊前处理、焊中操作及焊后清理的书写不完整、不规范，每处扣 1 分，扣完为止。		
合　计			100			

项目四　5 mm 厚 Q345 钢板对接 CO_2 气体保护平位焊

1. **试题编号**：T-2-8

考核技能点编号：J-2-2*

2. **任务描述**

识读如下工件图样，按焊接工艺要求对具有 V 形坡口的 Q345 钢板进行焊前处理，采用 CO_2 气体保护焊完成钢板的平位对接（单面焊双面成型）。将焊接过程采用的工艺参数、熔敷图及技术要求等填入《焊接工艺卡》。

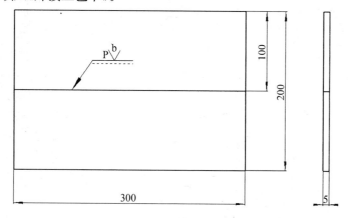

焊接工艺卡

任务名称					工位编号		
工件材质			规格				
焊接工艺参数	焊接方法	层数	焊材(焊条或焊丝)型号	焊接电流(A)	焊接电压(V)	焊接速度(cm/min)	气体流量(L/min)
熔敷图				焊接技术要求			
编制(考生编号)			审核		日期	年 月 日	

3. 实施条件

实施条件见下表。

焊接加工模块实施条件

项目	实施条件	备注
场地	焊接工位 20 个,钳桌 2 个,照明、通风良好。	
设备	KR-500 CO_2 气体保护焊机 20 台,1 台/工位。	
工具	ER50-6 焊丝; 焊缝专用检测尺 1 把/工位; 钢丝刷 1 把/工位; 敲渣锤 1 把/工位; 角向砂轮机 1 台/工位; 手持式或头盔式焊接面罩 1 个/工位; 焊工手套 1 双/工位; 游标卡尺(规格 1-150 mm)1 把/工位; 焊接夹具 20 套,1 套/工位。	考场提供按需领用

4. 考核时量

90 分钟。

5. 评价标准

评价标准见下表。

焊接加工评价标准

考核项目	序号	考核内容	配分	评分标准	扣分	得分
职业素养及操作规范	1	安全意识	2	未遵守安全操作规程,每次扣1分,扣完为止; 安全操作技能欠缺,每项次扣1分,扣完为止。 考生出现人伤械损等安全事故,造成恶劣影响的,本模块记0分。		
	2	组织纪律	2	不服从考试安排及考场纪律,扣2分。		
	3	工作准备	4	未对图纸、设备、场地及工量具检查,扣1分; 未对工件坡口及其两侧20 mm范围内进行铁锈、油等污物清理,扣3分。		
	4	操作规范	7	在焊接操作平台上引弧,扣2分; 定位焊位置不正确,试件固定的空间位置不符合要求,每项扣2分,扣完为止; 没有按规定关闭电源,扣1分。		
	5	文明生产	5	着装不规范,扣1分; 有损害工具设备和工件的野蛮操作行为,扣2分; 工作结束后,未整理、清洁工具设备、工件和工作场地,扣2分; 考生严重违反考场纪律,造成恶劣影响的,本模块记0分。		
CO_2气体保护焊产品考核	6	焊缝成型性	10	焊接产品不牢固,松动,此项记0分; 焊缝不完整、不连续,每处扣2分,扣完为止; 焊缝存在未熔合、未焊满,此项记0分。		
	7	焊缝缺陷	30	焊缝表面存在大于3 mm的裂纹,每处扣2分,扣完为止; 焊缝表面存在直径超过2 mm的气孔,每个扣2分,扣完为止; 咬边深度大于0.5 mm处,每处扣2分,扣完为止; 焊缝弧坑未焊满,每处扣2分,扣完为止; 焊缝存在长度大于4 mm,深度大于1 mm的夹渣,每处扣2分,扣完为止; 焊缝中存在焊瘤,每处扣2分,扣完为止。		
	8	焊缝外观	10	焊缝高低、宽窄不一致,每相差1 mm,扣2分,扣完为止; 焊缝波纹不均匀、不细密,每处扣2分,扣完为止。		
	9	焊缝余高	10	焊缝余高高于3 mm处,每处扣2分,扣完为止。		
	10	焊接变形	10	产品焊接变形最大处,变形角度每增加1°扣2分,扣完为止。		
工艺文件考核	11	焊接工艺卡	10	表格填写字迹不清晰,扣2分; 焊接顺序、焊接方法、焊接工艺参数选择不恰当,每处扣1分,扣完为止; 熔敷图中焊接层数及道数绘制不完整不明确,每处扣1分,扣完为止; 技术要求中对焊前处理、焊中操作及焊后清理的书写不完整、不规范,每处扣1分,扣完为止。		
合　计			100			

项目五　7 mm 厚 Q235 钢板对接焊条电弧平位焊

1. 试题编号：T-2-9

考核技能点编号：J-2-1*

2. **任务描述**

识读如下工件图样,按焊接工艺要求对具有 V 形坡口的 Q235 钢板进行焊前处理,采用手工焊条电弧焊完成钢板的平位对接(单面焊双面成型)。将焊接过程采用的工艺参数、熔敷图及技术要求等填入《焊接工艺卡》。

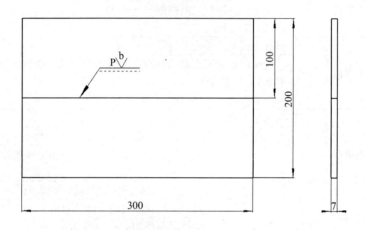

焊接工艺卡

任务名称						工位编号	
工件材质			规格				
焊接工艺参数	焊接方法	层数	焊材(焊条或焊丝)型号	焊接电流(A)	焊接电压(V)	焊接速度(cm/min)	气体流量(L/min)
熔敷图				焊接技术要求			
编制(考生编号)		审核		日期		年　月　日	

3. **实施条件**

实施条件见下表。

焊接加工模块实施条件

项目	实施条件	备注
场地	焊接工位 20 个,钳桌 2 个,照明、通风良好。	
设备	ZX7-400 手工焊条电弧焊机 20 台,1 台/工位。	
工具	E4303 焊条(规格:Φ2.5 mm,Φ3.2 mm); 焊缝专用检测尺 1 把/工位; 钢丝刷 1 把/工位; 敲渣锤 1 把/工位; 角向砂轮机 1 台/工位; 手持式或头盔式焊接面罩 1 个/工位; 焊工手套 1 双/工位; 焊条保温桶 1 个/手工焊条电弧焊工位; 游标卡尺(规格 1-150 mm)1 把/工位; 焊接夹具 20 套,1 套/工位。	考场提供按需领用

4. 考核时量

90 分钟。

5. 评价标准

评价标准见下表。

焊接加工评价标准

考核项目	序号	考核内容	配分	评分标准	扣分	得分
职业素养及操作规范	1	安全意识	2	未遵守安全操作规程,每次扣 1 分,扣完为止; 安全操作技能欠缺,每项次扣 1 分,扣完为止。 考生出现人伤械损等安全事故,造成恶劣影响的,本模块记 0 分。		
	2	组织纪律	2	不服从考试安排及考场纪律,扣 2 分。		
	3	工作准备	4	未对图纸、设备、场地及工量具检查,扣 1 分; 未对工件坡口及其两侧 20 mm 范围内进行铁锈、油等污物清理,扣 3 分。		
	4	操作规范	7	在焊接操作平台上引弧,扣 2 分; 定位焊位置不正确,试件固定的空间位置不符合要求,每项扣 2 分,扣完为止; 没有按规定关闭电源,扣 1 分。		
	5	文明生产	5	着装不规范,扣 1 分; 有损害工具设备和工件的野蛮操作行为,扣 2 分; 工作结束后,未整理、清洁工具设备、工件和工作场地,扣 2 分; 考生严重违反考场纪律,造成恶劣影响的,本模块记 0 分。		

续表

考核项目	序号	考核内容	配分	评分标准	扣分	得分
手工焊条电弧焊产品考核	6	焊缝成型性	10	焊接产品不牢固、松动，此项目记 0 分； 焊缝不完整、不连续，每处扣 2 分，扣完为止； 焊缝存在未熔合、未焊满，此项目记 0 分。		
	7	焊缝缺陷	30	焊缝表面存在大于 3 mm 的裂纹，每处扣 2 分，扣完为止； 焊缝表面存在直径超过 2 mm 的气孔，每个扣 2 分，扣完为止； 咬边深度大于 0.5 mm 处，每处扣 2 分，扣完为止； 焊缝弧坑未焊满，每处扣 2 分，扣完为止； 焊缝存在长度大于 4 mm，深度大于 1 mm 的夹渣，每处扣 2 分，扣完为止； 焊缝中存在焊瘤，每处扣 2 分，扣完为止。		
	8	焊缝外观	10	焊缝高低、宽窄不一致，每相差 1 mm，扣 2 分，扣完为止； 焊缝波纹不均匀、不细密，每处扣 2 分，扣完为止。		
	9	焊缝余高	10	焊缝余高高于 3 mm 处，每处扣 2 分，扣完为止。		
	10	焊接变形	10	产品焊接变形最大处，变形角度每增加 1° 扣 2 分，扣完为止。		
工艺文件考核	11	焊接工艺卡	10	表格填写字迹不清晰，扣 2 分； 焊接顺序、焊接方法、焊接工艺参数选择不恰当，每处扣 1 分，扣完为止； 熔敷图中焊接层数及道数绘制不完整不明确，每处扣 1 分，扣完为止； 技术要求中对焊前处理、焊中操作及焊后清理的书写不完整、不规范，每处扣 1 分，扣完为止。		
合　计			100			

项目六　7 mm 厚 Q345 钢板对接 CO_2 气体保护平位焊

1. 试题编号：T-2-12

考核技能点编号：J-2-2*

2. 任务描述

识读如下工件图样，按焊接工艺要求对具有 V 形坡口的 Q345 钢板进行焊前处理，采用 CO_2 气体保护焊完成钢板的平位对接（单面焊双面成型）。将焊接过程采用的工艺参数、熔敷图及技术要求等填入《焊接工艺卡》。

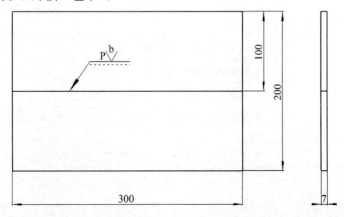

焊接工艺卡

任务名称						工位编号		
工件材质				规格				
焊接工艺参数		焊接方法	层数	焊材(焊条或焊丝)型号	焊接电流(A)	焊接电压(V)	焊接速度(cm/min)	气体流量(L/min)
熔敷图						焊接技术要求		
编制(考生编号)			审核			日期	年　月　日	

3. 实施条件

实施条件见下表。

焊接加工模块实施条件

项目	实施条件	备注
场地	焊接工位 20 个,钳桌 2 个,照明、通风良好。	
设备	KR-500 CO_2 气体保护焊机 20 台,1 台/工位。	
工具	ER50-6 焊丝; 焊缝专用检测尺 1 把/工位; 钢丝刷 1 把/工位; 敲渣锤 1 把/工位; 角向砂轮机 1 台/工位; 手持式或头盔式焊接面罩 1 个/工位; 焊工手套 1 双/工位; 游标卡尺(规格 1-150 mm)1 把/工位; 焊接夹具 20 套,1 套/工位。	考场提供按需领用

4. 考核时量

90 分钟。

5. 评价标准

评价标准见下表。

焊接加工评价标准

考核项目	序号	考核内容	配分	评分标准	扣分	得分
职业素养及操作规范	1	安全意识	2	未遵守安全操作规程,每次扣1分,扣完为止; 安全操作技能欠缺,每项次扣1分,扣完为止。 考生出现人伤械损等安全事故,造成恶劣影响的,本模块记0分。		
	2	组织纪律	2	不服从考试安排及考场纪律,扣2分。		
	3	工作准备	4	未对图纸、设备、场地及工量具检查,扣1分; 未对工件坡口及其两侧20 mm范围内进行铁锈、油等污物清理,扣3分。		
	4	操作规范	7	在焊接操作平台上引弧,扣2分; 定位焊位置不正确,试件固定的空间位置不符合要求,每项扣2分,扣完为止; 没有按规定关闭电源,扣1分。		
	5	文明生产	5	着装不规范,扣1分; 有损害工具设备和工件的野蛮操作行为,扣2分; 工作结束后,未整理、清洁工具设备、工件和工作场地,扣2分; 考生严重违反考场纪律,造成恶劣影响的,本模块记0分。		
CO_2气体保护焊产品考核	6	焊缝成型性	10	焊接产品不牢固,松动,此项目记0分; 焊缝不完整、不连续,每处扣2分,扣完为止; 焊缝存在未熔合、未焊满,此项目记0分。		
	7	焊缝缺陷	30	焊缝表面存在大于3 mm的裂纹,每处扣2分,扣完为止; 焊缝表面存在直径超过2 mm的气孔,每个扣2分,扣完为止; 咬边深度大于0.5 mm处,每处扣2分,扣完为止; 焊缝弧坑未焊满,每处扣2分,扣完为止; 焊缝存在长度大于4 mm,深度大于1 mm的夹渣,每处扣2分,扣完为止; 焊缝中存在焊瘤,每处扣2分,扣完为止。		
	8	焊缝外观	10	焊缝高低、宽窄不一致,每相差1 mm,扣2分,扣完为止; 焊缝波纹不均匀、不细密,每处扣2分,扣完为止。		
	9	焊缝余高	10	焊缝余高高于3 mm处,每处扣2分,扣完为止。		
	10	焊接变形	10	产品焊接变形最大处,变形角度每增加1°扣2分,扣完为止。		
工艺文件考核	11	焊接工艺卡	10	表格填写字迹不清晰,扣2分; 焊接顺序、焊接方法、焊接工艺参数选择不恰当,每处扣1分,扣完为止; 熔敷图中焊接层数及道数绘制不完整不明确,每处扣1分,扣完为止; 技术要求中对焊前处理、焊中操作及焊后清理的书写不完整、不规范,每处扣1分,扣完为止。		
合　计			100			

项目七　5 mm 厚 Q235 钢板角接焊条电弧平位焊

1. 试题编号：T-2-13

考核技能点编号：J-2-1*

2. 任务描述

识读如下工件图样，按工艺要求对板厚 5 mm 的 Q235 钢板进行焊前处理，采用焊条电弧焊完成钢板的角接（双面焊），将焊接过程中采用的焊接工艺参数、熔敷图及技术要求等填入《焊接工艺卡》。

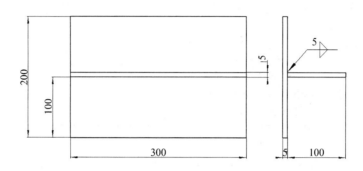

焊接工艺卡

任务名称					工位编号		
工件材质			规格				
	焊接方法	层数	焊材（焊条或焊丝）型号	焊接电流（A）	焊接电压（V）	焊接速度（cm/min）	气体流量（L/min）
焊接工艺参数							
熔敷图				焊接技术要求			
编制（考生编号）		审核		日期		年　　月　　日	

3. 实施条件

实施条件见下表。

焊接加工模块实施条件

项目	实施条件	备注
场地	焊接工位 20 个,钳桌 2 个,照明、通风良好。	
设备	ZX7-400 手工焊条电弧焊机 20 台,1 台/工位。	
工具	E4303 焊条(规格:Φ2.5,Φ3.2); 焊缝专用检测尺 1 把/工位; 钢丝刷 1 把/工位; 敲渣锤 1 把/工位; 角向砂轮机 1 台/工位; 手持式或头盔式焊接面罩 1 个/工位; 焊工手套 1 双/工位; 焊条保温桶 1 个/手工焊条电弧焊工位; 游标卡尺(规格 1-150 mm)1 把/工位; 焊接夹具 20 套,1 套/工位。	考场提供按需领用

4.考核时量

90 分钟。

5.评价标准

评价标准见下表。

焊接加工评价标准

考核项目	序号	考核内容	配分	评分标准	扣分	得分
职业素养及操作规范	1	安全意识	2	未遵守安全操作规程,每次扣 1 分,扣完为止; 安全操作技能欠缺,每项次扣 1 分,扣完为止。 考生出现人伤械损等安全事故,造成恶劣影响的,本模块记 0 分。		
	2	组织纪律	2	不服从考试安排及考场纪律,扣 2 分。		
	3	工作准备	4	未对图纸、设备、场地及工量具检查,扣 1 分。 未对工件坡口及其两侧 20 mm 范围内进行铁锈、油等污物清理,扣 3 分。		
	4	操作规范	7	在焊接操作平台上引弧,扣 2 分; 定位焊位置不正确,试件固定的空间位置不符合要求,每项扣 2 分,扣完为止; 没有按规定关闭电源,扣 1 分。		
	5	文明生产	5	着装不规范,扣 1 分; 有损害工具设备和工件的野蛮操作行为,扣 2 分; 工作结束后,未整理、清洁工具设备、工件和工作场地,扣 2 分; 考生严重违反考场纪律,造成恶劣影响的,本模块记 0 分。		

续表

考核项目	序号	考核内容	配分	评分标准	扣分	得分
手工焊条电弧焊产品考核	6	焊缝成型性	10	焊接产品不牢固、松动，此项目记0分； 焊缝不完整、不连续，每处扣2分，扣完为止； 焊缝存在未熔合、未焊满，此项目记0分。		
	7	焊缝缺陷	30	焊缝表面存在大于3 mm的裂纹，每处扣2分，扣完为止； 焊缝表面存在直径超过2 mm的气孔，每个扣2分，扣完为止； 咬边深度大于0.5 mm处，每处扣2分，扣完为止； 焊缝弧坑未焊满，每处扣2分，扣完为止； 焊缝存在长度大于4 mm，深度大于1 mm的夹渣，每处扣2分，扣完为止； 焊缝中存在焊瘤，每处扣2分，扣完为止。		
	8	焊缝外观	10	焊缝高低、宽窄不一致，每相差1 mm，扣2分，扣完为止； 焊缝波纹不均匀、不细密，每处扣2分，扣完为止。		
	9	焊脚高度	10	焊脚高度大于6 mm或小于4 mm处，每处扣2分，扣完为止。		
	10	焊接变形	10	产品焊接变形最大处，变形角度每增加1°扣2分，扣完为止。		
工艺文件考核	11	焊接工艺卡	10	表格填写字迹不清晰，扣2分； 焊接顺序、焊接方法、焊接工艺参数选择不恰当，每处扣1分，扣完为止； 熔敷图中焊接层数及道数绘制不完整不明确，每处扣1分，扣完为止； 技术要求中对焊前处理、焊中操作及焊后清理的书写不完整、不规范，每处扣1分，扣完为止。		
合 计			100			

项目八　5 mm厚Q345钢板角接CO$_2$气体保护平位焊

1. 试题编号：T-2-16

考核技能点编号：J-2-2*

2. 任务描述

识读如下工件图样，按工艺要求对板厚5 mm的Q345钢板进行焊前处理，采用CO$_2$气体保护焊完成钢板的角接（双面焊），将焊接过程中采用的焊接工艺参数、熔敷图及技术要求等填入《焊接工艺卡》。

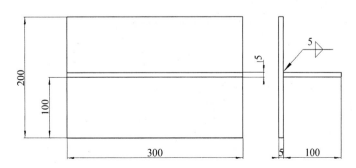

焊接工艺卡

任务名称					工位编号		
工件材质			规格				
焊接工艺参数	焊接方法	层数	焊材(焊条或焊丝)型号	焊接电流(A)	焊接电压(V)	焊接速度(cm/min)	气体流量(L/min)
熔敷图				焊接技术要求			
编制(考生编号)			审核		日期	年 月 日	

3. **实施条件**

实施条件见下表。

焊接加工模块实施条件

项目	实施条件	备注
场地	焊接工位20个,钳桌2个,照明、通风良好。	
设备	KR-500 CO_2 气体保护焊机20台,1台/工位。	
工具	ER50-6焊丝; 焊缝专用检测尺1把/工位; 钢丝刷1把/工位; 敲渣锤1把/工位; 角向砂轮机1台/工位; 手持式或头盔式焊接面罩1个/工位; 焊工手套1双/工位; 游标卡尺(规格1-150 mm)1把/工位; 焊接夹具40套,1套/工位。	考场提供按需领用

4. **考核时量**

90分钟。

5. **评价标准**

评价标准见下表。

焊接加工评价标准

考核项目	序号	考核内容	配分	评分标准	扣分	得分
职业素养及操作规范	1	安全意识	2	未遵守安全操作规程,每次扣1分,扣完为止; 安全操作技能欠缺,每项次扣1分,扣完为止。 考生出现人伤械损等安全事故,造成恶劣影响的,本模块记0分。		
	2	组织纪律	2	不服从考试安排及考场纪律,扣2分。		
	3	工作准备	4	未对图纸、设备、场地及工量具检查,扣1分; 未对工件坡口及其两侧20 mm范围内进行铁锈、油等污物清理,扣3分。		
	4	操作规范	7	在焊接操作平台上引弧,扣2分; 定位焊位置不正确,试件固定的空间位置不符合要求,每项扣2分,扣完为止; 没有按规定关闭电源,扣1分。		
	5	文明生产	5	着装不规范,扣1分; 有损害工具设备和工件的野蛮操作行为,扣2分; 工作结束后,未整理、清洁工具设备、工件和工作场地,扣2分; 考生严重违反考场纪律,造成恶劣影响的,本模块记0分。		
CO_2 气体保护焊产品考核	6	焊缝成型性	10	焊接产品不牢固、松动,此项记0分; 焊缝不完整、不连续,每处扣2分,扣完为止; 焊缝存在未熔合、未焊满,此项记0分。		
	7	焊缝缺陷	30	焊缝表面存在大于3 mm的裂纹,每处扣2分,扣完为止; 焊缝表面存在直径超过2 mm的气孔,每个扣2分,扣完为止; 咬边深度大于0.5 mm处,每处扣2分,扣完为止; 焊缝弧坑未焊满,每处扣2分,扣完为止; 焊缝存在长度大于4 mm,深度大于1 mm的夹渣,每处扣2分,扣完为止; 焊缝中存在焊瘤,每处扣2分,扣完为止。		
	8	焊缝外观	10	焊缝高低、宽窄不一致,每相差1 mm,扣2分,扣完为止; 焊缝波纹不均匀、不细密,每处扣2分,扣完为止。		
	9	焊脚高度	10	焊脚高度大于6 mm或小于4 mm处,每处扣2分,扣完为止。		
	10	焊接变形	10	产品焊接变形最大处,变形角度每增加1°扣2分,扣完为止。		
工艺文件考核	11	焊接工艺卡	10	表格填写字迹不清晰,扣2分; 焊接顺序、焊接方法、焊接工艺参数选择不恰当,每处扣1分,扣完为止; 熔敷图中焊接层数及道数绘制不完整不明确,每处扣1分,扣完为止; 技术要求中对焊前处理、焊中操作及焊后清理的书写不完整、不规范,每处扣1分,扣完为止。		
合　计			100			

项目九　3 mm 厚 Q235 钢板搭接焊条电弧平位焊

1. 试题编号：T-2-17

考核技能点编号：J-2-1*

2. 任务描述

识读如下工件图样,按焊接工艺要求对板厚 3 mm 的 Q235 钢板进行焊前处理,采用手工焊条电弧焊完成钢板的搭接(单面焊)。将焊接过程采用的工艺参数、熔敷图及技术要求等填入《焊接工艺卡》。

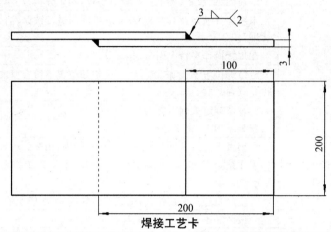

焊接工艺卡

任务名称						工位编号	
工件材质			规格				
焊接工艺参数	焊接方法	层数	焊材(焊条或焊丝)型号	焊接电流(A)	焊接电压(V)	焊接速度(cm/min)	气体流量(L/min)
熔敷图				焊接技术要求			
编制(考生编号)			审核			日期	年　月　日

3. 实施条件

实施条件见下表。

焊接加工模块实施条件

项目	实施条件	备注
场地	焊接工位 20 个, 钳桌 2 个, 照明、通风良好。	
设备	ZX7-400 手工焊条电弧焊机 20 台, 1 台/工位。	
工具	E4303 焊条(规格: Φ2.5 mm, Φ3.2 mm); 焊缝专用检测尺 1 把/工位; 钢丝刷 1 把/工位; 敲渣锤 1 把/工位; 角向砂轮机 1 台/工位; 手持式或头盔式焊接面罩 1 个/工位; 焊工手套 1 双/工位; 焊条保温桶 1 个/手工焊条电弧焊工位; 游标卡尺(规格 1-150 mm)1 把/工位; 焊接夹具 40 套, 1 套/工位。	考场提供按需领用

4. 考核时量

90 分钟。

5. 评价标准

评价标准见下表。

焊接加工评价标准

考核项目	序号	考核内容	配分	评分标准	扣分	得分
职业素养及操作规范	1	安全意识	2	未遵守安全操作规程, 每次扣 1 分, 扣完为止; 安全操作技能欠缺, 每项次扣 1 分, 扣完为止。 考生出现人伤械损等安全事故, 造成恶劣影响的, 本模块记 0 分。		
	2	组织纪律	2	不服从考试安排及考场纪律, 扣 2 分。		
	3	工作准备	4	未对图纸、设备、场地及工量具检查, 扣 1 分; 未对工件坡口及其两侧 20 mm 范围内进行铁锈、油等污物清理, 扣 3 分; 在焊接操作平台上引弧, 扣 2 分;		
	4	操作规范	7	定位焊位置不正确, 试件固定的空间位置不符合要求, 每项扣 2 分, 扣完为止; 没有按规定关闭电源, 扣 1 分。 着装不规范, 扣 1 分;		
	5	文明生产	5	有损害工具设备和工件的野蛮操作行为, 扣 2 分; 工作结束后, 未整理、清洁工具设备、工件和工作场地, 扣 2 分; 考生严重违反考场纪律, 造成恶劣影响的, 本模块记 0 分。		

续表

考核项目	序号	考核内容	配分	评分标准	扣分	得分
手工焊条电弧焊产品考核	6	焊缝成型性	10	焊接产品不牢固、松动,此项目记0分; 焊缝不完整、不连续,每处扣2分,扣完为止; 焊缝存在未熔合、未焊满,此项目记0分。		
	7	焊缝缺陷	30	焊缝表面存在大于3 mm的裂纹,每处扣2分,扣完为止; 焊缝表面存在直径超过2 mm的气孔,每个扣2分,扣完为止; 咬边深度大于0.5 mm处,每处扣2分,扣完为止; 焊缝弧坑未焊满,每处扣2分,扣完为止; 焊缝存在长度大于4 mm,深度大于1 mm的夹渣,每处扣2分,扣完为止; 焊缝中存在焊瘤,每处扣2分,扣完为止。		
	8	焊缝外观	10	焊缝高低、宽窄不一致,每相差1 mm,扣2分,扣完为止; 焊缝波纹不均匀、不细密,每处扣2分,扣完为止。		
	9	焊脚高度	10	焊脚高度大于3 mm处,每处扣2分,扣完为止。		
	10	焊接变形	10	产品焊接变形最大处,变形角度每增加1°扣2分,扣完为止。		
工艺文件考核	11	焊接工艺卡	10	表格填写字迹不清晰,扣2分; 焊接顺序、焊接方法、焊接工艺参数选择不恰当,每处扣1分,扣完为止; 熔敷图中焊接层数及道数绘制不完整不明确,每处扣1分,扣完为止; 技术要求中对焊前处理、焊中操作及焊后清理的书写不完整、不规范,每处扣1分,扣完为止。		
合　计			100			

项目十　3 mm 厚 Q345 钢板搭接 CO$_2$ 气体保护平位焊

1. 试题编号:T-2-20

考核技能点编号:J-2-2*

2. 任务描述

识读如下工件图样,按焊接工艺要求对板厚3 mm的Q345钢板进行焊前处理,采用CO$_2$气体保护焊完成钢板的搭接(单面焊)。将焊接过程采用的工艺参数、熔敷图及技术要求等填入《焊接工艺卡》。

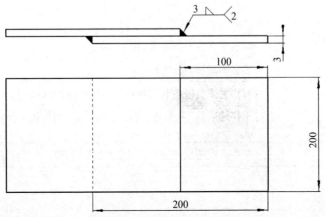

焊接工艺卡

<table>
<tr><td>任务名称</td><td colspan="3"></td><td rowspan="2">工位编号</td><td></td></tr>
<tr><td>工件材质</td><td></td><td>规格</td><td></td><td></td></tr>
<tr><td rowspan="5">焊接工艺参数</td><td>焊接方法</td><td>层数</td><td>焊材(焊条或焊丝)型号</td><td>焊接电流(A)</td><td>焊接电压(V)</td><td>焊接速度(cm/min)</td><td>气体流量(L/min)</td></tr>
<tr><td></td><td></td><td></td><td></td><td></td><td></td><td></td></tr>
<tr><td></td><td></td><td></td><td></td><td></td><td></td><td></td></tr>
<tr><td></td><td></td><td></td><td></td><td></td><td></td><td></td></tr>
<tr><td></td><td></td><td></td><td></td><td></td><td></td><td></td></tr>
<tr><td>熔敷图</td><td colspan="3"></td><td>焊接技术要求</td><td colspan="2"></td></tr>
<tr><td>编制(考生编号)</td><td colspan="2"></td><td>审核</td><td></td><td>日期</td><td>年　月　日</td></tr>
</table>

3. 实施条件

实施条件见下表。

焊接加工模块实施条件

项目	实施条件	备注
场地	焊接工位 20 个,钳桌 2 个,照明、通风良好。	
设备	KR-500 CO_2 气体保护焊机 20 台,1 台/工位。	
工具	ER50-6 焊丝; 焊缝专用检测尺 1 把/工位; 钢丝刷 1 把/工位; 敲渣锤 1 把/工位; 角向砂轮机 1 台/工位; 手持式或头盔式焊接面罩 1 个/工位; 焊工手套 1 双/工位; 游标卡尺(规格 1-150 mm)1 把/工位; 焊接夹具 20 套,1 套/工位。	考场提供按需领用

4. 考核时量

90 分钟。

5. 评价标准

评价标准见下表。

焊接加工评价标准

考核项目	序号	考核内容	配分	评分标准	扣分	得分
职业素养及操作规范	1	安全意识	2	未遵守安全操作规程,每次扣1分,扣完为止; 安全操作技能欠缺,每项次扣1分,扣完为止。 考生出现人伤械损等安全事故,造成恶劣影响的,本模块记0分。		
	2	组织纪律	2	不服从考试安排及考场纪律,扣2分。		
	3	工作准备	4	未对图纸、设备、场地及工量具检查,扣1分; 未对工件坡口及其两侧20 mm范围内进行铁锈、油等污物清理,扣3分。		
	4	操作规范	7	在焊接操作平台上引弧,扣2分; 定位焊位置不正确,试件固定的空间位置不符合要求,每项扣2分,扣完为止; 没有按规定关闭电源,扣1分。		
	5	文明生产	5	着装不规范,扣1分; 有损害工具设备和工件的野蛮操作行为,扣2分; 工作结束后,未整理、清洁工具设备、工件和工作场地,扣2分; 考生严重违反考场纪律,造成恶劣影响的,本模块记0分。		
CO$_2$气体保护焊产品考核	6	焊缝成型性	10	焊接产品不牢固、松动,此项目记0分; 焊缝不完整、不连续,每处扣2分,扣完为止; 焊缝存在未熔合、未焊满,此项目记0分。		
	7	焊缝缺陷	30	焊缝表面存在大于3 mm的裂纹,每处扣2分,扣完为止; 焊缝表面存在直径超过2 mm的气孔,每个扣2分,扣完为止; 咬边深度大于0.5 mm处,每处扣2分,扣完为止; 焊缝弧坑未焊满,每处扣2分,扣完为止; 焊缝存在长度大于4 mm,深度大于1 mm的夹渣,每处扣2分,扣完为止; 焊缝中存在焊瘤,每处扣2分,扣完为止。		
	8	焊缝外观	10	焊缝高低、宽窄不一致,每相差1 mm,扣2分,扣完为止; 焊缝波纹不均匀、不细密,每处扣2分,扣完为止。		
	9	焊脚高度	10	焊脚高度大于3 mm处,每处扣2分,扣完为止。		
	10	焊接变形	10	产品焊接变形最大处,变形角度每增加1°扣2分,扣完为止。		
工艺文件考核	11	焊接工艺卡	10	表格填写字迹不清晰,扣2分; 焊接顺序、焊接方法、焊接工艺参数选择不恰当,每处扣1分,扣完为止; 熔敷图中焊接层数及道数绘制不完整不明确,每处扣1分,扣完为止; 技术要求中对焊前处理、焊中操作及焊后清理的书写不完整、不规范,每处扣1分,扣完为止。		
合 计			100			

项目十一 Φ110 mmQ235 钢管对接焊条电弧平位焊

1. 试题编号: T-2-22

考核技能点编号:J-2-1*

2. 任务描述

识读如下工件图样,按焊接工艺要求对具有 V 形坡口的 Q235 钢管进行焊前处理,采用手工焊条电弧焊完成钢板的平位对接(单面成型)。将焊接过程采用的工艺参数、熔敷图及技术要求等填入《焊接工艺卡》。

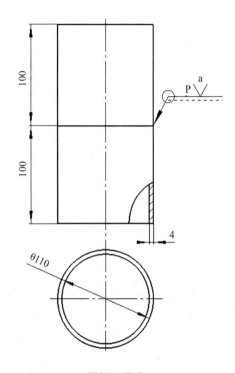

焊接工艺卡

任务名称					工位编号		
工件材质			规格				
焊接工艺参数	焊接方法	层数	焊材(焊条或焊丝)型号	焊接电流(A)	焊接电压(V)	焊接速度(cm/min)	气体流量(L/min)
熔敷图				焊接技术要求			
编制(考生编号)		审核		日期		年 月 日	

3．实施条件

实施条件见下表。

焊接加工模块实施条件

项目	实施条件	备注
场地	焊接工位 20 个，钳桌 2 个，照明、通风良好。	
设备	ZX7-400 手工焊条电弧焊机 20 台，1 台/工位。	
工具	E4303 焊条（规格：Φ2.5 mm，Φ3.2 mm）； 焊缝专用检测尺 1 把/工位； 钢丝刷 1 把/工位； 敲渣锤 1 把/工位； 角向砂轮机 1 台/工位； 手持式或头盔式焊接面罩 1 个/工位； 焊工手套 1 双/工位； 焊条保温桶 1 个/手工焊条电弧焊工位； 游标卡尺（规格 1-150 mm）1 把/工位； 焊接夹具 20 套，1 套/工位。	考场提供按需领用

4．考核时量

90 分钟。

5．评价标准

评价标准见下表。

焊接加工评价标准

考核项目	序号	考核内容	配分	评分标准	扣分	得分
职业素养及操作规范	1	安全意识	2	未遵守安全操作规程，每次扣 1 分，扣完为止； 安全操作技能欠缺，每项次扣 1 分，扣完为止。 考生出现人伤械损等安全事故，造成恶劣影响的，本模块记 0 分。		
	2	组织纪律	2	不服从考试安排及考场纪律，扣 2 分。		
	3	工作准备	4	未对图纸、设备、场地及工量具检查，扣 1 分； 未对工件坡口及其两侧 20 mm 范围内进行铁锈、油等污物清理，扣 3 分。		
	4	操作规范	7	在焊接操作平台上引弧，扣 2 分； 定位焊位置不正确，试件固定的空间位置不符合要求，每项扣 2 分，扣完为止； 没有按规定关闭电源，扣 1 分。		
	5	文明生产	5	着装不规范，扣 1 分； 有损害工具设备和工件的野蛮操作行为，扣 2 分； 工作结束后，未整理、清洁工具设备、工件和工作场地，扣 2 分； 考生严重违反考场纪律，造成恶劣影响的，本模块记 0 分。		

续表

考核项目	序号	考核内容	配分	评分标准	扣分	得分
手工焊条电弧焊产品考核	6	焊缝成型性	10	焊接产品不牢固,松动,此项目记 0 分; 焊缝不完整、不连续,每处扣 2 分,扣完为止; 焊缝存在未熔合、未焊满,此项目记 0 分。		
	7	焊缝缺陷	30	焊缝表面存在大于 3 mm 的裂纹,每处扣 2 分,扣完为止; 焊缝表面存在直径超过 2 mm 的气孔,每个扣 2 分,扣完为止; 咬边深度大于 0.5 mm 处,每处扣 2 分,扣完为止; 焊缝弧坑未焊满,每处扣 2 分,扣完为止; 焊缝存在长度大于 4 mm,深度大于 1 mm 的夹渣,每处扣 2 分,扣完为止; 焊缝中存在焊瘤,每处扣 2 分,扣完为止。		
	8	焊缝外观	10	焊缝高低、宽窄不一致,每相差 1 mm,扣 2 分,扣完为止; 焊缝波纹不均匀、不细密,每处扣 2 分,扣完为止。		
	9	焊缝余高	10	焊缝余高高于 3 mm 处,每处扣 2 分,扣完为止。		
	10	焊接变形	10	产品焊接变形最大处,变形角度每增加 1° 扣 2 分,扣完为止。		
工艺文件考核	11	焊接工艺卡	10	表格填写字迹不清晰,扣 2 分; 焊接顺序、焊接方法、焊接工艺参数选择不恰当,每处扣 1 分,扣完为止; 熔敷图中焊接层数及道数绘制不完整不明确,每处扣 1 分,扣完为止; 技术要求中对焊前处理、焊中操作及焊后清理的书写不完整、不规范,每处扣 1 分,扣完为止。		
合　计			100			

项目十二　Φ90 mmQ235 钢管对接 CO_2 气体保护平位焊

1. 试题编号:T-2-23

考核技能点编号:J-2-2*

2. 任务描述

识读如下工件图样,按焊接工艺要求对具有 V 形坡口的 V 形坡口 Q235 钢管进行焊前处理,采用 CO_2 气体保护焊完成钢板的平位对接(单面成型)。将焊接过程采用的工艺参数、熔敷图及技术要求等填入《焊接工艺卡》。

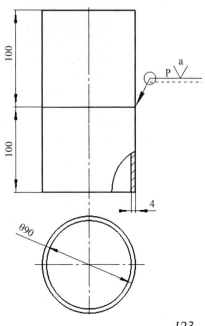

焊接工艺卡

任务名称					工位编号		
工件材质			规格				
焊接工艺参数	焊接方法	层数	焊材(焊条或焊丝)型号	焊接电流(A)	焊接电压(V)	焊接速度(cm/min)	气体流量(L/min)
熔敷图				焊接技术要求			
编制(考生编号)			审核		日期	年　月　日	

3. 实施条件

实施条件见下表。

焊接加工模块实施条件

项目	实施条件	备注
场地	焊接工位 20 个,钳桌 2 个,照明、通风良好。	
设备	KR-500 CO_2 气体保护焊机 20 台,1 台/工位。	
工具	ER50-6 焊丝; 焊缝专用检测尺 1 把/工位; 钢丝刷 1 把/工位; 敲渣锤 1 把/工位; 角向砂轮机 1 台/工位; 手持式或头盔式焊接面罩 1 个/工位; 焊工手套 1 双/工位; 游标卡尺(规格 1-150 mm)1 把/工位; 焊接夹具 20 套,1 套/工位。	考场提供按需领用

4. 考核时量

90 分钟。

5. 评价标准

评价标准见下表。

焊接加工评价标准

考核项目	序号	考核内容	配分	评分标准	扣分	得分
职业素养及操作规范	1	安全意识	2	未遵守安全操作规程,每次扣1分,扣完为止; 安全操作技能欠缺,每项次扣1分,扣完为止。 考生出现人伤械损等安全事故,造成恶劣影响的,本模块记0分。		
	2	组织纪律	2	不服从考试安排及考场纪律,扣2分。		
	3	工作准备	4	未对图纸、设备、场地及工量具检查,扣1分; 未对工件坡口及其两侧20 mm范围内进行铁锈、油等污物清理,扣3分。		
	4	操作规范	7	在焊接操作平台上引弧,扣2分; 定位焊位置不正确,试件固定的空间位置不符合要求,每项扣2分,扣完为止; 没有按规定关闭电源,扣1分。		
	5	文明生产	5	着装不规范,扣1分; 有损害工具设备和工件的野蛮操作行为,扣2分; 工作结束后,未整理、清洁工具设备、工件和工作场地,扣2分; 考生严重违反考场纪律,造成恶劣影响的,本模块记0分。		
CO_2 气体保护焊产品考核	6	焊缝成型性	10	焊接产品不牢固,松动,此项目记0分; 焊缝不完整、不连续,每处扣2分,扣完为止; 焊缝存在未熔合、未焊满,此项目记0分。		
	7	焊缝缺陷	30	焊缝表面存在大于3 mm的裂纹,每处扣2分,扣完为止; 焊缝表面存在直径超过2 mm的气孔,每个扣2分,扣完为止; 咬边深度大于0.5 mm处,每处扣2分,扣完为止; 焊缝弧坑未焊满,每处扣2分,扣完为止; 焊缝存在长度大于4 mm,深度大于1 mm的夹渣,每处扣2分,扣完为止; 焊缝中存在焊瘤,每处扣2分,扣完为止。		
	8	焊缝外观	10	焊缝高低、宽窄不一致,每相差1 mm,扣2分,扣完为止; 焊缝波纹不均匀、不细密,每处扣2分,扣完为止。		
	9	焊缝余高	10	焊缝余高高于3 mm处,每处扣2分,扣完为止。		
	10	焊接变形	10	产品焊接变形最大处,变形角度每增加1°扣2分,扣完为止。		
工艺文件考核	11	焊接工艺卡	10	表格填写字迹不清晰,扣2分; 焊接顺序、焊接方法、焊接工艺参数选择不恰当,每处扣1分,扣完为止; 熔敷图中焊接层数及道数绘制不完整不明确,每处扣1分,扣完为止; 技术要求中对焊前处理、焊中操作及焊后清理的书写不完整、不规范,每处扣1分,扣完为止。		
合　计			100			

项目十三 Φ110 mmQ235 管板角接焊条电弧平位焊

1. 试题编号：T-2-26

考核技能点编号：J-2-1*

2. 任务描述

识读如下工件图样，按工艺要求对 Φ110 mmQ235 钢管进行焊前处理，采用焊条电弧焊完成钢管与钢板的角接（单面成型），将焊接过程中采用的焊接工艺参数、熔敷图及技术要求等填入《焊接工艺卡》。在整个操作过程中，应服从考场安排，并体现安全意识、文明生产等职业素养。

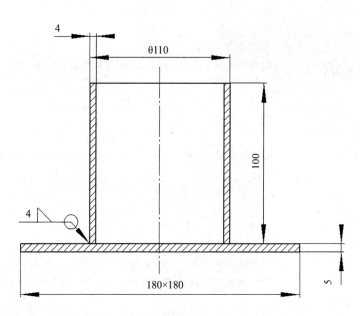

焊接工艺卡

任务名称					工位编号		
工件材质			规格				
焊接工艺参数	焊接方法	层数	焊材(焊条或焊丝)型号	焊接电流(A)	焊接电压(V)	焊接速度(cm/min)	气体流量(L/min)
熔敷图				焊接技术要求			
编制(考生编号)			审核		日期	年 月 日	

3. 实施条件

实施条件见下表。

焊接加工模块实施条件

项目	实施条件	备注
场地	焊接工位 20 个,钳桌 2 个,照明、通风良好。	
设备	ZX7-400 手工焊条电弧焊机 20 台,1 台/工位。	
工具	E4303 焊条(规格:Φ2.5,Φ3.2); 焊缝专用检测尺 1 把/工位; 钢丝刷 1 把/工位; 敲渣锤 1 把/工位; 角向砂轮机 1 台/工位; 手持式或头盔式焊接面罩 1 个/工位; 焊工手套 1 双/工位; 焊条保温桶 1 个/手工焊条电弧焊工位; 游标卡尺(规格 1-150 mm)1 把/工位; 焊接夹具 20 套,1 套/工位。	考场提供按需领用

4. 考核时量

90 分钟。

5. 评价标准

评价标准见下表。

焊接加工评价标准

考核项目	序号	考核内容	配分	评分标准	扣分	得分
职业素养及操作规范	1	安全意识	2	未遵守安全操作规程,每次扣 1 分,扣完为止; 安全操作技能欠缺,每项次扣 1 分,扣完为止。 考生出现人伤械损等安全事故,造成恶劣影响的,本模块记 0 分。		
	2	组织纪律	2	不服从考试安排及考场纪律,扣 2 分。		
	3	工作准备	4	未对图纸、设备、场地及工量具检查,扣 1 分; 未对工件坡口及其两侧 20 mm 范围内进行铁锈、油等污物清理,扣 3 分。		
	4	操作规范	7	在焊接操作平台上引弧,扣 2 分; 定位焊位置不正确,试件固定的空间位置不符合要求,每项扣 2 分,扣完为止; 没有按规定关闭电源,扣 1 分。		
	5	文明生产	5	着装不规范,扣 1 分; 有损害工具设备和工件的野蛮操作行为,扣 2 分; 工作结束后,未整理、清洁工具设备、工件和工作场地,扣 2 分; 考生严重违反考场纪律,造成恶劣影响的,本模块记 0 分。		

续表

考核项目	序号	考核内容	配分	评分标准	扣分	得分
手工焊条电弧焊产品考核	6	焊缝成型性	10	焊接产品不牢固、松动，此项目记0分； 焊缝不完整、不连续，每处扣2分，扣完为止； 焊缝存在未熔合、未焊满，此项目记0分。		
	7	焊缝缺陷	30	焊缝表面存在大于3 mm的裂纹，每处扣2分，扣完为止； 焊缝表面存在直径超过2 mm的气孔，每个扣2分，扣完为止； 咬边深度大于0.5 mm处，每处扣2分，扣完为止； 焊缝弧坑未焊满，每处扣2分，扣完为止； 焊缝存在长度大于4 mm，深度大于1 mm的夹渣，每处扣2分，扣完为止； 焊缝中存在焊瘤，每处扣2分，扣完为止。		
	8	焊缝外观	10	焊缝高低、宽窄不一致，每相差1 mm，扣2分，扣完为止； 焊缝波纹不均匀、不细密，每处扣2分，扣完为止。		
	9	焊脚高度	10	焊脚高度大于6 mm或小于4 mm，每处扣2分，扣完为止。		
	10	焊接变形	10	产品焊接变形最大处，变形角度每增加1°扣2分，扣完为止。		
工艺文件考核	11	焊接工艺卡	10	表格填写字迹不清晰，扣2分； 焊接顺序、焊接方法、焊接工艺参数选择不恰当，每处扣1分，扣完为止； 熔敷图中焊接层数及道数绘制不完整不明确，每处扣1分，扣完为止； 技术要求中对焊前处理、焊中操作及焊后清理的书写不完整、不规范，每处扣1分，扣完为止。		
合　计			100			

项目十四　Φ90 mmQ235 管板角接 CO_2 气体保护平位焊

1. **试题编号**：T-2-27

考核技能点编号：J-2-2*

2. **任务描述**

识读如下工件图样，按工艺要求对 Φ90 mmQ235 钢管进行焊前处理，采用 CO_2 气体保护焊完成钢管与钢板的角接（单面成型），将焊接过程中采用的焊接工艺参数、熔敷图及技术要求等填入《焊接工艺卡》。在整个操作过程中，应服从考场安排，并体现安全意识、文明生产等职业素养。

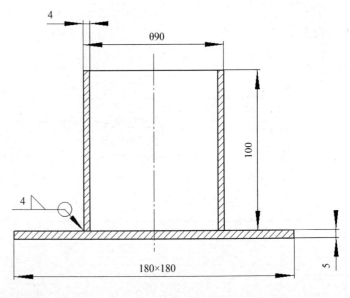

焊接工艺卡

任务名称						工位编号		
工件材质				规格				
焊接工艺参数	焊接方法	层数	焊材(焊条或焊丝)型号	焊接电流(A)	焊接电压(V)	焊接速度(cm/min)	气体流量(L/min)	
熔敷图						焊接技术要求		
编制(考生编号)			审核			日期	年 月 日	

3. 实施条件

实施条件见下表。

焊接加工模块实施条件

项目	实施条件	备注
场地	焊接工位 20 个,钳桌 2 个,照明、通风良好。	
设备	KR-500 CO_2 气体保护焊机 20 台,1 台/工位。	
工具	ER50-6 焊丝; 焊缝专用检测尺 1 把/工位; 钢丝刷 1 把/工位; 敲渣锤 1 把/工位; 角向砂轮机 1 台/工位; 手持式或头盔式焊接面罩 1 个/工位; 焊工手套 1 双/工位; 游标卡尺(规格 1-150 mm)1 把/工位; 焊接夹具 20 套,1 套/工位。	考场提供按需领用

4. 考核时量

90 分钟。

5. 评价标准

评价标准见下表。

焊接加工评价标准

考核项目	序号	考核内容	配分	评分标准	扣分	得分
职业素养及操作规范	1	安全意识	2	未遵守安全操作规程,每次扣1分,扣完为止; 安全操作技能欠缺,每项次扣1分,扣完为止。 考生出现人伤械损等安全事故,造成恶劣影响的,本模块记0分。		
	2	组织纪律	2	不服从考试安排及考场纪律,扣2分。		
	3	工作准备	4	未对图纸、设备、场地及工量具检查,扣1分; 未对工件坡口及其两侧20 mm范围内进行铁锈、油等污物清理,扣3分。		
	4	操作规范	7	在焊接操作平台上引弧,扣2分; 定位焊位置不正确,试件固定的空间位置不符合要求,每项扣2分,扣完为止; 没有按规定关闭电源,扣1分。		
	5	文明生产	5	着装不规范,扣1分; 有损害工具设备和工件的野蛮操作行为,扣2分; 工作结束后,未整理、清洁工具设备、工件和工作场地,扣2分; 考生严重违反考场纪律,造成恶劣影响的,本模块记0分。		
CO_2气体保护焊产品考核	6	焊缝成型性	10	焊接产品不牢固、松动,此项目记0分; 焊缝不完整、不连续,每处扣2分,扣完为止; 焊缝存在未熔合、未焊满,此项目记0分。		
	7	焊缝缺陷	30	焊缝表面存在大于3 mm的裂纹,每处扣2分,扣完为止; 焊缝表面存在直径超过2 mm的气孔,每个扣2分,扣完为止; 咬边深度大于0.5 mm处,每处扣2分,扣完为止; 焊缝弧坑未焊满,每处扣2分,扣完为止; 焊缝存在长度大于4 mm,深度大于1 mm的夹渣,每处扣2分,扣完为止; 焊缝中存在焊瘤,每处扣2分,扣完为止。		
	8	焊缝外观	10	焊缝高低、宽窄不一致,每相差1 mm,扣2分,扣完为止; 焊缝波纹不均匀、不细密,每处扣2分,扣完为止。		
	9	焊脚高度	10	焊脚高度大于6 mm或小于4 mm,每处扣2分,扣完为止。		
	10	焊接变形	10	产品焊接变形最大处,变形角度每增加1°扣2分,扣完为止。		
工艺文件考核	11	焊接工艺卡	10	表格填写字迹不清晰,扣2分; 焊接顺序、焊接方法、焊接工艺参数选择不恰当,每处扣1分,扣完为止; 熔敷图中焊接层数及道数绘制不完整不明确,每处扣1分,扣完为止; 技术要求中对焊前处理、焊中操作及焊后清理的书写不完整、不规范,每处扣1分,扣完为止。		
合 计			100			

项目十五　1 mm 厚 Q235 钢板搭接电阻点焊平位焊

1. 试题编号：T-2-29

考核技能点编号：J-2-3

2. 任务描述

识读如下工件图样，按工艺要求对板厚 1 mm 的 Q235 钢板进行焊前处理，采用电阻点焊完成钢板的搭接。将焊接过程中采用的点焊工艺参数及技术要求等填入《焊接工艺卡》。在整个操作过程中，应服从考场安排，并体现安全意识、文明生产等职业素养。

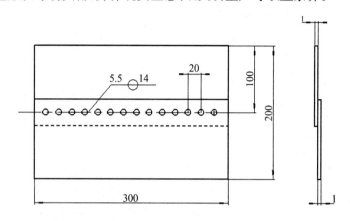

焊接工艺卡

任务名称						工位编号		
工件材质			规格					
焊接工艺参数	焊接方法	层数	焊材(焊条或焊丝)型号	焊接电流（A）	焊接电压（V）	焊接速度（cm/min）	气体流量（L/min）	
熔敷图					焊接技术要求			
编制(考生编号)			审核			日期	年　月　日	

3. 实施条件

实施条件见下表。

焊接加工模块实施条件

项目	实施条件	备注
场地	焊接工位 6 个,钳桌 6 个,照明、通风良好。	
设备	ARO 手提式电阻点焊机 6 台,1 台/工位。	
工具	焊缝专用检测尺 1 把/工位; 角向砂轮机 1 台/工位; 防护眼镜 1 个/工位; 焊工手套 1 双/工位; 游标卡尺(规格 1-150 mm)1 把/工位; 焊接夹具 1 套/工位。	考场提供按需领用

4. 考核时量

90 分钟。

5. 评价标准

评价标准见下表。

焊接加工评价标准

考核项目	序号	考核内容	配分	评分标准	扣分	得分
职业素养及操作规范	1	安全意识	2	未遵守安全操作规程,每次扣 1 分,扣完为止;		
				安全操作技能欠缺,每项次扣 1 分,扣完为止。		
				考生出现人伤械损等安全事故,造成恶劣影响的,本模块记 0 分。		
	2	组织纪律	2	不服从考试安排及考场纪律,扣 2 分。		
	3	工作准备	4	未对图纸、设备、场地及工量具检查,扣 1 分;		
				未对工件坡口及其两侧 20 mm 范围内进行铁锈、油等污物清理,扣 3 分。		
	4	操作规范	7	在焊接操作平台上引弧,扣 2 分;		
				定位焊位置不正确,试件固定的空间位置不符合要求,每项扣 2 分,扣完为止;		
				没有按规定关闭电源,扣 1 分。		
	5	文明生产	5	着装不规范,扣 1 分;		
				有损害工具设备和工件的野蛮操作行为,扣 2 分;		
				工作结束后,未整理、清洁工具设备、工件和工作场地,扣 2 分;		
				考生严重违反考场纪律,造成恶劣影响的,本模块记 0 分。		

续表

考核项目	序号	考核内容	配分	评分标准	扣分	得分
电阻点焊产品考核	6	尺寸不良	15	点焊接头数量不为 14 个,扣 5 分; 每个点焊接头间的距离为(20±3) mm,超差每处扣 1 分,扣完为止; 焊点直径为(5.5±2) mm,超差每处扣 2 分,扣完为止; 被焊两工件搭接时产生错位,扣 5 分; 焊点不在同一水平线上,两焊点横向偏差最大距离超过±5 mm,扣 5 分。		
	7	点焊成型性	20	存在虚焊、脱焊、烧穿处,每处扣 5 分,扣完为止; 无法完成整个焊接过程,此项目记 0 分。		
	8	点焊接头缺陷	35	电极材料粘附在工件表面,扣 5 分; 接头处存在烧伤处,每处扣 5 分,扣完为止; 接头焊点变黑,每处扣 2 分,扣完为止; 接头焊点不圆整,呈椭圆形,每处扣 2 分,扣完为止; 点焊区域金属厚度比本身厚度变薄超过 50% 处,每处扣 5 分,扣完为止。 工件在焊点处发生扭曲,工件扭曲角度每增加 1°扣 2 分,扣完为止。		
工艺文件考核	11	焊接工艺卡	10	表格填写字迹不清晰,扣 2 分; 焊接顺序、焊接方法、焊接工艺参数选择不恰当,每处扣 1 分,扣完为止; 熔敷图中焊接层数及道数绘制不完整不明确,每处扣 1 分,扣完为止; 技术要求中对焊前处理、焊中操作及焊后清理的书写不完整、不规范,每处扣 1 分,扣完为止。		
合　计			100			

项目十六　2 mm 厚 Q235 钢板机器人对接平位焊

1. **试题编号**:T-2-32

考核技能点编号:J-2-4

2. **任务描述**

识读如下工件图样,按焊接工艺要求对具有 V 形坡口的 Q235 钢板进行焊前处理,采用 CO_2 气体保护焊完成定位焊后,利用弧焊机器人完成钢板的对接(单面焊双面成型)。将两种焊接方法中的焊接工艺参数、机器人焊接程序及技术要求等填入《焊接工艺卡》。在整个操作过程中,应服从考场安排,并体现安全意识、文明生产等职业素养。

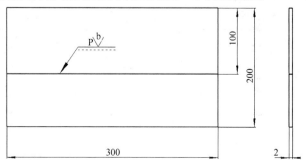

焊接工艺卡

任务名称				CO₂ 气体保护焊工位编号			
工件材质		规格		弧焊机器人工位编号			

焊接工艺参数	焊接方法	层数	焊材及规格	焊接电流（A）	焊接电压（V）	焊接速度（cm/min）	气体流量（L/min）

机器人焊接程序		焊接技术要求	CO₂ 气体保护焊： 机器人弧焊：

编制		审核			日期		年　月　日

3. 实施条件

实施条件见下表。

焊接加工模块实施条件

项目	实施条件	备注
场地	CO₂ 气体保护焊工位 3 个,机器人焊接工位 3 个,钳桌 6 个,照明、通风良好。	
设备	ABB-IRB1410 弧焊机器人配肯比 350 焊机 3 套,KR-500 CO₂ 气体保护焊机 3 台。	
工具	ER50-6 焊丝； 示教器 1 台/工位； 焊工手套 1 双/工位； 游标卡尺(规格 1-150 mm)1 把/工位； 切割平台 1 套/工位； 焊缝专用检测尺 1 把/工位； 角向砂轮机 1 台/工位； 防护眼镜 1 个/工位； 焊接夹具 1 套/工位。	考场提供按需领用

4. 考核时量

90 分钟。

5. 评价标准

评价标准见下表。

焊接加工评价标准

考核项目	序号	考核内容	配分	评分标准	扣分	得分
职业素养及操作规范	1	安全意识	2	未遵守安全操作规程,每次扣1分,扣完为止;		
				安全操作技能欠缺,每项次扣1分,扣完为止。		
				考生出现人伤械损等安全事故,造成恶劣影响的,本模块记0分。		
	2	组织纪律	2	不服从考试安排及考场纪律,扣2分。		
	3	工作准备	4	未对图纸、设备、场地及工量具检查,扣1分;		
				未对工件坡口及其两侧20 mm范围内进行铁锈、油等污物清理,扣3分。		
	4	操作规范	7	在焊接操作平台上引弧,扣2分;		
				定位焊位置不正确,试件固定的空间位置不符合要求,每项扣2分,扣完为止;		
				没有按规定关闭电源,扣1分。		
	5	文明生产	5	着装不规范,扣1分;		
				有损害工具设备和工件的野蛮操作行为,扣2分;		
				工作结束后,未整理、清洁工具设备、工件和工作场地,扣2分;		
				考生严重违反考场纪律,造成恶劣影响的,本模块记0分。		
CO_2气体保护焊产品考核	6	点焊成型性	10	定位焊位置不正确,试件固定的空间位置不符合要求,每项扣2分,扣完为止;		
焊接机器人弧焊质量考核	7	焊缝成型性	10	焊接产品不牢固,松动,此项目记0分;		
				焊缝不完整、不连续,每处扣2分,扣完为止;		
				焊缝存在未熔合、未焊满,此项目记0分。		
	8	焊缝缺陷	25	焊缝表面存在大于3 mm的裂纹,每处扣2分,扣完为止;		
				焊缝表面存在直径超过2 mm的气孔,每个扣2分,扣完为止;		
				咬边深度大于0.5 mm处,每处扣2分,扣完为止;		
				焊缝弧坑未焊满,每处扣2分,扣完为止;		
				焊缝存在长度大于4 mm,深度大于1 mm的夹渣,每处扣2分,扣完为止;		
				焊缝中存在焊瘤,每处扣2分,扣完为止。		
	9	焊缝外观	7	焊缝高低、宽窄不一致,每相差1 mm,扣2分,扣完为止;		
				焊缝波纹不均匀、不细密,每处扣2分,扣完为止。		
	10	焊缝余高	3	焊缝余高高于3 mm处,扣3分。		
	11	焊接变形	5	产品焊接变形最大处,变形角度每增加1°,扣2分,扣完为止。		
工艺文件考核	11	焊接工艺卡	10	表格填写字迹不清晰,扣2分;		
				焊接工艺参数选择不恰当,每处扣1分,扣完为止;		
				焊接程序填写错误,每处扣2分,扣完为止;		
				技术要求中对焊前处理、焊中操作及焊后清理的书写不完整、不规范,每处扣1分,扣完为止。		
合　计			100			

项目十七 2 mm厚Q235钢板平位对接手工钨极氩弧焊

1. 试题编号：T-2-35

考核技能点编号：J-2-5

2. 任务描述

识读如下工件图样，按焊接工艺要求对具有V形坡口的Q235钢板进行焊前处理，采用手工钨极氩弧焊完成钢板的平位对接（单面焊双面成型）。将焊接过程采用的工艺参数、熔敷图及技术要求等填入《焊接工艺卡》。在整个操作过程中，应服从考场安排，并体现安全意识、文明生产等职业素养。

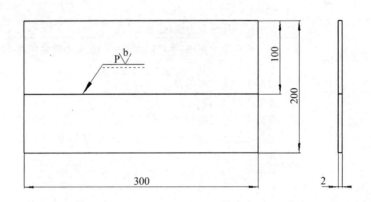

焊接工艺卡

任务名称					工位编号			
工件材质			规格					
焊接工艺参数	焊接方法	层数	焊材(焊条或焊丝)型号	焊接电流(A)	焊接电压(V)	焊接速度(cm/min)	气体流量(L/min)	
熔敷图				焊接技术要求				
编制(考生编号)			审核			日期	年 月 日	

3. 实施条件

实施条件见下表。

焊接加工模块实施条件

项目	实施条件	备注
场地	焊接工位 20 个,钳桌 2 个,照明、通风良好。	
设备	ZX7-400 手工钨极氩弧焊机 20 台,1 台/工位。	
工具	H08Mn2SiA 焊丝 焊缝专用检测尺 1 把/工位; 钢丝刷 1 把/工位; 敲渣锤 1 把/工位; 角向砂轮机 1 台/工位; 手持式或头盔式焊接面罩 1 个/工位; 焊工手套 1 双/工位; 游标卡尺(规格 1-150 mm)1 把/工位; 焊接夹具 20 套,1 套/工位。	考场提供按需领用

4. 考核时量

90 分钟。

5. 评价标准

评价标准见下表。

焊接加工评价标准

考核项目	序号	考核内容	配分	评分标准	扣分	得分
职业素养及操作规范	1	安全意识	2	未遵守安全操作规程,每次扣 1 分,扣完为止; 安全操作技能欠缺,每项次扣 1 分,扣完为止。 考生出现人伤械损等安全事故,造成恶劣影响的,本模块记 0 分。		
	2	组织纪律	2	不服从考试安排及考场纪律,扣 2 分。		
	3	工作准备	4	未对图纸、设备、场地及工量具检查,扣 1 分; 未对工件坡口及其两侧 20 mm 范围内进行铁锈、油等污物清理,扣 3 分。		
	4	操作规范	7	在焊接操作平台上引弧,扣 2 分; 定位焊位置不正确,试件固定的空间位置不符合要求,每项扣 2 分,扣完为止; 没有按规定关闭电源,扣 1 分。		
	5	文明生产	5	着装不规范,扣 1 分; 有损害工具设备和工件的野蛮操作行为,扣 2 分; 工作结束后,未整理、清洁工具设备、工件和工作场地,扣 2 分; 考生严重违反考场纪律,造成恶劣影响的,本模块记 0 分。		

续表

考核项目	序号	考核内容	配分	评分标准	扣分	得分
手工钨极氩弧焊产品考核	6	焊缝成型性	10	焊接产品不牢固、松动，此项目记0分； 焊缝不完整、不连续，每处扣2分，扣完为止； 焊缝存在未熔合、未焊满，此项目记0分。		
	7	焊缝缺陷	30	焊缝表面存在大于3 mm的裂纹，每处扣2分，扣完为止； 焊缝表面存在直径超过2 mm的气孔，每个扣2分，扣完为止； 咬边深度大于0.5 mm处，每处扣2分，扣完为止； 焊缝弧坑未焊满，每处扣2分，扣完为止； 焊缝存在长度大于4 mm，深度大于1 mm的夹渣，每处扣2分，扣完为止； 焊缝中存在焊瘤，每处扣2分，扣完为止。		
	8	焊缝外观	10	焊缝高低、宽窄不一致，每相差1 mm，扣2分，扣完为止； 焊缝波纹不均匀、不细密，每处扣2分，扣完为止。		
	9	焊缝余高	10	焊缝余高高于2 mm处，每处扣2分，扣完为止。		
	10	焊接变形	10	产品焊接变形最大处，变形角度每增加1°扣2分，扣完为止。		
工艺文件考核	11	焊接工艺卡	10	表格填写字迹不清晰，扣2分； 焊接顺序、焊接方法、焊接工艺参数选择不恰当，每处扣1分，扣完为止； 熔敷图中焊接层数及道数绘制不完整不明确，每处扣1分，扣完为止； 技术要求中对焊前处理、焊中操作及焊后清理的书写不完整、不规范，每处扣1分，扣完为止。		
合　计			100			

项目十八　Φ90 mmQ235钢管平位对接手工钨极氩弧焊

1. **试题编号**：T-2-37

考核技能点编号：J-2-5

2. **任务描述**

识读如下工件图样，按焊接工艺要求对具有V形坡口的Q235钢管进行焊前处理，采用手工钨极氩弧焊完成钢板的平位对接（单面成型）。将焊接过程采用的工艺参数、熔敷图及技术要求等填入《焊接工艺卡》。在整个操作过程中，应服从考场安排，并体现安全意识、文明生产等职业素养。

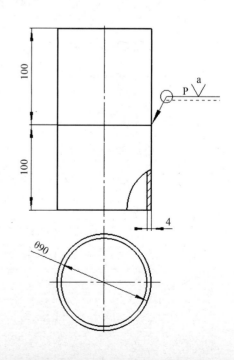

焊接工艺卡

任务名称					工位编号		
工件材质			规格				

焊接工艺参数	焊接方法	层数	焊材(焊条或焊丝)型号	焊接电流(A)	焊接电压(V)	焊接速度(cm/min)	气体流量(L/min)
熔敷图				焊接技术要求			

编制(考生编号)		审核		日期	年　月　日

3. 实施条件

实施条件见下表。

焊接加工模块实施条件

项目	实施条件	备注
场地	焊接工位 20 个,钳桌 2 个,照明、通风良好。	
设备	ZX7-400 手工钨极氩弧焊机 20 台,1 台/工位。	
工具	H08Mn2SiA 焊丝 焊缝专用检测尺 1 把/工位; 钢丝刷 1 把/工位; 敲渣锤 1 把/工位; 角向砂轮机 1 台/工位; 手持式或头盔式焊接面罩 1 个/工位; 焊工手套 1 双/工位; 游标卡尺(规格 1-150 mm)1 把/工位; 焊接夹具 20 套,1 套/工位。	考场提供按需领用

4. 考核时量

90 分钟。

5. 评价标准

评价标准见下表。

焊接加工评价标准

考核项目	序号	考核内容	配分	评分标准	扣分	得分
职业素养及操作规范	1	安全意识	2	未遵守安全操作规程,每次扣1分,扣完为止; 安全操作技能欠缺,每项次扣1分,扣完为止。 考生出现人伤械损等安全事故,造成恶劣影响的,本模块记0分。		
	2	组织纪律	2	不服从考试安排及考场纪律,扣2分。		
	3	工作准备	4	未对图纸、设备、场地及工量具检查,扣1分; 未对工件坡口及其两侧20 mm范围内进行铁锈、油等污物清理,扣3分。		
	4	操作规范	7	在焊接操作平台上引弧,扣2分; 定位焊位置不正确,试件固定的空间位置不符合要求,每项扣2分,扣完为止; 没有按规定关闭电源,扣1分。		
	5	文明生产	5	着装不规范,扣1分; 有损害工具设备和工件的野蛮操作行为,扣2分; 工作结束后,未整理、清洁工具设备、工件和工作场地,扣2分; 考生严重违反考场纪律,造成恶劣影响的,本模块记0分。		
手工钨极氩弧焊产品考核	6	焊缝成型性	10	焊接产品不牢固、松动,此项目记0分; 焊缝不完整、不连续,每处扣2分,扣完为止; 焊缝存在未熔合、未焊满,此项目记0分。		
	7	焊缝缺陷	30	焊缝表面存在大于3 mm的裂纹,每处扣2分,扣完为止; 焊缝表面存在直径超过2 mm的气孔,每个扣2分,扣完为止; 咬边深度大于0.5 mm处,每处扣2分,扣完为止; 焊缝弧坑未焊满,每处扣2分,扣完为止; 焊缝存在长度大于4 mm,深度大于1 mm的夹渣,每处扣2分,扣完为止; 焊缝中存在焊瘤,每处扣2分,扣完为止。		
	8	焊缝外观	10	焊缝高低、宽窄不一致,每相差1 mm,扣2分,扣完为止; 焊缝波纹不均匀、不细密,每处扣2分,扣完为止。		
	9	焊缝余高	10	焊缝余高高于2 mm处,每处扣2分,扣完为止。		
	10	焊接变形	10	产品焊接变形最大处,变形角度每增加1°扣2分,扣完为止。		
工艺文件考核	11	焊接工艺卡	10	表格填写字迹不清晰,扣2分; 焊接顺序、焊接方法、焊接工艺参数选择不恰当,每处扣1分,扣完为止; 熔敷图中焊接层数及道数绘制不完整不明确,每处扣1分,扣完为止; 技术要求中对焊前处理、焊中操作及焊后清理的书写不完整、不规范,每处扣1分,扣完为止。		
合　计			100			

项目十九　Φ110 mmQ235 钢管平位对接手工钨极氩弧焊

1. 试题编号：T-2-39

考核技能点编号：J-2-5

2. 任务描述

识读如下工件图样，按焊接工艺要求对具有 V 形坡口的 Q235 钢管进行焊前处理，采用手工钨极氩弧焊完成钢板的平位对接（单面成型）。将焊接过程采用的工艺参数、熔敷图及技术要求等填入《焊接工艺卡》。在整个操作过程中，应服从考场安排，并体现安全意识、文明生产等职业素养。

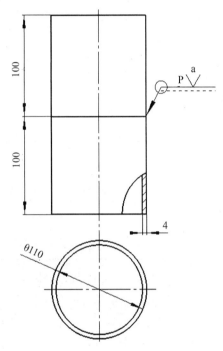

焊接工艺卡

任务名称					工位编号			
工件材质				规格				
	焊接方法	层数	焊材（焊条或焊丝）型号	焊接电流（A）	焊接电压（V）	焊接速度（cm/min）	气体流量（L/min）	
焊接工艺参数								
熔敷图					焊接技术要求			
编制(考生编号)			审核			日期	年　　月　　日	

3. 实施条件

实施条件见下表。

焊接加工模块实施条件

项目	实施条件	备注
场地	焊接工位 20 个,钳桌 2 个,照明、通风良好。	
设备	ZX7-400 手工钨极氩弧焊机 20 台,1 台/工位。	
工具	H08Mn2SiA 焊丝 焊缝专用检测尺 1 把/工位; 钢丝刷 1 把/工位; 敲渣锤 1 把/工位; 角向砂轮机 1 台/工位; 手持式或头盔式焊接面罩 1 个/工位; 焊工手套 1 双/工位; 游标卡尺(规格 1-150 mm)1 把/工位; 焊接夹具 20 套,1 套/工位。	考场提供按需领用

4. 考核时量

90 分钟。

5. 评价标准

评价标准见下表。

焊接加工评价标准

考核项目	序号	考核内容	配分	评分标准	扣分	得分
职业素养及操作规范	1	安全意识	2	未遵守安全操作规程,每次扣 1 分,扣完为止; 安全操作技能欠缺,每项次扣 1 分,扣完为止。 考生出现人伤械损等安全事故,造成恶劣影响的,本模块记 0 分。		
	2	组织纪律	2	不服从考试安排及考场纪律,扣 2 分。		
	3	工作准备	4	未对图纸、设备、场地及工量具检查,扣 1 分; 未对工件坡口及其两侧 20 mm 范围内进行铁锈、油等污物清理,扣 3 分。		
	4	操作规范	7	在焊接操作平台上引弧,扣 2 分; 定位焊位置不正确,试件固定的空间位置不符合要求,每项扣 2 分,扣完为止; 没有按规定关闭电源,扣 1 分。		
	5	文明生产	5	着装不规范,扣 1 分; 有损害工具设备和工件的野蛮操作行为,扣 2 分; 工作结束后,未整理、清洁工具设备、工件和工作场地,扣 2 分; 考生严重违反考场纪律,造成恶劣影响的,本模块记 0 分。		

续表

考核项目	序号	考核内容	配分	评分标准	扣分	得分
手工钨极氩弧焊产品考核	6	焊缝成型性	10	焊接产品不牢固、松动，此项记 0 分； 焊缝不完整、不连续，每处扣 2 分，扣完为止； 焊缝存在未熔合、未焊满，此项记 0 分。		
	7	焊缝缺陷	30	焊缝表面存在大于 3 mm 的裂纹，每处扣 2 分，扣完为止； 焊缝表面存在直径超过 2 mm 的气孔，每个扣 2 分，扣完为止； 咬边深度大于 0.5 mm 处，每处扣 2 分，扣完为止； 焊缝弧坑未焊满，每处扣 2 分，扣完为止； 焊缝存在长度大于 4 mm，深度大于 1 mm 的夹渣，每处扣 2 分，扣完为止； 焊缝中存在焊瘤，每处扣 2 分，扣完为止。		
	8	焊缝外观	10	焊缝高低、宽窄不一致，每相差 1 mm，扣 2 分，扣完为止； 焊缝波纹不均匀、不细密，每处扣 2 分，扣完为止。		
	9	焊缝余高	10	焊缝余高高于 2 mm 处，每处扣 2 分，扣完为止。		
	10	焊接变形	10	产品焊接变形最大处，变形角度每增加 1°扣 2 分，扣完为止。		
工艺文件考核	11	焊接工艺卡	10	表格填写字迹不清晰，扣 2 分； 焊接顺序、焊接方法、焊接工艺参数选择不恰当，每处扣 1 分，扣完为止； 熔敷图中焊接层数及道数绘制不完整不明确，每处扣 1 分，扣完为止； 技术要求中对焊前处理、焊中操作及焊后清理的书写不完整、不规范，每处扣 1 分，扣完为止。		
合　计			100			

项目二十　Φ110 mmQ235 管板平位角接手工钨极氩弧焊

1. 试题编号：T-2-40

考核技能点编号：J-2-5

2. 任务描述

识读如下工件图样，按工艺要求对 Φ110 mmQ235 钢管进行焊前处理，采用手工钨极氩弧焊完成钢管与钢板的角接（单面成型），将焊接过程中采用的焊接工艺参数、熔敷图及技术要求等填入《焊接工艺卡》。在整个操作过程中，应服从考场安排，并体现安全意识、文明生产等职业素养。

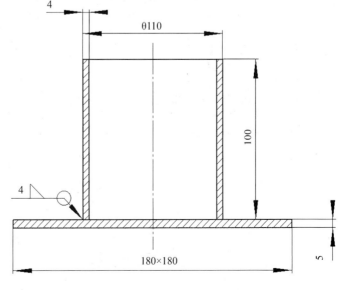

焊接工艺卡

任务名称						工位编号		
工件材质			规格					
焊接工艺参数		焊接方法	层数	焊材(焊条或焊丝)型号	焊接电流（A）	焊接电压（V）	焊接速度（cm/min）	气体流量（L/min）
熔敷图					焊接技术要求			
编制(考生编号)			审核			日期	年 月 日	

3. 实施条件

实施条件见下表。

焊接加工模块实施条件

项目	实施条件	备注
场地	焊接工位 20 个,钳桌 2 个,照明、通风良好。	
设备	ZX7-400 手工钨极氩弧焊机 20 台,1 台/工位。	
工具	H08Mn2SiA 焊丝 焊缝专用检测尺 1 把/工位; 钢丝刷 1 把/工位; 敲渣锤 1 把/工位; 角向砂轮机 1 台/工位; 手持式或头盔式焊接面罩 1 个/工位; 焊工手套 1 双/工位; 游标卡尺(规格 1-150 mm)1 把/工位; 焊接夹具 20 套,1 套/工位。	考场提供按需领用

4. 考核时量

90 分钟。

5. 评价标准

评价标准见下表。

焊接加工评价标准

考核项目	序号	考核内容	配分	评分标准	扣分	得分
职业素养及操作规范	1	安全意识	2	未遵守安全操作规程,每次扣1分,扣完为止; 安全操作技能欠缺,每项次扣1分,扣完为止。 考生出现人伤械损等安全事故,造成恶劣影响的,本模块记0分。		
	2	组织纪律	2	不服从考试安排及考场纪律,扣2分。		
	3	工作准备	4	未对图纸、设备、场地及工量具检查,扣1分; 未对工件坡口及其两侧20 mm范围内进行铁锈、油等污物清理,扣3分。		
	4	操作规范	7	在焊接操作平台上引弧,扣2分; 定位焊位置不正确,试件固定的空间位置不符合要求,每项扣2分,扣完为止; 没有按规定关闭电源,扣1分。		
	5	文明生产	5	着装不规范,扣1分; 有损害工具设备和工件的野蛮操作行为,扣2分; 工作结束后,未整理、清洁工具设备、工件和工作场地,扣2分; 考生严重违反考场纪律,造成恶劣影响的,本模块记0分。		
手工钨极氩弧焊产品考核	6	焊缝成型性	10	焊接产品不牢固,松动,此项记0分; 焊缝不完整、不连续,每处扣2分,扣完为止; 焊缝存在未熔合、未焊满,此项记0分。		
	7	焊缝缺陷	30	焊缝表面存在大于3 mm的裂纹,每处扣2分,扣完为止; 焊缝表面存在直径超过2 mm的气孔,每个扣2分,扣完为止; 咬边深度大于0.5 mm处,每处扣2分,扣完为止; 焊缝弧坑未焊满,每处扣2分,扣完为止; 焊缝存在长度大于4 mm,深度大于1 mm的夹渣,每处扣2分,扣完为止; 焊缝中存在焊瘤,每处扣2分,扣完为止。		
	8	焊缝外观	10	焊缝高低、宽窄不一致,每相差1 mm,扣2分,扣完为止; 焊缝波纹不均匀、不细密,每处扣2分,扣完为止。		
	9	焊脚高度	10	焊脚高度大于2 mm处,每处扣2分,扣完为止。		
	10	焊接变形	10	产品焊接变形最大处,变形角度每增加1°扣2分,扣完为止。		
工艺文件考核	11	焊接工艺卡	10	表格填写字迹不清晰,扣2分; 焊接顺序、焊接方法、焊接工艺参数选择不恰当,每处扣1分,扣完为止; 熔敷图中焊接层数及道数绘制不完整不明确,每处扣1分,扣完为止; 技术要求中对焊前处理、焊中操作及焊后清理的书写不完整、不规范,每处扣1分,扣完为止。		
合 计			100			

三、装配钳工模块

项目一　变位支架装配钳工
变位支架装配钳工试题(1)

1. 试题编号：T-3-1

考核技能点编号：J-1-1*、J-1-2*、J-1-8*、J-3-1*、J-3-3*、J-3-4*、J-3-5*、J-3-6*、J-3-7*

2. 任务描述

识读变位支架的装配图、零件图及其技术要求，选择合适的设备、工具、量具等，按图纸要求完成"底板"($\phi 10^{+0.015}_{0}$，$2 \times \phi 6^{+0.012}_{0}$，M5)的加工，并在装配过程中通过修配"翻板"和"固定板"的底面，保证"翻板"与"底板"的配合面间隙均小于0.1 mm。

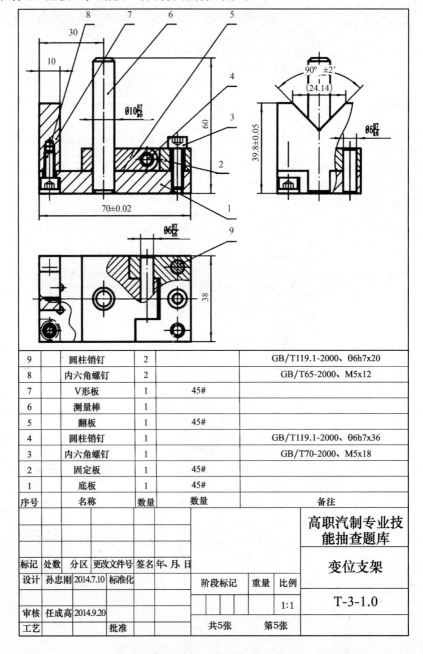

9	圆柱销钉	2		GB/T119.1-2000、θ6h7x20
8	内六角螺钉	2		GB/T65-2000、M5x12
7	V形板	1	45#	
6	测量棒	1		
5	翻板	1	45#	
4	圆柱销钉	1		GB/T119.1-2000、θ6h7x36
3	内六角螺钉	1		GB/T70-2000、M5x18
2	固定板	1	45#	
1	底板	1	45#	
序号	名称	数量	数量	备注

					高职汽制专业技能抽查题库		
标记	处数	分区	更改文件号	签名 年、月 日	变位支架		
设计	孙忠刚	2014.7.10	标准化		阶段标记	重量	比例
							1:1
审核	任成高	2014.9.20					T-3-1.0
工艺		批准			共5张	第5张	

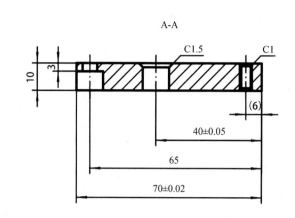

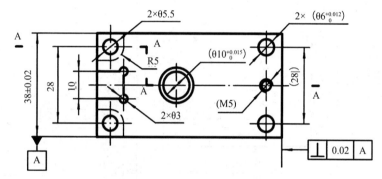

技术要求

1. 带括号尺寸按配合要求制作；
2. 未注孔口倒角C0.5；
3. 工件去除毛刺、倒棱。
4. Φ10、2-Φ6、M5由考生加工完成。

标记	处数	分区	更改文件号	签名	年、月 日			高职汽制专业技能 抽查题库	
设计	孙忠刚	2014.7.10	标准化			阶段标记	重量	比例	变位支架—底板
审核	任成高	2014.9.20						1:1	T-3-1.1
工艺			批准			共5张		第5张	

45#

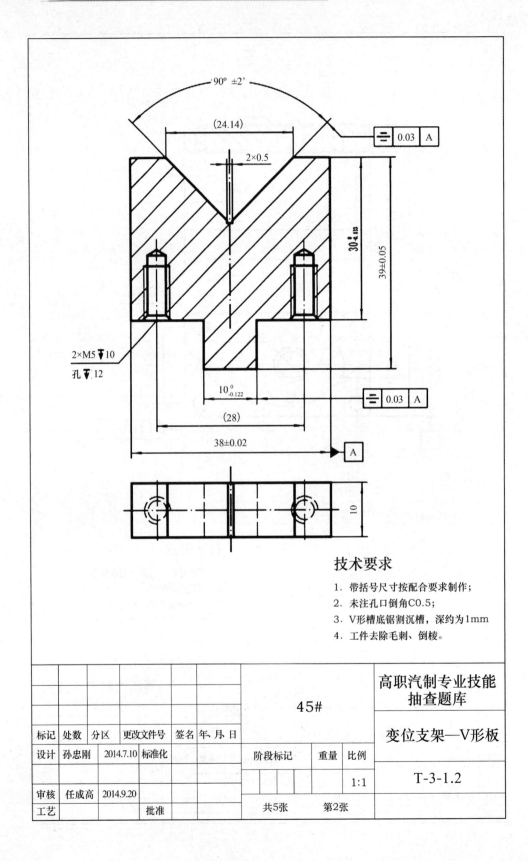

技术要求

1. 带括号尺寸按配合要求制作；
2. 未注孔口倒角C0.5；
3. V形槽底锯割沉槽，深约为1mm；
4. 工件去除毛刺、倒棱。

标记	处数	分区	更改文件号	签名	年、月、日			
设计	孙忠刚	2014.7.10	标准化					
审核	任成高	2014.9.20						
工艺			批准					

45#

高职汽制专业技能抽查题库

变位支架—V形板

阶段标记		重量	比例	T-3-1.2
			1:1	
共5张		第2张		

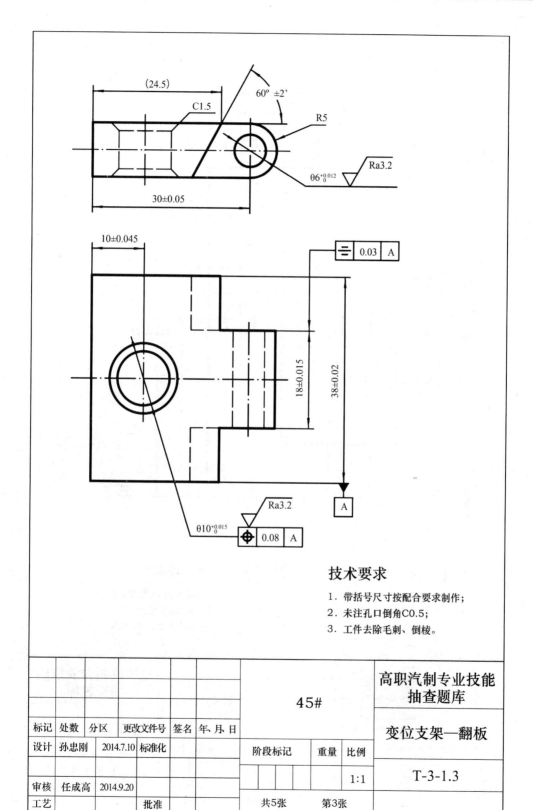

技术要求

1. 带括号尺寸按配合要求制作；
2. 未注孔口倒角C0.5；
3. 工件去除毛刺、倒棱。

标记	处数	分区	更改文件号	签名	年、月、日	45#			高职汽制专业技能 抽查题库
设计	孙忠刚	2014.7.10	标准化						变位支架—翻板
						阶段标记	重量	比例	
审核	任成高	2014.9.20						1:1	T-3-1.3
工艺			批准			共5张	第3张		

149

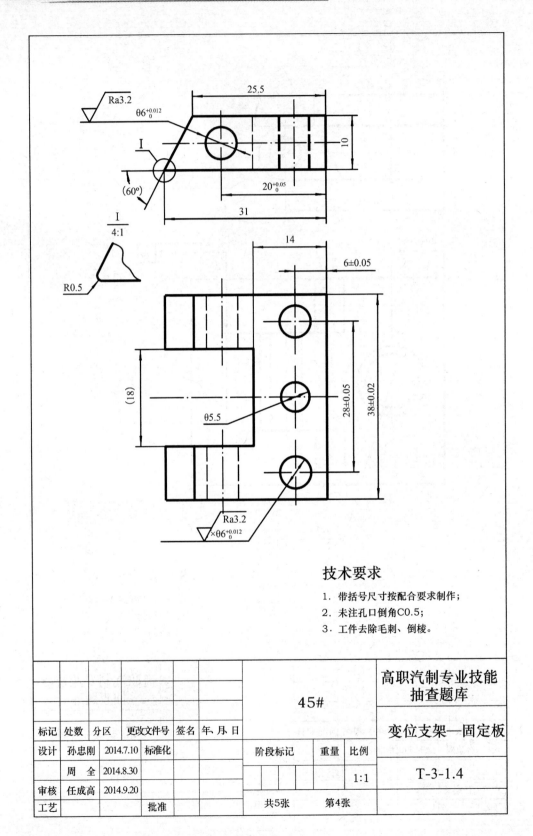

技术要求

1. 带括号尺寸按配合要求制作；
2. 未注孔口倒角C0.5；
3. 工件去除毛刺、倒棱。

标记	处数	分区	更改文件号	签名	年、月、日				高职汽制专业技能
							45#		抽查题库
设计	孙忠刚	2014.7.10	标准化						变位支架—固定板
	周 全	2014.8.30				阶段标记	重量	比例	
审核	任成高	2014.9.20						1:1	T-3-1.4
工艺			批准			共5张	第4张		

3. 实施条件

实施条件见下表。

变位支架的钳工制作与装配实施条件

项目	实施条件	备注
场地	钳工实训中心:加工工位 30 个,照明通风良好。	
设备	台钻、钻夹头、台虎钳、砂轮机、方箱、粗糙度仪。	
工量具	250 mm 活动扳手,7♯—36♯开口扳手; 0—150 mm 游标卡尺,0—300 mm 高度游标卡尺; 0—25 mm 外径千分尺,25—50 mm 外径千分尺,50—75 mm 外径千分尺; 0°—300°游标万能角度尺; 300×150 mm 直角尺,150 mm 金属直尺,100 mm 刀口尺; 0.02—0.5 mm 塞尺; 150—300 mm 各类锉刀(方、三角、扁),整形锉; 锯、锯条(中齿); 钻头(ϕ2.2、ϕ2.5、ϕ2.8、ϕ3、ϕ3.2、ϕ3.5、ϕ4、ϕ4.2、ϕ4.5、ϕ5、ϕ5.2、ϕ5.5、ϕ6、ϕ6.5、ϕ7、ϕ8、ϕ10~ϕ20); 铰刀(5D4、5D5、6D、6H9、10D); 软口钳、钢丝钳、尖嘴钳; 划针、样冲、扁錾、手锤、锉刀刷。	考场提供 按需领用

4. 考核时量

90 分钟。

5. 评价标准

试题评价标准见下表。

变位支架的钳工制作与装配评价标准

序号	考核内容	配分	评分标准	扣分	得分
1	安全意识	3	未遵守安全操作规程,每次扣 1 分,扣完为止; 安全操作技能欠缺,每项次扣 1 分,扣完为止; 考生出现人伤械损等安全事故,造成恶劣影响的,本题考核计零分。		
2	组织纪律	2	不服从考试安排及考场纪律,扣 2 分。		
3	工作准备	3	未清点图纸、工量具、工件,扣 1 分; 未检查设备、工量具状况,扣 1 分; 不清洁工件,扣 1 分。		
4	操作规范	6	设备使用不当,扣 2 分; 工量具使用不当,扣 2 分; 加工过程不规范,扣 2 分。		
5	文明生产	6	着装不规范,扣 1 分; 有损害工具设备和工件的野蛮操作行为,扣 2 分; 工作结束后,未整理、清洁工具设备、工件和工作场地,扣 3 分; 考生严重违反考场纪律,造成恶劣影响的,本题考核计零分。		

续表

序号	考核内容	配分	评分标准	扣分	得分
6		8	$\phi 10^{+0.015}_{0}$，超差全扣；		
7		16	$2\times\phi 6^{+0.012}_{0}$，超差全扣；		
8	底板	11	M5，超差全扣；		
9		5	$\phi 10^{+0.015}_{0}$处粗糙度 $Ra3.2$，超差全扣；		
10		10	$2\times\phi 6^{+0.012}_{0}$处粗糙度 $Ra3.2$，超差全扣。		
11		20	翻板与底板1处配合间隙小于0.1，超差全扣；		
12	装配	10	未按装配图要求对零件进行正确装配，每处扣2分，扣完为止。		
合计		100			

变位支架装配钳工试题(2)

1. 试题编号：T-3-2

考核技能点编号：J-1-1*、J-1-2*、J-3-1*、J-3-3*、J-3-4*、J-3-7*

2. 任务描述

识读变位支架的装配图、零件图及其技术要求，选择合适的设备、工具、量具等，按图纸要求完成"底板"（ $2\times\phi 5.5$，$2\times\phi 3$）的加工，并在装配过程中通过修配，使"V形板"与"底板"5处配合面间隙均小于0.1 mm。

3. 实施条件

实施条件见下表。

变位支架的钳工制作与装配实施条件

项目	实施条件	备注
场地	钳工实训中心：加工工位30个，照明通风良好。	
设备	台钻、钻夹头、台虎钳、砂轮机、方箱、粗糙度仪。	
工量具	250 mm 活动扳手，7#—36#开口扳手； 0—150 mm 游标卡尺，0—300 mm 高度游标卡尺； 0—25 mm 外径千分尺，25—50 mm 外径千分尺，50—75 mm 外径千分尺； 0°—300°游标万能角度尺； 300×150 mm 直角尺，150 mm 金属直尺，100 mm 刀口尺； 0.02—0.5 mm 塞尺； 150—300 mm 各类锉刀（方、三角、扁），整形锉； 锯，锯条（中齿）； 钻头（$\phi 2.2$、$\phi 2.5$、$\phi 2.8$、$\phi 3$、$\phi 3.2$、$\phi 3.5$、$\phi 4$、$\phi 4.2$、$\phi 4.5$、$\phi 5$、$\phi 5.2$、$\phi 5.5$、$\phi 6$、$\phi 6.5$、$\phi 7$、$\phi 8$、$\phi 10\sim\phi 20$）； 铰刀（5D4、5D5、6D、6H9、10D）； 软口钳，钢丝钳，尖嘴钳； 划针，样冲，扁錾，手锤，锉刀刷。	考场提供按需领用

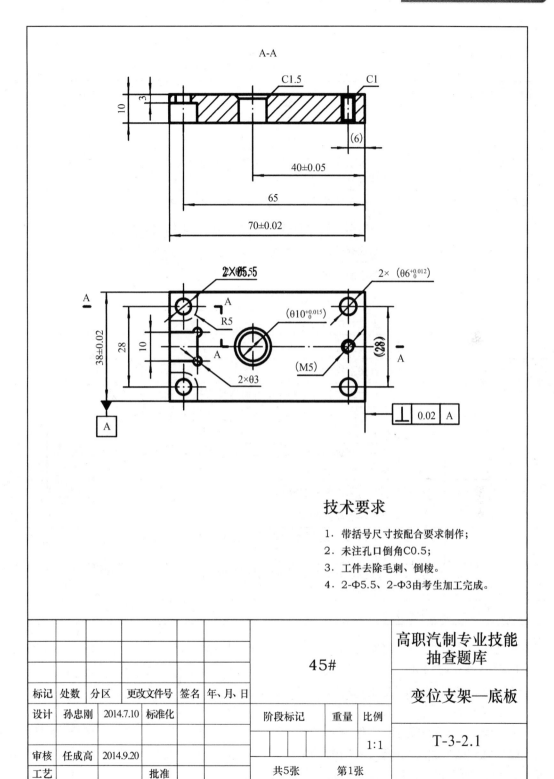

技术要求

1. 带括号尺寸按配合要求制作；
2. 未注孔口倒角C0.5；
3. 工件去除毛刺、倒棱。
4. 2-Φ5.5、2-Φ3由考生加工完成。

标记	处数	分区	更改文件号	签名	年、月、日			高职汽制专业技能 抽查题库
							45#	
								变位支架—底板
设计	孙忠刚	2014.7.10	标准化			阶段标记	重量	比例
审核	任成高	2014.9.20						1:1
工艺			批准			共5张	第1张	T-3-2.1

(装配图及其他零件图参照 T-3-1 试题)

4. 考核时量

90 分钟。

5. 评价标准

试题评价标准见下表。

变位支架的钳工制作与装配评价标准

序号	考核内容	配分	评分标准	扣分	得分
1	安全意识	3	未遵守安全操作规程,每次扣1分,扣完为止;		
			安全操作技能欠缺,每项次扣1分,扣完为止;		
			考生出现人伤械损等安全事故,造成恶劣影响的,本题考核计零分。		
2	组织纪律	2	不服从考试安排及考场纪律,扣2分。		
3	工作准备	3	未清点图纸、工量具、工件,扣1分;		
			未检查设备、工量具状况,扣1分;		
			不清洁工件,扣1分。		
4	操作规范	6	设备使用不当,扣2分;		
			工量具使用不当,扣2分;		
			加工过程不规范,扣2分。		
5	文明生产	6	着装不规范,扣1分;		
			有损害工具设备和工件的野蛮操作行为,扣2分;		
			工作结束后,未整理、清洁工具设备、工件和工作场地,扣3分;		
			考生严重违反考场纪律,造成恶劣影响的,本题考核计零分。		
6	底板	20	2×φ5.5,超差全扣;		
7		20	2×φ3,超差全扣;		
8	装配	30	V形板与底板5处配合间隙均小于0.1,超差1处扣6分;		
9		10	未按装配图要求对零件进行正确装配,每处扣2分,扣完为止。		
	合计	100			

变位支架装配钳工试题(3)

1. **试题编号**:T-3-3

考核技能点编号:J-1-1*、J-1-2*、J-1-8*、J-3-1*、J-3-2、J-3-3*、J-3-4*、J-3-7*

2. **任务描述**

识读变位支架的装配图、零件图及其技术要求,选择合适的设备、工具、量具等,按图纸要求完成"底板"($2×Φ3$,方形槽$10×10$)的加工,并在装配过程中通过修配,使"V形板"与"底板"5处配合面间隙均小于0.1 mm。

3. **实施条件**

实施条件见下表。

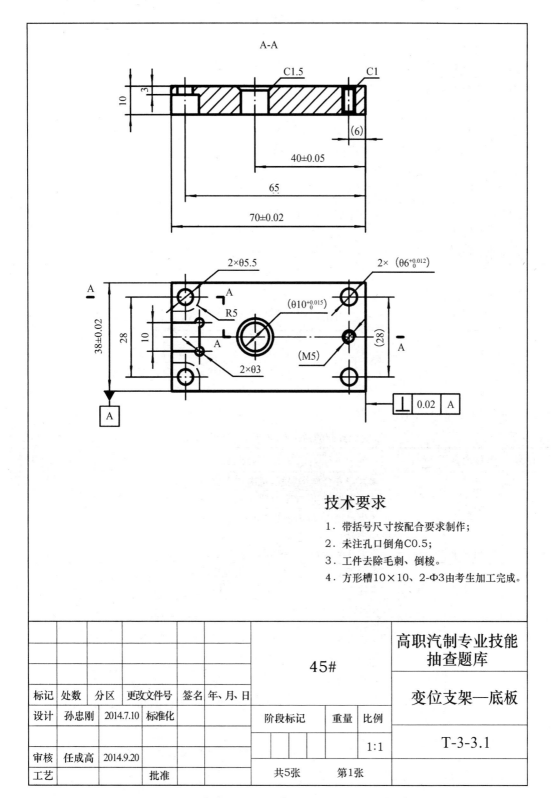

技术要求

1. 带括号尺寸按配合要求制作；
2. 未注孔口倒角C0.5；
3. 工件去除毛刺、倒棱。
4. 方形槽10×10、2-Φ3由考生加工完成。

标记	处数	分区	更改文件号	签名	年、月、日			
设计	孙忠刚	2014.7.10	标准化			阶段标记	重量	比例
审核	任成高	2014.9.20						1:1
工艺			批准			共5张	第1张	

45#

高职汽制专业技能
抽查题库

变位支架—底板

T-3-3.1

（装配图及其他零件图参照 T-3-1 试题）

变位支架的钳工制作与装配实施条件

项目	实施条件	备注
场地	钳工实训中心:加工工位 30 个,照明通风良好。	
设备	台钻、钻夹头、台虎钳、砂轮机、方箱、粗糙度仪。	
工量具	250 mm 活动扳手,7♯－36♯开口扳手; 0－150 mm 游标卡尺,0－300 mm 高度游标卡尺; 0－25 mm 外径千分尺,25－50 mm 外径千分尺,50－75 mm 外径千分尺; 0°－300°游标万能角度尺; 300×150 mm 直角尺,150 mm 金属直尺,100 mm 刀口尺; 0.02－0.5 mm 塞尺; 150－300 mm 各类锉刀(方、三角、扁),整形锉; 锯,锯条(中齿); 钻头(ϕ2.2、ϕ2.5、ϕ2.8、ϕ3、ϕ3.2、ϕ3.5、ϕ4、ϕ4.2、ϕ4.5、ϕ5、ϕ5.2、ϕ5.5、ϕ6、ϕ6.5、ϕ7、ϕ8、ϕ10～ϕ20); 铰刀(5D4、5D5、6D、6H9、10D); 软口钳、钢丝钳、尖嘴钳; 划针、样冲、扁錾、手锤、锉刀刷。	考场提供 按需领用

4. 考核时量

90 分钟。

5. 评价标准

试题评价标准见下表。

变位支架的钳工制作与装配评价标准

序号	考核内容	配分	评分标准	扣分	得分
1	安全意识	3	未遵守安全操作规程,每次扣 1 分,扣完为止; 安全操作技能欠缺,每项次扣 1 分,扣完为止; 考生出现人伤械损等安全事故,造成恶劣影响的,本题考核计零分。		
2	组织纪律	2	不服从考试安排及考场纪律,扣 2 分。		
3	工作准备	3	未清点图纸、工量具、工件,扣 1 分; 未检查设备、工量具状况,扣 1 分; 不清洁工件,扣 1 分。		
4	操作规范	6	设备使用不当,扣 2 分; 工量具使用不当,扣 2 分; 加工过程不规范,扣 2 分。		
5	文明生产	6	着装不规范,扣 1 分; 有损害工具设备和工件的野蛮操作行为,扣 2 分; 工作结束后,未整理、清洁工具设备、工件和工作场地,扣 3 分; 考生严重违反考场纪律,造成恶劣影响的,本题考核计零分。		
6	底板	10	2×ϕ3,超差全扣;		
7		15	方形槽 10×10,超差全扣;		
8		15	方形槽 10×10 处粗糙度 $Ra3.2$,超差全扣。		

续表

序号	考核内容	配分	评分标准	扣分	得分
9	装配	30	V形板与底板5处配合间隙均小于0.1,超差1处扣6分;		
10		10	未按装配图要求对零件进行正确装配,每处扣2分,扣完为止。		
合计		100			

项目二 外耳板装配钳工

1. 试题编号:T-3-7

考核技能点编号:J-1-1*、J-1-2*、J-1-7*、J-1-8*、J-3-1*、J-3-2、J-3-3*、J-3-4*、J-3-5*、J-3-6*、J-3-7*

2. 任务描述

识读如下外耳板的装配图、零件图及其技术要求,选择合适的设备、工具、量具等,按图纸要求完成"耳板1"(通过钳工加工,去除左下角的尖角,使其尺寸满足图纸要求。)的加工,并通过配作完成"耳板1"、"耳板2"两工件M10-7H($^{+0.015}_{0}$)螺纹孔的加工。加工完成后对工件进行正确的装配。

3. 实施条件

实施条件见下表。

外耳板的钳工制作与装配实施条件

项目	实施条件	备注
场地	钳工实训中心:加工工位30个,照明通风良好。	
设备	台钻、钻夹头、台虎钳、砂轮机、方箱、粗糙度仪。	
工量具	250 mm活动扳手,7♯—36♯开口扳手; 0—150 mm游标卡尺,0—300 mm高度游标卡尺; 0—25 mm外径千分尺,25—50 mm外径千分尺,50—75 mm外径千分尺; 0°—300°游标万能角度尺; 300×150 mm直角尺,150 mm金属直尺,100 mm刀口尺; 0.02—0.5 mm塞尺; 150—300 mm各类锉刀(方、三角、扁),整形锉; 锯,锯条(中齿); 钻头(φ2.2、φ2.5、φ2.8、φ3、φ3.2、φ3.5、φ4、φ4.2、φ4.5、φ5、φ5.2、φ5.5、φ6、φ6.5、φ7、φ8、φ10～φ20); 铰刀(5D4、5D5、6D、6H9、10D); 软口钳、钢丝钳、尖嘴钳; 划针、样冲、扁錾、手锤、锉刀刷。	考场提供按需领用

4. 考核时量

90分钟。

5. 评价标准

试题评价标准见下表。

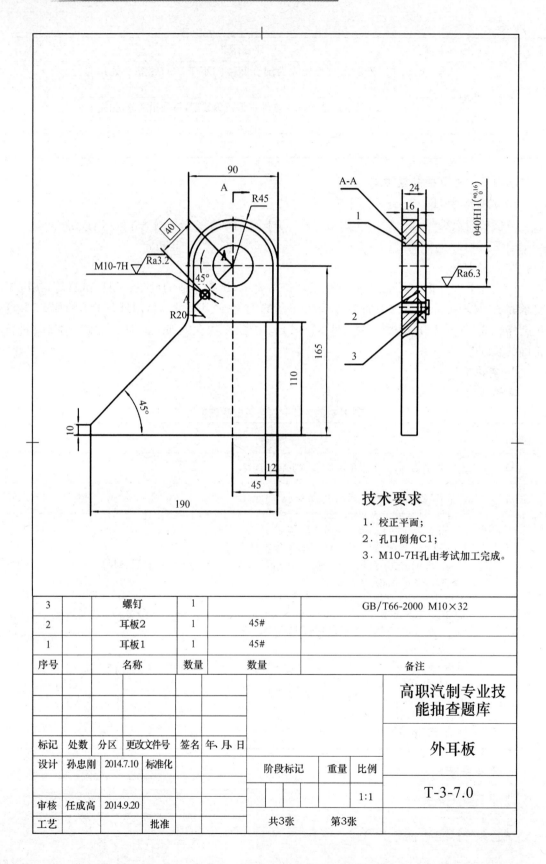

技术要求

1. 校正平面；
2. 孔口倒角C1；
3. M10-7H孔由考试加工完成。

3	螺钉	1		GB/T66-2000 M10×32
2	耳板2	1	45#	
1	耳板1	1	45#	
序号	名称	数量	数量	备注

							高职汽制专业技		
							能抽查题库		
标记	处数	分区	更改文件号	签名	年、月、日				
设计	孙忠刚	2014.7.10	标准化					外耳板	
						阶段标记	重量	比例	
审核	任成高	2014.9.20						1:1	T-3-7.0
工艺			批准			共3张	第3张		

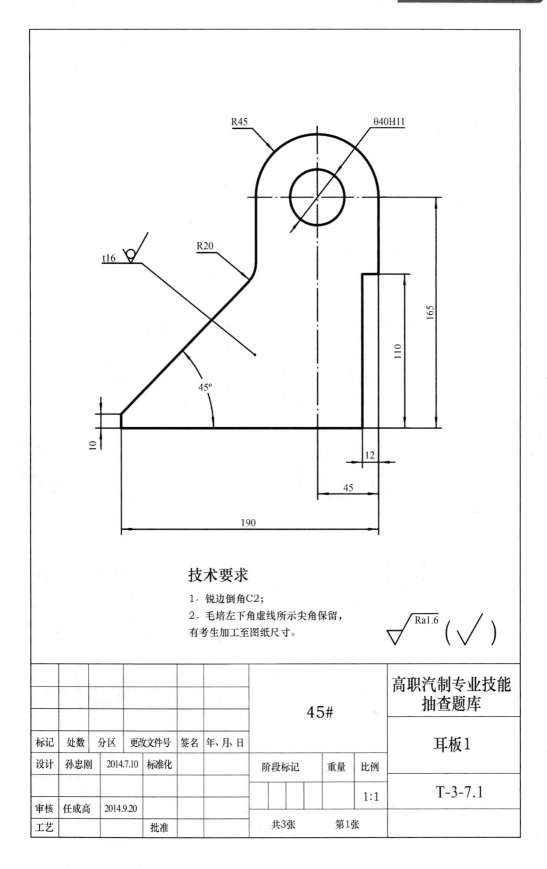

R45
Θ40H11
t16
R20
165
110
45°
10
12
45
190

技术要求

1．锐边倒角C2；
2．毛培左下角虚线所示尖角保留，
有考生加工至图纸尺寸。

√Ra1.6 (√)

标记	处数	分区	更改文件号	签名	年、月、日				高职汽制专业技能 抽查题库
						45#			
									耳板1
设计	孙忠刚	2014.7.10	标准化			阶段标记	重量	比例	
								1:1	T-3-7.1
审核	任成高	2014.9.20							
工艺			批准			共3张	第1张		

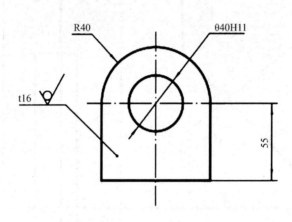

技术要求

去毛刺、锐角。

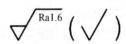

							高职汽制专业技能 抽查题库		
						45#			
标记	处数	分区	更改文件号	签名	年、月、日		耳板2		
设计	孙忠刚	2014.7.20	标准化			阶段标记	重 量	比例	
								1:1	T-3-7.2
审核	任成高	2014.9.20				共3张	第2张		
工艺			批准						

外耳板的钳工制作与装配评价标准

序号	考核内容	配分	评分标准	扣分	得分
1	安全意识	3	未遵守安全操作规程,每次扣1分,扣完为止;		
			安全操作技能欠缺,每项次扣1分,扣完为止;		
			考生出现人伤械损等安全事故,造成恶劣影响,本题考核计零分。		
2	组织纪律	2	不服从考试安排及考场纪律,扣2分。		
3	工作准备	3	未清点图纸、工量具、工件,扣1分;		
			未检查设备、工量具状况,扣1分;		
			不清洁工件,扣1分。		
4	操作规范	6	设备使用不当,扣2分;		
			工量具使用不当,扣2分;		
			加工过程不规范,扣2分。		
5	文明生产	6	着装不规范,扣1分;		
			有损害工具设备和工件的野蛮操作行为,扣2分;		
			工作结束后,未整理、清洁工具设备、工件和工作场地,扣3分;		
			考生严重违反考场纪律,造成恶劣影响,本题考核计零分。		
6	耳板1	10	M10-7H($^{+0.015}_{0}$),超差全扣;		
7		10	底边尺寸190,超差全扣;		
8		10	尺寸10,超差全扣;		
9	耳板2	10	M10-7H($^{+0.015}_{0}$),超差全扣;		
10		15	M10-7H($^{+0.015}_{0}$)处位置度Φ0.5,超差全扣;		
11		15	M10-7H($^{+0.015}_{0}$)处粗糙度$Ra3.2$,超差全扣。		
12	装配	10	配作螺纹孔不能正确装配,全扣。		
合计		100			

项目三 六方四组合装配钳工

六方四组合装配钳工试题(1)

1. 试题编号:T-3-8

考核技能点编号:J-1-1*、J-1-2*、J-1-8*、J-3-1*、J-3-4*、J-3-5*、J-3-6*、J-3-7*

2. 任务描述

识读如下六方四组合的装配图、零件图及其技术要求,选择合适的设备、工具、量具等,按图纸要求通过配作完成"底板"(4×M6,4×Φ5)的加工,并进行正确的装配。

3. 实施条件

实施条件见下表。

钳工制作与装配实施条件

项目	实施条件	备注
场地	钳工实训中心:加工工位30个,照明通风良好。	
设备	台钻、钻夹头、台虎钳、砂轮机、方箱、粗糙度仪。	
工量具	250 mm活动扳手,7#—36#开口扳手; 0—150 mm游标卡尺,0—300 mm高度游标卡尺; 0—25 mm外径千分尺,25—50 mm外径千分尺,50—75 mm外径千分尺; 0°—300°游标万能角度尺;	

续表

项目	实施条件	备注
	300×150 mm 直角尺,150 mm 金属直尺,100 mm 刀口尺; 0.02—0.5 mm 塞尺; 150—300 mm 各类锉刀(方、三角、扁),整形锉; 锯,锯条(中齿); 钻头(ϕ2.2、ϕ2.5、ϕ2.8、ϕ3、ϕ3.2、ϕ3.5、ϕ4、ϕ4.2、ϕ4.5、ϕ5、ϕ5.2、ϕ5.5、ϕ6、ϕ6.5、ϕ7、ϕ8、ϕ10~ϕ20); 铰刀(5D4、5D5、6D、6H9、10D); 软口钳,钢丝钳,尖嘴钳; 划针,样冲,扁錾,手锤,锉刀刷。	考场提供 按需领用

4. 考核时量

90 分钟。

5. 评价标准

试题评价标准见下表。

六方四组合的钳工制作与装配评价标准

序号	考核内容	配分	评分标准	扣分	得分
1	安全意识	3	未遵守安全操作规程,每次扣1分,扣完为止; 安全操作技能欠缺,每项次扣1分,扣完为止; 考生出现人伤械损等安全事故,造成恶劣影响的,本题考核计零分。		
2	组织纪律	2	不服从考试安排及考场纪律,扣2分。		
3	工作准备	3	未清点图纸、工量具、工件,扣1分; 未检查设备、工量具状况,扣1分; 不清洁工件,扣1分。		
4	操作规范	6	设备使用不当,扣2分; 工量具使用不当,扣2分; 加工过程不规范,扣2分。		
5	文明生产	6	着装不规范,扣1分; 有损害工具设备和工件的野蛮操作行为,扣2分; 工作结束后,未整理、清洁工具设备、工件和工作场地,扣3分; 考生严重违反考场纪律,造成恶劣影响的,本题考核计零分。		
6	底板	20	4×M6,超差全扣;		
7		20	4×Φ5,超差全扣;		
8		10	4×M6 处粗糙度 Ra6.3,超差全扣。		
9	装配	10	2×Φ5 中心距尺寸 25±0.08,超差全扣;		
10		10	2×Φ5 中心距尺寸 60±0.08,超差全扣;		
11		10	未按装配图要求对零件进行正确装配,每处扣2分,扣完为止。		
合计		100			

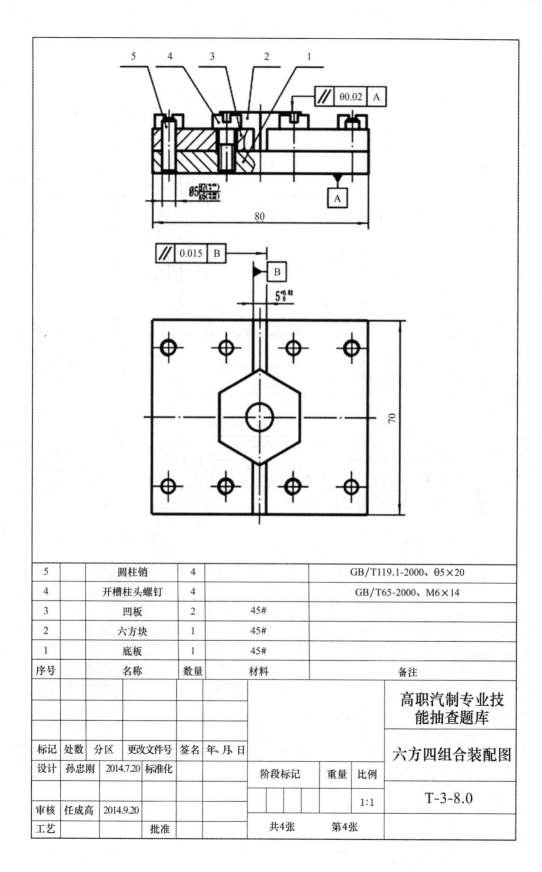

5	圆柱销	4		GB/T119.1-2000、θ5×20
4	开槽柱头螺钉	4		GB/T65-2000、M6×14
3	凹板	2	45#	
2	六方块	1	45#	
1	底板	1	45#	
序号	名称	数量	材料	备注

标记	处数	分区	更改文件号	签名	年、月、日				高职汽制专业技能抽查题库	
设计	孙忠刚	2014.7.20	标准化			阶段标记	重量	比例	六方四组合装配图	
审核	任成高	2014.9.20						1:1	T-3-8.0	
工艺			批准			共4张	第4张			

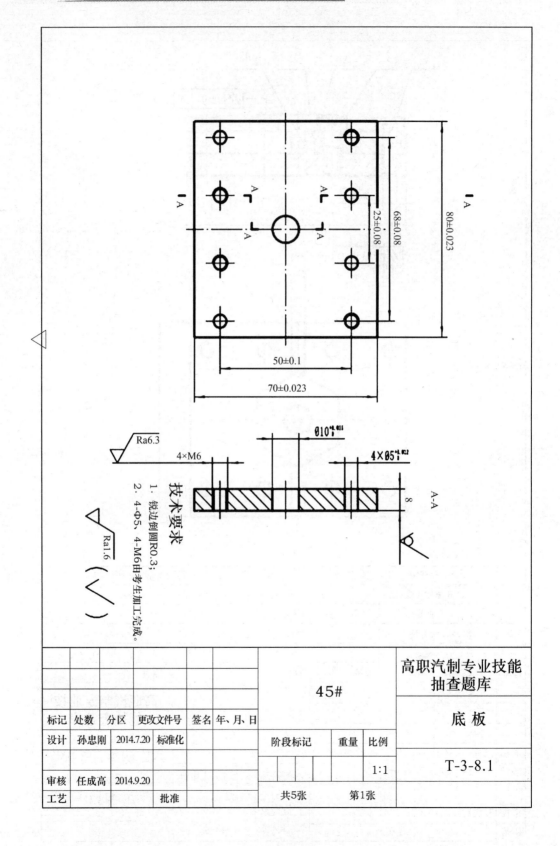

技术要求
1. 锐边倒圆R0.3；
2. 4-Φ5、4-M6由考生加工完成。

标记	处数	分区	更改文件号	签名	年、月、日	高职汽制专业技能抽查题库		
						45#		
设计	孙忠刚	2014.7.20	标准化			底 板		
						阶段标记	重量	比例
审核	任成高	2014.9.20						1:1
工艺			批准			共5张	第1张	T-3-8.1

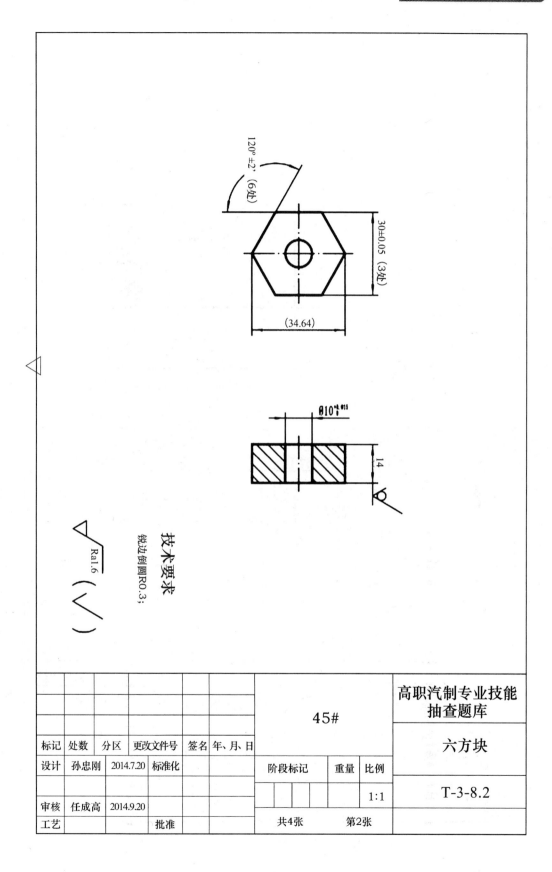

技术要求
锐边倒圆R0.3;

标记	处数	分区	更改文件号	签名	年、月、日			高职汽制专业技能 抽查题库
							45#	
								六方块
设计	孙忠刚	2014.7.20	标准化			阶段标记	重量	比例
								1:1
审核	任成高	2014.9.20						T-3-8.2
工艺			批准			共4张	第2张	

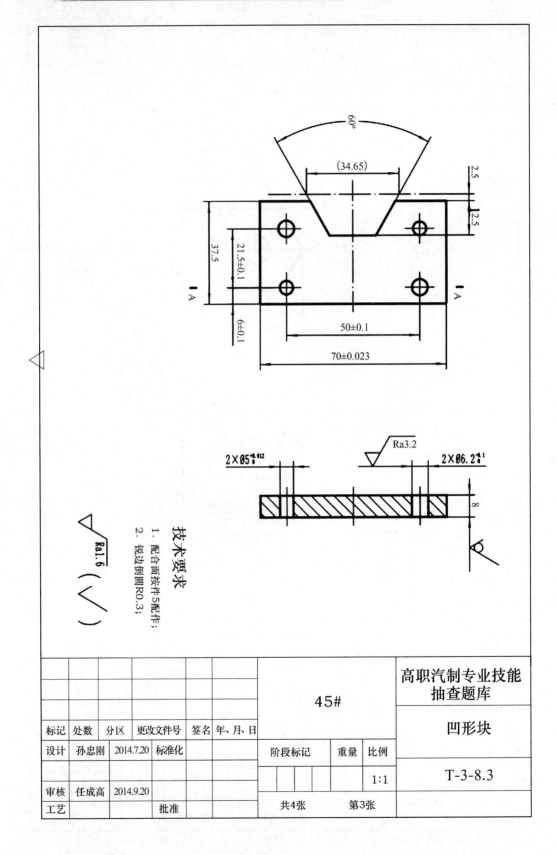

技术要求
1. 配合面按件5配作；
2. 锐边倒圆R0.3；

						高职汽制专业技能 抽查题库
				45#		
						凹形块
标记	处数	分区	更改文件号	签名	年、月、日	
设计	孙忠刚	2014.7.20	标准化		阶段标记	重量	比例	
审核	任成高	2014.9.20					1:1	T-3-8.3
工艺			批准		共4张	第3张	

六方四组合装配钳工试题(4)

1. 试题编号:T-3-11

考核技能点编号:J-1-1*、J-1-2*、J-1-3、J-3-1*、J-3-2、J-3-3*、J-3-4*、J-3-7*

2. **任务描述**

识读六方四组合的装配图、零件图及其技术要求,选择合适的设备、工具、量具等,按图纸要求完成"六方块"的加工,并进行正确的装配。

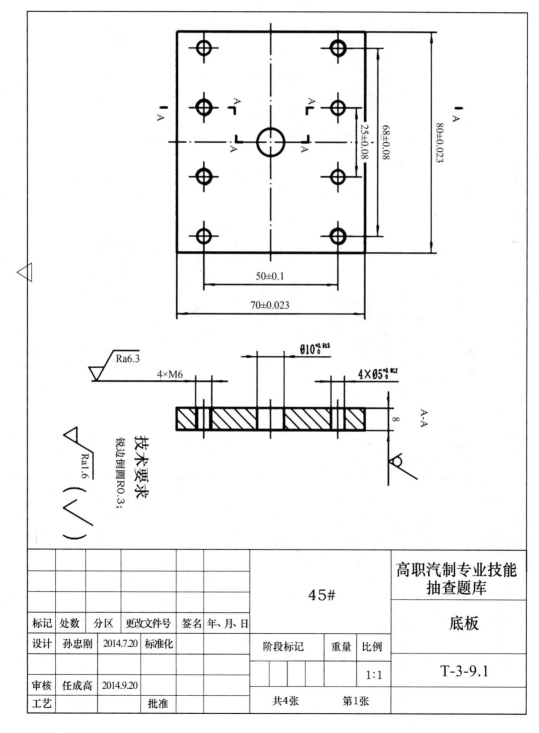

标记	处数	分区	更改文件号	签名	年、月、日		45#		高职汽制专业技能抽查题库
设计	孙忠刚	2014.7.20	标准化			阶段标记	重量	比例	底板
审核	任成高	2014.9.20						1:1	T-3-9.1
工艺			批准			共4张	第1张		

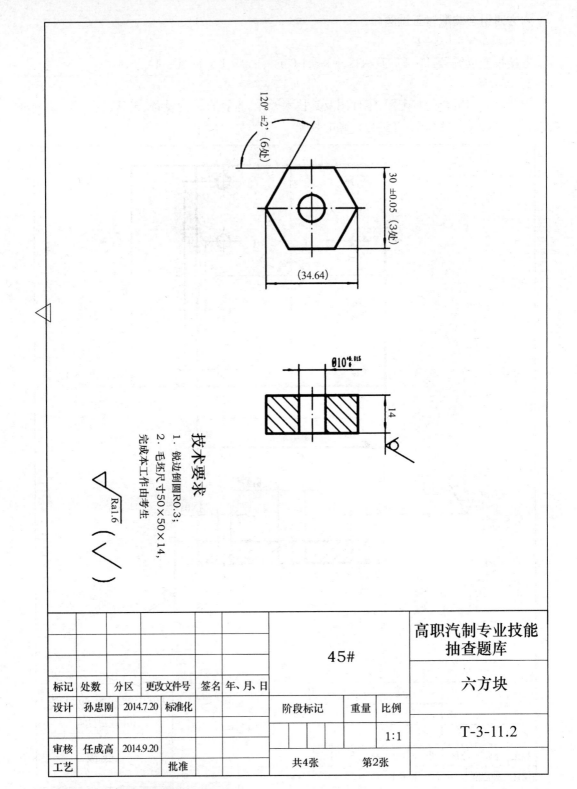

技术要求
1. 锐边倒圆R0.3;
2. 毛坯尺寸50×50×14,
完成本工作由考生

标记	处数	分区	更改文件号	签名	年、月、日				高职汽制专业技能抽查题库
							45#		
设计	孙忠刚	2014.7.20	标准化			阶段标记	重量	比例	六方块
审核	任成高	2014.9.20						1:1	T-3-11.2
工艺			批准			共4张		第2张	

(装配图及其他零件图参照 T-3-8 试题)

3. 实施条件

实施条件见下表。

钳工制作与装配实施条件

项目	实施条件	备注
场地	钳工实训中心:加工工位 30 个,照明通风良好。	
设备	台钻、钻夹头、台虎钳、砂轮机、方箱、粗糙度仪。	
工量具	250 mm 活动扳手,7♯—36♯开口扳手; 0—150 mm 游标卡尺,0—300 mm 高度游标卡尺; 0—25 mm 外径千分尺,25—50 mm 外径千分尺,50—75 mm 外径千分尺; 0°—300°游标万能角度尺; 300×150 mm 直角尺,150 mm 金属直尺,100 mm 刀口尺; 0.02—0.5 mm 塞尺; 150—300 mm 各类锉刀(方、三角、扁),整形锉; 锯,锯条(中齿); 钻头(ϕ2.2、ϕ2.5、ϕ2.8、ϕ3、ϕ3.2、ϕ3.5、ϕ4、ϕ4.2、ϕ4.5、ϕ5、ϕ5.2、ϕ5.5、ϕ6、ϕ6.5、ϕ7、ϕ8、ϕ10～ϕ20); 铰刀(5D4、5D5、6D、6H9、10D); 软口钳、钢丝钳、尖嘴钳; 划针,样冲,扁錾,手锤,锉刀刷。	考场提供按需领用

4. 考核时量

90 分钟。

5. 评价标准

试题评价标准见下表。

六方四组合的钳工制作与装配评价标准

序号	考核内容	配分	评分标准	扣分	得分
1	安全意识	3	未遵守安全操作规程,每次扣 1 分,扣完为止;		
			安全操作技能欠缺,每项次扣 1 分,扣完为止;		
			考生出现人伤械损等安全事故,造成恶劣影响的,本题考核计零分。		
2	组织纪律	2	不服从考试安排及考场纪律,扣 2 分。		
3	工作准备	3	未清点图纸、工量具、工件,扣 1 分;		
			未检查设备、工量具状况,扣 1 分;		
			不清洁工件,扣 1 分。		
4	操作规范	6	设备使用不当,扣 2 分;		
			工量具使用不当,扣 2 分;		
			加工过程不规范,扣 2 分。		

续表

序号	考核内容	配分	评分标准	扣分	得分
5	文明生产	6	着装不规范,扣1分;		
			有损害工具设备和工件的野蛮操作行为,扣2分;		
			工作结束后,未整理、清洁工具设备、工件和工作场地,扣3分;		
			考生严重违反考场纪律,造成恶劣影响的,本题考核计零分。		
6	六方块	24	3处 $30_{-0.021}^{0}$,超差全扣;		
7		36	6处 $120°\pm2'$,超差全扣;		
8		10	$\Phi10_{0}^{+0.015}$,超差全扣。		
9	装配	10	未按装配图要求对零件进行正确装配,每处扣2分,扣完为止。		
合计		100			

项目四　简易冲床装配钳工

简易冲床装配钳工试题(1)

1. 试题编号:T-3-13

考核技能点编号:J-1-1*、J-1-2*、J-1-8*、J-3-1*、J-3-2、J-3-3*、J-3-4*、J-3-5*、J-3-7*

2. 任务描述

识读简易冲床的装配图、零件图及其技术要求,选择合适的设备、工具、量具等,按图纸要求完成"连杆"2×Φ8H8孔的加工,修锉2×R8,并将简易冲床进行正确的装配。

3. 实施条件

实施条件见下表。

钳工制作与装配实施条件

项目	实施条件	备注
场地	钳工实训中心:加工工位30个,照明通风良好。	
设备	台钻、钻夹头、台虎钳、砂轮机、方箱、粗糙度仪。	
工量具	250mm活动扳手,7♯—36♯开口扳手; 0—150mm游标卡尺,0—300mm高度游标卡尺; 0—25mm外径千分尺,25—50mm外径千分尺,50—75mm外径千分尺; 0°—300°游标万能角度尺; 300×150mm直角尺,150mm金属直尺,100mm刀口尺; 0.02—0.5mm塞尺; 150—300mm各类锉刀(方、三角、扁),整形锉; 锯、锯条(中齿); 钻头(φ2.2、φ2.5、φ2.8、φ3、φ3.2、φ3.5、φ4、φ4.2、φ4.5、φ5、φ5.2、φ5.5、φ6、φ6.5、φ7、φ8、φ10~φ20); 铰刀(5D4、5D5、6D、6H9、10D); 软口钳、钢丝钳、尖嘴钳; 划针、样冲、扁錾、手锤、锉刀刷、R规。	考场提供 按需领用

4. 考核时量

90分钟。

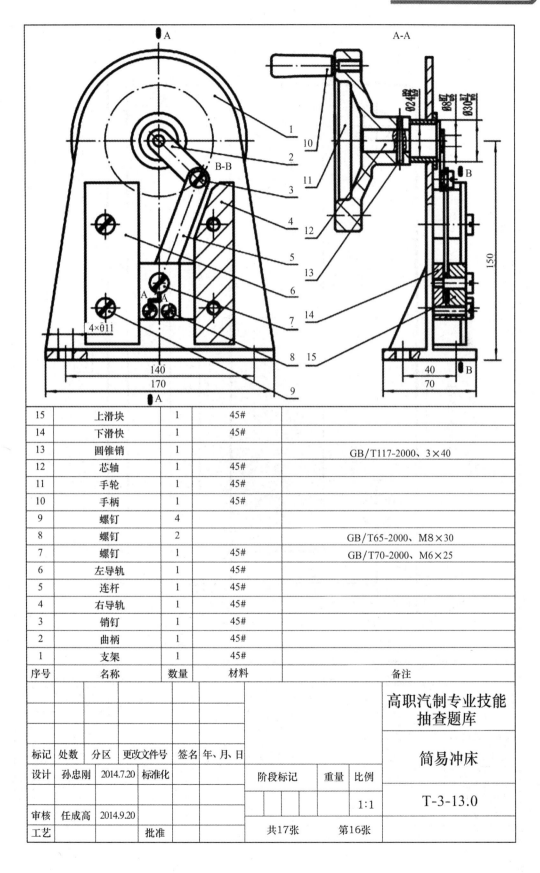

15	上滑块	1	45#	
14	下滑快	1	45#	
13	圆锥销	1		GB/T117-2000、3×40
12	芯轴	1	45#	
11	手轮	1	45#	
10	手柄	1	45#	
9	螺钉	4		
8	螺钉	2		GB/T65-2000、M8×30
7	螺钉	1	45#	GB/T70-2000、M6×25
6	左导轨	1	45#	
5	连杆	1	45#	
4	右导轨	1	45#	
3	销钉	1	45#	
2	曲柄	1	45#	
1	支架	1	45#	
序号	名称	数量	材料	备注

					高职汽制专业技能 抽查题库		
标记	处数	分区	更改文件号	签名 年、月、日			
设计	孙忠刚	2014.7.20	标准化		简易冲床		
审核	任成高	2014.9.20			阶段标记	重量	比例
							1:1
工艺			批准		共17张	第16张	T-3-13.0

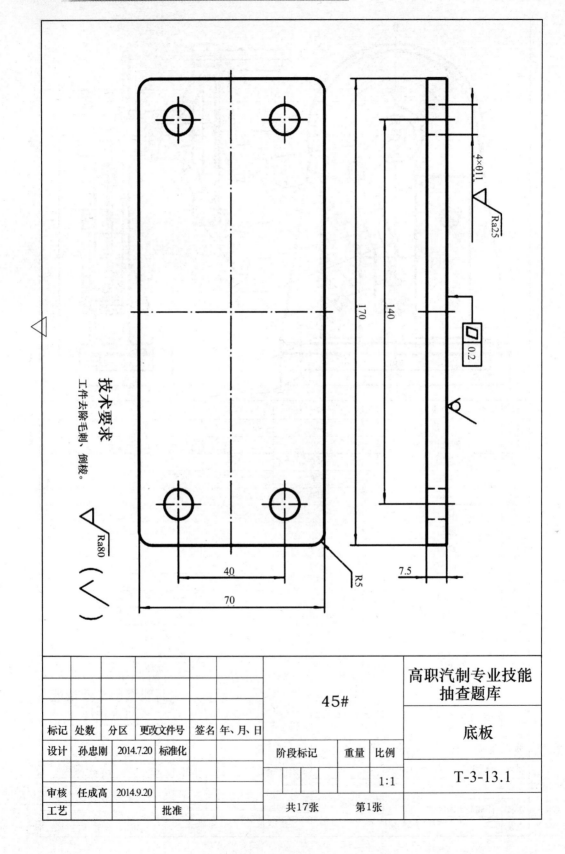

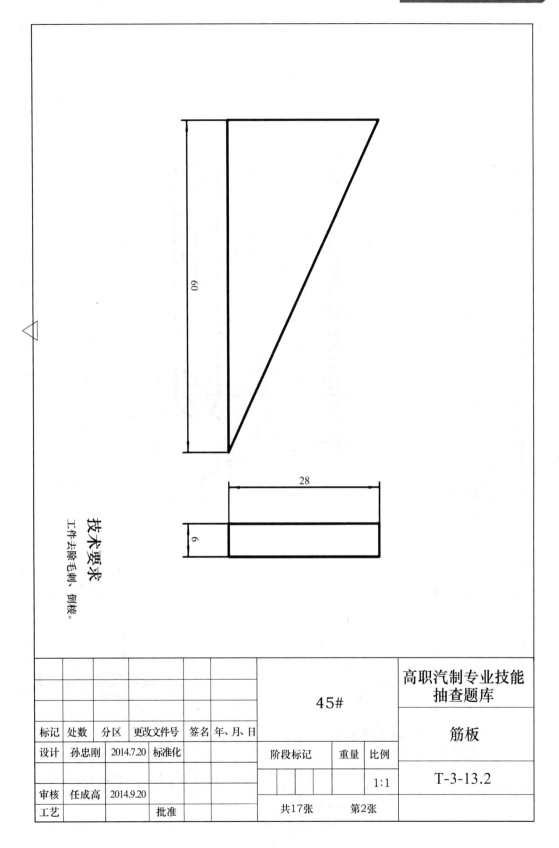

技术要求

工件去除毛刺、倒棱。

标记	处数	分区	更改文件号	签名	年、月、日		高职汽制专业技能抽查题库		
						45#		筋板	
设计	孙忠刚	2014.7.20	标准化			阶段标记	重量	比例	
审核	任成高	2014.9.20						1:1	T-3-13.2
工艺			批准			共17张		第2张	

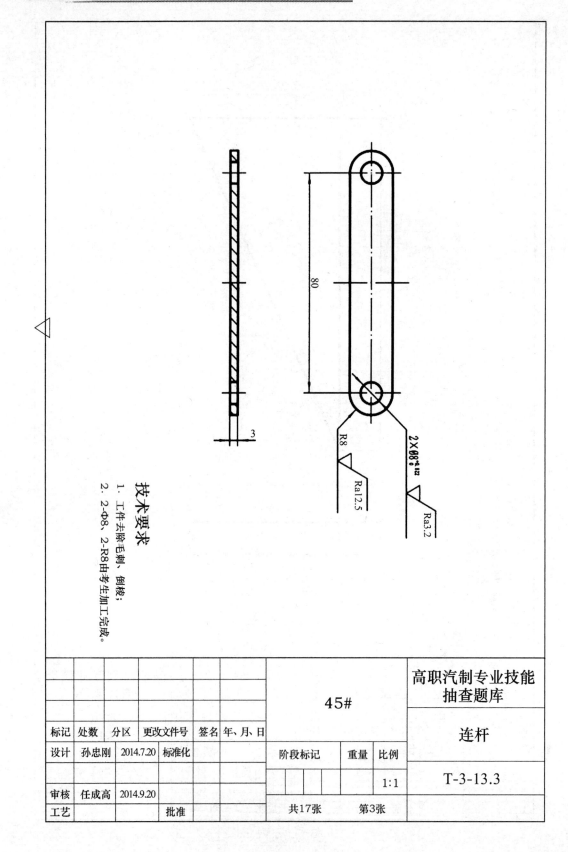

技术要求

1. 工件去除毛刺、倒棱；
2. 2-Φ8、2-R8由考生加工完成。

标记	处数	分区	更改文件号	签名	年、月、日				高职汽制专业技能抽查题库
设计	孙忠刚	2014.7.20	标准化						连杆
						阶段标记	重量	比例	
审核	任成高	2014.9.20						1:1	T-3-13.3
工艺			批准			共17张		第3张	

45#

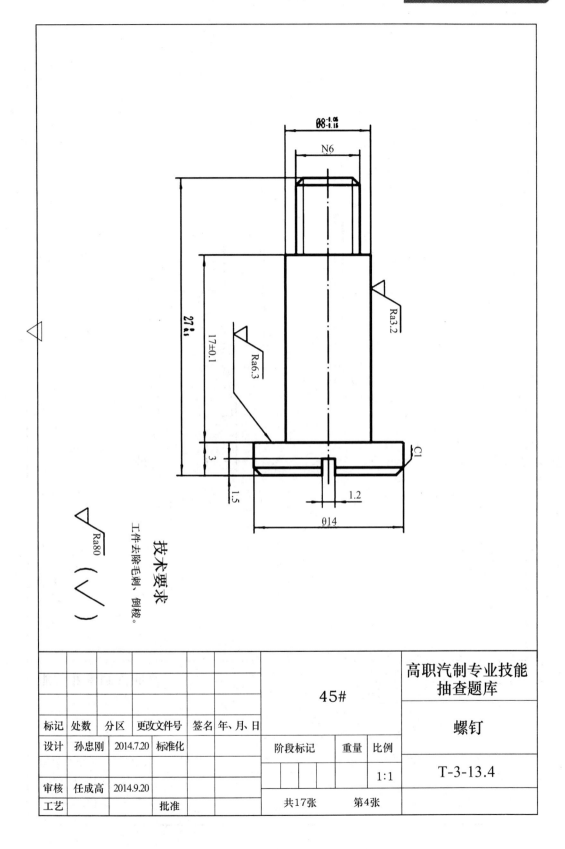

技术要求

工件去除毛刺、倒棱。

$\sqrt{Ra80}$ ($\sqrt{\ }$)

标记	处数	分区	更改文件号	签名	年、月、日			高职汽制专业技能抽查题库
						45#		
设计	孙忠刚	2014.7.20	标准化			阶段标记	重量	比例	螺钉
								1:1	T-3-13.4
审核	任成高	2014.9.20				共17张	第4张	
工艺			批准					

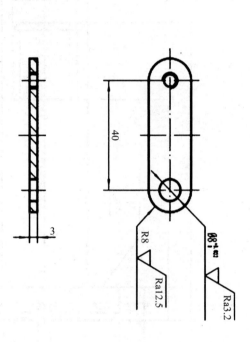

技术要求

工件去除毛刺、倒棱。

标记	处数	分区	更改文件号	签名	年、月、日				45#		高职汽制专业技能抽查题库
设计	孙忠刚	2014.7.20	标准化			阶段标记		重量	比例		曲柄
审核	任成高	2014.9.20							1:1		T-3-13.5
工艺			批准			共17张		第5张			

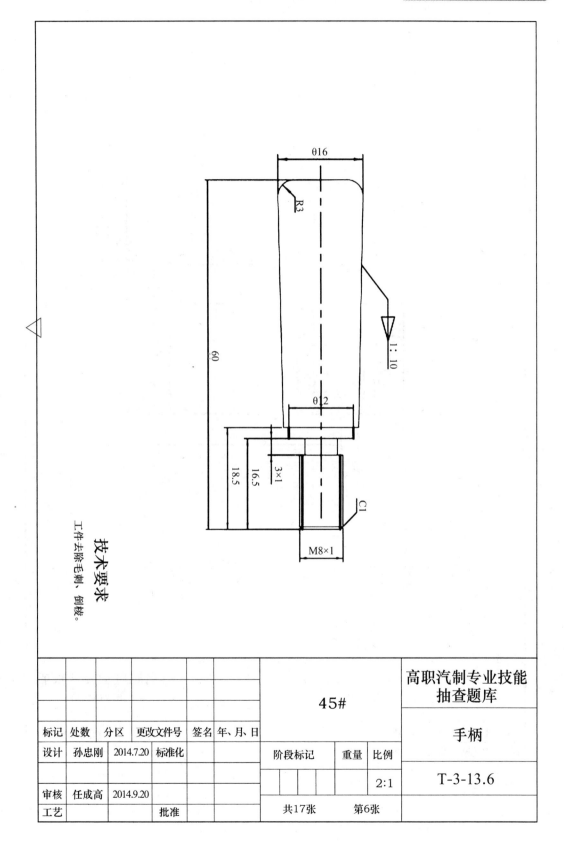

技术要求

工件去除毛刺、倒棱。

标记	处数	分区	更改文件号	签名	年、月、日				高职汽制专业技能抽查题库
							45#		
设计	孙忠刚	2014.7.20	标准化						手柄
						阶段标记	重量	比例	
								2:1	T-3-13.6
审核	任成高	2014.9.20							
工艺			批准			共17张	第6张		

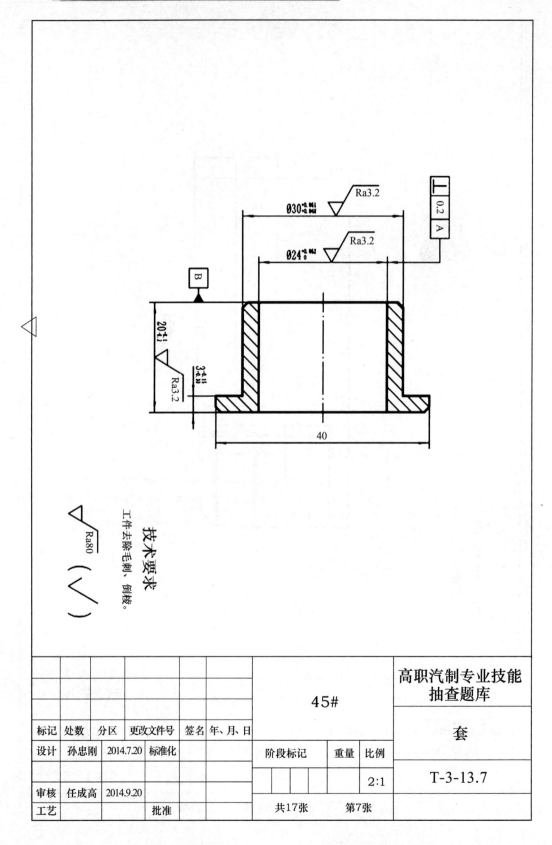

技术要求

工件去除毛刺、倒棱。

$\sqrt{\frac{Ra80}{}}$ (√)

							高职汽制专业技能抽查题库
				45#			
							套
标记	处数	分区	更改文件号	签名	年、月、日		
设计	孙忠刚	2014.7.20	标准化			阶段标记	重量	比例	
									2:1	T-3-13.7
审核	任成高	2014.9.20				共17张	第7张	
工艺			批准					

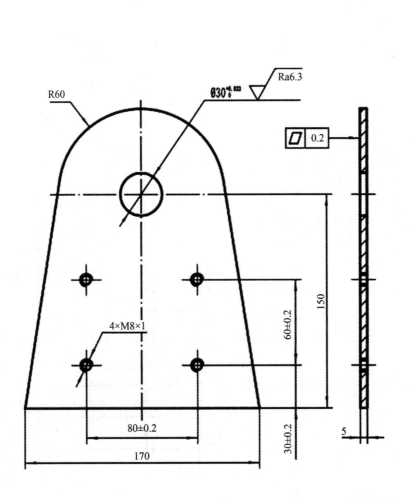

R60

Ø30

Ra6.3

0.2

150

60±0.2

4×M8×1

80±0.2

30±0.2

170

5

技术要求

工件去除毛刺、倒棱。

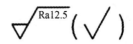

标记	处数	分区	更改文件号	签名	年、月、日		45#		高职汽制专业技能抽查题库		
设计	孙忠刚	2014.7.20	标准化						支撑板		
						阶段标记		重量	比例		
审核	任成高	2014.9.20							1:2	T-3-13.8	
工艺			批准			共17张		第8张			

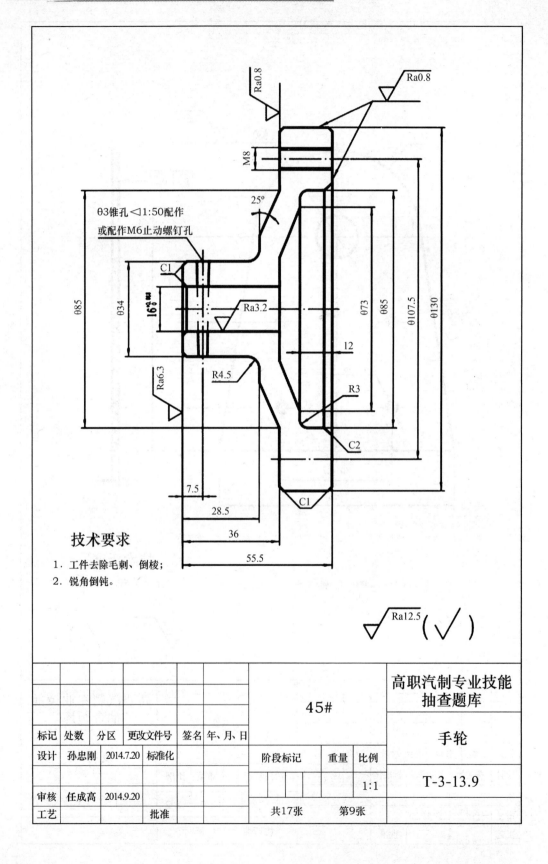

技术要求

1. 工件去除毛刺、倒棱；
2. 锐角倒钝。

$\sqrt{Ra12.5}$ ($\sqrt{}$)

标记	处数	分区	更改文件号	签名	年、月、日				高职汽制专业技能抽查题库
						45#			
设计	孙忠刚	2014.7.20	标准化						手轮
						阶段标记	重量	比例	
审核	任成高	2014.9.20						1:1	T-3-13.9
工艺			批准			共17张	第9张		

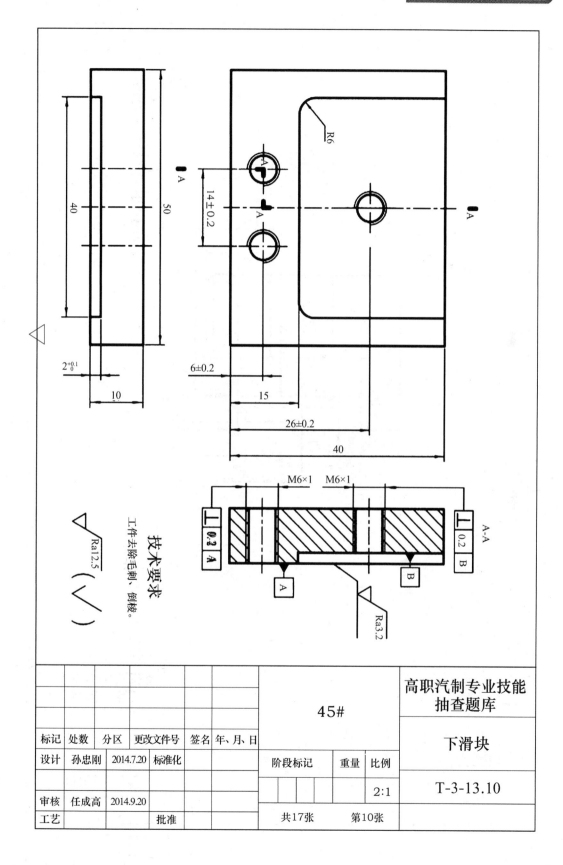

技术要求

工件去除毛刺、倒棱。

标记	处数	分区	更改文件号	签名	年、月、日				高职汽制专业技能抽查题库
设计	孙忠刚	2014.7.20	标准化			阶段标记	重量	比例	下滑块
								2:1	T-3-13.10
审核	任成高	2014.9.20				共17张	第10张		
工艺			批准						45#

181

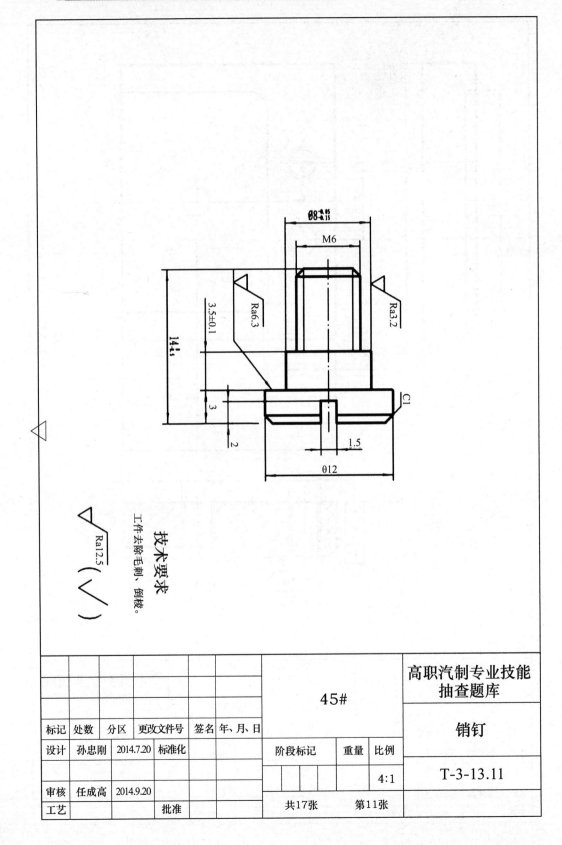

技术要求
工件去除毛刺、倒棱。

标记	处数	分区	更改文件号	签名	年、月、日				高职汽制专业技能抽查题库
						45#			销钉
设计	孙忠刚	2014.7.20	标准化			阶段标记	重量	比例	
								4:1	T-3-13.11
审核	任成高	2014.9.20				共17张		第11张	
工艺			批准						

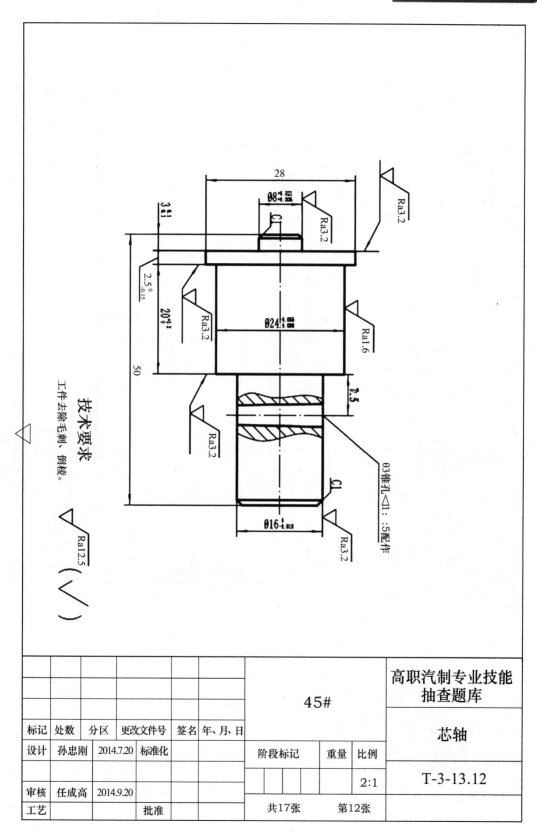

技术要求

工件去除毛刺、倒棱。

$\sqrt{Ra12.5}$（√）

标记	处数	分区	更改文件号	签名	年、月、日				高职汽制专业技能抽查题库		
						45#					
设计	孙忠刚	2014.7.20	标准化						芯轴		
审核	任成高	2014.9.20				阶段标记		重量	比例		
									2:1	T-3-13.12	
工艺			批准			共17张		第12张			

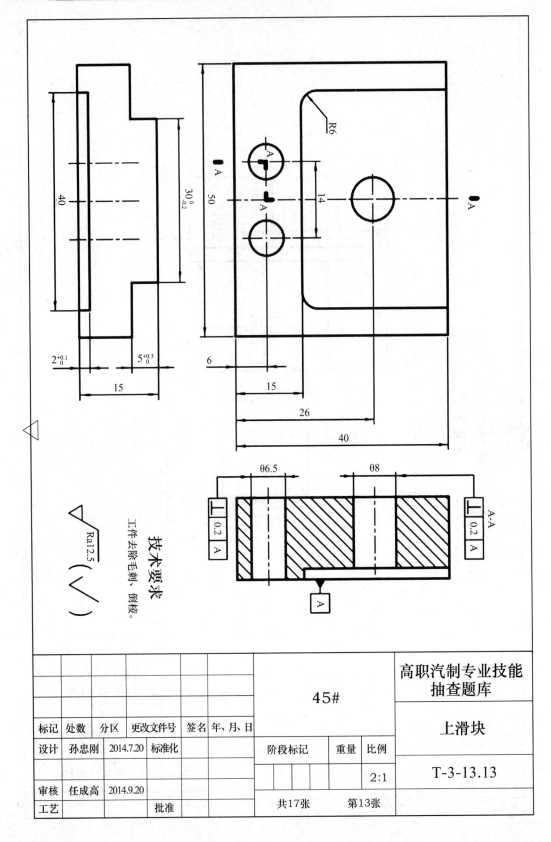

技术要求

工件去除毛刺、倒棱。

$\sqrt{\dfrac{Ra12.5}{}}(\sqrt{\ })$

标记	处数	分区	更改文件号	签名	年、月、日			高职汽制专业技能抽查题库		
						45#				
设计	孙忠刚	2014.7.20	标准化					上滑块		
						阶段标记	重量	比例		
审核	任成高	2014.9.20						2:1	T-3-13.13	
工艺			批准			共17张		第13张		

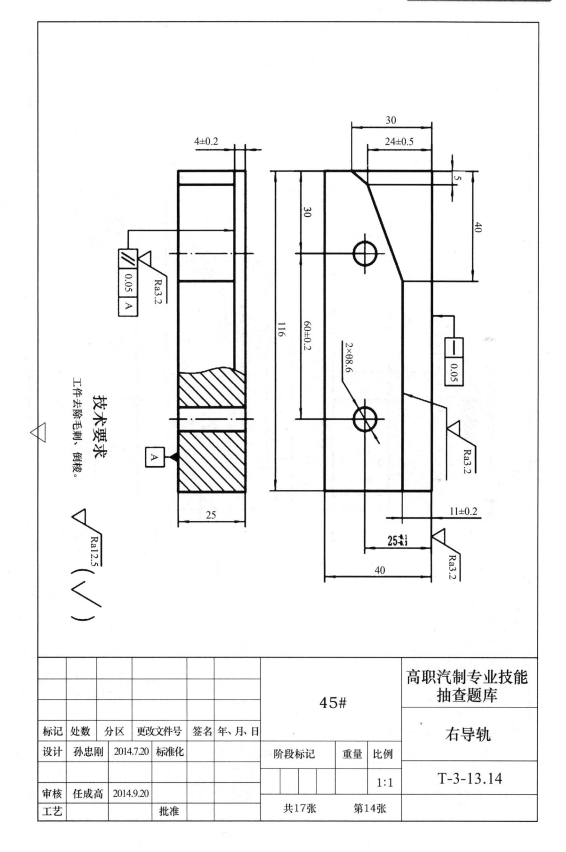

技术要求

工件去除毛刺、倒棱。

$\sqrt{Ra12.5}$ ($\sqrt{}$)

标记	处数	分区	更改文件号	签名	年、月、日		45#			高职汽制专业技能抽查题库
设计	孙忠刚	2014.7.20	标准化				阶段标记	重量	比例	右导轨
审核	任成高	2014.9.20							1:1	T-3-13.14
工艺			批准				共17张	第14张		

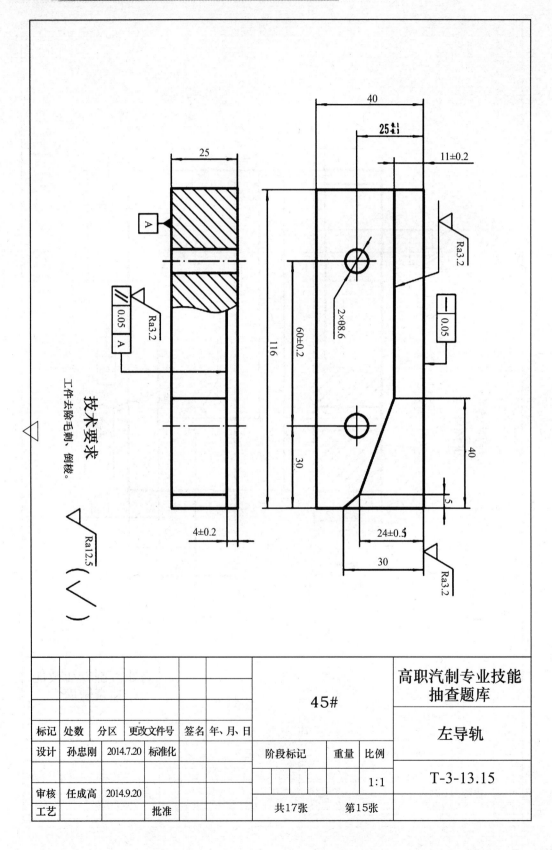

技术要求

工件去除毛刺、倒棱。

$\sqrt{Ra12.5}$ (√)

标记	处数	分区	更改文件号	签名	年、月、日	45#			高职汽制专业技能抽查题库
设计	孙忠刚	2014.7.20	标准化			阶段标记	重量	比例	左导轨
审核	任成高	2014.9.20						1:1	T-3-13.15
工艺			批准			共17张	第15张		

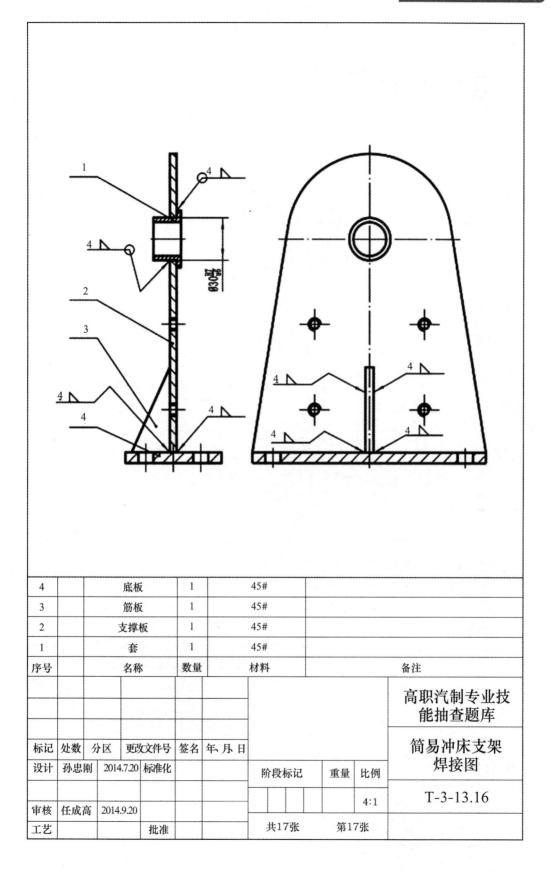

4	底板	1	45#	
3	筋板	1	45#	
2	支撑板	1	45#	
1	套	1	45#	
序号	名称	数量	材料	备注

							高职汽制专业技能抽查题库	
标记	处数	分区	更改文件号	签名	年、月 日		简易冲床支架焊接图	
设计	孙忠刚	2014.7.20	标准化			阶段标记	重量	比例
								4:1
审核	任成高	2014.9.20				共17张	第17张	
工艺			批准					

简易冲床支架焊接图

T-3-13.16

5. 评价标准

试题评价标准见下表。

简易冲床的钳工制作与装配评价标准

序号	考核内容	配分	评分标准	扣分	得分
1	安全意识	3	未遵守安全操作规程，每次扣1分，扣完为止；		
			安全操作技能欠缺，每项次扣1分，扣完为止；		
			考生出现人伤械损等安全事故，造成恶劣影响的，本题考核计零分。		
2	组织纪律	2	不服从考试安排及考场纪律，扣2分。		
3	工作准备	3	未清点图纸、工量具、工件，扣1分；		
			未检查设备、工量具状况，扣1分；		
			不清洁工件，扣1分。		
4	操作规范	6	设备使用不当，扣2分；		
			工量具使用不当，扣2分；		
			加工过程不规范，扣2分。		
5	文明生产	6	着装不规范，扣1分；		
			有损害工具设备和工件的野蛮操作行为，扣2分；		
			工作结束后，未整理、清洁工具设备、工件和工作场地，扣3分；		
			考生严重违反考场纪律，造成恶劣影响的，本题考核计零分。		
6	连杆	18	2×Φ8H8，超差全扣；		
7		18	2×R8，超差全扣；		
8		6	两孔中心距尺寸80，超差全扣；		
9		18	2×Φ8H8 处粗糙度 $Ra3.2$，超差全扣。		
10	装配	20	未按装配图要求对零件进行正确装配，每处扣2分，扣完为止。		
	合计	100			

简易冲床装配钳工试题(2)

1. 试题编号：T-3-14

考核技能点编号：J-1-1*、J-1-2*、J-1-8*、J-3-1*、J-3-2、J-3-3*、J-3-4*、J-3-5*、J-3-6*、J-3-7*

2. 任务描述

识读如下简易冲床的装配图、零件图及其技术要求，选择合适的设备、工具、量具等，按图纸要求完成"曲柄"Φ8H8、M6 的加工，修锉 2×R8，并将简易冲床进行正确的装配。

3. 实施条件

实施条件见下表。

钳工制作与装配实施条件

项目	实施条件	备注
场地	钳工实训中心：加工工位 30 个，照明通风良好。	
设备	台钻、钻夹头、台虎钳、砂轮机、方箱、粗糙度仪。	
工量具	250 mm 活动扳手，7♯－36♯开口扳手； 0－150 mm 游标卡尺，0－300 mm 高度游标卡尺； 0－25 mm 外径千分尺，25－50 mm 外径千分尺，50－75 mm 外径千分尺； 0°－300°游标万能角度尺；	

续表

项目	实施条件	备注
	300×150 mm 直角尺,150 mm 金属直尺,100 mm 刀口尺; 0.02—0.5 mm 塞尺; 150—300 mm 各类锉刀(方、三角、扁),整形锉; 锯,锯条(中齿); 钻头($\phi2.2$、$\phi2.5$、$\phi2.8$、$\phi3$、$\phi3.2$、$\phi3.5$、$\phi4$、$\phi4.2$、$\phi4.5$、$\phi5$、$\phi5.2$、$\phi5.5$、$\phi6$、$\phi6.5$、$\phi7$、$\phi8$、$\phi10\sim\phi20$); 铰刀(5D4、5D5、6D、6H9、10D); 软口钳,钢丝钳,尖嘴钳; 划针,样冲,扁錾,手锤,锉刀刷,R规。	考场提供 按需领用

4. 考核时量

90 分钟。

5. 评价标准

试题评价标准见下表。

简易冲床的钳工制作与装配评价标准

序号	考核内容	配分	评分标准	扣分	得分
1	安全意识	3	未遵守安全操作规程,每次扣1分,扣完为止; 安全操作技能欠缺,每项次扣1分,扣完为止; 考生出现人伤械损等安全事故,造成恶劣影响的,本题考核计零分。		
2	组织纪律	2	不服从考试安排及考场纪律,扣2分。		
3	工作准备	3	未清点图纸、工量具、工件,扣1分; 未检查设备、工量具状况,扣1分; 不清洁工件,扣1分。		
4	操作规范	6	设备使用不当,扣2分; 工量具使用不当,扣2分; 加工过程不规范,扣2分。		
5	文明生产	6	着装不规范,扣1分; 有损害工具设备和工件的野蛮操作行为,扣2分; 工作结束后,未整理、清洁工具设备、工件和工作场地,扣3分; 考生严重违反考场纪律,造成恶劣影响的,本题考核计零分。		
6	曲柄	10	Φ8H8,超差全扣;		
7		10	M6,超差全扣;		
8		20	2×R8,超差全扣;		
9		10	两孔中心距尺寸40,超差全扣;		
10		10	Φ8H8 处粗糙度 $Ra3.2$,超差全扣。		
11	装配	20	未按装配图要求对零件进行正确装配,每处扣2分,扣完为止。		

续表

序号	考核内容	配分	评分标准	扣分	得分
	合计	100			

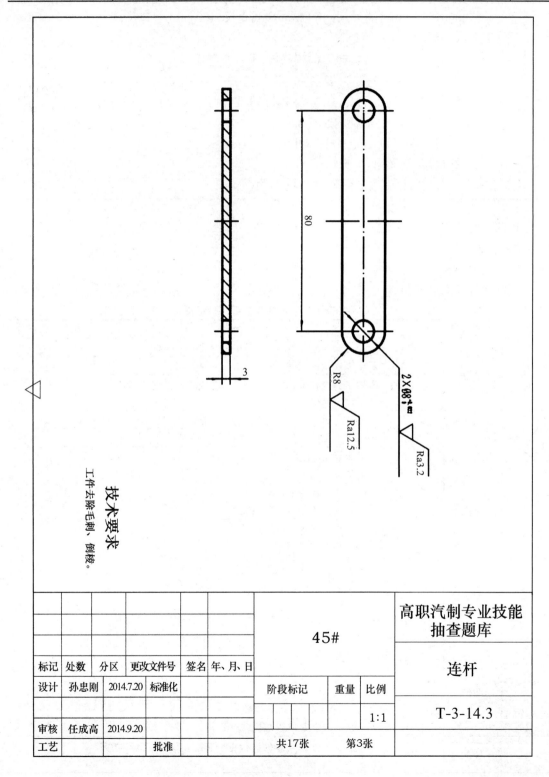

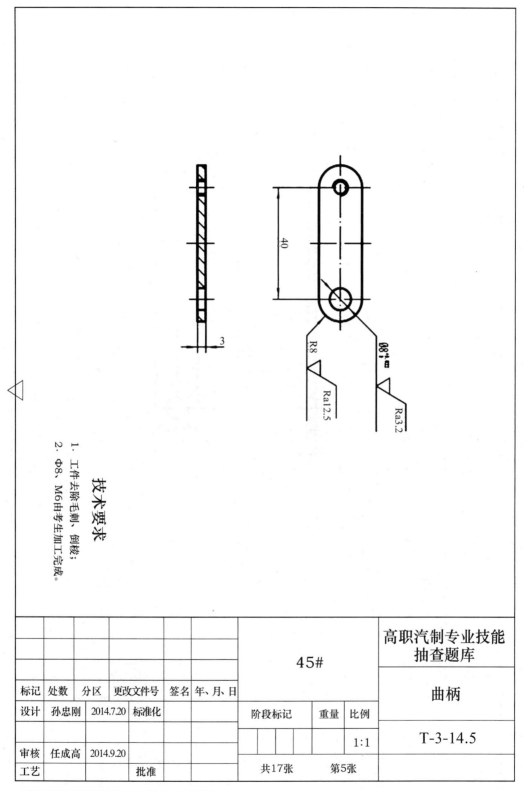

技术要求

1. 工件去除毛刺、倒棱;
2. Φ8、M6由考生加工完成。

标记	处数	分区	更改文件号	签名	年、月、日			高职汽制专业技能 抽查题库		
							45#			
设计	孙忠刚	2014.7.20	标准化			阶段标记		重量	比例	曲柄
审核	任成高	2014.9.20							1:1	T-3-14.5
工艺			批准			共17张		第5张		

(装配图及其他零件图参照 **T-3-13** 试题)

简易冲床装配钳工试题(5)

1. 试题编号：T-3-17

考核技能点编号：J-1-1*、J-1-2*、J-1-7*、J-3-1*、J-3-3*、J-3-4*、J-3-6*、J-3-7*

2. 任务描述

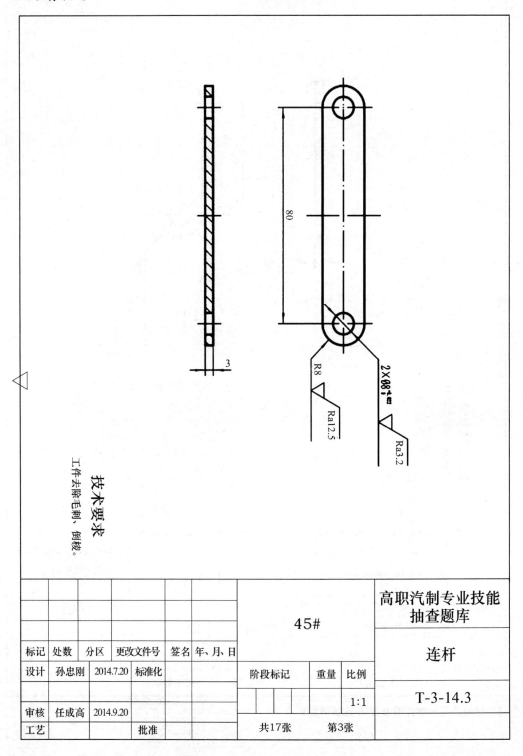

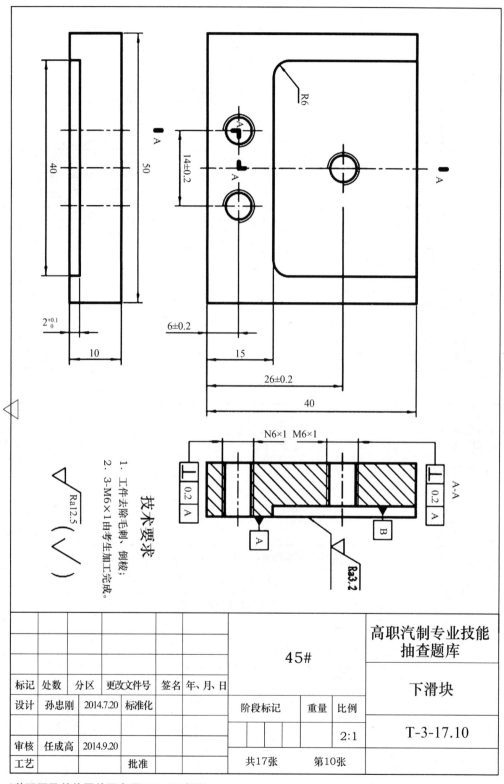

技术要求
1. 工件去除毛刺、倒棱;
2. 3-M6×1由考生加工完成。

$\sqrt{Ra12.5}$ (√)

标记	处数	分区	更改文件号	签名	年、月、日		45#			高职汽制专业技能 抽查题库
设计	孙忠刚	2014.7.20	标准化							下滑块
						阶段标记		重量	比例	
审核	任成高	2014.9.20							2:1	T-3-17.10
工艺			批准			共17张		第10张		

(装配图及其他零件图参照 T-3-13 试题)

识读如下简易冲床的装配图、零件图及其技术要求,选择合适的设备、工具、量具等,按图纸要求完成"下滑块"3×M6×1 的加工,与基准面垂直度 0.2,并将简易冲床进行正确的装配。

3. 实施条件

实施条件见下表。

钳工制作与装配实施条件

项目	实施条件	备注
场地	钳工实训中心:加工工位 30 个,照明通风良好。	
设备	台钻、钻夹头、台虎钳、砂轮机、方箱、粗糙度仪。	
工量具	250 mm 活动扳手,7♯—36♯开口扳手; 0—150 mm 游标卡尺,0—300 mm 高度游标卡尺; 0—25 mm 外径千分尺,25—50 mm 外径千分尺,50—75 mm 外径千分尺; 0°—300°游标万能角度尺; 300×150 mm 直角尺,150 mm 金属直尺,100 mm 刀口尺; 0.02—0.5 mm 塞尺; 150—300 mm 各类锉刀(方、三角、扁),整形锉; 锯,锯条(中齿); 钻头(ϕ2.2、ϕ2.5、ϕ2.8、ϕ3、ϕ3.2、ϕ3.5、ϕ4、ϕ4.2、ϕ4.5、ϕ5、ϕ5.2、ϕ5.5、ϕ6、ϕ6.5、ϕ7、ϕ8、ϕ10～ϕ20); 铰刀(5D4、5D5、6D、6H9、10D); 软口钳,钢丝钳,尖嘴钳; 划针,样冲,扁錾,手锤,锉刀刷。	考场提供 按需领用

4. 考核时量

90 分钟。

5. 评价标准

试题评价标准见下表。

简易冲床的钳工制作与装配评价标准

序号	考核内容	配分	评分标准	扣分	得分
1	安全意识	3	未遵守安全操作规程,每次扣 1 分,扣完为止;		
			安全操作技能欠缺,每项次扣 1 分,扣完为止;		
			考生出现人伤械损等安全事故,造成恶劣影响的,本题考核计零分。		
2	组织纪律	2	不服从考试安排及考场纪律,扣 2 分。		
3	工作准备	3	未清点图纸、工量具、工件,扣 1 分;		
			未检查设备、工量具状况,扣 1 分;		
			不清洁工件,扣 1 分。		
4	操作规范	6	设备使用不当,扣 2 分;		
			工量具使用不当,扣 2 分;		
			加工过程不规范,扣 2 分。		

续表

序号	考核内容	配分	评分标准	扣分	得分
5	文明生产	6	着装不规范,扣1分;		
			有损害工具设备和工件的野蛮操作行为,扣2分;		
			工作结束后,未整理、清洁工具设备、工件和工作场地,扣3分;		
			考生严重违反考场纪律,造成恶劣影响的,本题考核计零分。		
6	下滑块	18	3×M6×1,超差全扣;		
7		16	下端2×M6×1两孔中心距尺寸14±0.2,超差全扣;		
8		8	上端M6×1与底面定位尺寸26±0.2,超差全扣;		
9		18	3×M6×1处垂直度0.2,超差全扣。		
10	装配	20	未按装配图要求对零件进行正确装配,每处扣2分,扣完为止。		
合计		100			

项目五 成形模装配钳工
成形模装配钳工试题(1)

1. 试题编号：T-3-19

考核技能点编号：J-1-1*、J-1-2*、J-3-1*、J-3-3*、J-3-4*、J-3-6*、J-3-7*

2. 任务描述

识读如下成形模的装配图、零件图及其技术要求,选择合适的设备、工具、量具等,按图纸要求完成"凹模"2×M8、4×M10螺纹孔的加工,并将成形模进行正确的装配。

3. 实施条件

实施条件见下表。

钳工制作与装配实施条件

项目	实施条件	备注
场地	钳工实训中心:加工工位30个,照明通风良好。	
设备	台钻、钻夹头、台虎钳、砂轮机、方箱、粗糙度仪。	
工量具	250 mm活动扳手,7♯—36♯开口扳手; 0—150 mm游标卡尺,0—300 mm高度游标卡尺; 0—25 mm外径千分尺,25—50 mm外径千分尺,50—75 mm外径千分尺; 0°—300°游标万能角度尺; 300×150 mm直角尺,150 mm金属直尺,100 mm刀口尺; 0.02—0.5 mm塞尺; 150—300 mm各类锉刀(方、三角、扁),整形锉; 锯,锯条(中齿); 钻头(φ2.2、φ2.5、φ2.8、φ3、φ3.2、φ3.5、φ4、φ4.2、φ4.5、φ5、φ5.2、φ5.5、φ6、φ6.5、φ7、φ8、φ10~φ20); 铰刀(5D4、5D5、6D、6H9、10D); 软口钳、钢丝钳、尖嘴钳; 划针、样冲、扁錾、手锤、锉刀刷。	考场提供按需领用

4. 考核时量

90分钟。

5. 评价标准

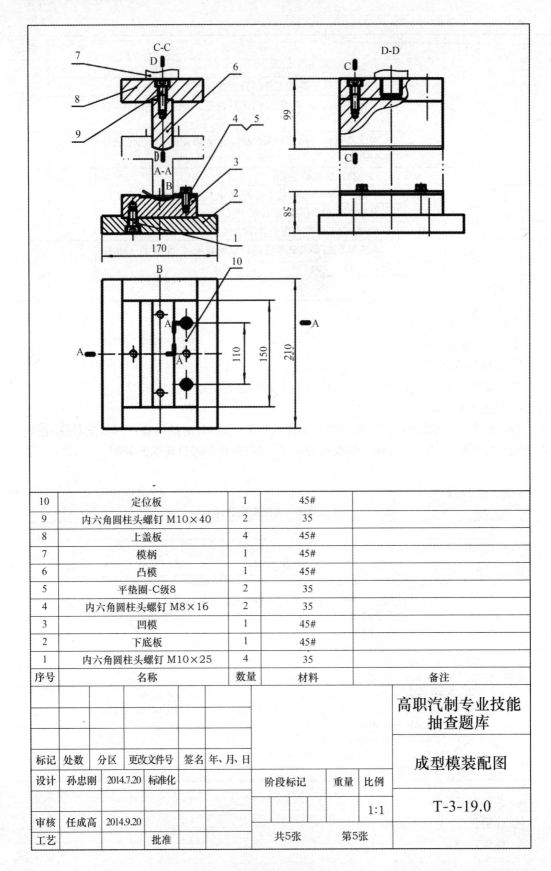

10	定位板	1	45#	
9	内六角圆柱头螺钉 M10×40	2	35	
8	上盖板	4	45#	
7	模柄	1	45#	
6	凸模	1	45#	
5	平垫圈-C级8	2	35	
4	内六角圆柱头螺钉 M8×16	2	35	
3	凹模	1	45#	
2	下底板	1	45#	
1	内六角圆柱头螺钉 M10×25	4	35	
序号	名称	数量	材料	备注

						高职汽制专业技能 抽查题库
						成型模装配图
标记	处数	分区	更改文件号	签名	年、月、日	
设计	孙忠刚	2014.7.20	标准化			阶段标记　重量　比例
审核	任成高	2014.9.20				1:1　T-3-19.0
工艺			批准			共5张　　第5张

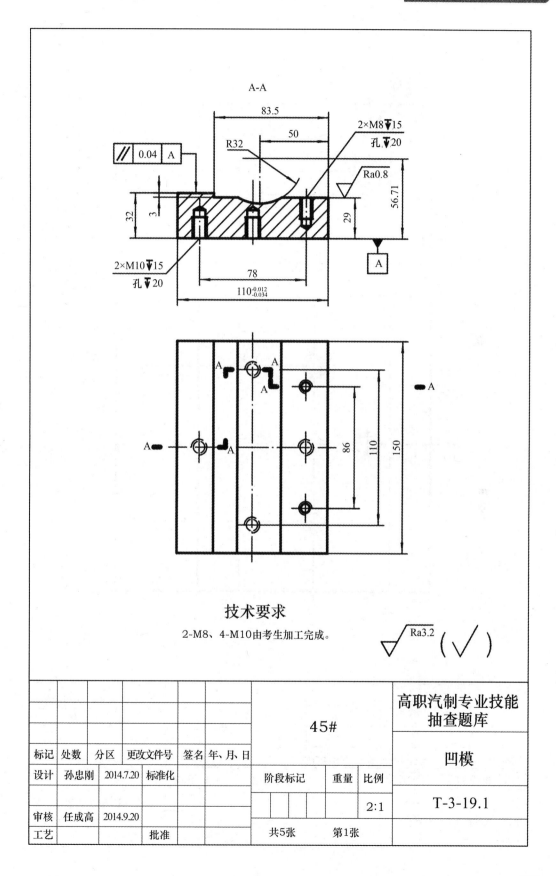

技术要求

2-M8、4-M10由考生加工完成。

标记	处数	分区	更改文件号	签名	年、月、日			
设计	孙忠刚	2014.7.20	标准化			高职汽制专业技能抽查题库		
审核	任成高	2014.9.20				45#		
工艺			批准			凹模		

			阶段标记		重量	比例	T-3-19.1
						2:1	
			共5张		第1张		

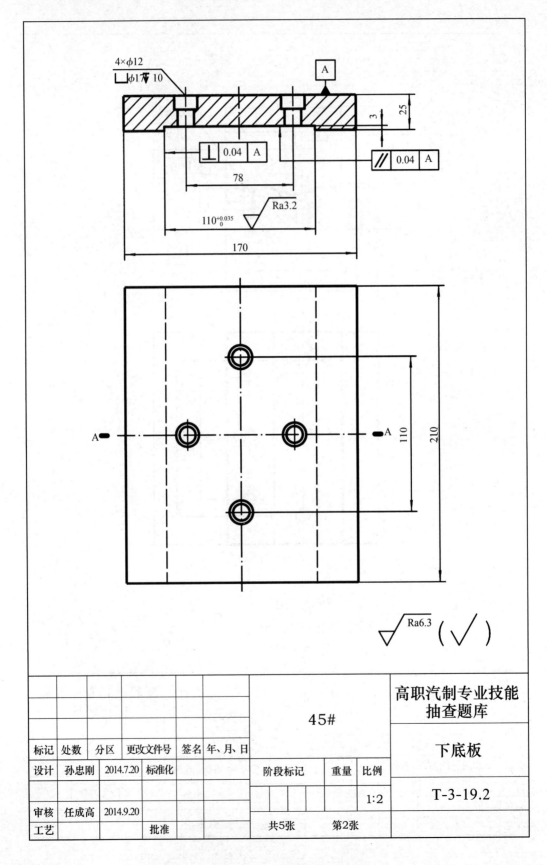

标记	处数	分区	更改文件号	签名	年、月、日	高职汽制专业技能 抽查题库		
						45#		
设计	孙忠刚	2014.7.20	标准化			下底板		
						阶段标记	重量	比例
审核	任成高	2014.9.20						1:2	T-3-19.2
工艺			批准			共5张	第2张	

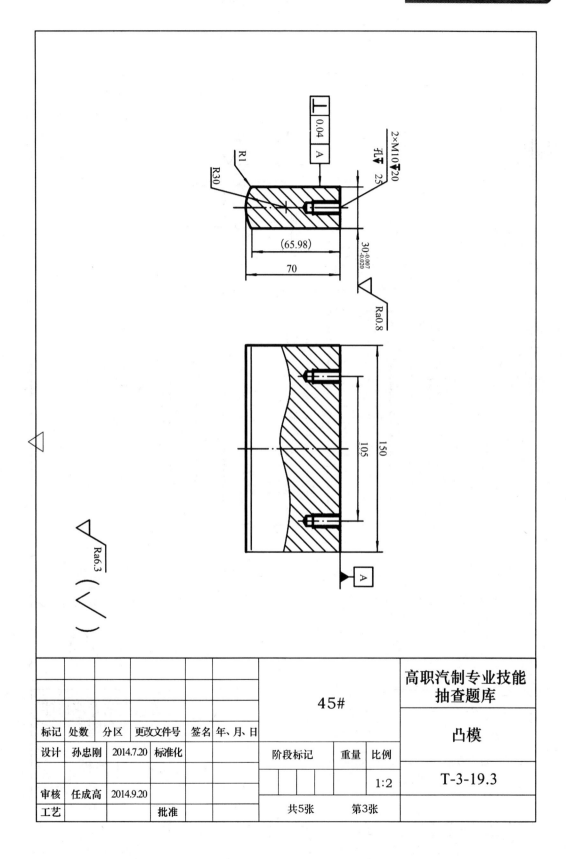

标记	处数	分区	更改文件号	签名	年、月、日				高职汽制专业技能 抽查题库
						45#			
设计	孙忠刚	2014.7.20	标准化						凸模
						阶段标记	重量	比例	
审核	任成高	2014.9.20						1:2	T-3-19.3
工艺			批准			共5张	第3张		

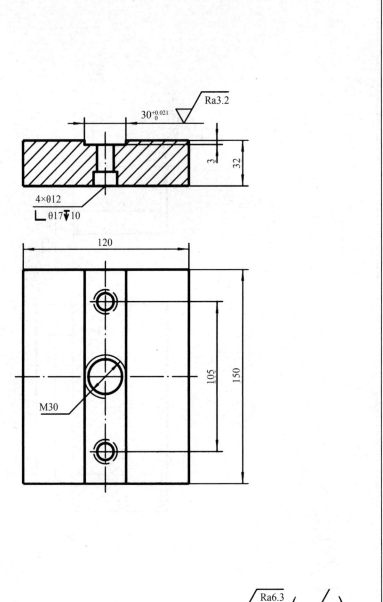

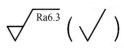

标记	处数	分区	更改文件号	签名	年、月、日				高职汽制专业技能
									抽查题库
					45#				
设计	孙忠刚	2014.7.20	标准化						上盖板
				阶段标记		重量	比例		
审核	任成高	2014.9.20					1:2		T-3-19.4
工艺			批准	共5张		第4张			

试题评价标准见下表。

成形模的钳工制作与装配评价标准

序号	考核内容	配分	评分标准	扣分	得分
1	安全意识	3	未遵守安全操作规程,每次扣1分,扣完为止;		
			安全操作技能欠缺,每项次扣1分,扣完为止;		
			考生出现人伤械损等安全事故,造成恶劣影响的,本题考核计零分。		
2	组织纪律	2	不服从考试安排及考场纪律,扣2分。		
3	工作准备	3	未清点图纸、工量具、工件,扣1分;		
			未检查设备、工量具状况,扣1分;		
			不清洁工件,扣1分。		
4	操作规范	6	设备使用不当,扣2分;		
			工量具使用不当,扣2分;		
			加工过程不规范,扣2分。		
5	文明生产	6	着装不规范,扣1分;		
			有损害工具设备和工件的野蛮操作行为,扣2分;		
			工作结束后,未整理、清洁工具设备、工件和工作场地,扣3分;		
			考生严重违反考场纪律,造成恶劣影响的,本题考核计零分。		
6	上盖板	16	2×M8,超差全扣;		
7		4	M8两孔中心距尺寸86,超差全扣;		
8		32	4×M10,超差全扣;		
9		8	M10两孔中心距尺寸110(两组),超差全扣。		
10	装配	20	未按装配图要求对零件进行正确装配,每处扣2分,扣完为止。		
合计		100			

项目六 型腔滑配装配钳工

型腔滑配装配钳工试题(1)

1. 试题编号:T-3-23

考核技能点编号:J-1-1*、J-1-2*、J-1-8*、J-3-1*、J-3-3*、J-3-4*、J-3-5*、J-3-6*、J-3-7*

2. 任务描述

识读如下型腔滑配的装配图、零件图及其技术要求,选择合适的设备、工具、量具等,按图纸要求完成"底板"$2 \times \Phi 6^{+0.012}_{0}$、$2 \times \Phi 8$、$2 \times M6$ 孔的加工,并将型腔滑配进行正确的装配。

3. 实施条件

实施条件见下表。

钳工制作与装配实施条件

项目	实施条件	备注
场地	钳工实训中心:加工工位30个,照明通风良好。	
设备	台钻、钻夹头、台虎钳、砂轮机、方箱、粗糙度仪。	
工量具	250 mm活动扳手,7#—36#开口扳手; 0—150 mm游标卡尺,0—300 mm高度游标卡尺; 0—25 mm外径千分尺,25—50 mm外径千分尺,50—75 mm外径千分尺; 0°—300°游标万能角度尺; 300×150 mm直角尺,150 mm金属直尺,100 mm刀口尺;	

续表

项目	实施条件	备注
	0.02—0.5 mm 塞尺; 150—300 mm 各类锉刀(方、三角、扁),整形锉; 锯,锯条(中齿); 钻头($\phi2.2$、$\phi2.5$、$\phi2.8$、$\phi3$、$\phi3.2$、$\phi3.5$、$\phi4$、$\phi4.2$、$\phi4.5$、$\phi5$、$\phi5.2$、$\phi5.5$、$\phi6$、$\phi6.5$、$\phi7$、$\phi8$、$\phi10\sim\phi20$); 铰刀(5D4、5D5、6D、6H9、10D); 软口钳,钢丝钳,尖嘴钳; 划针,样冲,扁錾,手锤,锉刀刷。	考场提供 按需领用

4. 考核时量

90 分钟。

5. 评价标准

试题评价标准见下表。

型腔滑配的钳工制作与装配评价标准

序号	考核内容	配分	评分标准	扣分	得分
1	安全意识	3	未遵守安全操作规程,每次扣1分,扣完为止; 安全操作技能欠缺,每项次扣1分,扣完为止; 考生出现人伤械损等安全事故,造成恶劣影响的,本题考核计零分。		
2	组织纪律	2	不服从考试安排及考场纪律,扣2分。		
3	工作准备	3	未清点图纸、工量具、工件,扣1分; 未检查设备、工量具状况,扣1分; 不清洁工件,扣1分。		
4	操作规范	6	设备使用不当,扣2分; 工量具使用不当,扣2分; 加工过程不规范,扣2分。		
5	文明生产	6	着装不规范,扣1分; 有损害工具设备和工件的野蛮操作行为,扣2分; 工作结束后,未整理、清洁工具设备、工件和工作场地,扣3分; 考生严重违反考场纪律,造成恶劣影响的,本题考核计零分。		
6	底板	12	$2\times\Phi6^{+0.012}_{0}$,超差全扣;		
7		12	$2\times\Phi8$,超差全扣;		
8		12	$2\times M6$,超差全扣;		
9		8	$2\times M6$ 处粗糙度 $Ra3.2$,超差全扣;		
10		12	$2\times M6$ 处倒角 $4xC1$,超差全扣;		
11		4	$2\times\Phi8$ 两孔中心距尺寸 40 ± 0.04,超差全扣。		
12	装配	20	未按装配图要求对零件进行正确装配,每处扣2分,扣完为止。		
合计		100			

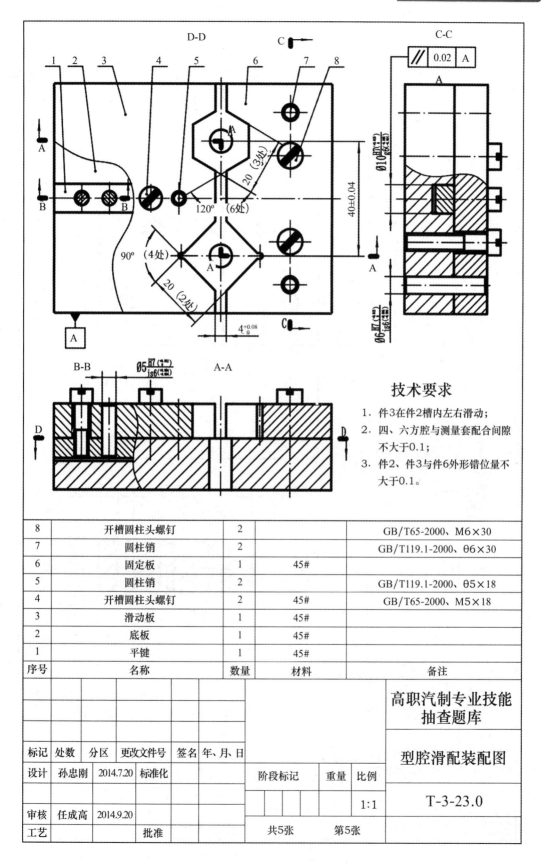

技术要求

1. 件3在件2槽内左右滑动；
2. 四、六方腔与测量套配合间隙不大于0.1；
3. 件2、件3与件6外形错位量不大于0.1。

8	开槽圆柱头螺钉	2		GB/T65-2000、M6×30
7	圆柱销	2		GB/T119.1-2000、θ6×30
6	固定板	1	45#	
5	圆柱销	2		GB/T119.1-2000、θ5×18
4	开槽圆柱头螺钉	2	45#	GB/T65-2000、M5×18
3	滑动板	1	45#	
2	底板	1	45#	
1	平键	1	45#	
序号	名称	数量	材料	备注

				高职汽制专业技能抽查题库		
标记	处数	分区	更改文件号	签名 年、月、日		型腔滑配装配图
设计	孙忠刚	2014.7.20	标准化		阶段标记 重量 比例	
审核	任成高	2014.9.20				1:1 T-3-23.0
工艺			批准		共5张 第5张	

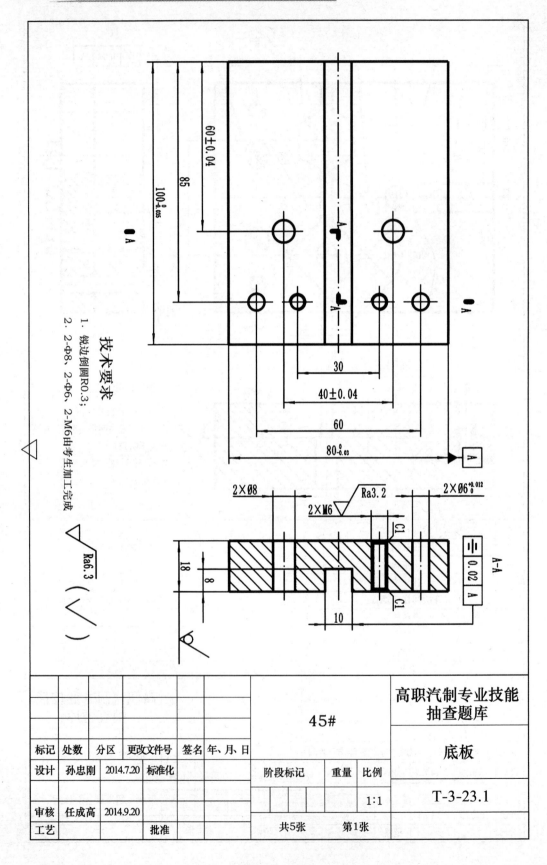

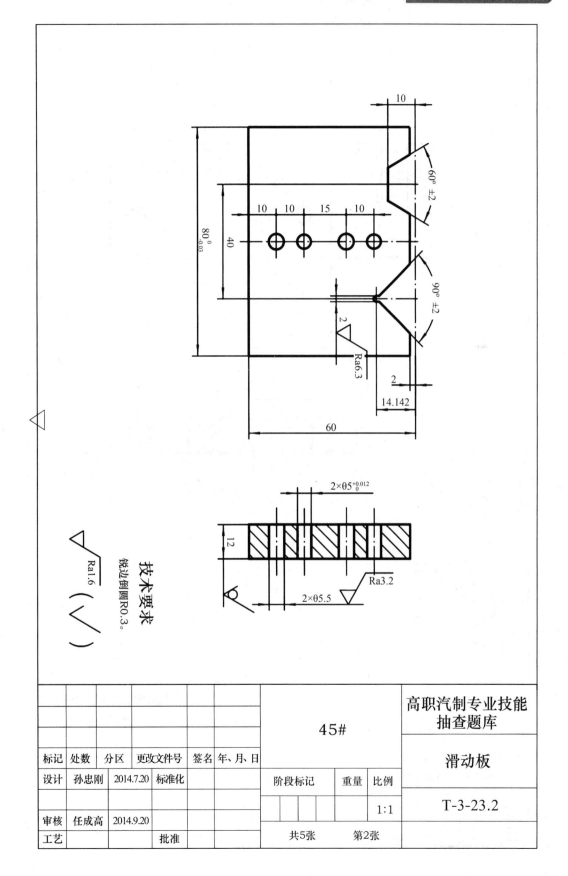

技术要求

锐边倒圆R0.3。

标记	处数	分区	更改文件号	签名	年、月、日			高职汽制专业技能 抽查题库
							45#	
设计	孙忠刚	2014.7.20	标准化					滑动板
						阶段标记	重量	比例
审核	任成高	2014.9.20						1:1
工艺			批准			共5张	第2张	T-3-23.2

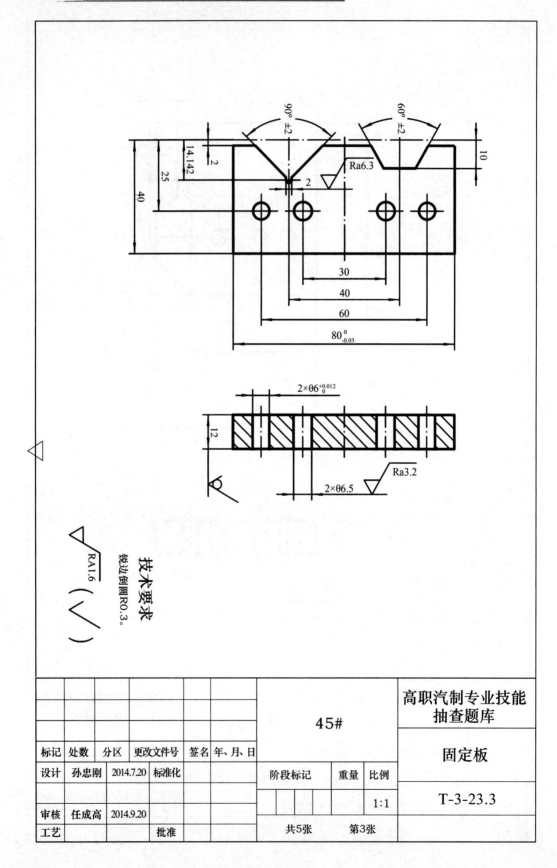

技术要求

锐边倒圆R0.3。

$\sqrt{RA1.6}$ ($\sqrt{}$)

							高职汽制专业技能
					45#		抽查题库
标记	处数	分区	更改文件号	签名	年、月、日		固定板
设计	孙忠刚	2014.7.20	标准化			阶段标记	重量	比例	
								1:1	T-3-23.3
审核	任成高	2014.9.20				共5张	第3张	
工艺			批准					

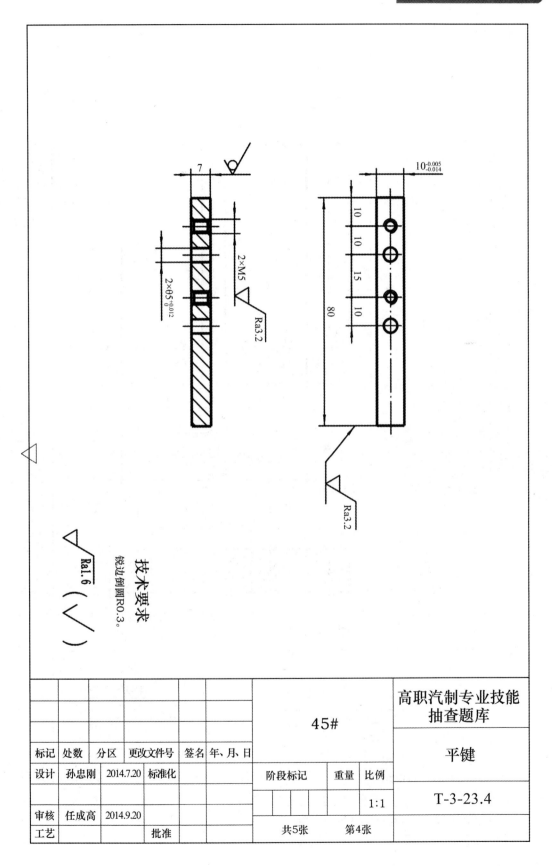

技术要求

锐边倒圆R0.3。

√Ra1.6

(√)

标记	处数	分区	更改文件号	签名	年、月、日					高职汽制专业技能 抽查题库
							45#			
设计	孙忠刚	2014.7.20	标准化			阶段标记		重量	比例	平键
									1:1	T-3-23.4
审核	任成高	2014.9.20				共5张		第4张		
工艺			批准							

型腔滑配装配钳工试题(2)

1. 试题编号:T-3-24

考核技能点编号:J-1-2* 、J-1-8* 、J-3-1* 、J-3-2、J-3-3* 、J-3-7*

2. 任务描述

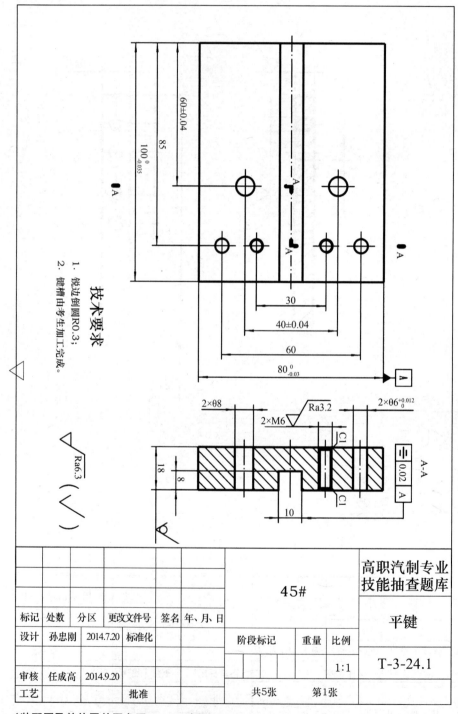

(装配图及其他零件图参照 **T-3-23** 试题)

识读如下型腔滑配的装配图、零件图及其技术要求,选择合适的设备、工具、量具等,按图纸要求完成"底板"键槽的加工,并将型腔滑配进行正确的装配。

3. 实施条件

实施条件见下表。

钳工制作与装配实施条件

项目	实施条件	备注
场地	钳工实训中心:加工工位 30 个,照明通风良好。	
设备	台钻、钻夹头、台虎钳、砂轮机、方箱、粗糙度仪。	
工量具	250 mm 活动扳手,7♯—36♯开口扳手; 0—150 mm 游标卡尺,0—300 mm 高度游标卡尺; 0—25 mm 外径千分尺,25—50 mm 外径千分尺,50—75 mm 外径千分尺; 0°—300°游标万能角度尺; 300×150 mm 直角尺,150 mm 金属直尺,100 mm 刀口尺; 0.02—0.5 mm 塞尺; 150—300 mm 各类锉刀(方、三角、扁),整形锉; 锯,锯条(中齿); 钻头($\phi2.2$、$\phi2.5$、$\phi2.8$、$\phi3$、$\phi3.2$、$\phi3.5$、$\phi4$、$\phi4.2$、$\phi4.5$、$\phi5$、$\phi5.2$、$\phi5.5$、$\phi6$、$\phi6.5$、$\phi7$、$\phi8$、$\phi10\sim\phi20$); 铰刀(5D4、5D5、6D、6H9、10D); 软口钳,钢丝钳,尖嘴钳; 划针,样冲,扁錾,手锤,锉刀刷。	考场提供 按需领用

4. 考核时量

90 分钟。

5. 评价标准

试题评价标准见下表。

型腔滑配的钳工制作与装配评价标准

序号	考核内容	配分	评分标准	扣分	得分
1	安全意识	3	未遵守安全操作规程,每次扣 1 分,扣完为止;		
			安全操作技能欠缺,每项次扣 1 分,扣完为止;		
			考生出现人伤械损等安全事故,造成恶劣影响的,本题考核计零分。		
2	组织纪律	2	不服从考试安排及考场纪律,扣 2 分。		
3	工作准备	3	未清点图纸、工量具、工件,扣 1 分;		
			未检查设备、工量具状况,扣 1 分;		
			不清洁工件,扣 1 分。		
4	操作规范	6	设备使用不当,扣 2 分;		
			工量具使用不当,扣 2 分;		
			加工过程不规范,扣 2 分。		

续表

序号	考核内容	配分	评分标准	扣分	得分
5	文明生产	6	着装不规范,扣1分; 有损害工具设备和工件的野蛮操作行为,扣2分; 工作结束后,未整理、清洁工具设备、工件和工作场地,扣3分; 考生严重违反考场纪律,造成恶劣影响的,本题考核计零分。		
6	底板	10	键槽尺寸10,超差全扣;		
7		10	对称度0.02,超差全扣;		
8		10	键槽定位尺寸8,超差全扣;		
9		30	键槽3处表面粗糙度 $Ra6.3$,超差全扣;		
12	装配	20	未按装配图要求对零件进行正确装配,每处扣2分,扣完为止。		
合计		100			

型腔滑配装配钳工试题(5)

1. **试题编号**:T-3-27

考核技能点编号:J-1-1*、J-1-2*、J-1-8*、J-3-1*、J-3-3*、J-3-4*、J-3-5*、J-3-6*、J-3-7*

2. **任务描述**

识读如下型腔滑配的装配图、零件图及其技术要求,选择合适的设备、工具、量具等,按图纸要求完成"平键"$2×\Phi5^{+0.012}_{0}$、$2×M6$孔的加工,通过锯削、修配保证长度尺寸80及顶端粗糙度 $Ra3.2$,并将型腔滑配进行正确的装配。

3. **实施条件**

实施条件见下表。

钳工制作与装配实施条件

项目	实施条件	备注
场地	钳工实训中心:加工工位30个,照明通风良好。	
设备	台钻、钻夹头、台虎钳、砂轮机、方箱、粗糙度仪。	
工量具	250 mm活动扳手,7#—36#开口扳手; 0—150 mm游标卡尺,0—300 mm高度游标卡尺; 0—25 mm外径千分尺,25—50 mm外径千分尺,50—75 mm外径千分尺; 0°—300°游标万能角度尺; 300×150 mm直角尺,150 mm金属直尺,100 mm刀口尺; 0.02—0.5 mm塞尺; 150—300 mm各类锉刀(方、三角、扁),整形锉; 锯、锯条(中齿); 钻头($\phi2.2$、$\phi2.5$、$\phi2.8$、$\phi3$、$\phi3.2$、$\phi3.5$、$\phi4$、$\phi4.2$、$\phi4.5$、$\phi5$、$\phi5.2$、$\phi5.5$、$\phi6$、$\phi6.5$、$\phi7$、$\phi8$、$\phi10\sim\phi20$); 铰刀(5D4、5D5、6D、6H9、10D); 软口钳、钢丝钳、尖嘴钳; 划针、样冲、扁錾、手锤、锉刀刷。	考场提供 按需领用

4. **考核时量**

90分钟。

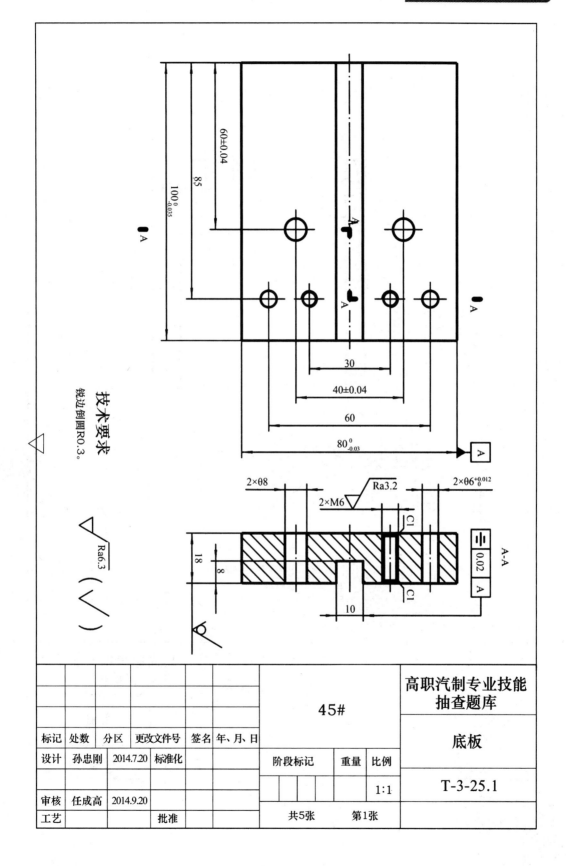

技术要求

锐边倒圆R0.3。

$\sqrt{Ra6.3}$ （√）

标记	处数	分区	更改文件号	签名	年、月、日			
设计	孙忠刚	2014.7.20	标准化					
审核	任成高	2014.9.20						
工艺			批准					

45#

阶段标记	重量	比例
		1:1
共5张	第1张	

高职汽制专业技能
抽查题库

底板

T-3-25.1

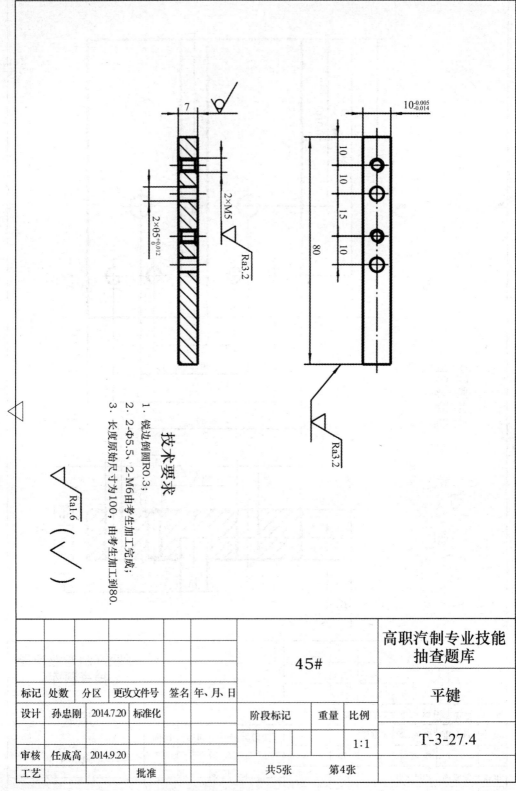

技术要求

1. 锐边倒圆R0.3;
2. 2-Φ5.5、2-M6由考生加工完成;
3. 长度原始尺寸为100,由考生加工到80.

							高职汽制专业技能 抽查题库	
						45#		
标记	处数	分区	更改文件号	签名	年、月、日		平键	
设计	孙忠刚	2014.7.20	标准化			阶段标记	重量	比例
								1:1	T-3-27.4
审核	任成高	2014.9.20						
工艺			批准			共5张	第4张	

（装配图及其他零件图参照 T-3-23 试题）

5. 评价标准

试题评价标准见下表。

型腔滑配的钳工制作与装配评价标准

序号	考核内容	配分	评分标准	扣分	得分
1	安全意识	3	未遵守安全操作规程,每次扣1分,扣完为止;		
			安全操作技能欠缺,每项次扣1分,扣完为止;		
			考生出现人伤械损等安全事故,造成恶劣影响的,本题考核计零分。		
2	组织纪律	2	不服从考试安排及考场纪律,扣2分。		
3	工作准备	3	未清点图纸、工量具、工件,扣1分;		
			未检查设备、工量具状况,扣1分;		
			不清洁工件,扣1分。		
4	操作规范	6	设备使用不当,扣2分;		
			工量具使用不当,扣2分;		
			加工过程不规范,扣2分。		
5	文明生产	6	着装不规范,扣1分;		
			有损害工具设备和工件的野蛮操作行为,扣2分;		
			工作结束后,未整理、清洁工具设备、工件和工作场地,扣3分;		
			考生严重违反考场纪律,造成恶劣影响的,本题考核计零分。		
6	平键	12	$2\times\Phi5^{+0.012}_{0}$,超差全扣;		
7		12	$2\times M6$,超差全扣;		
8		8	$2\times M6$ 处粗糙度 $Ra3.2$,超差全扣;		
9		8	长度尺寸80,超差全扣;		
10		8	顶端粗糙度 $Ra3.2$,超差全扣;		
11		12	$2\times\Phi5^{+0.012}_{0}$、$2\times M6$ 定位尺寸,超差每处2分,扣完为止。		
12	装配	20	未按装配图要求对零件进行正确装配,每处扣2分,扣完为止。		
合计		100			

项目七 六方V形组合装配钳工

六方V形组合装配钳工试题(1)

1. 试题编号:T-3-28

考核技能点编号:J-1-1*、J-1-2*、J-1-7*、J-1-8*、J-3-1*、J-3-3*、J-3-4*、J-3-5*、J-3-6*、J-3-7*

2. 任务描述

识读如下六方V形组合的装配图、零件图及其技术要求,选择合适的设备、工具、量具等,按图纸要求完成"底板"$4\times M6$、$\Phi10H7(^{+0.015}_{0})$孔的加工,通过配作保证总图的尺寸要求,并将六方V形组合进行正确的装配。

3．实施条件

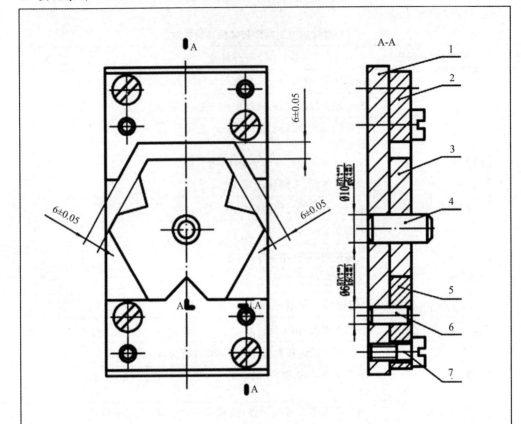

技术要求

1．件3转位三次与件4配合间隙不大于0.1；
2．件3转位三次与件2配合间隙不大于0.1。

7	开槽圆柱头螺钉	4		GB/T65-2000、M6×16
6	圆柱销	4		GB/T119.1-2000、θ6×16
5	圆柱销	1		GB/T119.1-2000、θ10×20
4	下板	1	45#	
3	中板	1	45#	
2	上板	1	45#	
1	底板	1	45#	
序号	名称	数量	材料	备注

						高职汽制专业技能 抽查题库		
标记	处数	分区	更改文件号	签名	年、月、日	六方V形组合装配图		
设计	孙忠刚	2014.7.20	标准化			阶段标记	重量	比例
								1:1
审核	任成高	2014.9.20						
工艺			批准			共5张	第5张	T-3-28.0

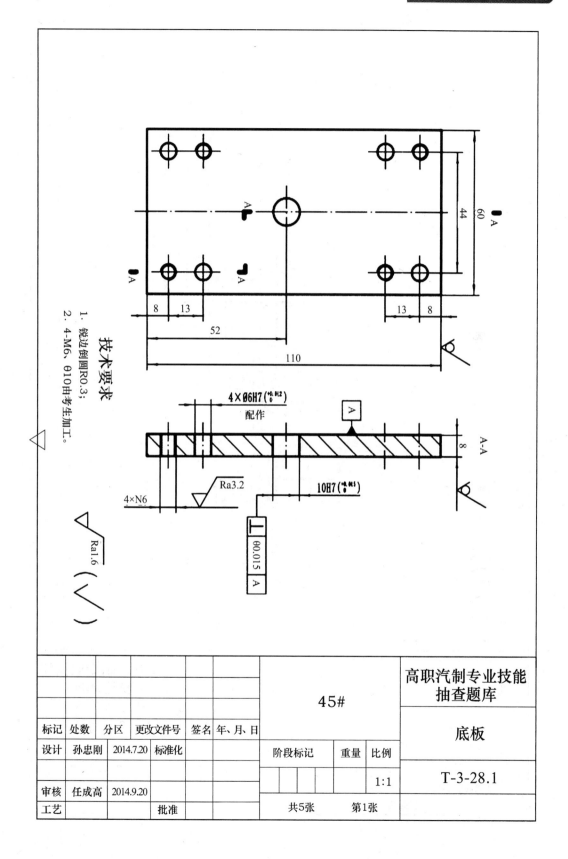

技术要求
1. 锐边倒圆R0.3；
2. 4-M6、θ10由考生加工。

4×Ø6H7（⁺⁰·⁰¹²₀）
配作

Ra3.2

4×N6

A-A

10H7（⁺⁰·⁰¹⁵₀）

⊥ | θ0.015 | A

√Ra1.6

√（√）

标记	处数	分区	更改文件号	签名	年、月、日		高职汽制专业技能抽查题库
						45#	
设计	孙忠刚	2014.7.20	标准化				底板
						阶段标记	重量	比例
审核	任成高	2014.9.20						1:1	T-3-28.1
工艺			批准			共5张	第1张

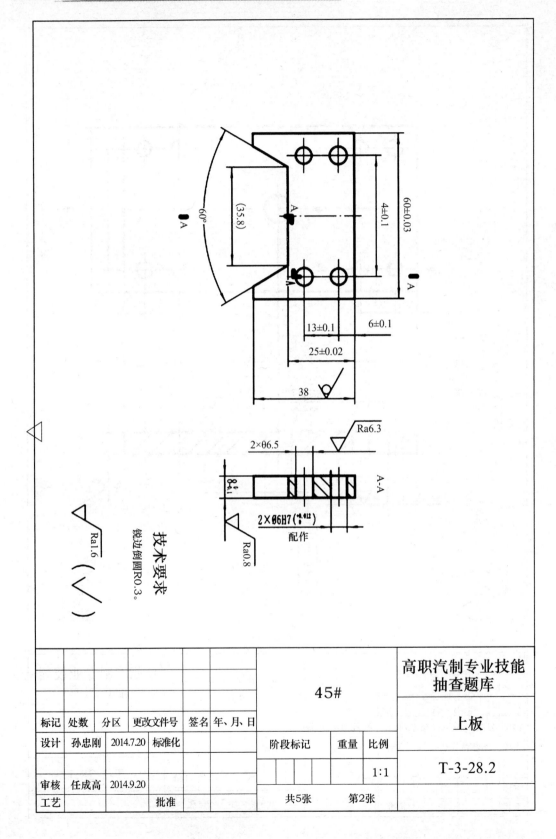

						高职汽制专业技能抽查题库		
						45#		
						上板		
标记	处数	分区	更改文件号	签名	年、月、日	阶段标记	重量	比例
设计	孙忠刚	2014.7.20	标准化					1:1
审核	任成高	2014.9.20				共5张 第2张		T-3-28.2
工艺			批准					

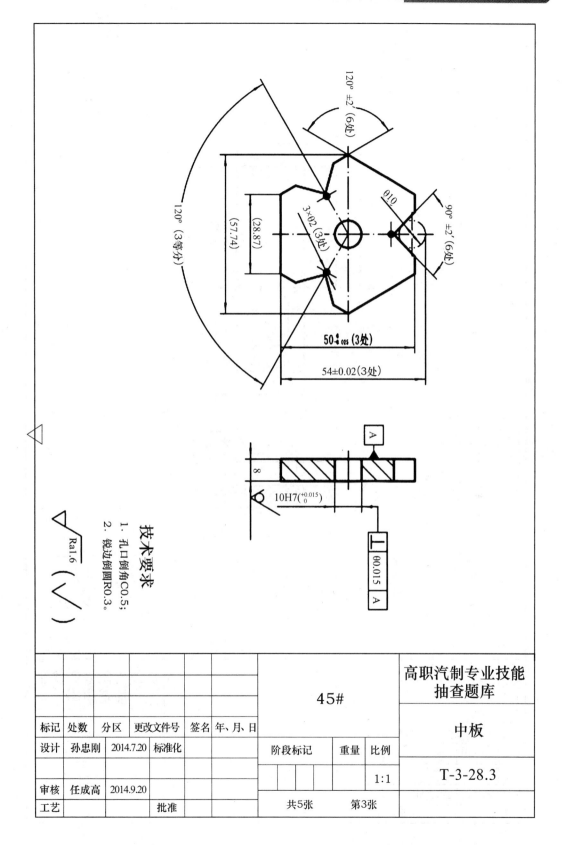

技术要求

1. 孔口倒角C0.5；
2. 锐边倒圆R0.3。

120° ±2′ (6处)

120° (3等分)

(57.74)

(28.87)

3×Φ2(3处)

Φ10

90° ±2′ (6处)

50 (3处)

54±0.02(3处)

A

8

10H7(+0.015 / 0)

⊥ | 00.015 | A

√ Ra1.6

(√)

标记	处数	分区	更改文件号	签名	年、月、日		高职汽制专业技能抽查题库		
设计	孙忠刚	2014.7.20	标准化						
						阶段标记	重量	比例	中板
								1:1	T-3-28.3
审核	任成高	2014.9.20				共5张	第3张		
工艺			批准						

45#

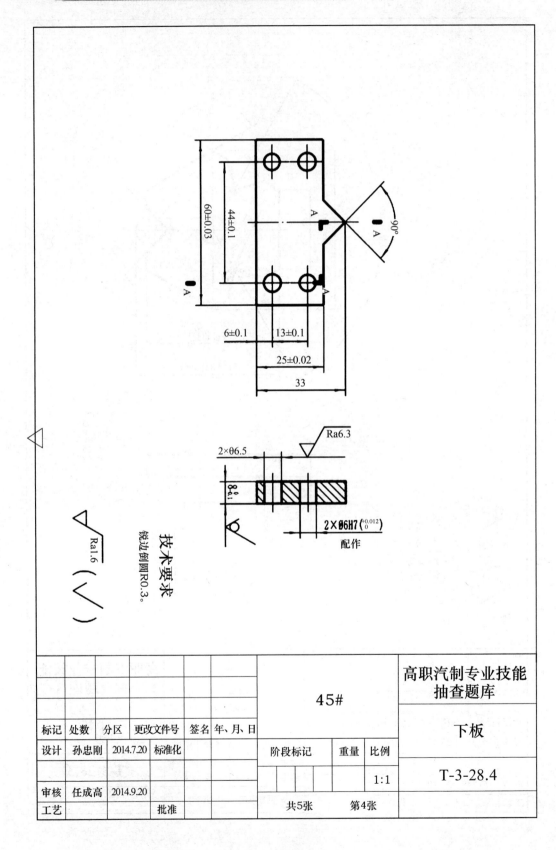

技术要求

锐边倒圆R0.3。

Ra1.6

（√）

标记	处数	分区	更改文件号	签名	年、月、日			
设计	孙忠刚	2014.7.20	标准化			阶段标记	重量	比例
								1:1
审核	任成高	2014.9.20						
工艺			批准			共5张	第4张	

45#

高职汽制专业技能
抽查题库

下板

T-3-28.4

实施条件见下表。

钳工制作与装配实施条件

项目	实施条件	备注
场地	钳工实训中心:加工工位 30 个,照明通风良好。	
设备	台钻、钻夹头、台虎钳、砂轮机、方箱、粗糙度仪。	
工量具	250 mm 活动扳手,7#—36#开口扳手; 0—150 mm 游标卡尺,0—300 mm 高度游标卡尺; 0—25 mm 外径千分尺,25—50 mm 外径千分尺,50—75 mm 外径千分尺; 0°—300°游标万能角度尺; 300×150 mm 直角尺,150 mm 金属直尺,100 mm 刀口尺; 0.02—0.5 mm 塞尺; 150—300 mm 各类锉刀(方、三角、扁),整形锉; 锯,锯条(中齿); 钻头($\phi2.2$、$\phi2.5$、$\phi2.8$、$\phi3$、$\phi3.2$、$\phi3.5$、$\phi4$、$\phi4.2$、$\phi4.5$、$\phi5$、$\phi5.2$、$\phi5.5$、$\phi6$、$\phi6.5$、$\phi7$、$\phi8$、$\phi10\sim\phi20$); 铰刀(5D4、5D5、6D、6H9、10D); 软口钳,钢丝钳,尖嘴钳; 划针,样冲,扁錾,手锤,锉刀刷。	考场提供 按需领用

4. 考核时量

90 分钟。

5. 评价标准

试题评价标准见下表。

六方 V 形组合的钳工制作与装配评价标准

序号	考核内容	配分	评分标准	扣分	得分
1	安全意识	3	未遵守安全操作规程,每次扣 1 分,扣完为止; 安全操作技能欠缺,每项次扣 1 分,扣完为止; 考生出现人伤械损等安全事故,造成恶劣影响的,本题考核计零分。		
2	组织纪律	2	不服从考试安排及考场纪律,扣 2 分。		
3	工作准备	3	未清点图纸、工量具、工件,扣 1 分; 未检查设备、工量具状况,扣 1 分; 不清洁工件,扣 1 分。		
4	操作规范	6	设备使用不当,扣 2 分; 工量具使用不当,扣 2 分; 加工过程不规范,扣 2 分。		
5	文明生产	6	着装不规范,扣 1 分; 有损害工具设备和工件的野蛮操作行为,扣 2 分; 工作结束后,未整理、清洁工具设备、工件和工作场地,扣 3 分; 考生严重违反考场纪律,造成恶劣影响的,本题考核计零分。		

续表

序号	考核内容	配分	评分标准	扣分	得分
6	底板	5	$\Phi 10H7^{+0.015}_{0}$,超差全扣;		
7		20	$4\times M6$,超差全扣;		
8		10	$4\times M6$ 处粗糙度 $Ra3.2$,超差全扣;		
9		5	$\Phi 10H7(^{+0.015}_{0})$ 处垂直度 $\Phi 0.015$,超差全扣;		
10		20	$4\times M6$,$\Phi 10H7(^{+0.015}_{0})$ 定位尺寸,超差每处扣 4 分,扣完为止。		
11	装配	20	未按装配图要求对零件进行正确装配,每处扣 2 分,扣完为止。		
合计		100			

六方 V 形组合装配钳工试题(4)

1. 试题编号:T-3-31

考核技能点编号:J-1-2*、J-1-3、J-3-1*、J-3-2、J-3-3*、J-3-7*

2. 任务描述

识读如下六方 V 形组合的装配图、零件图及其技术要求,选择合适的设备、工具、量具等,按图纸要求完成"上板"梯形槽的加工,通过配作保证总图的尺寸要求,并将六方 V 形组合进行正确的装配。

3. 实施条件

实施条件见下表。

钳工制作与装配实施条件

项目	实施条件	备注
场地	钳工实训中心:加工工位 30 个,照明通风良好。	
设备	台钻、钻夹头、台虎钳、砂轮机、方箱、粗糙度仪。	
工量具	250 mm 活动扳手,7♯—36♯开口扳手; 0—150 mm 游标卡尺,0—300 mm 高度游标卡尺; 0—25 mm 外径千分尺,25—50 mm 外径千分尺,50—75 mm 外径千分尺; 0°—300°游标万能角度尺; 300×150 mm 直角尺,150 mm 金属直尺,100 mm 刀口尺; 0.02—0.5 mm 塞尺; 150—300 mm 各类锉刀(方、三角、扁),整形锉; 锯,锯条(中齿); 钻头($\phi 2.2$、$\phi 2.5$、$\phi 2.8$、$\phi 3$、$\phi 3.2$、$\phi 3.5$、$\phi 4$、$\phi 4.2$、$\phi 4.5$、$\phi 5$、$\phi 5.2$、$\phi 5.5$、$\phi 6$、$\phi 6.5$、$\phi 7$、$\phi 8$、$\phi 10 \sim \phi 20$); 铰刀(5D4、5D5、6D、6H9、10D); 软口钳,钢丝钳,尖嘴钳; 划针,样冲,扁錾,手锤,锉刀刷。	考场提供按需领用

4. 考核时量

90 分钟。

5. 评价标准

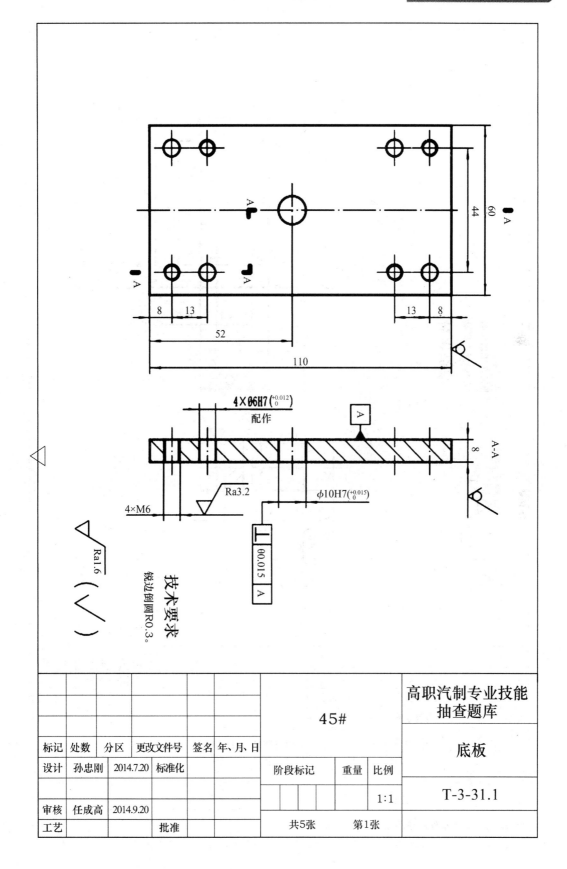

技术要求

锐边倒圆R0.3。

$\sqrt{Ra1.6}$ ($\sqrt{}$)

4×⌀6H7($^{+0.012}_{0}$)
配作

Ra3.2

4×M6

⌀10H7($^{+0.015}_{0}$)

A-A

标记	处数	分区	更改文件号	签名	年、月、日		45#			高职汽制专业技能 抽查题库
设计	孙忠刚	2014.7.20	标准化							底板
						阶段标记		重量	比例	
									1:1	T-3-31.1
审核	任成高	2014.9.20								
工艺			批准			共5张		第1张		

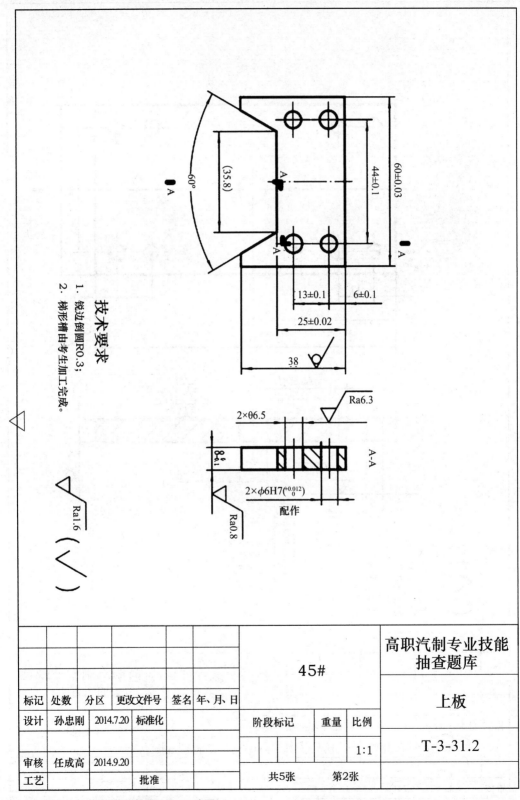

技术要求
1. 锐边倒圆R0.3；
2. 梯形槽由考生加工完成。

标记	处数	分区	更改文件号	签名	年、月、日		高职汽制专业技能抽查题库	
						45#	上板	
设计	孙忠刚	2014.7.20	标准化			阶段标记	重量	比例
								1:1
审核	任成高	2014.9.20						T-3-31.2
工艺			批准			共5张	第2张	

（装配图及其他零件图参照 T-3-23 试题）

试题评价标准见下表。

六方 V 形组合的钳工制作与装配评价标准

序号	考核内容	配分	评分标准	扣分	得分
1	安全意识	3	未遵守安全操作规程,每次扣1分,扣完为止;		
			安全操作技能欠缺,每项次扣1分,扣完为止;		
			考生出现人伤械损等安全事故,造成恶劣影响的,本题考核计零分。		
2	组织纪律	2	不服从考试安排及考场纪律,扣2分。		
3	工作准备	3	未清点图纸、工量具、工件,扣1分;		
			未检查设备、工量具状况,扣1分;		
			不清洁工件,扣1分。		
4	操作规范	6	设备使用不当,扣2分;		
			工量具使用不当,扣2分;		
			加工过程不规范,扣2分。		
5	文明生产	6	着装不规范,扣1分;		
			有损害工具设备和工件的野蛮操作行为,扣2分;		
			工作结束后,未整理、清洁工具设备、工件和工作场地,扣3分;		
			考生严重违反考场纪律,造成恶劣影响的,本题考核计零分。		
6	上板	10	梯形槽定位尺寸25±0.02,超差全扣;		
7		20	梯形槽角度尺寸60°,超差全扣;		
8		30	与中板3处配合间隙6,超差全扣;		
9	装配	20	未按装配图要求对零件进行正确装配,每处扣2分,扣完为止。		
合计		100			

六方 V 形组合装配钳工试题(7)

1. 试题编号:T-3-34

考核技能点编号:J-1-1*、J-1-2*、J-1-3、J-1-8*、J-3-1*、J-3-2、J-3-3*、J-3-4*、J-3-5*、J-3-7*

2. **任务描述**

识读如下六方 V 形组合的装配图、零件图及其技术要求,选择合适的设备、工具、量具等,按图纸要求完成"下板"上端 V 形角、2×Φ6.5孔的加工,通过配作保证总图的尺寸要求,并将六方 V 形组合进行正确的装配。

3. **实施条件**

实施条件见下表。

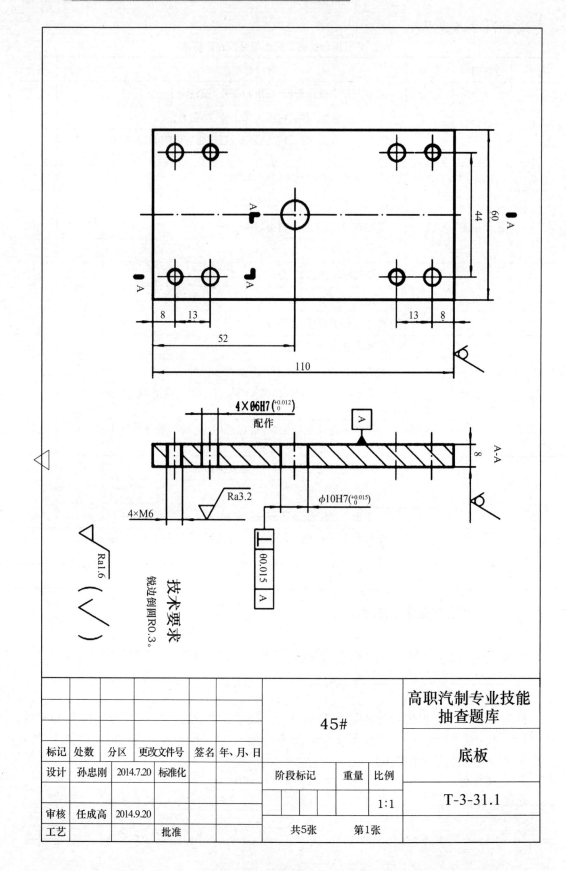

标记	处数	分区	更改文件号	签名	年、月、日				高职汽制专业技能抽查题库
									45#
设计	孙忠刚	2014.7.20	标准化						底板
						阶段标记	重量	比例	
审核	任成高	2014.9.20						1:1	T-3-31.1
工艺			批准			共5张		第1张	

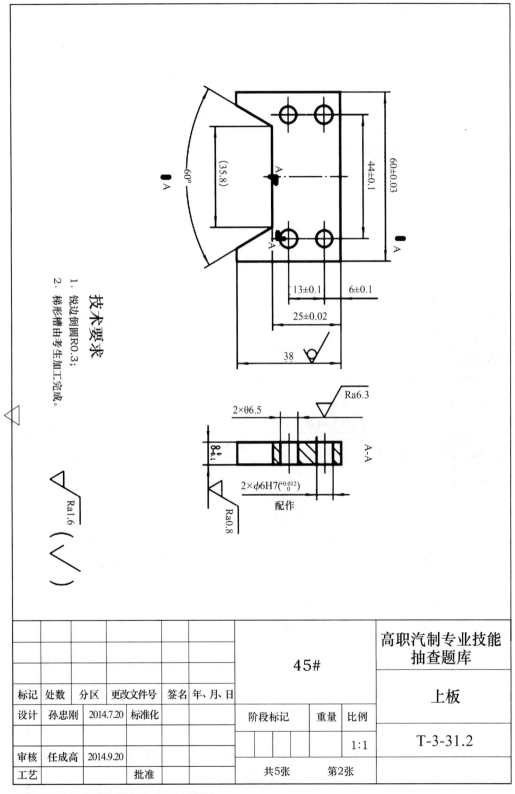

技术要求
1. 锐边倒圆R0.3；
2. 梯形槽由考生加工完成。

Ra1.6

√（√）

							高职汽制专业技能 抽查题库
						45#	
							上板
标记	处数	分区	更改文件号	签名	年、月、日		
设计	孙忠刚	2014.7.20	标准化			阶段标记	重量	比例	
								1:1	T-3-31.2
审核	任成高	2014.9.20				共5张	第2张	
工艺			批准					

（装配图及其他零件图参照 T-3-23 试题）

钳工制作与装配实施条件

项目	实施条件	备注
场地	钳工实训中心:加工工位 30 个,照明通风良好。	
设备	台钻、钻夹头、台虎钳、砂轮机、方箱、粗糙度仪。	
工量具	250 mm 活动扳手,7♯－36♯开口扳手; 0－150 mm 游标卡尺,0－300 mm 高度游标卡尺; 0－25 mm 外径千分尺,25－50 mm 外径千分尺,50－75 mm 外径千分尺; 0°－300°游标万能角度尺; 300×150 mm 直角尺,150 mm 金属直尺,100 mm 刀口尺; 0.02－0.5 mm 塞尺; 150－300 mm 各类锉刀(方、三角、扁),整形锉; 锯,锯条(中齿); 钻头(ϕ2.2、ϕ2.5、ϕ2.8、ϕ3、ϕ3.2、ϕ3.5、ϕ4、ϕ4.2、ϕ4.5、ϕ5、ϕ5.2、ϕ5.5、ϕ6、ϕ6.5、ϕ7、ϕ8、ϕ10～ϕ20); 铰刀(5D4、5D5、6D、6H9、10D); 软口钳、钢丝钳、尖嘴钳; 划针、样冲、扁錾、手锤、锉刀刷。	考场提供 按需领用

4. 考核时量

90 分钟。

5. 评价标准

试题评价标准见下表。

六方 V 形组合的钳工制作与装配评价标准

序号	考核内容	配分	评分标准	扣分	得分
1	安全意识	3	未遵守安全操作规程,每次扣 1 分,扣完为止;		
			安全操作技能欠缺,每项次扣 1 分,扣完为止;		
			考生出现人伤械损等安全事故,造成恶劣影响的,本题考核计零分。		
2	组织纪律	2	不服从考试安排及考场纪律,扣 2 分。		
3	工作准备	3	未清点图纸、工量具、工件,扣 1 分;		
			未检查设备、工量具状况,扣 1 分;		
			不清洁工件,扣 1 分。		
4	操作规范	6	设备使用不当,扣 2 分;		
			工量具使用不当,扣 2 分;		
			加工过程不规范,扣 2 分。		
5	文明生产	6	着装不规范,扣 1 分;		
			有损害工具设备和工件的野蛮操作行为,扣 2 分;		
			工作结束后,未整理、清洁工具设备、工件和工作场地,扣 3 分;		
			考生严重违反考场纪律,造成恶劣影响的,本题考核计零分。		

续表

序号	考核内容	配分	评分标准	扣分	得分
6	下板	15	2×Φ6.5,超差全扣;		
7		10	V形角定位尺寸 25±0.02,超差全扣;		
8		10	V形角定位尺寸 33.071,超差全扣;		
9		10	V形角角度尺寸 90°,超差全扣;		
10		15	2×Φ6.5 处粗糙度 $Ra6.3$,超差全扣;		
11	装配	20	未按装配图要求对零件进行正确装配,每处扣2分,扣完为止。		
合计		100			

项目八　凹形块钳工

1. 试题编号及名称:T-3-35　凹形块钳工制作试题

考核技能点编号:J-1-2*、J-1-7*、J-1-8*、J-3-1*、J-3-2、J-3-3*

2. 任务描述

识读如下凹形块零件图及其技术要求,选择合适的设备、工具、量具等,将尺寸为 41×26×4 的毛胚加工到图纸要求。

3. 实施条件

实施条件见下表。

钳工制作与装配实施条件

项目	实施条件	备注
场地	钳工实训中心:加工工位 30 个,照明通风良好。	
设备	台虎钳、砂轮机、方箱、粗糙度仪。	
工量具	250 mm 活动扳手,7#—36#开口扳手; 0—150 mm 游标卡尺,0—300 mm 高度游标卡尺; 0—25 mm 外径千分尺,25—50 mm 外径千分尺,50—75 mm 外径千分尺; 0°—300°游标万能角度尺; 300×150 mm 直角尺,150 mm 金属直尺,100 mm 刀口尺; 0.02—0.5 mm 塞尺; 150—300 mm 各类锉刀(方、三角、扁),整形锉; 锯,锯条(中齿); 软口钳,钢丝钳,尖嘴钳; 划针,样冲,扁錾,手锤,锉刀刷。	考场提供 按需领用

4. 考核时量

90 分钟。

5. 评价标准

试题评价标准见下表。

227

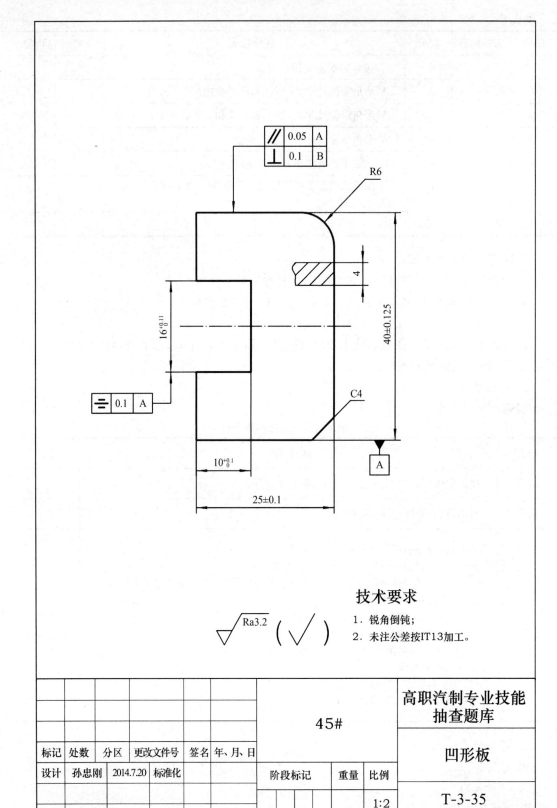

技术要求

1. 锐角倒钝；
2. 未注公差按IT13加工。

标记	处数	分区	更改文件号	签名	年、月、日			
设计	孙忠刚	2014.7.20	标准化					
审核	任成高	2014.9.20						
工艺			批准					

45#

高职汽制专业技能抽查题库

凹形板

阶段标记		重量	比例
			1:2

T-3-35

共1张　　第1张

凹形块的钳工制作与装配评价标准

序号	考核内容	配分	评分标准	扣分	得分
1	安全意识	3	未遵守安全操作规程,每次扣1分,扣完为止;		
			安全操作技能欠缺,每项次扣1分,扣完为止;		
			考生出现人伤械损等安全事故,造成恶劣影响的,本题考核计零分。		
2	组织纪律	2	不服从考试安排及考场纪律,扣2分。		
3	工作准备	3	未清点图纸、工量具、工件,扣1分;		
			未检查设备、工量具状况,扣1分;		
			不清洁工件,扣1分。		
4	操作规范	6	设备使用不当,扣2分;		
			工量具使用不当,扣2分;		
			加工过程不规范,扣2分。		
5	文明生产	6	着装不规范,扣1分;		
			有损害工具设备和工件的野蛮操作行为,扣2分;		
			工作结束后,未整理、清洁工具设备、工件和工作场地,扣3分;		
			考生严重违反考场纪律,造成恶劣影响的,本题考核计零分。		
6	凹形块	10	40 ± 0.125,超差全扣;		
7		10	25 ± 0.10,超差全扣;		
8		10	$10^{+0.10}_{0}$,超差全扣;		
9		10	$16^{+0.11}_{0}$,超差全扣;		
10		10	全部粗糙度$Ra3.2$,超差全扣;		
11		10	平行度0.05,超差全扣;		
12		10	垂直度0.10,超差全扣;		
13		10	对称度0.10,超差全扣;		
合计		100			

项目九　凸形块钳工

1. 试题编号及名称: T-3-36　凸形块钳工制作试题

考核技能点编号:J-1-2*、J-1-7*、J-1-8*、J-3-1*、J-3-2、J-3-3*

2. 任务描述

识读如下凸形块零件图及其技术要求,选择合适的设备、工具、量具等,将尺寸为$37\times37\times16$的毛胚加工到图纸要求。

3. 实施条件

实施条件见下表。

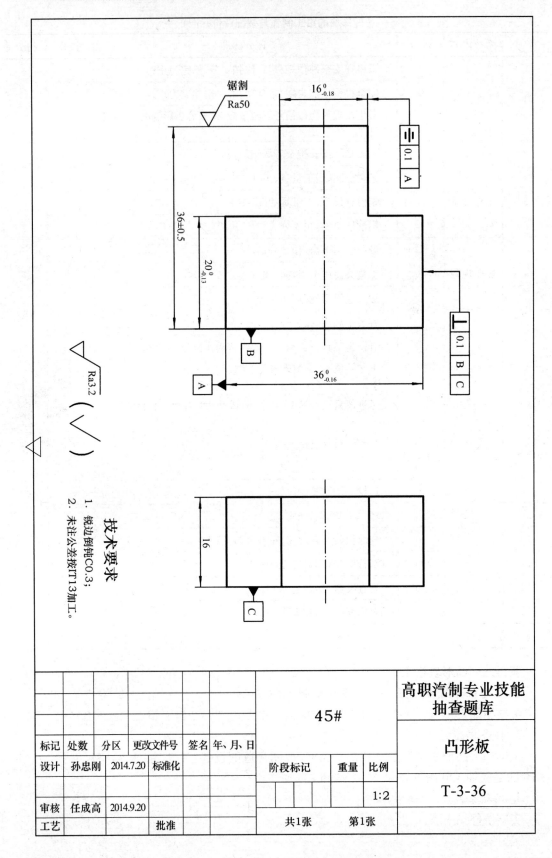

技术要求
1. 锐边倒钝C0.3；
2. 未注公差按IT13加工。

标记	处数	分区	更改文件号	签名	年、月、日				
设计	孙忠刚	2014.7.20	标准化						
审核	任成高	2014.9.20							
工艺			批准						

高职汽制专业技能抽查题库

45#

凸形板

阶段标记　　重量　　比例

1:2

T-3-36

共1张　　第1张

钳工制作与装配实施条件

项目	实施条件	备注
场地	钳工实训中心:加工工位 30 个,照明通风良好。	
设备	台虎钳、砂轮机、方箱、粗糙度仪。	
工量具	250 mm 活动扳手,7♯—36♯开口扳手; 0—150 mm 游标卡尺,0—300 mm 高度游标卡尺; 0—25 mm 外径千分尺,25—50 mm 外径千分尺,50—75 mm 外径千分尺; 0°—300°游标万能角度尺; 300×150 mm 直角尺,150 mm 金属直尺,100 mm 刀口尺; 0.02—0.5 mm 塞尺; 150—300 mm 各类锉刀(方、三角、扁),整形锉; 锯,锯条(中齿); 软口钳、钢丝钳、尖嘴钳; 划针、样冲、扁錾、手锤、锉刀刷。	考场提供 按需领用

4. 考核时量

90 分钟。

5. 评价标准

试题评价标准见下表。

凸形块的钳工制作与装配评价标准

序号	考核内容	配分	评分标准	扣分	得分
1	安全意识	3	未遵守安全操作规程,每次扣1分,扣完为止;		
			安全操作技能欠缺,每项次扣1分,扣完为止;		
			考生出现人伤械损等安全事故,造成恶劣影响的,本题考核计零分。		
2	组织纪律	2	不服从考试安排及考场纪律,扣2分。		
3	工作准备	3	未清点图纸、工量具、工件,扣1分;		
			未检查设备、工量具状况,扣1分;		
			不清洁工件,扣1分。		
4	操作规范	6	设备使用不当,扣2分;		
			工量具使用不当,扣2分;		
			加工过程不规范,扣2分。		
5	文明生产	6	着装不规范,扣1分;		
			有损害工具设备和工件的野蛮操作行为,扣2分;		
			工作结束后,未整理、清洁工具设备、工件和工作场地,扣3分;		
			考生严重违反考场纪律,造成恶劣影响的,本题考核计零分。		

续表

序号	考核内容	配分	评分标准	扣分	得分
6		10	$36_{-0.16}^{0}$，超差全扣；		
7		10	36 ± 0.50，超差全扣；		
8		10	$20_{-0.13}^{0}$，超差全扣；		
9	凸形块	10	$16_{-0.18}^{0}$，超差全扣；		
10		10	锯削粗糙度 $Ra50$，超差全扣；		
11		10	其余粗糙度 $Ra3.2$，超差全扣；		
12		10	垂直度 0.10，超差全扣；		
13		10	对称度 0.10，超差全扣；		
合计		100			

项目十　键钳工

1. 试题编号及名称：T-3-37　键钳工制作试题

考核技能点编号：J-1-2*、J-1-7*、J-1-8*、J-3-1*、J-3-3*

2. 任务描述

识读如下键零件图及其技术要求，选择合适的设备、工具、量具等，将尺寸为 $45\times20.5\times16.5$ 的毛胚加工到图纸要求。

3. 实施条件

实施条件见下表。

钳工制作与装配实施条件

项目	实施条件	备注
场地	钳工实训中心：加工工位 30 个，照明通风良好。	
设备	台虎钳、砂轮机、方箱、粗糙度仪。	
工量具	250 mm 活动扳手，7♯—36♯开口扳手； 0—150 mm 游标卡尺，0—300 mm 高度游标卡尺； 0—25 mm 外径千分尺，25—50 mm 外径千分尺，50—75 mm 外径千分尺； 0°—300°游标万能角度尺； 300×150 mm 直角尺，150 mm 金属直尺，100 mm 刀口尺； 0.02—0.5 mm 塞尺； 150—300 mm 各类锉刀（方、三角、扁），整形锉； 锯，锯条（中齿）； 软口钳，钢丝钳，尖嘴钳； 划针，样冲，扁錾，手锤，R 规，锉刀刷。	考场提供 按需领用

4. 考核时量

90 分钟。

5. 评价标准

试题评价标准见下表。

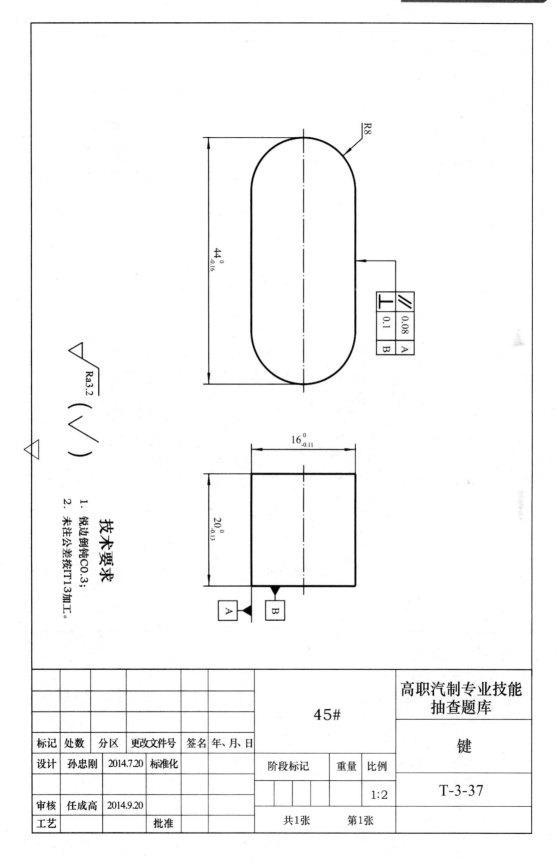

技术要求
1. 锐边倒钝C0.3；
2. 未注公差按IT13加工。

							高职汽制专业技能
						45#	抽查题库
标记	处数	分区	更改文件号	签名	年、月、日		键
设计	孙忠刚	2014.7.20	标准化			阶段标记　重量　比例	
							T-3-37
审核	任成高	2014.9.20				1:2	
工艺			批准			共1张　第1张	

键的钳工制作与装配评价标准

序号	考核内容	配分	评分标准	扣分	得分
1	安全意识	3	未遵守安全操作规程,每次扣1分,扣完为止;		
			安全操作技能欠缺,每项次扣1分,扣完为止;		
			考生出现人伤械损等安全事故,造成恶劣影响的,本题考核计零分。		
2	组织纪律	2	不服从考试安排及考场纪律,扣2分。		
3	工作准备	3	未清点图纸、工量具、工件,扣1分;		
			未检查设备、工量具状况,扣1分;		
			不清洁工件,扣1分。		
4	操作规范	6	设备使用不当,扣2分;		
			工量具使用不当,扣2分;		
			加工过程不规范,扣2分。		
5	文明生产	6	着装不规范,扣1分;		
			有损害工具设备和工件的野蛮操作行为,扣2分;		
			工作结束后,未整理、清洁工具设备、工件和工作场地,扣3分;		
			考生严重违反考场纪律,造成恶劣影响的,本题考核计零分。		
6	键	10	$44_{-0.16}^{0}$,超差全扣;		
7		20	2-R8,超差全扣;		
8		10	$20_{-0.13}^{0}$,超差全扣;		
9		10	$16_{-0.11}^{0}$,超差全扣;		
10		10	全部粗糙度 $Ra3.2$,超差全扣;		
11		10	垂直度0.10,超差全扣;		
12		10	平行度0.08,超差全扣;		
合计		100			

项目十一 楔块钳工

1. 试题编号及名称:T-3-38 楔块钳工制作试题

考核技能点编号:J-1-1*、J-1-2*、J-1-7*、J-1-8*、J-3-1*、J-3-2、J-3-3*、J-3-4*、J-3-5*

2. 任务描述

识读如下楔块零件图及其技术要求,选择合适的设备、工具、量具等,将尺寸为 $40.5 \times 34.5 \times 12$ 的毛胚加工到图纸要求。

3. 实施条件

实施条件见下表。

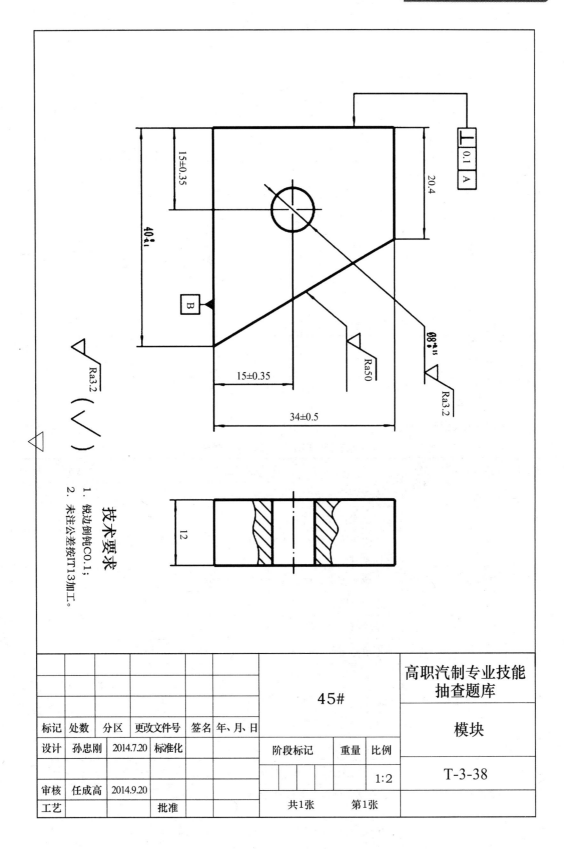

技术要求
1. 锐边倒钝C0.1;
2. 未注公差按IT13加工。

							高职汽制专业技能
							抽查题库
						45#	
							模块
标记	处数	分区	更改文件号	签名	年、月、日		
设计	孙忠刚	2014.7.20	标准化			阶段标记	重量	比例	
									1:2	T-3-38
审核	任成高	2014.9.20					
工艺			批准			共1张 第1张	

钳工制作与装配实施条件

项目	实施条件	备注
场地	钳工实训中心：加工工位 30 个，照明通风良好。	
设备	台钻、钻夹头、台虎钳、砂轮机、方箱、粗糙度仪。	
工量具	250 mm 活动扳手，7♯—36♯开口扳手； 0—150 mm 游标卡尺，0—300 mm 高度游标卡尺； 0—25 mm 外径千分尺，25—50 mm 外径千分尺，50—75 mm 外径千分尺； 0°—300°游标万能角度尺； 300×150 mm 直角尺，150 mm 金属直尺，100 mm 刀口尺； 0.02—0.5 mm 塞尺； 150—300 mm 各类锉刀（方、三角、扁），整形锉； 锯，锯条（中齿）； 钻头（$\phi 2.2$、$\phi 2.5$、$\phi 2.8$、$\phi 3$、$\phi 3.2$、$\phi 3.5$、$\phi 4$、$\phi 4.2$、$\phi 4.5$、$\phi 5$、$\phi 5.2$、$\phi 5.5$、$\phi 6$、$\phi 6.5$、$\phi 7$、$\phi 8$、$\phi 10 \sim \phi 20$）； 铰刀（5D4、5D5、6D、6H9、10D）； 软口钳，钢丝钳，尖嘴钳； 划针，样冲，扁錾，手锤，锉刀刷。	考场提供 按需领用

4. 考核时量

90 分钟。

5. 评价标准

试题评价标准见下表。

楔块的钳工制作与装配评价标准

序号	考核内容	配分	评分标准	扣分	得分
1	安全意识	3	未遵守安全操作规程，每次扣 1 分，扣完为止；		
			安全操作技能欠缺，每项次扣 1 分，扣完为止；		
			考生出现人伤械损等安全事故，造成恶劣影响的，本题考核计零分。		
2	组织纪律	2	不服从考试安排及考场纪律，扣 2 分。		
3	工作准备	3	未清点图纸、工量具、工件，扣 1 分；		
			未检查设备、工量具状况，扣 1 分；		
			不清洁工件，扣 1 分。		
4	操作规范	6	设备使用不当，扣 2 分；		
			工量具使用不当，扣 2 分；		
			加工过程不规范，扣 2 分。		
5	文明生产	6	着装不规范，扣 1 分；		
			有损害工具设备和工件的野蛮操作行为，扣 2 分；		
			工作结束后，未整理、清洁工具设备、工件和工作场地，扣 3 分；		
			考生严重违反考场纪律，造成恶劣影响的，本题考核计零分。		

续表

序号	考核内容	配分	评分标准	扣分	得分
6		10	$40_{-0.10}^{\ 0}$,超差全扣;		
7		10	34 ± 0.50,超差全扣;		
8		10	15 ± 0.35(2处),超差全扣;		
9	楔块	10	$\Phi8_{\ 0}^{+0.15}$,超差全扣;		
10		10	锯削粗糙度 $Ra50$,超差全扣;		
11		10	其余粗糙度 $Ra3.2$,超差全扣;		
12		10	垂直度0.10,超差全扣;		
13		10	平行度0.30,超差全扣;		
合计		100			

项目十二 外六方钳工

1. 试题编号及名称:T-3-39 外六方钳工制作试题

考核技能点编号:J-1-2*、J-1-7*、J-1-8*、J-3-1*、J-3-2、J-3-3*

2. 任务描述

识读如下外六方零件图及其技术要求,选择合适的设备、工具、量具等,将尺寸为 26×23×21 的毛胚加工到图纸要求。

3. 实施条件

实施条件见下表。

钳工制作与装配实施条件

项目	实施条件	备注
场地	钳工实训中心:加工工位30个,照明通风良好。	
设备	台虎钳、砂轮机、方箱、粗糙度仪。	
工量具	250 mm 活动扳手,7♯—36♯开口扳手; 0—150 mm 游标卡尺,0—300 mm 高度游标卡尺; 0—25 mm 外径千分尺,25—50 mm 外径千分尺,50—75 mm 外径千分尺; 0°—300°游标万能角度尺; 300×150 mm 直角尺,150 mm 金属直尺,100 mm 刀口尺; 0.02—0.5 mm 塞尺; 150—300 mm 各类锉刀(方、三角、扁),整形锉; 锯,锯条(中齿); 软口钳,钢丝钳,尖嘴钳; 划针,样冲,扁錾,手锤,锉刀刷。	考场提供 按需领用

4. 考核时量

90分钟。

5. 评价标准

试题评价标准见下表。

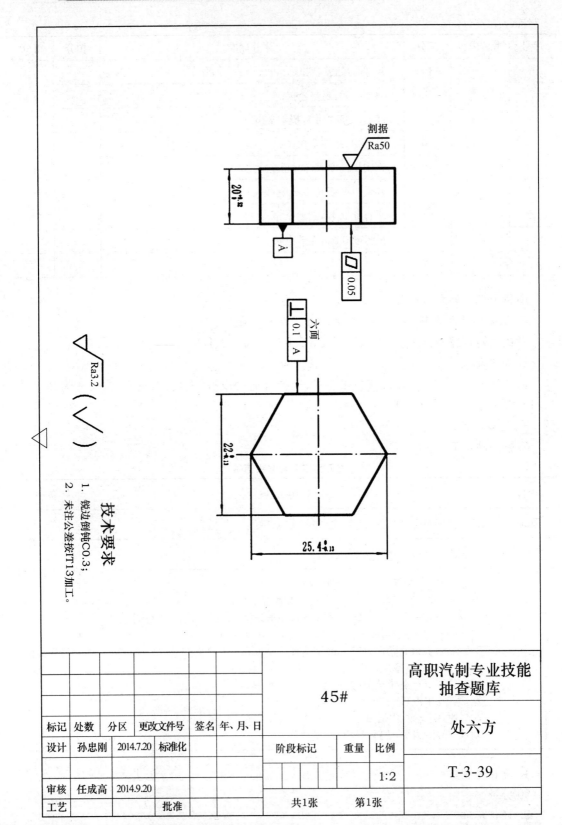

外六方的钳工制作与装配评价标准

序号	考核内容	配分	评分标准	扣分	得分
1	安全意识	3	未遵守安全操作规程,每次扣1分,扣完为止;		
			安全操作技能欠缺,每项次扣1分,扣完为止;		
			考生出现人伤械损等安全事故,造成恶劣影响的,本题考核计零分。		
2	组织纪律	2	不服从考试安排及考场纪律,扣2分。		
3	工作准备	3	未清点图纸、工量具、工件,扣1分;		
			未检查设备、工量具状况,扣1分;		
			不清洁工件,扣1分。		
4	操作规范	6	设备使用不当,扣2分;		
			工量具使用不当,扣2分;		
			加工过程不规范,扣2分。		
5	文明生产	6	着装不规范,扣1分;		
			有损害工具设备和工件的野蛮操作行为,扣2分;		
			工作结束后,未整理、清洁工具设备、工件和工作场地,扣3分;		
			考生严重违反考场纪律,造成恶劣影响的,本题考核计零分。		
6	外六方	10	$20^{+0.52}_{0}$,超差全扣;		
7		15	$22^{0}_{-0.13}$,超差全扣;		
8		15	$25.4^{0}_{-0.13}$,超差全扣;		
9		10	锯削粗糙度 $Ra50$,超差全扣;		
10		10	其余粗糙度 $Ra3.2$,超差全扣;		
11		10	垂直度 0.10,超差全扣;		
12		10	平面度 0.05,超差全扣;		
合计		100			

项目十三　去角方块钳工

1. **试题编号及名称**:T-3-40　去角方块钳工制作试题

考核技能点编号:J-1-2*、J-1-7*、J-1-8*、J-3-1*、J-3-2、J-3-3*。

2. **任务描述**

识读如下去角方块零件图及其技术要求,选择合适的设备、工具、量具等,将尺寸为61×61×15的毛胚加工到图纸要求。

3. **实施条件**

实施条件见下表。

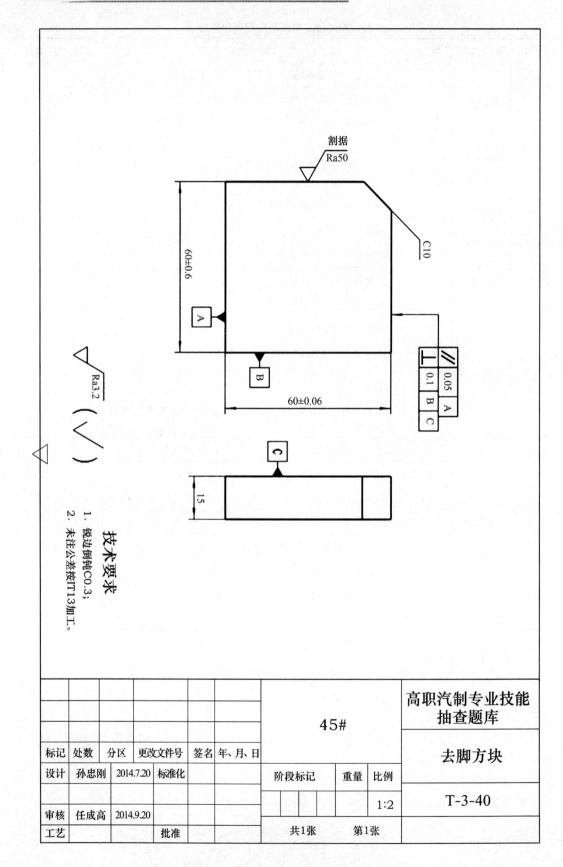

钳工制作与装配实施条件

项目	实施条件	备注
场地	钳工实训中心:加工工位30个,照明通风良好。	
设备	台虎钳、砂轮机、方箱、粗糙度仪。	
工量具	250 mm活动扳手,7♯—36♯开口扳手; 0—150 mm游标卡尺,0—300 mm高度游标卡尺; 0—25 mm外径千分尺,25—50 mm外径千分尺,50—75 mm外径千分尺; 0°—300°游标万能角度尺; 300×150 mm直角尺,150 mm金属直尺,100 mm刀口尺; 0.02—0.5 mm塞尺; 150—300 mm各类锉刀(方、三角、扁),整形锉; 锯,锯条(中齿); 软口钳,钢丝钳,尖嘴钳; 划针,样冲,扁錾,手锤,锉刀刷。	考场提供 按需领用

4.考核时量

90分钟。

5.评价标准

试题评价标准见下表。

去角方块的钳工制作与装配评价标准

序号	考核内容	配分	评分标准	扣分	得分
1	安全意识	3	未遵守安全操作规程,每次扣1分,扣完为止; 安全操作技能欠缺,每项次扣1分,扣完为止; 考生出现人伤械损等安全事故,造成恶劣影响的,本题考核计零分。		
2	组织纪律	2	不服从考试安排及考场纪律,扣2分。		
3	工作准备	3	未清点图纸、工量具、工件,扣1分; 未检查设备、工量具状况,扣1分; 不清洁工件,扣1分。		
4	操作规范	6	设备使用不当,扣2分; 工量具使用不当,扣2分; 加工过程不规范,扣2分。		
5	文明生产	6	着装不规范,扣1分; 有损害工具设备和工件的野蛮操作行为,扣2分; 工作结束后,未整理、清洁工具设备、工件和工作场地,扣3分; 考生严重违反考场纪律,造成恶劣影响的,本题考核计零分。		
6	去角方块	20	60±0.60(2处),超差全扣;		
7		20	10×45°,超差全扣;		
8		10	锯削粗糙度Ra50,超差全扣;		
9		10	其余粗糙度Ra3.2,超差全扣;		
10		10	垂直度0.10,超差全扣;		
11		10	平行度0.05,超差全扣;		
合计		100			

四、汽车机械部件装配与调整模块

项目一　发动机曲轴飞轮组装配与调整

1. 试题编号：T-4-1

考核技能点编号：J-4-1、J-4-2*、J-4-3*、J-4-6

2. 任务描述

通过查阅发动机曲轴飞轮组装配相关技术资料，正确拟定发动机曲轴飞轮组装配方案；正确选择装配工具对曲轴飞轮组进行装配（组考单位提供辅助人员），并根据装配质量进行调整；按要求将零部件恢复到装配前的状态，并填写好操作工单。

发动机曲轴飞轮组装配与调整操作工单

一、信息获取

零部件型号：＿＿＿＿＿＿＿＿＿。轴向间隙：＿＿＿＿＿＿＿ mm；

主轴承盖螺栓拧紧力矩：＿＿＿＿＿＿＿ N·m；飞轮安装螺栓拧紧力矩：＿＿＿＿＿＿＿ mm。

二、场地及设备初步检查

□ 装配工具检查准备

□ 设备检查准备

□ 技术资料检查准备

三、操作过程

1. 查找技术手册，拟定发动机曲轴飞轮组装配方案（具体的装配顺序）。

2. 发动机曲轴飞轮组的装配与调整（操作）

□装配

□调整

□将零部件恢复到装配前的状态

3. 实施条件

实施条件见下表。

发动机曲轴飞轮组装配与调整实施条件

项目	实施条件	备注
场地	面积不小于 15 m²，照明、通风良好。	必备
设备	汽车发动机 1 台。	必备
工具	工具车 1 台； 零件车 1 台。	必备

4. 考核时量

45 分钟。

5. 评价标准

评价标准见下表。

发动机曲轴飞轮组装配与调整评价标准

考核内容		配分	评分标准	扣分	得分
职业素养（20分）	安全意识	3	不执行安全操作规程,扣1.5分;		
			不具备安全操作技能,扣1.5分。		
			考生出现人伤械损等安全事故,造成恶劣影响的,本题考核计零分。		
	组织纪律	2	不服从考试安排,扣1分;		
			不遵守考场纪律,扣1分。		
	工作准备	3	未清点工具、量具及设备,扣1分;		
			未检查工量具状况,扣1分;		
			未清洁工具、仪器、设备,扣1分。		
	文明生产	12	着装不规范,每处扣1分,扣完为止;		
			工量具与零件混放、或摆放零乱,每次每处扣1分,扣完为止;		
			未安装必要的防护物品,每项扣0.5分,扣完为止;		
			油水洒落地面、或零部件表面或车漆表面未及时清理,每次扣1分,扣完为止;		
			有损害工具设备和工件的野蛮操作行为,扣2分;		
			竣工后,未整理、清洁工具设备、台架或车辆、工作场地,扣3分;		
			不服从考官、出言不逊,每次扣3分,扣完为止。		
			考生严重违反考场纪律,造成恶劣影响的,本题考核计零分。		
工作质量（80分）	技术手册使用	10	每查错或漏查1个数据扣3分,扣完为止。		
	工量具选择与使用	10	工量具或仪器设备选择不当每次扣2分,扣完为止;		
			工量具或仪器设备使用方法不正确,每次扣2分,扣完为止。		
	发动机曲轴飞轮组装配与调整	40	不能正确安装主轴承,扣3分;		
			不能正确安装止推垫片,扣2分;		
			不能正确安装轴承盖,扣3分;		
			未在主轴承盖螺栓的螺纹和螺栓头下面涂一薄层机油,扣1分;		
			未分多次均匀拧紧主轴承盖,扣3分;		
			未调整轴向间隙,扣2分;		
			未能正确安装飞轮到曲轴上,扣2分;		
			零件掉落地面,每次扣1分,扣完为止;		
			装配顺序不正确扣5分;		
			装配过程不规范,酌情扣5~10分。		
	将零部件恢复到装配前的状态	10	未进行零件清洁及按装配前零件位置摆放,每错一处扣2分,扣完为止。		
	工单填写	10	型号、技术参数、装配方案(装配顺序或操作流程)填写不正确,每错一处扣1分,扣完为止;		
			工单填写字迹潦草扣2分;		
合计		100			

项目二　气缸盖与气缸垫装配

1. 试题编号：T-4-2

考核技能点编号：J-4-1、J-4-2*、J-4-6

2. 任务描述

通过查阅发动机气缸盖与气缸垫装配相关技术资料，正确拟定发动机气缸盖与气缸垫装配方案；正确选择装配工具对气缸盖与气缸垫进行装配（组考单位提供辅助人员）；按要求将零部件恢复到装配前的状态，并填写好操作工单。

气缸盖与气缸垫装配操作工单

一、信息获取

　　零部件型号：＿＿＿＿＿＿＿＿＿＿＿。

　　气缸盖拧紧力矩：＿＿＿＿＿＿＿　N·m。

二、场地及设备初步检查

　　□ 装配工具检查准备

　　□ 设备检查准备

　　□ 技术资料检查准备

三、操作过程

　　1. 查找技术手册，拟定气缸盖与气缸垫装配方案（具体的装配顺序与螺栓拧紧顺序）。

　　2. 气缸盖与气缸垫的装配（操作）

　　□装配

　　□将零部件恢复到装配前的状态

3. 实施条件

实施条件见下表。

气缸盖与气缸垫装配实施条件

项目	实施条件	备注
场地	面积不小于 15 m²，照明、通风良好。	必备
设备	汽车发动机 1 台。	必备
工具	工具车 1 台； 零件车 1 台。	必备

4. 考核时量

45 分钟。

5. 评价标准

评价标准见下表。

气缸盖与气缸垫装配评价标准

考核内容		配分	评分标准	扣分	得分
职业素养（20分）	安全意识	3	不执行安全操作规程,扣1.5分;		
			不具备安全操作技能,扣1.5分。		
			考生出现人伤械损等安全事故,造成恶劣影响的,本题考核计零分。		
	组织纪律	2	不服从考试安排,扣1分;		
			不遵守考场纪律,扣1分。		
	工作准备	3	未清点工具、量具及设备,扣1分;		
			未检查工量具状况,扣1分;		
			未清洁工具、仪器、设备,扣1分。		
	文明生产	12	着装不规范,每处扣1分,扣完为止;		
			工量具与零件混放,或摆放零乱,每次每处扣1分,扣完为止;		
			未安装必要的防护物品,每项扣0.5分,扣完为止;		
			油水洒落地面、或零部件表面或车漆表面未及时清理,每次扣1分,扣完为止;		
			有损害工具设备和工件的野蛮操作行为,扣2分;		
			竣工后,未整理、清洁工具设备、台架或车辆、工作场地,扣3分;		
			不服从考官、出言不逊,每次扣3分,扣完为止。		
			考生严重违反考场纪律,造成恶劣影响的,本题考核计零分。		
工作质量（80分）	技术手册使用	10	每查错或漏查1个数据扣3分,扣完为止。		
	工量具选择与使用	10	工量具或仪器设备选择不当每次扣2分,扣完为止;		
			工量具或仪器设备使用方法不正确,每次扣2分,扣完为止。		
	气缸盖与气缸垫装配	40	不能正确安装气缸垫,扣3分;		
			不能正确安装气缸盖,扣3分;		
			螺栓拧紧顺序错误,扣3分;		
			未在气缸盖螺栓的螺纹和螺栓头下面涂一薄层机油扣2分;		
			未分多次均匀拧紧气缸盖螺栓,扣2分;		
			未达到螺栓拧紧力矩要求,扣5分;		
			零件掉落地面,每次扣1分,扣完为止;		
			装配顺序不正确扣5分;		
			装配过程不规范,酌情扣5~10分。		
	将零部件恢复到装配前的状态	10	未进行零件清洁及按装配前零件位置摆放,每错一处扣2分,扣完为止。		
	工单填写	10	型号、技术参数、装配方案(装配顺序或操作流程)填写不正确,每错一处扣1分,扣完为止;		
			工单填写字迹潦草扣2分;		
合计		100			

项目三 气门组装配

1. 试题编号：T-4-3

考核技能点编号：J-4-1、J-4-2*、J-4-5*、J-4-6

2. 任务描述

通过查阅气门组装配相关技术资料，正确拟定气门组装配方案；正确选择装配工具对气门组进行装配；按要求将零部件恢复到装配前的状态，并填写好操作工单。

气门组装配操作工单

一、信息获取

零部件型号：_____。

凸轮轴盖螺栓拧紧力矩：_____ N·m。

二、场地及设备初步检查

□ 装配工具检查准备

□ 设备检查准备

□ 技术资料检查准备

三、操作过程

1. 查找技术手册，拟定气门组装配方案（具体的装配顺序）。

2. 气门组的装配（操作）

□装配

□将零部件恢复到装配前的状态

3. 实施条件

实施条件见下表。

气门组装配实施条件

项目	实施条件	备注
场地	面积不小于 15 m²，照明、通风良好。	必备
设备	汽车发动机 1 台。	必备
工具	工具车 1 台； 零件车 1 台。	必备

4. 考核时量

45 分钟。

5. 评价标准

评价标准见下表。

气门组装配评价标准

考核内容		配分	评分标准	扣分	得分
职业素养（20分）	安全意识	3	不执行安全操作规程,扣1.5分;		
			不具备安全操作技能,扣1.5分。		
			考生出现人伤械损等安全事故,造成恶劣影响的,本题考核计零分。		
	组织纪律	2	不服从考试安排,扣1分;		
			不遵守考场纪律,扣1分。		
	工作准备	3	未清点工具、量具及设备,扣1分;		
			未检查工量具状况,扣1分;		
			未清洁工具、仪器、设备,扣1分。		
	文明生产	12	着装不规范,每处扣1分,扣完为止;		
			工量具与零件混放、或摆放零乱,每次每处扣1分,扣完为止;		
			未安装必要的防护物品,每项扣0.5分,扣完为止;		
			油水洒落地面、或零部件表面或车漆表面未及时清理,每次扣1分,扣完为止;		
			有损害工具设备和工件的野蛮操作行为,扣2分;		
			竣工后,未整理、清洁工具设备、台架或车辆、工作场地,扣3分;		
			不服从考官、出言不逊,每次扣3分,扣完为止。		
			考生严重违反考场纪律,造成恶劣影响的,本题考核计零分。		
工作质量（80分）	技术手册使用	10	每查错或漏查1个数据扣3分,扣完为止。		
	工量具选择与使用	10	工量具或仪器设备选择不当每次扣2分,扣完为止;		
			工量具或仪器设备使用方法不正确,每次扣2分,扣完为止。		
	气门组装配	40	未使用专用工具装入气门杆油封,扣5分;		
			气门装错位置,扣5分;		
			未使用专用工具压缩气门弹簧,扣5分;		
			气门弹簧安装方向不正确,扣5分;		
			零件掉落地面,每次扣1分,扣完为止;		
			装配顺序不正确扣5分;		
			装配过程不规范,酌情扣5~10分。		
	将零部件恢复到装配前的状态	10	未进行零件清洁及按装配前零件位置摆放,每错一处扣2分,扣完为止。		
	工单填写	10	型号、技术参数、装配方案(装配顺序或操作流程)填写不正确,每错一处扣1分,扣完为止;		
			工单填写字迹潦草扣2分;		
合计		100			

项目四　活塞连杆组装配与调整

1. 试题编号：T-4-5

考核技能点编号：J-4-1、J-4-2*、J-4-3*、J-4-6

2. 任务描述

通过查阅活塞连杆组装配相关技术资料，正确拟定活塞连杆组装配方案；正确选择装配工具对活塞连杆组进行装配，并根据装配质量进行调整；按要求将零部件恢复到装配前的状态，并填写好操作工单。

活塞连杆组装配与调整操作工单

一、信息获取

　零部件型号：_____。

　连杆轴颈与盖间的间隙：_____ mm；连杆盖螺栓拧紧力矩：_____ N·m。

二、场地及设备初步检查

　　□ 装配工具检查准备

　　□ 设备检查准备

　　□ 技术资料检查准备

三、操作过程

　1. 查找技术手册，拟定活塞连杆组装配方案（具体的装配顺序）。

　2. 活塞连杆组的装配与调整（操作）

　□装配

　□调整

　□将零部件恢复到装配前的状态

3. 实施条件

实施条件见下表。

活塞连杆组装配与调整实施条件

项目	实施条件	备注
场地	面积不小于 15 m²，照明、通风良好。	必备
设备	汽车发动机 1 台。	必备
工具	工具车 1 台； 零件车 1 台。	必备

4. 考核时量

45 分钟。

5. 评价标准

评价标准见下表。

活塞连杆组装配与调整评价标准

考核内容		配分	评分标准	扣分	得分
职业素养（20分）	安全意识	3	不执行安全操作规程，扣1.5分；		
			不具备安全操作技能，扣1.5分。		
			考生出现人伤械损等安全事故，造成恶劣影响的，本题考核计零分。		
	组织纪律	2	不服从考试安排，扣1分；		
			不遵守考场纪律，扣1分。		
	工作准备	3	未清点工具、量具及设备，扣1分；		
			未检查工量具状况，扣1分；		
			未清洁工具、仪器、设备，扣1分。		
	文明生产	12	着装不规范，每处扣1分，扣完为止；		
			工量具与零件混放，或摆放零乱，每次每处扣1分，扣完为止；		
			未安装必要的防护物品，每项扣0.5分，扣完为止；		
			油水洒落地面、或零部件表面或车漆表面未及时清理，每次扣1分，扣完为止；		
			有损害工具设备和工件的野蛮操作行为，扣2分；		
			竣工后，未整理、清洁工具设备、台架或车辆、工作场地，扣3分；		
			不服从考官、出言不逊，每次扣3分，扣完为止。		
			考生严重违反考场纪律，造成恶劣影响的，本题考核计零分。		
工作质量（80分）	技术手册使用	10	每查错或漏查1个数据扣3分，扣完为止。		
	工量具选择与使用	10	工量具或仪器设备选择不当每次扣2分，扣完为止；		
			工量具或仪器设备使用方法不正确，每次扣2分，扣完为止。		
	活塞连杆组装配与调整	40	装配时未涂抹润滑油或位置不正确，扣3分；		
			不会使用使用活塞环卡钳安装活塞环的，扣2分；		
			连杆盖安装错误，每次扣2分，扣完为止；		
			活塞安装不正确，扣2分；		
			零件掉落地面，每次扣1分，扣完为止；		
			未按照装配记号装配，扣2分；		
			装配顺序不正确扣5分；		
			装配过程不规范，酌情扣5～10分；		
			未按要求调整连杆轴承间隙，扣5分。		
	将零部件恢复到装配前的状态	10	未进行零件清洁及按装配前零件位置摆放，每错一处扣2分，扣完为止。		
	工单填写	10	型号、技术参数、装配方案（装配顺序或操作流程）填写不正确，每错一处扣1分，扣完为止；		
			工单填写字迹潦草扣2分；		
合计		100			

项目五 凸轮轴装配与调整

1. 试题编号：T-4-6

考核技能点编号：J-4-1、J-4-2*、J-4-3*、J-4-6

2. 任务描述

通过查阅凸轮轴装配相关技术资料，正确拟定凸轮轴装配方案；正确选择装配工具对凸轮轴进行装配，并根据装配质量进行调整；按要求将零部件恢复到装配前的状态，并填写好操作工单。

凸轮轴装配与调整操作工单

一、信息获取

零部件型号：_____。

凸轮轴承盖螺栓拧紧力矩：_____ N·m；轴向间隙：_____ mm。

二、场地及设备初步检查

□ 装配工具检查准备

□ 设备检查准备

□ 技术资料检查准备

三、操作过程

1. 查找技术手册，拟定凸轮轴装配方案（具体的装配顺序）。

2. 凸轮轴的装配与调整（操作）

□装配

□调整

□将零部件恢复到装配前的状态

3. 实施条件

实施条件见下表。

凸轮轴装配与调整实施条件

项目	实施条件	备注
场地	面积不小于 15 m²，照明、通风良好。	必备
设备	汽车发动机 1 台。	必备
工具	工具车 1 台； 零件车 1 台。	必备

4. 考核时量

45 分钟。

5. 评价标准

评价标准见下表。

凸轮轴装配与调整评价标准

考核内容		配分	评分标准	扣分	得分
职业素养（20分）	安全意识	3	不执行安全操作规程，扣1.5分；		
			不具备安全操作技能，扣1.5分。		
			考生出现人伤械损等安全事故，造成恶劣影响的，本题考核计零分。		
	组织纪律	2	不服从考试安排，扣1分；		
			不遵守考场纪律，扣1分。		
	工作准备	3	未清点工具、量具及设备，扣1分；		
			未检查工量具状况，扣1分；		
			未清洁工具、仪器、设备，扣1分。		
	文明生产	12	着装不规范，每处扣1分，扣完为止；		
			工量具与零件混放、或摆放零乱，每次每处扣1分，扣完为止；		
			未安装必要的防护物品，每项扣0.5分，扣完为止；		
			油水洒落地面、或零部件表面或车漆表面未及时清理，每次扣1分，扣完为止；		
			有损害工具设备和工件的野蛮操作行为，扣2分；		
			竣工后，未整理、清洁工具设备、台架或车辆、工作场地，扣3分；		
			不服从考官、出言不逊，每次扣3分，扣完为止。		
			考生严重违反考场纪律，造成恶劣影响的，本题考核计零分。		
工作质量（80分）	技术手册使用	10	每查错或漏查1个数据扣3分，扣完为止。		
	工量具选择与使用	10	工量具或仪器设备选择不当每次扣2分，扣完为止；		
			工量具或仪器设备使用方法不正确，每次扣2分，扣完为止。		
	凸轮轴装配与调整	40	装配时未涂抹润滑油或位置不正确，扣3分；		
			装配时技术参数不对，每次扣2分，扣完为止；		
			轴承盖安装不正确，扣2分；		
			零件掉落地面，每次扣1分，扣完为止；		
			未按照装配记号或正时记号来装配，扣2分；		
			装配顺序、方法不正确扣5分；		
			装配过程不规范，酌情扣5～10分；		
			未按要求检调凸轮轴轴向或径向间隙，扣5分。		
	将零部件恢复到装配前的状态	10	未进行零件清洁及按装配前零件位置摆放，每错一处扣2分，扣完为止。		
	工单填写	10	型号、技术参数、装配方案（装配顺序或操作流程）填写不正确，每错一处扣1分，扣完为止；		
			工单填写字迹潦草扣2分；		
合计		100			

项目六 正时皮带装配与调整

1. 试题编号：T-4-7

考核技能点编号：J-4-1、J-4-2*、J-4-4*、J-4-6

2. 任务描述

通过查阅正时皮带装配相关技术资料，正确拟定正时皮带装配方案；正确选择装配工具对正时皮带进行装配，并根据装配质量进行调整；按要求将零部件恢复到装配前的状态，并填写好操作工单。

正时皮带装配与调整操作工单

一、信息获取

零部件型号：＿＿＿＿＿＿＿＿＿＿＿。

正时皮带的张紧力矩：＿＿＿＿＿＿＿＿＿ N·m。

二、场地及设备初步检查

□ 装配工具检查准备

□ 设备检查准备

□ 技术资料检查准备

三、操作过程

1. 查找技术手册，拟定正时皮带装配方案（具体的装配顺序）。

2. 正时皮带的装配与调整（操作）

□装配

□调整

□将零部件恢复到装配前的状态

3. 实施条件

实施条件见下表。

正时皮带装配与调整实施条件

项目	实施条件	备注
场地	面积不小于 15 m²，照明、通风良好。	必备
设备	汽车发动机 1 台。	必备
工具	工具车 1 台； 零件车 1 台。	必备

4. 考核时量

45 分钟。

5. 评价标准

评价标准见下表。

正时皮带装配与调整评价标准

考核内容		配分	评分标准	扣分	得分
职业素养（20分）	安全意识	3	不执行安全操作规程，扣1.5分；		
			不具备安全操作技能，扣1.5分。		
			考生出现人伤械损等安全事故，造成恶劣影响的，本题考核计零分。		
	组织纪律	2	不服从考试安排，扣1分；		
			不遵守考场纪律，扣1分。		
	工作准备	3	未清点工具、量具及设备，扣1分；		
			未检查工量具状况，扣1分；		
			未清洁工具、仪器、设备，扣1分。		
	文明生产	12	着装不规范，每处扣1分，扣完为止；		
			工量具与零件混放、或摆放零乱，每次每处扣1分，扣完为止；		
			未安装必要的防护物品，每项扣0.5分，扣完为止；		
			油水洒落地面、或零部件表面或车漆表面未及时清理，每次扣1分，扣完为止；		
			有损害工具设备和工件的野蛮操作行为，扣2分；		
			竣工后，未整理、清洁工具设备、台架或车辆、工作场地，扣3分；		
			不服从考官、出言不逊，每次扣3分，扣完为止。		
			考生严重违反考场纪律，造成恶劣影响的，本题考核计零分。		
工作质量（80分）	技术手册使用	10	每查错或漏查1个数据扣3分，扣完为止。		
	工量具选择与使用	10	工量具或仪器设备选择不当每次扣2分，扣完为止；		
			工量具或仪器设备使用方法不正确，每次扣2分，扣完为止。		
	正时皮带装配与调整	40	张紧轮及张紧弹簧安装方法不正确，扣3分；		
			凸轮轴正时齿轮标记未对齐，扣3分；		
			曲轴正时齿轮标记未对齐，扣3分；		
			正时皮带至曲轴正时齿轮安装方法不正确，每次扣3分，扣完为止；		
			正时皮带安装方向不正确，扣3分；		
			曲轴与凸轮轴未对准正时标记扣10分；		
			安装过程不规范，酌情扣5~10分；		
			未按要求检调正时皮带张紧度，扣5分。		
	将零部件恢复到装配前的状态	10	未进行零件清洁及按装配前零件位置摆放，每错一处扣2分，扣完为止。		
	工单填写	10	型号、技术参数、装配方案（装配顺序或操作流程）填写不正确，每错一处扣1分，扣完为止；		
			工单填写字迹潦草扣2分；		
合计		100			

项目七　散热器装配

1. 试题编号： T-4-8

考核技能点编号： J-4-1、J-4-2*、J-4-6

2. 任务描述

通过查阅散热器装配相关技术资料，正确拟散热器装配方案；正确选择装配工具对散热器进行装配（组考单位提供辅助人员）；按要求将零部件恢复到装配前的状态，并填写好操作工单。

散热器装配操作工单

一、信息获取

零部件型号：＿＿＿＿＿＿＿＿＿＿＿。

螺栓拧紧力矩：＿＿＿＿＿＿＿　N·m。

二、场地及设备初步检查

　　□ 装配工具检查准备

　　□ 设备检查准备

　　□ 技术资料检查准备

三、操作过程

　　1. 查找技术手册，拟定散热器装配方案（具体的装配顺序）。

　　2. 散热器的装配（操作）

　　□装配

　　□将零部件恢复到装配前的状态

3. 实施条件

实施条件见下表。

散热器装配实施条件

项目	实施条件	备注
场地	面积不小于 15 m²，照明、通风良好。	必备
设备	汽车 1 台。	必备
工具	工具车 1 台； 零件车 1 台。	必备

4. 考核时量

45 分钟。

5. 评价标准

评价标准见下表。

散热器装配评价标准

考核内容		配分	评分标准	扣分	得分
职业素养（20分）	安全意识	3	不执行安全操作规程,扣1.5分;		
			不具备安全操作技能,扣1.5分。		
			考生出现人伤械损等安全事故,造成恶劣影响的,本题考核计零分。		
	组织纪律	2	不服从考试安排,扣1分;		
			不遵守考场纪律,扣1分。		
	工作准备	3	未清点工具、量具及设备,扣1分;		
			未检查工量具状况,扣1分;		
			未清洁工具、仪器、设备,扣1分。		
	文明生产	12	着装不规范,每处扣1分,扣完为止;		
			工量具与零件混放、或摆放零乱,每次每处扣1分,扣完为止;		
			未安装必要的防护物品,每项扣0.5分,扣完为止;		
			油水洒落地面、或零部件表面或车漆表面未及时清理,每次扣1分,扣完为止;		
			有损害工具设备和工件的野蛮操作行为,扣2分;		
			竣工后,未整理、清洁工具设备、台架或车辆、工作场地,扣3分;		
			不服从考官、出言不逊,每次扣3分,扣完为止。		
			考生严重违反考场纪律,造成恶劣影响的,本题考核计零分。		
工作质量（80分）	技术手册使用	10	每查错或漏查1个数据扣3分,扣完为止。		
	工量具选择与使用	10	工量具或仪器设备选择不当每次扣2分,扣完为止;		
			工量具或仪器设备使用方法不正确,每次扣2分,扣完为止。		
	散热器装配	40	散热器装配方法不正确,每错一处扣5分,扣完为止;		
			零件掉落地面,每次扣1分,扣完为止;		
			装配顺序不正确扣5分;		
			装配过程不规范,酌情扣5～10分。		
	将零部件恢复到装配前的状态	10	未进行零件清洁及按装配前零件位置摆放,每错一处扣2分,扣完为止。		
	工单填写	10	型号、技术参数、装配方案(装配顺序或操作流程)填写不正确,每错一处扣1分,扣完为止;		
			工单填写字迹潦草扣2分;		
合计		100			

项目八　进气系统装配

1. 试题编号：T-4-13

考核技能点编号：J-4-1、J-4-2*、J-4-6

2. 任务描述

通过查阅进气系统装配相关技术资料，正确拟定进气系统装配方案；正确选择装配工具对进气系统进行装配；按要求将零部件恢复到装配前的状态，并填写好操作工单。

进气系统装配操作工单

一、信息获取

　　零部件型号：＿＿＿＿＿＿＿＿＿＿＿。

　　进气管螺栓拧紧力矩：＿＿＿＿＿＿＿＿＿＿N·m；节气门螺栓拧紧力矩：＿＿＿＿＿＿＿N·m。

二、场地及设备初步检查

　　□ 装配工具检查准备

　　□ 设备检查准备

　　□ 技术资料检查准备

三、操作过程

　　1. 查找技术手册，拟定进气系统装配方案（具体的装配顺序）。

　　2. 进气系统的装配（操作）

　　□空气滤清器的装配

　　□节气门体的装配

　　□进气歧管的装配

　　□空气流量计的装配

　　□节气门位置传感器的装配

　　□将零部件恢复到装配前的状态

3. 实施条件

实施条件见下表。

进气系统装配实施条件

项目	实施条件	备注
场地	面积不小于 15 m²，照明、通风良好。	必备
设备	汽车发动机 1 台。	必备
工具	工具车 1 台； 零件车 1 台。	必备

4. 考核时量

45 分钟。

5. 评价标准

评价标准见下表。

进气系统装配评价标准

考核内容		配分	评分标准	扣分	得分
职业素养（20分）	安全意识	3	不执行安全操作规程，扣1.5分；		
			不具备安全操作技能，扣1.5分。		
			考生出现人伤械损等安全事故，造成恶劣影响的，本题考核计零分。		
	组织纪律	2	不服从考试安排，扣1分；		
			不遵守考场纪律，扣1分。		
	工作准备	3	未清点工具、量具及设备，扣1分；		
			未检查工量具状况，扣1分；		
			未清洁工具、仪器、设备，扣1分。		
	文明生产	12	着装不规范，每处扣1分，扣完为止；		
			工量具与零件混放，或摆放零乱，每次每处扣1分，扣完为止；		
			未安装必要的防护物品，每项扣0.5分，扣完为止；		
			油水洒落地面、或零部件表面或车漆表面未及时清理，每次扣1分，扣完为止；		
			有损害工具设备和工件的野蛮操作行为，扣2分；		
			竣工后，未整理、清洁工具设备、台架或车辆、工作场地，扣3分；		
			不服从考官、出言不逊，每次扣3分，扣完为止；		
			考生严重违反考场纪律，造成恶劣影响的，本题考核计零分。		
工作质量（80分）	技术手册使用	10	每查错或漏查1个数据扣3分，扣完为止。		
	工量具选择与使用	10	工量具或仪器设备选择不当每次扣2分，扣完为止；		
			工量具或仪器设备使用方法不正确，每次扣2分，扣完为止。		
	进气系统装配	40	空气滤清器装配方法不正确，每错一处扣2分，扣完为止；		
			节气门体、空气流量计等装配方法不正确，每错一处扣2分，扣完为止；		
			进气歧管装配方法不正确，每错一处扣2分，扣完为止；		
			各处螺栓拧紧力矩未达到技术手册要求，每错一处扣2分，扣完为止；		
			未安装密封垫，每处扣2分，扣完为止；		
			零件掉落地面，每次扣1分，扣完为止；		
			装配顺序不正确扣5分；		
			装配过程不规范，酌情扣5～10分；		
			未检查安装质量状况，扣5分。		
	将零部件恢复到装配前的状态	10	未进行零件清洁及按装配前零件位置摆放，每错一处扣2分，扣完为止。		
	工单填写	10	型号、技术参数、装配方案（装配顺序或操作流程）填写不正确，每错一处扣1分，扣完为止；		
			工单填写字迹潦草扣2分；		
合计		100			

项目九 排气系统装配

1. **试题编号**：T-4-14

考核技能点编号：J-4-1、J-4-2*、J-4-6

2. **任务描述**

通过查阅排气系统装配相关技术资料，正确拟定排气系统装配方案；正确选择装配工具对排气系统进行装配；按要求将零部件恢复到装配前的状态，并填写好操作工单。

排气系统装配操作工单

一、信息获取

    零部件型号：＿＿＿＿＿＿＿＿＿＿＿。

    排气歧管螺栓拧紧力矩：＿＿＿＿＿＿＿＿ N·m。

二、场地及设备初步检查

    □ 装配工具检查准备

    □ 设备检查准备

    □ 技术资料检查准备

三、操作过程

    1. 查找技术手册，拟定排气系统装配方案（具体的装配顺序）。

    2. 排气系统的装配（操作）

    □排气歧管的装配

    □消音器的装配

    □将零部件恢复到装配前的状态

3. **实施条件**

实施条件见下表。

排气系统装配实施条件

项目	实施条件	备注
场地	面积不小于 15 m²，照明、通风良好。	必备
设备	汽车发动机 1 台。	必备
工具	工具车 1 台； 零件车 1 台。	必备

4. **考核时量**

45 分钟。

5. **评价标准**

评价标准见下表。

排气系统装配评价标准

考核内容		配分	评分标准	扣分	得分
职业素养（20分）	安全意识	3	不执行安全操作规程,扣1.5分;		
			不具备安全操作技能,扣1.5分。		
			考生出现人伤械损等安全事故,造成恶劣影响的,本题考核计零分。		
	组织纪律	2	不服从考试安排,扣1分;		
			不遵守考场纪律,扣1分。		
	工作准备	3	未清点工具、量具及设备,扣1分;		
			未检查工量具状况,扣1分;		
			未清洁工具、仪器、设备,扣1分。		
	文明生产	12	着装不规范,每处扣1分,扣完为止;		
			工量具与零件混放、或摆放零乱,每次每处扣1分,扣完为止;		
			未安装必要的防护物品,每项扣0.5分,扣完为止;		
			油水洒落地面、或零部件表面或车漆表面未及时清理,每次扣1分,扣完为止;		
			有损害工具设备和工件的野蛮操作行为,扣2分;		
			竣工后,未整理、清洁工具设备、台架或车辆、工作场地,扣3分;		
			不服从考官、出言不逊,每次扣3分,扣完为止;		
			考生严重违反考场纪律,造成恶劣影响的,本题考核计零分。		
工作质量（80分）	技术手册使用	10	每查错或漏查1个数据扣3分,扣完为止。		
	工量具选择与使用	10	工量具或仪器设备选择不当每次扣2分,扣完为止;		
			工量具或仪器设备使用方法不正确,每次扣2分,扣完为止。		
	排气系统装配	40	排气歧管装配方法不正确,扣5分;		
			未安装排气歧管密封垫,扣3分;		
			螺栓拧紧力矩未达到技术手册要求,每错一处扣2分,扣完为止;		
			未安装排气歧管护罩,扣3分;		
			消声器安装方法不正确,扣5分;		
			零件掉落地面,每次扣1分,扣完为止;		
			装配顺序不正确扣5分;		
			装配过程不规范,酌情扣5~10分;		
			未检查安装质量状况,扣5分。		
	将零部件恢复到装配前的状态	10	未进行零件清洁及按装配前零件位置摆放,每错一处扣2分,扣完为止。		
	工单填写	10	型号、技术参数、装配方案(装配顺序或操作流程)填写不正确,每错一处扣1分,扣完为止;		
			工单填写字迹潦草扣2分;		
合计		100			

项目十　膜片弹簧离合器装配与调整

1. 试题编号：T-4-17

考核技能点编号：J-4-1、J-4-2*、J-4-5*、J-4-6

2. 任务描述

通过查阅膜片弹簧离合器装配相关技术资料，正确拟定膜片弹簧离合器装配方案；正确选择装配工具对膜片弹簧离合器进行装配，并根据装配质量进行调整；按要求将零部件恢复到装配前的状态，并填写好操作工单。

膜片弹簧离合器装配与调整操作工单

一、信息获取

零部件型号：＿＿＿＿＿＿＿＿＿＿＿。

膜片弹簧离合器螺栓拧紧力矩：＿＿＿＿＿＿＿＿＿　N·m。

二、场地及设备初步检查

□ 装配工具检查准备

□ 设备检查准备

□ 技术资料检查准备

三、操作过程

1. 查找技术手册，拟定膜片弹簧离合器装配方案（具体的装配顺序）。

2. 膜片弹簧离合器的装配与调整（操作）

□装配

□调整

□将零部件恢复到装配前的状态

3. 实施条件

实施条件见下表。

膜片弹簧离合器装配与调整实施条件

项目	实施条件	备注
场地	面积不小于 15 m²，照明、通风良好。	必备
设备	带膜片弹簧离合器发动机总成1台。	必备
工具	工具车1台； 零件车1台。	必备

4. 考核时量

45 分钟。

5. 评价标准

评价标准见下表。

膜片弹簧离合器装配与调整评价标准

考核内容		配分	评分标准	扣分	得分
职业素养（20分）	安全意识	3	不执行安全操作规程,扣1.5分;		
			不具备安全操作技能,扣1.5分。		
			考生出现人伤械损等安全事故,造成恶劣影响的,本题考核计零分。		
	组织纪律	2	不服从考试安排,扣1分;		
			不遵守考场纪律,扣1分。		
	工作准备	3	未清点工具、量具及设备,扣1分;		
			未检查工量具状况,扣1分;		
			未清洁工具、仪器、设备,扣1分。		
	文明生产	12	着装不规范,每处扣1分,扣完为止;		
			工量具与零件混放、或摆放零乱,每次每处扣1分,扣完为止;		
			未安装必要的防护物品,每项扣0.5分,扣完为止;		
			油水洒落地面、或零部件表面或车漆表面未及时清理,每次扣1分,扣完为止;		
			有损害工具设备和工件的野蛮操作行为,扣2分;		
			竣工后,未整理、清洁工具设备、台架或车辆、工作场地,扣3分;		
			不服从考官、出言不逊,每次扣3分,扣完为止。		
			考生严重违反考场纪律,造成恶劣影响的,本题考核计零分。		
工作质量（80分）	技术手册使用	10	每查错或漏查1个数据扣3分,扣完为止。		
	工量具选择与使用	10	工量具或仪器设备选择不当每次扣2分,扣完为止;		
			工量具或仪器设备使用方法不正确,每次扣2分,扣完为止。		
	膜片弹簧离合器装配与调整	40	安装过程中,未按规定部位涂抹润滑脂(润滑油)或位置不正确,每处扣2分,扣完为止;		
			安装离合器分离轴承、分泵及分离叉等,每错一处扣2分,扣完为止;		
			用专用工具将从动盘和离合器盖组件安装到飞轮上,注意对位记号和从动盘安装方向,每错一处扣2分,扣完为止;		
			安装过程中,各处螺栓未达到拧紧力矩,每处扣2分,扣完为止;		
			零件掉落地面,每次扣1分,扣完为止;		
			装配顺序不正确扣5分;		
			装配过程不规范,酌情扣5~10分;		
			未按装配质量要求进行调整,扣5分。		
	将零部件恢复到装配前的状态	10	未进行零件清洁及按装配前零件位置摆放,每错一处扣2分,扣完为止。		
	工单填写	10	型号、技术参数、装配方案(装配顺序或操作流程)填写不正确,每错一处扣1分,扣完为止;		
			工单填写字迹潦草扣2分;		
合计		100			

项目十一 二轴手动变速器装配与调整

1. 试题编号：T-4-18

考核技能点编号：J-4-1、J-4-2*、J-4-3*、J-4-4*、J-4-6

2. 任务描述

通过查阅二轴手动变速器装配相关技术资料，正确拟定二轴手动变速器装配方案；正确选择装配工具对二轴手动变速器进行装配，并根据装配质量进行调整；按要求将零部件恢复到装配前的状态，并填写好操作工单。

二轴手动变速器装配与调整操作工单

一、信息获取

零部件型号：_____。

螺栓拧紧力矩(N·m)：_____

二、场地及设备初步检查

　　　□ 装配工具检查准备

　　　□ 设备检查准备

　　　□ 技术资料检查准备

三、操作过程

1. 查找技术手册，拟定二轴手动变速器装配方案(具体的装配顺序)。

2. 二轴手动变速器的装配与调整(操作)

□装配

□调整

□将零部件恢复到装配前的状态

3. 实施条件

实施条件见下表。

二轴手动变速器装配与调整实施条件

项目	实施条件	备注
场地	面积不小于 15 m²，照明、通风良好。	必备
设备	二轴五档变速器1台。	必备
工具	工具车1台； 零件车1台。	必备

4. 考核时量

45 分钟。

5. 评价标准

评价标准见下表。

二轴手动变速器装配与调整评价标准

考核内容		配分	评分标准	扣分	得分
职业素养（20分）	安全意识	3	不执行安全操作规程，扣1.5分；		
			不具备安全操作技能，扣1.5分。		
			考生出现人伤械损等安全事故，造成恶劣影响的，本题考核计零分。		
	组织纪律	2	不服从考试安排，扣1分；		
			不遵守考场纪律，扣1分。		
	工作准备	3	未清点工具、量具及设备，扣1分；		
			未检查工量具状况，扣1分；		
			未清洁工具、仪器、设备，扣1分。		
	文明生产	12	着装不规范，每处扣1分，扣完为止；		
			工量具与零件混放、或摆放零乱，每次每处扣1分，扣完为止；		
			未安装必要的防护物品，每项扣0.5分，扣完为止；		
			油水洒落地面、或零部件表面或车漆表面未及时清理，每次扣1分，扣完为止；		
			有损害工具设备和工件的野蛮操作行为，扣2分；		
			竣工后，未整理、清洁工具设备、台架或车辆、工作场地，扣3分；		
			不服从考官、出言不逊，每次扣3分，扣完为止。		
			考生严重违反考场纪律，造成恶劣影响的，本题考核计零分。		
工作质量（80分）	技术手册使用	10	每查错或漏查1个数据扣3分，扣完为止。		
	工量具选择与使用	10	工量具或仪器设备选择不当每次扣2分，扣完为止；		
			工量具或仪器设备使用方法不正确，每次扣2分，扣完为止。		
	二轴变速器装配与调整	40	未在规定部位涂抹润滑脂（润滑油）或位置不正确，每处扣2分；		
			安装输入轴与输出轴，安装拨叉齿轮，安装主减速器齿轮及倒挡，安装差速器。每错一步扣3分，扣完为止；		
			不能正确安装变速器壳体，扣3分；		
			安装五挡齿轮及同步器衬套，安装五挡齿轮罩盖及五挡齿轮拨叉。每错一步扣3分，扣完为止；		
			安装过程中，各处螺栓未达到拧紧力矩，每处扣2分，扣完为止；		
			零件掉落地面，每次扣1分，扣完为止；		
			装配顺序不正确扣5分；		
			装配过程不规范，酌情扣5～10分；		
			未按装配质量要求进行调整，扣5分。		
	将零部件恢复到装配前的状态	10	未进行零件清洁及按装配前零件位置摆放，每错一处扣2分，扣完为止。		
	工单填写	10	型号、技术参数、装配方案（装配顺序或操作流程）填写不正确，每错一处扣1分，扣完为止；		
			工单填写字迹潦草扣2分；		
合计		100			

项目十二　前悬架弹簧与减振器组件装配

1. 试题编号：T-4-24

考核技能点编号：J-4-1、J-4-2*、J-4-3*、J-4-5*、J-4-6

2. 任务描述

通过查阅前悬架弹簧与减振器组件装配相关技术资料，正确拟定前悬架弹簧与减振器组件装配方案；正确选择装配工具对前悬架弹簧与减振器组件进行装配（组考方提供辅助人员）；按要求将零部件恢复到装配前的状态，并填写好操作工单。

前悬架弹簧与减振器组件装配操作工单

一、信息获取

　　零部件型号：＿＿＿＿＿＿＿＿＿＿。

　　减振器活塞杆螺母拧紧力矩：＿＿＿＿＿＿＿＿N·m。

二、场地及设备初步检查

　　□ 装配工具检查准备

　　□ 设备检查准备

　　□ 技术资料检查准备

三、操作过程

　　1. 查找技术手册，拟定前悬架弹簧与减振器组件装配方案（具体的装配顺序）。

　　2. 前悬架弹簧与减振器组件的装配（操作）

　　□装配

　　□将零部件恢复到装配前的状态

3. 实施条件

实施条件见下表。

前悬架弹簧与减振器组件装配实施条件

项目	实施条件	备注
场地	面积不小于 15 m²，照明、通风良好。	必备
设备	前悬架系统 1 套。	必备
工具	工具车 1 台； 零件车 1 台。	必备

4. 考核时量

45 分钟。

5. 评价标准

评价标准见下表。

前悬架弹簧与减振器组件装配评价标准

考核内容		配分	评分标准	扣分	得分
职业素养（20分）	安全意识	3	不执行安全操作规程,扣1.5分;		
			不具备安全操作技能,扣1.5分。		
			考生出现人伤械损等安全事故,造成恶劣影响的,本题考核计零分。		
	组织纪律	2	不服从考试安排,扣1分;		
			不遵守考场纪律,扣1分。		
	工作准备	3	未清点工具、量具及设备,扣1分;		
			未检查工量具状况,扣1分;		
			未清洁工具、仪器、设备,扣1分。		
	文明生产	12	着装不规范,每处扣1分,扣完为止;		
			工量具与零件混放、或摆放零乱,每次每处扣1分,扣完为止;		
			未安装必要的防护物品,每项扣0.5分,扣完为止;		
			油水洒落地面、或零部件表面或车漆表面未及时清理,每次扣1分,扣完为止;		
			有损害工具设备和工件的野蛮操作行为,扣2分;		
			竣工后,未整理、清洁工具设备、台架或车辆、工作场地,扣3分;		
			不服从考官、出言不逊,每次扣3分,扣完为止。		
			考生严重违反考场纪律,造成恶劣影响的,本题考核计零分。		
工作质量（80分）	技术手册使用	10	每查错或漏查1个数据扣3分,扣完为止。		
	工量具选择与使用	10	工量具或仪器设备选择不当每次扣2分,扣完为止;		
			工量具或仪器设备使用方法不正确,每次扣2分,扣完为止。		
	前悬架弹簧与减振器组件装配	40	安装弹簧和弹簧缓冲垫,方法不正确扣3分;		
			用弹簧压缩专用工具压缩前螺旋弹簧,将其装入减振器下支座,方法不正确扣3分;		
			安装上弹簧隔垫,上弹簧座。方法不正确扣3分;		
			安装支架防尘罩油封、前悬架支架,方法不正确扣3分;		
			安装减振器活塞杆螺母,按规定力矩紧固,方法不正确扣3分;		
			拆卸弹簧压缩专用工具,在悬架支架上涂上多用途润滑脂,装上防尘罩,方法不正确扣4分;		
			零件掉落地面,每次扣1分,扣完为止;		
			装配顺序不正确扣5分;		
			装配过程不规范,酌情扣5~10分;		
			未检查装配质量要求,扣5分。		
	将零部件恢复到装配前的状态	10	未进行零件清洁及按装配前零件位置摆放,每错一处扣2分,扣完为止。		
	工单填写	10	型号、技术参数、装配方案(装配顺序或操作流程)填写不正确,每错一处扣1分,扣完为止;		
			工单填写字迹潦草扣2分;		
合计		100			

项目十三　齿轮齿条式转向器装配与调整

1. 试题编号：T-4-26

考核技能点编号：J-4-1、J-4-2*、J-4-4*、J-4-6

2. 任务描述

通过查阅齿轮齿条式转向器装配相关技术资料，正确拟定齿轮齿条式转向器装配方案；正确选择装配工具对齿轮齿条式转向器进行装配，并根据装配质量进行调整；按要求将零部件恢复到装配前的状态，并填写好操作工单。

齿轮齿条式转向器装配与调整操作工单

一、信息获取

　　零部件型号：_____。

　　各部位螺栓螺母拧紧力矩（N·m）：_____

二、场地及设备初步检查

　　□ 装配工具检查准备

　　□ 设备检查准备

　　□ 技术资料检查准备

三、操作过程

　　1. 查找技术手册，拟定齿轮齿条式转向器装配方案（具体的装配顺序）。

　　2. 齿轮齿条式转向器的装配与调整（操作）

　　□装配

　　□调整

　　□将零部件恢复到装配前的状态

3. 实施条件

实施条件见下表。

齿轮齿条式转向器装配与调整实施条件

项目	实施条件	备注
场地	面积不小于 15 m²，照明、通风良好。	必备
设备	转向系统 1 套。	必备
工具	工具车 1 台； 零件车 1 台。	必备

4. 考核时量

45 分钟。

5. 评价标准

评价标准见下表。

齿轮齿条式转向器装配与调整评价标准

考核内容		配分	评分标准	扣分	得分
职业素养（20分）	安全意识	3	不执行安全操作规程,扣1.5分;		
			不具备安全操作技能,扣1.5分。		
			考生出现人伤械损等安全事故,造成恶劣影响的,本题考核计零分。		
	组织纪律	2	不服从考试安排,扣1分;		
			不遵守考场纪律,扣1分。		
	工作准备	3	未清点工具、量具及设备,扣1分;		
			未检查工量具状况,扣1分;		
			未清洁工具、仪器、设备,扣1分。		
	文明生产	12	着装不规范,每处扣1分,扣完为止;		
			工量具与零件混放、或摆放零乱,每次每处扣1分,扣完为止;		
			未安装必要的防护物品,每项扣0.5分,扣完为止;		
			油水洒落地面、或零部件表面或车漆表面未及时清理,每次扣1分,扣完为止;		
			有损害工具设备和工件的野蛮操作行为,扣2分;		
			竣工后,未整理、清洁工具设备、台架或车辆、工作场地,扣3分;		
			不服从考官、出言不逊,每次扣3分,扣完为止。		
			考生严重违反考场纪律,造成恶劣影响的,本题考核计零分。		
工作质量（80分）	技术手册使用	10	每查错或漏查1个数据扣3分,扣完为止。		
	工量具选择与使用	10	工量具或仪器设备选择不当每次扣2分,扣完为止;		
			工量具或仪器设备使用方法不正确,每次扣2分,扣完为止。		
	齿轮齿条式转向器装配与调整	40	装配时未按要求涂抹润滑脂(润滑油)或位置不正确,每处扣2分,扣完为止;		
			安装齿条,碰伤油封扣2分;不能正确安装齿条壳体挡块扣2分;		
			控制阀装入壳体,安装方向不正确扣2分;安装控制阀,方法不正确扣2分;		
			安装齿条导向块、弹簧、压盖,方法不正确扣2分;		
			调整总预紧力,方法不正确或达不到要求扣5分;		
			安装齿条导向弹簧压盖锁紧螺母、内齿垫圈和齿条接头、齿条防护罩、卡箍、夹子。方法不正确每处扣2分,扣完为止;		
			安装横拉杆、左右转向压力油管。方法不正确每处扣2分,扣完为止;		
			零件掉落地面,每次扣1分,扣完为止;		
			装配顺序不正确扣5分;		
			装配过程不规范,酌情扣5~10分;		
			未按装配质量要求进行调整,扣5分。		
	将零部件恢复到装配前的状态	10	未进行零件清洁及按装配前零件位置摆放,每错一处扣2分,扣完为止。		
	工单填写	10	型号、技术参数、装配方案(装配顺序或操作流程)填写不正确,每错一处扣1分,扣完为止;		
			工单填写字迹潦草扣2分;		
合计		100			

项目十四 鼓式制动器装配与调整

1. 试题编号：T-4-28

考核技能点编号：J-4-1、J-4-2*、J-4-4*、J-4-5*、J-4-6

2. 任务描述

通过查阅鼓式制动器装配相关技术资料，正确拟定鼓式车轮制动器装配方案；正确选择装配工具对鼓式制动器进行装配，并根据装配质量进行调整；按要求将零部件恢复到装配前的状态，并填写好操作工单。

鼓式制动器装配与调整操作工单

一、信息获取

零部件型号：_____。

蹄鼓间隙：_____ mm；螺栓拧紧力矩：_____ N·m。

二、场地及设备初步检查

　□ 装配工具检查准备

　□ 设备检查准备

　□ 技术资料检查准备

三、操作过程

1. 查找技术手册，拟定鼓式车轮制动器装配方案（具体的装配顺序）。

2. 鼓式车轮制动器的装配与调整（操作）

□装配

□调整

□将零部件恢复到装配前的状态

---

3. 实施条件

实施条件见下表。

鼓式制动器装配与调整实施条件

项目	实施条件	备注
场地	面积不小于 15 m²，照明、通风良好。	必备
设备	汽车底盘 1 套。	必备
工具	工具车 1 台； 零件车 1 台。	必备

4. 考核时量

45 分钟。

5. 评价标准

评价标准见下表。

鼓式制动器装配与调整评价标准

考核内容		配分	评分标准	扣分	得分
职业素养（20分）	安全意识	3	不执行安全操作规程,扣1.5分;		
			不具备安全操作技能,扣1.5分。		
			考生出现人伤械损等安全事故,造成恶劣影响的,本题考核计零分。		
	组织纪律	2	不服从考试安排,扣1分;		
			不遵守考场纪律,扣1分。		
	工作准备	3	未清点工具、量具及设备,扣1分;		
			未检查工量具状况,扣1分;		
			未清洁工具、仪器、设备,扣1分。		
	文明生产	12	着装不规范,每处扣1分,扣完为止;		
			工量具与零件混放、或摆放零乱,每次每处扣1分,扣完为止;		
			未安装必要的防护物品,每项扣0.5分,扣完为止;		
			油水洒落地面、或零部件表面或车漆表面未及时清理,每次扣1分,扣完为止;		
			有损害工具设备和工件的野蛮操作行为,扣2分;		
			竣工后,未整理、清洁工具设备、台架或车辆、工作场地,扣3分;		
			不服从考官、出言不逊,每次扣3分,扣完为止。		
			考生严重违反考场纪律,造成恶劣影响的,本题考核计零分。		
工作质量（80分）	技术手册使用	10	每查错或漏查1个数据扣3分,扣完为止。		
	工量具选择与使用	10	工量具或仪器设备选择不当每次扣2分,扣完为止;		
			工量具或仪器设备使用方法不正确,每次扣2分,扣完为止。		
	鼓式制动器装配与调整	40	未涂抹高温润滑脂或位置不正确,扣3分;		
			不会使用SST安装制动蹄、销、蹄片定位弹簧,每次扣2分,扣完为止;		
			制动拉线安装不正确,扣2分;		
			回位弹簧安装不正确,扣2分;		
			零件掉落地面,每次扣1分,扣完为止;		
			制动分泵防尘套损坏,扣2分;		
			装配顺序不正确扣5分;		
			装配过程不规范,酌情扣5～10分;		
			未按要求调整蹄鼓间隙,扣5分。		
	将零部件恢复到装配前的状态	10	未进行零件清洁及按装配前零件位置摆放,每错一处扣2分,扣完为止。		
	工单填写	10	型号、技术参数、装配方案(装配顺序或操作流程)填写不正确,每错一处扣1分,扣完为止;		
			工单填写字迹潦草扣2分;		
合计		100			

项目十五 盘式制动器装配

1. 试题编号：T-4-29

考核技能点编号：J-4-1、J-4-2*、J-4-5*、J-4-6

2. 任务描述

通过查阅盘式制动器装配相关技术资料，正确拟定盘式制动器装配方案；正确选择装配工具对盘式制动器进行装配；按要求将零部件恢复到装配前的状态，并填写好操作工单。

盘式制动器装配操作工单

一、信息获取

　　零部件型号：＿＿＿＿＿＿＿＿＿＿＿＿。

　　各处螺栓拧紧力矩(N·m)：＿＿＿＿＿＿＿＿

二、场地及设备初步检查

　　□ 装配工具检查准备

　　□ 设备检查准备

　　□ 技术资料检查准备

三、操作过程

　　1. 查找技术手册，拟定盘式制动器装配方案(具体的装配顺序)。

　　2. 盘式制动器的装配(操作)

　　□装配

　　□将零部件恢复到装配前的状态

3. 实施条件

实施条件见下表。

盘式制动器装配实施条件

项目	实施条件	备注
场地	面积不小于 15 m²，照明、通风良好。	必备
设备	制动系 1 套。	必备
工具	工具车 1 台； 零件车 1 台。	必备

4. 考核时量

45 分钟。

5. 评价标准

评价标准见下表。

盘式制动器装配评价标准

考核内容		配分	评分标准	扣分	得分
职业素养（20分）	安全意识	3	不执行安全操作规程，扣1.5分；		
			不具备安全操作技能，扣1.5分。		
			考生出现人伤械损等安全事故，造成恶劣影响的，本题考核计零分。		
	组织纪律	2	不服从考试安排，扣1分；		
			不遵守考场纪律，扣1分。		
	工作准备	3	未清点工具、量具及设备，扣1分；		
			未检查工量具状况，扣1分；		
			未清洁工具、仪器、设备，扣1分。		
	文明生产	12	着装不规范，每处扣1分，扣完为止；		
			工量具与零件混放，或摆放零乱，每次每处扣1分，扣完为止；		
			未安装必要的防护物品，每项扣0.5分，扣完为止；		
			油水洒落地面、或零部件表面或车漆表面未及时清理，每次扣1分，扣完为止；		
			有损害工具设备和工件的野蛮操作行为，扣2分；		
			竣工后，未整理、清洁工具设备、台架或车辆、工作场地，扣3分；		
			不服从考官、出言不逊，每次扣3分，扣完为止。		
			考生严重违反考场纪律，造成恶劣影响的，本题考核计零分。		
工作质量（80分）	技术手册使用	10	每查错或漏查1个数据扣3分，扣完为止。		
	工量具选择与使用	10	工量具或仪器设备选择不当每次扣2分，扣完为止；		
			工量具或仪器设备使用方法不正确，每次扣2分，扣完为止。		
	盘式制动器装配	40	未按要求涂抹润滑脂（润滑油）或位置不正确，扣3分；		
			安装定位卡子及摩擦块，方法不正确扣3分；		
			安装制动钳，方法不正确扣3分；		
			安装制动钳导向销螺栓，方法不正确扣3分；		
			安装车轮，方法不正确扣3分；		
			装配零件掉落地面，每次扣1分，扣完为止；		
			装配顺序不正确扣5分；		
			装配过程不规范，酌情扣5~10分；		
			未检查装配质量要求，扣5分。		
	将零部件恢复到装配前的状态	10	未进行零件清洁及按装配前零件位置摆放，每错一处扣2分，扣完为止。		
	工单填写	10	型号、技术参数、装配方案（装配顺序或操作流程）填写不正确，每错一处扣1分，扣完为止；		
			工单填写字迹潦草扣2分；		
合计		100			

项目十六　液压制动总泵装配

1. 试题编号：T-4-30

考核技能点编号：J-4-1、J-4-2*、J-4-5*、J-4-6

2. 任务描述

通过查阅液压制动总泵装配相关技术资料，正确拟定液压制动总泵装配方案；正确选择装配工具对液压制动总泵进行装配；按要求将零部件恢复到装配前的状态，并填写好操作工单。

液压制动总泵配操作工单

一、信息获取

　　总泵型号：＿＿＿＿＿＿＿＿＿＿＿。

　　螺栓拧紧力矩：＿＿＿＿＿＿＿＿　Nm。

二、场地及设备初步检查

　　□ 装配工具检查准备

　　□ 设备检查准备

　　□ 技术资料检查准备

三、操作过程

　　1. 查找技术手册，拟定液压制动总泵装配方案（具体的装配顺序）。

　　2. 液压制动总泵的装配（操作）

　　□装配

　　□将零部件恢复到装配前的状态

---

3. 实施条件

实施条件见下表。

液压制动总泵装配实施条件

项目	实施条件	备注
场地	面积不小于 15 m²，照明、通风良好。	必备
设备	汽车制动系 1 套。	必备
工具	工具车 1 台； 零件车 1 台。	必备

4. 考核时量

45 分钟。

5. 评价标准

评价标准见下表。

液压制动总泵装配评价标准

考核内容		配分	评分标准	扣分	得分
职业素养（20分）	安全意识	3	不执行安全操作规程,扣1.5分;		
			不具备安全操作技能,扣1.5分。		
			考生出现人伤械损等安全事故,造成恶劣影响的,本题考核计零分。		
	组织纪律	2	不服从考试安排,扣1分;		
			不遵守考场纪律,扣1分。		
	工作准备	3	未清点工具、量具及设备,扣1分;		
			未检查工量具状况,扣1分;		
			未清洁工具、仪器、设备,扣1分。		
	文明生产	12	着装不规范,每处扣1分,扣完为止;		
			工量具与零件混放、或摆放零乱,每次每处扣1分,扣完为止;		
			未安装必要的防护物品,每项扣0.5分,扣完为止;		
			油水洒落地面、或零部件表面或车漆表面未及时清理,每次扣1分,扣完为止;		
			有损害工具设备和工件的野蛮操作行为,扣2分;		
			竣工后,未整理、清洁工具设备、台架或车辆、工作场地,扣3分;		
			不服从考官、出言不逊,每次扣3分,扣完为止。		
			考生严重违反考场纪律,造成恶劣影响的,本题考核计零分。		
工作质量（80分）	技术手册使用	10	每查错或漏查1个数据扣3分,扣完为止。		
	工量具选择与使用	10	工量具或仪器设备选择不当每次扣2分,扣完为止;		
			工量具或仪器设备使用方法不正确,每次扣2分,扣完为止。		
	液压制动总泵的装配	40	安装前未清洗总泵的零件,扣2分;		
			安装前未涂抹润滑油或位置不正确,扣3分;		
			阀门安装方法不正确,扣2分;		
			弹簧安装方法不正确,扣2分;		
			皮碗安装方法不正确,扣2分;		
			活塞安装方法不正确,扣2分;		
			卡簧安装方法不正确,扣2分;		
			零件掉落地面,每次扣1分,扣完为止;		
			装配顺序不正确扣5分;		
			装配过程不规范,酌情扣5~10分;		
			未按要求检查总泵密封性,扣5分。		
	将零部件恢复到装配前的状态	10	未进行零件清洁及按装配前零件位置摆放,每错一处扣2分,扣完为止。		
	工单填写	10	型号、技术参数、装配方案(装配顺序或操作流程)填写不正确,每错一处扣1分,扣完为止;		
			工单填写字迹潦草扣2分;		
合计		100			

项目十七　车轮装配

1. 试题编号：T-4-33

考核技能点编号：J-4-1、J-4-2*、J-4-6

2. 任务描述

通过查阅车轮装配相关技术资料，正确拟定车轮装配方案；正确选择装配工具对车轮进行装配；按要求将零部件恢复到装配前的状态，并填写好操作工单。

车轮装配操作工单

一、信息获取

　零部件型号：＿＿＿＿＿＿＿＿＿＿＿。

　车轮螺栓拧紧力矩：＿＿＿＿＿＿＿＿ N·m。

二、场地及设备初步检查

　　□ 装配工具检查准备

　　□ 设备检查准备

　　□ 技术资料检查准备

三、操作过程

　1. 查找技术手册，拟定车轮装配方案（具体的螺栓装配顺序）。

　2. 车轮的装配（操作）

　□装配

　□将零部件恢复到装配前的状态

3. 实施条件

实施条件见下表。

车轮装配实施条件

项目	实施条件	备注
场地	面积不小于 15 m^2，照明、通风良好。	必备
设备	汽车底盘1套。	必备
工具	工具车1台； 零件车1台。	必备

4. 考核时量

45 分钟。

5. 评价标准

评价标准见下表。

车轮装配评价标准

考核内容		配分	评分标准	扣分	得分
职业素养（20分）	安全意识	3	不执行安全操作规程,扣1.5分;		
			不具备安全操作技能,扣1.5分。		
			考生出现人伤械损等安全事故,造成恶劣影响的,本题考核计零分。		
	组织纪律	2	不服从考试安排,扣1分;		
			不遵守考场纪律,扣1分。		
	工作准备	3	未清点工具、量具及设备,扣1分;		
			未检查工量具状况,扣1分;		
			未清洁工具、仪器、设备,扣1分。		
	文明生产	12	着装不规范,每处扣1分,扣完为止;		
			工量具与零件混放、或摆放零乱,每次每处扣1分,扣完为止;		
			未安装必要的防护物品,每项扣0.5分,扣完为止;		
			油水洒落地面、或零部件表面或车漆表面未及时清理,每次扣1分,扣完为止;		
			有损害工具设备和工件的野蛮操作行为,扣2分;		
			竣工后,未整理、清洁工具设备、台架或车辆、工作场地,扣3分;		
			不服从考官、出言不逊,每次扣3分,扣完为止。		
			考生严重违反考场纪律,造成恶劣影响的,本题考核计零分。		
工作质量（80分）	技术手册使用	10	每查错或漏查1个数据扣3分,扣完为止。		
	工量具选择与使用	10	工量具或仪器设备选择不当每次扣2分,扣完为止;		
			工量具或仪器设备使用方法不正确,每次扣2分,扣完为止。		
	车轮的装配	40	装配方法不正确,每个车轮扣2分;		
			未按对角进行装配,每个车轮扣3分;		
			零件掉落地面,每次扣1分,扣完为止;		
			装配过程不规范,酌情扣5~10分;		
			未按装配质量要求给轮胎螺母加扭矩,每个螺母扣1分。扣完为止。		
	将零部件恢复到装配前的状态	10	未进行零件清洁及按装配前零件位置摆放,每错一处扣2分,扣完为止。		
	工单填写	10	型号、技术参数、装配方案(装配顺序或操作流程)填写不正确,每错一处扣1分,扣完为止;		
			工单填写字迹潦草扣2分;		
合计		100			

项目十八　翼子板和引擎盖装配

1. **试题编号**：T-4-35

考核技能点编号：J-4-1、J-4-2*、J-4-6

2. **任务描述**

通过查阅翼子板和引擎盖装配相关技术资料，正确拟定翼子板和引擎盖装配方案；正确选择装配工具对翼子板和引擎盖进行装配（组考方提供辅助人员），并根据装配质量进行调整；按要求将零部件恢复到装配前的状态，并填写好操作工单。

翼子板和引擎盖装配与调整操作工单

一、信息获取

　　零部件型号：＿＿＿＿＿＿＿＿＿＿＿。

　　螺栓拧紧力矩：＿＿＿＿＿＿＿＿　N·m。

二、场地及设备初步检查

　　□ 装配工具检查准备

　　□ 设备检查准备

　　□ 技术资料检查准备

三、操作过程

　　1. 查找技术手册，拟定翼子板和引擎盖的装配方案（具体的装配顺序）。

　　2. 翼子板和引擎盖的装配与调整（操作）

　　□装配

　　□调整

　　□将零部件恢复到装配前的状态

3. **实施条件**

实施条件见下表。

翼子板和引擎盖装配与调整实施条件

项目	实施条件	备注
场地	面积不小于 15 m²，照明、通风良好。	必备
设备	汽车车身 1 套。	必备
工具	工具车 1 台； 零件车 1 台。	必备

4. **考核时量**

45 分钟。

5. **评价标准**

评价标准见下表。

翼子板与引擎盖装配与调整评价标准

考核内容		配分	评分标准	扣分	得分
职业素养（20分）	安全意识	3	不执行安全操作规程,扣1.5分;		
			不具备安全操作技能,扣1.5分。		
			考生出现人伤械损等安全事故,造成恶劣影响的,本题考核计零分。		
	组织纪律	2	不服从考试安排,扣1分;		
			不遵守考场纪律,扣1分。		
	工作准备	3	未清点工具、量具及设备,扣1分;		
			未检查工量具状况,扣1分;		
			未清洁工具、仪器、设备,扣1分。		
	文明生产	12	着装不规范,每处扣1分,扣完为止;		
			工量具与零件混放、或摆放零乱,每次每处扣1分,扣完为止;		
			未安装必要的防护物品,每项扣0.5分,扣完为止;		
			油水洒落地面、或零部件表面或车漆表面未及时清理,每次扣1分,扣完为止;		
			有损害工具设备和工件的野蛮操作行为,扣2分;		
			竣工后,未整理、清洁工具设备、台架或车辆、工作场地,扣3分;		
			不服从考官、出言不逊,每次扣3分,扣完为止。		
			考生严重违反考场纪律,造成恶劣影响的,本题考核计零分。		
工作质量（80分）	技术手册使用	10	每查错或漏查1个数据扣3分,扣完为止。		
	工量具选择与使用	10	工量具或仪器设备选择不当每次扣2分,扣完为止;		
			工量具或仪器设备使用方法不正确,每次扣2分,扣完为止。		
	翼子板与引擎盖装配与调整	40	装配顺序不正确,每项扣10分;		
			装配过程不规范,每项酌情扣5～10分;		
			未按要求调整引擎盖和两侧翼子板间隙及引擎盖和散热器格栅间隙,每项扣5分;		
			零件掉落地面,每次扣1分,扣完为止。		
	将零部件恢复到装配前的状态	10	未进行零件清洁及按装配前零件位置摆放,每错一处扣2分,扣完为止。		
	工单填写	10	型号、技术参数、装配方案(装配顺序或操作流程)填写不正确,每错一处扣1分,扣完为止;		
			工单填写字迹潦草扣2分;		
合计		100			

项目十九　前保险杠装配

1. 试题编号: T-4-36

考核技能点编号:J-4-1、J-4-2*、J-4-6

2. 任务描述

通过查阅前保险杠装配相关技术资料,正确拟定前保险杠装配方案;正确选择装配工具对前保险杠进行装配(组考方提供辅助人员);按要求将零部件恢复到装配前的状态,并填写好操作工单。

前保险杠装配操作工单

一、信息获取

　　零部件型号:_____。

　　螺栓拧紧力矩:_____ N·m。

二、场地及设备初步检查

　　□ 装配工具检查准备

　　□ 设备检查准备

　　□ 技术资料检查准备

三、操作过程

　　1. 查找技术手册,拟定前保险杠装配方案(具体的装配顺序)。

　　2. 前保险杠的装配(操作)

　　□装配

　　□将零部件恢复到装配前的状态

3. 实施条件

实施条件见下表。

前保险杠装配实施条件

项目	实施条件	备注
场地	面积不小于 15 m²,照明、通风良好。	必备
设备	汽车车身 1 套。	必备
工具	工具车 1 台; 零件车 1 台。	必备

4. 考核时量

45 分钟。

5. 评价标准

评价标准见下表。

前保险杠装配评价标准

考核内容		配分	评分标准	扣分	得分
职业素养（20分）	安全意识	3	不执行安全操作规程，扣1.5分；		
			不具备安全操作技能，扣1.5分。		
			考生出现人伤械损等安全事故，造成恶劣影响的，本题考核计零分。		
	组织纪律	2	不服从考试安排，扣1分；		
			不遵守考场纪律，扣1分。		
	工作准备	3	未清点工具、量具及设备，扣1分；		
			未检查工量具状况，扣1分；		
			未清洁工具、仪器、设备，扣1分。		
	文明生产	12	着装不规范，每处扣1分，扣完为止；		
			工量具与零件混放，或摆放零乱，每次每处扣1分，扣完为止；		
			未安装必要的防护物品，每项扣0.5分，扣完为止；		
			油水洒落地面、零部件表面或车漆表面未及时清理，每次扣1分，扣完为止；		
			有损害工具设备和工件的野蛮操作行为，扣2分；		
			竣工后，未整理、清洁工具设备、台架或车辆、工作场地，扣3分；		
			不服从考官、出言不逊，每次扣3分，扣完为止。		
			考生严重违反考场纪律，造成恶劣影响的，本题考核计零分。		
工作质量（80分）	技术手册使用	10	每查错或漏查1个数据扣3分，扣完为止。		
	工量具选择与使用	10	工量具或仪器设备选择不当每次扣2分，扣完为止；		
			工量具或仪器设备使用方法不正确，每次扣2分，扣完为止。		
	前保险杠装配	40	装配顺序不正确，扣5分；		
			插接件连接错误，每处扣2分；		
			卡扣处未安装到位，每处扣2分；		
			装配过程不规范，每项酌情扣5～10分；		
			零件掉落地面，每次扣2分，扣完为止。		
	将零部件恢复到装配前的状态	10	未进行零件清洁及按装配前零件位置摆放，每错一处扣2分，扣完为止。		
	工单填写	10	型号、技术参数、装配方案（装配顺序或操作流程）填写不正确，每错一处扣1分，扣完为止；		
			工单填写字迹潦草扣2分；		
合计		100			

项目二十　后保险杠装配

1. 试题编号：T-4-37

考核技能点编号：J-4-1、J-4-2*、J-4-6

2. 任务描述

通过查阅后保险杠装配相关技术资料，正确拟定后保险杠装配方案；正确选择装配工具对后保险杠进行装配（组考方提供辅助人员）；按要求将零部件恢复到装配前的状态，并填写好操作工单。

后保险杠装配操作工单

一、信息获取

零部件型号：＿＿＿＿＿＿＿＿＿＿＿＿＿。

螺栓拧紧力矩：＿＿＿＿＿＿＿＿＿＿＿ N·m。

二、场地及设备初步检查

□ 装配工具检查准备

□ 设备检查准备

□ 技术资料检查准备

三、操作过程

1. 查找技术手册，拟定后保险杠装配方案（具体的装配顺序）。

2. 后保险杠的装配（操作）

□装配

□将零部件恢复到装配前的状态

3. 实施条件

实施条件见下表。

后保险杠装配实施条件

项目	实施条件	备注
场地	面积不小于 15 m²，照明、通风良好。	必备
设备	汽车车身 1 套。	必备
工具	工具车 1 台； 零件车 1 台。	必备

4. 考核时量

45 分钟。

5. 评价标准

评价标准见下表。

后保险杠装配评价标准

考核内容		配分	评分标准	扣分	得分
职业素养（20分）	安全意识	3	不执行安全操作规程,扣1.5分;		
			不具备安全操作技能,扣1.5分。		
			考生出现人伤械损等安全事故,造成恶劣影响的,本题考核计零分。		
	组织纪律	2	不服从考试安排,扣1分;		
			不遵守考场纪律,扣1分。		
	工作准备	3	未清点工具、量具及设备,扣1分;		
			未检查工量具状况,扣1分;		
			未清洁工具、仪器、设备,扣1分。		
	文明生产	12	着装不规范,每处扣1分,扣完为止;		
			工量具与零件混放、或摆放零乱,每次每处扣1分,扣完为止;		
			未安装必要的防护物品,每项扣0.5分,扣完为止;		
			油水洒落地面、或零部件表面或车漆表面未及时清理,每次扣1分,扣完为止;		
			有损害工具设备和工件的野蛮操作行为,扣2分;		
			竣工后,未整理、清洁工具设备、台架或车辆、工作场地,扣3分;		
			不服从考官、出言不逊,每次扣3分,扣完为止。		
			考生严重违反考场纪律,造成恶劣影响的,本题考核计零分。		
工作质量（80分）	技术手册使用	10	每查错或漏查1个数据扣3分,扣完为止。		
	工量具选择与使用	10	工量具或仪器设备选择不当每次扣2分,扣完为止;		
			工量具或仪器设备使用方法不正确,每次扣2分,扣完为止。		
	后保险杠装配	40	装配顺序不正确,扣5分;		
			插接件连接错误,每处扣2分;		
			卡扣处未安装到位,每处扣2分;		
			装配过程不规范,每项酌情扣5~10分;		
			零件掉落地面,每次扣2分,扣完为止。		
	将零部件恢复到装配前的状态	10	未进行零件清洁及按装配前零件位置摆放,每错一处扣2分,扣完为止。		
	工单填写	10	型号、技术参数、装配方案(装配顺序或操作流程)填写不正确,每错一处扣1分,扣完为止;		
			工单填写字迹潦草扣2分;		
合计		100			

项目二十一 车门装配与调整

1. 试题编号：T-4-38

考核技能点编号：J-4-1、J-4-2*、J-4-6

2. 任务描述

通过查阅汽车车门装配相关技术资料，正确拟定汽车车门装配方案；正确选择装配工具对汽车车门进行装配（组考方提供辅助人员），并根据装配质量进行调整；按要求将零部件恢复到装配前的状态，并填写好操作工单。

车门装配与调整操作工单

一、信息获取

零部件型号：_____。

铰链螺栓拧紧力矩：_____ N·m 。

二、场地及设备初步检查

☐ 装配工具检查准备

☐ 设备检查准备

☐ 技术资料检查准备

三、操作过程

1. 查找技术手册，拟定汽车车门装配方案（具体的装配顺序与螺栓拧紧顺序）。

2. 汽车车门的装配与调整（操作）

☐ 装配

☐ 调整

☐ 将零部件恢复到装配前的状态

3. 实施条件

实施条件见下表。

车门装配与调整实施条件

项目	实施条件	备注
场地	面积不小于 15 m^2，照明、通风良好。	必备
设备	汽车车身 1 套。	必备
工具	工具车 1 台； 零件车 1 台。	必备

4. 考核时量

45 分钟。

5. 评价标准

评价标准见下表。

车门装配与调整评价标准

考核内容		配分	评分标准	扣分	得分
职业素养（20分）	安全意识	3	不执行安全操作规程,扣1.5分;		
			不具备安全操作技能,扣1.5分。		
			考生出现人伤械损等安全事故,造成恶劣影响的,本题考核计零分。		
	组织纪律	2	不服从考试安排,扣1分;		
			不遵守考场纪律,扣1分。		
	工作准备	3	未清点工具、量具及设备,扣1分;		
			未检查工量具状况,扣1分;		
			未清洁工具、仪器、设备,扣1分。		
	文明生产	12	着装不规范,每处扣1分,扣完为止;		
			工量具与零件混放、或摆放零乱,每次每处扣1分,扣完为止;		
			未安装必要的防护物品,每项扣0.5分,扣完为止;		
			油水洒落地面、或零部件表面或车漆表面未及时清理,每次扣1分,扣完为止;		
			有损害工具设备和工件的野蛮操作行为,扣2分;		
			竣工后,未整理、清洁工具设备、台架或车辆、工作场地,扣3分;		
			不服从考官、出言不逊,每次扣3分,扣完为止。		
			考生严重违反考场纪律,造成恶劣影响的,本题考核计零分。		
工作质量（80分）	技术手册使用	10	每查错或漏查1个数据扣3分,扣完为止。		
	工量具选择与使用	10	工量具或仪器设备选择不当每次扣2分,扣完为止;		
			工量具或仪器设备使用方法不正确,每次扣2分,扣完为止。		
	车门装配与调整	40	不能正确安装车门上铰链,扣3分;		
			不能正确安装车门下铰链,扣3分;		
			未在车门铰链处涂润滑脂,每处扣1分;		
			不能正确安装车门限位器,扣3分;		
			不能正确安装门框密封胶条,扣3分;		
			不能正确安装车门四周的密封胶条,扣3分;		
			零件掉落地面,每次扣1分,扣完为止;		
			装配过程不规范,酌情扣5～10分。		
			未正确调整车门与门框间隙及限位行程的,扣5分;		
	将零部件恢复到装配前的状态	10	未进行零件清洁及按装配前零件位置摆放,每错一处扣2分,扣完为止。		
	工单填写	10	型号、技术参数、装配方案(装配顺序或操作流程)填写不正确,每错一处扣1分,扣完为止;		
			工单填写字迹潦草扣2分;		
合计		100			

项目二十二 座椅装配

1. **试题编号**：T-4-39

考核技能点编号：J-4-1、J-4-2*、J-4-6

2. **任务描述**

通过查阅驾驶员座椅装配相关技术资料，正确拟定驾驶员座椅装配方案；正确选择装配工具对驾驶员座椅进行装配；按要求将零部件恢复到装配前的状态，并填写好操作工单。

座椅装配操作工单

一、信息获取

零部件型号：＿＿＿＿＿＿＿＿＿＿。

各处螺栓螺栓拧紧力矩（N·m）：＿＿＿＿＿＿＿＿＿

二、场地及设备初步检查

　　□ 装配工具检查准备

　　□ 设备检查准备

　　□ 技术资料检查准备

三、操作过程

1. 查找技术手册，拟定座椅装配方案（具体的装配顺序）。

2. 座椅的装配（操作）

□装配

□将零部件恢复到装配前的状态

3. **实施条件**

实施条件见下表。

座椅装配实施条件

项目	实施条件	备注
场地	面积不小于 15 m²，照明、通风良好。	必备
设备	汽车1台。	必备
工具	工具车1台； 零件车1台。	必备

4. **考核时量**

45分钟。

5. **评价标准**

评价标准见下表。

<h2 style="text-align:center">座椅装配评价标准</h2>

考核内容		配分	评分标准	扣分	得分
职业素养（20分）	安全意识	3	不执行安全操作规程,扣1.5分;		
			不具备安全操作技能,扣1.5分。		
			考生出现人伤械损等安全事故,造成恶劣影响的,本题考核计零分。		
	组织纪律	2	不服从考试安排,扣1分;		
			不遵守考场纪律,扣1分。		
	工作准备	3	未清点工具、量具及设备,扣1分;		
			未检查工量具状况,扣1分;		
			未清洁工具、仪器、设备,扣1分。		
	文明生产	12	着装不规范,每处扣1分,扣完为止;		
			工量具与零件混放、或摆放零乱,每次每处扣1分,扣完为止;		
			未安装必要的防护物品,每项扣0.5分,扣完为止;		
			油水洒落地面、或零部件表面或车漆表面未及时清理,每次扣1分,扣完为止;		
			有损害工具设备和工件的野蛮操作行为,扣2分;		
			竣工后,未整理、清洁工具设备、台架或车辆、工作场地,扣3分;		
			不服从考官、出言不逊,每次扣3分,扣完为止。		
			考生严重违反考场纪律,造成恶劣影响的,本题考核计零分。		
工作质量（80分）	技术手册使用	10	每查错或漏查1个数据扣3分,扣完为止。		
	工量具选择与使用	10	工量具或仪器设备选择不当每次扣2分,扣完为止;		
			工量具或仪器设备使用方法不正确,每次扣2分,扣完为止。		
	驾驶员座椅的装配	40	装配过程中未按规定在涂抹润滑脂(润滑油),每处扣2分,扣完为止;		
			插接件连接错误,每处扣2分;		
			安装过程中,各处螺栓未达到拧紧力矩,每处扣2分,扣完为止;		
			零件掉落地面,每次扣2分,扣完为止;		
			装配过程不规范,酌情扣5~10分;		
			未按装配质量要求进行检查,扣5分。		
	将零部件恢复到装配前的状态	10	未进行零件清洁及按装配前零件位置摆放,每错一处扣2分,扣完为止。		
	工单填写	10	型号、技术参数、装配方案(装配顺序或操作流程)填写不正确,每错一处扣1分,扣完为止;		
			工单填写字迹潦草扣2分;		
合计		100			

五、汽车电气安装与检测模块

项目一　蓄电池的安装与检测

1. 试题编号：T-5-1

考核技能点编号：J-4-2*、J-5-2*、J-5-4*

2. 任务描述

本项目分在工作台和实车上两部分完成。首先在工作台上通过查阅车载蓄电池相关技术资料,完成对蓄电池的检测:包括对外观、通气孔、极桩、型号进行检测;对蓄电池电荷情况进行检测并判断其性能好坏;对电解液密度进行检测并判断其性能好坏;之后在实车上完成车载蓄电池、电源连接线的安装,并完成电源系统的接通;最后按要求将零部件恢复到装配前的状态,并填写好操作工单。

蓄电池的安装与检测操作工单

一、场地及设备初步检查(考前对场地安全和设备的检查及准备)

1. 工量具检查准备;	
2. 仪器设备检查准备;	注:项目1至3不需要作记录
3. 技术资料检查准备;	

二、操作过程

1. 车载蓄电池的检测

(1) 外观检查

①检查蓄电池外壳是否有裂纹：

正常 □　　　　　　损伤 □

②检查加液孔盖通气孔是否畅通：

正常 □　　　　　　堵塞 □

③检查正、负极柱是否腐蚀：

正常 □　　　　　　腐蚀 □

④铅酸蓄电池型号：＿＿＿＿＿＿＿＿＿＿

(2)铅酸蓄电池电荷情况检查

①利用数字万用表对蓄电池进行检测：

测量值：　　　　　正常 □　　　　低于标准 □

②利用高率放电计对蓄电池进行检测：

测量值：＿＿＿＿＿＿＿＿＿

电量充足 □　　　需要充电 □　　　严重亏电 □

(3)利用密度计对铅酸蓄电池进行检测

单格数	1	2	3	4	5	6
测量值						
正常						
低于标准						
高于标准						

2. 车载蓄电池的安装

(1)连接正、负极电线的顺序：＿＿＿＿＿＿＿＿＿＿

(2)打开点火钥匙(不起动),检查仪表盘灯亮,电源系统：

接通 □　　　　　　未接通 □
3. 将蓄电池恢复到装配前的状态
拆卸正、负极电线的顺序：_____

3. 实施条件

实施条件见下表。

蓄电池的安装与检测实施条件

项目	实施条件	备注
场地	面积不小于 50 m²，照明、通风良好。	必备
设备	轿车 1 台； (汽车用)带加液孔的普通铅酸蓄电池 1 个。	必备
工具	万用表、高率放电计、电解液密度计各 1 个； 工具车 1 台； 零件车 1 台。	必备

4. 考核时量

45 分钟。

5. 评价标准

评价标准见下表。

蓄电池的安装与检测评价标准

考核内容		配分	评分标准	扣分	得分
职业素养（20分）	安全意识	3	不执行安全操作规程，扣 1.5 分； 不具备安全操作技能，扣 1.5 分。 考生出现人伤械损等安全事故，造成恶劣影响的，本题考核计零分。		
	组织纪律	2	不服从考试安排，扣 1 分； 不遵守考场纪律，扣 1 分。		
	工作准备	3	未清点工具、量具及设备，扣 1 分； 未检查工量具状况，扣 1 分； 未清洁工具、仪器、设备，扣 1 分。		
	文明生产	12	着装不规范，每处扣 1 分，扣完为止； 工量具与零件混放、或摆放零乱，每次每处扣 1 分，扣完为止； 未安装必要的防护物品，每项扣 0.5 分，扣完为止； 油水洒落地面、或零部件表面或车漆表面未及时清理，每次扣 1 分，扣完为止； 有损害工具设备和工件的野蛮操作行为，扣 2 分； 竣工后，未整理、清洁工具设备、台架或车辆、工作场地，扣 3 分； 不服从考官、出言不逊，每次扣 3 分，扣完为止。 考生严重违反考场纪律，造成恶劣影响的，本题考核计零分。		

续表

考核内容		配分	评分标准	扣分	得分
工作质量（80分）	技术手册使用	10	每查错或漏查1个数据扣3分，扣完为止。		
	工量具选择与使用	10	工量具或仪器设备选择不当每次扣2分，扣完为止；		
			工量具或仪器设备使用方法不正确，每次扣2分，扣完为止。		
	车载蓄电池的安装	20	装配方法不正确，每处扣2分，扣完为止。		
			不能正确按顺序连接电源线，扣5分；		
			安装完成后，无法接通电源系统，扣8分；		
	车载蓄电池的检测	20	外壳、加液孔盖通气孔、极桩、型号检查项目中，每缺少一项扣2分；		
			不能正确使用万用表进行检测扣2分；		
			不能正确使用高率放电计进行检测扣2分；		
			不通过密度计进行密度检测，每一项数据扣2分；		
			电解液、水洒落在地面或零部件表面未及时清理，扣2分。		
	将蓄电池恢复到装配前的状态	10	不能正确按顺序拆除电源线，扣5分；		
			不能将蓄电池恢复到装配前的状态，每错一处扣2分，扣完为止。		
	工单填写	10	装配方案（装配顺序或操作流程），每错一处扣1分，扣完为止；		
			操作记录字迹潦草扣2分；		
			工单填写不完整，每项扣1分，扣完为止。		
合计		100			

项目二　发电系统的安装与检测

1. 试题编号：T-5-2

考核技能点编号：J-4-2*、J-5-2*、J-5-3*、J-5-4*

2. 任务描述

本项目分在工作台和实验台架上两部分完成。首先在工作台上完成发电机的外观检测，之后在实验台架上完成发电机的安装，发电机电极线的连接，以及发动机运行后发电系统发电情况的检查；最后按要求将零部件恢复到装配前的状态，并填写好操作工单。

发电系统的安装与检测操作工单

一、场地及设备初步检查（考前对场地安全和设备的检查及准备）

1. 工量具检查准备；	
2. 仪器设备检查准备；	注：项目1至3不需要作记录
3. 技术资料检查准备；	

二、操作过程

1. 发电机的外观检测

(1)交流发电机型号：＿＿＿＿＿＿＿＿＿＿

(2)目测发电机外壳是否有破损：

正常 □ 损伤 □

(3)电极桩是否松动：

正常 □ 松动 □

(4)用手转动发电机皮带轮,检查轴承完好情况：

正常 □ 运转噪声 □

(5)目测发电机系统的皮带是否完好：

正常 □ 损坏 □

2. 发电系统的安装与检测

(1)将交流发电机安装到台架上(不需要填写)

(2)发电机皮带张紧轮的螺栓拧紧力矩：＿＿＿＿＿＿＿＿＿＿ N·m

(3)用手按压或反转皮带,检查发电机皮带情况：

正常 □ 过紧 □ 过松 □

(4)检查电极线连接是否牢固：

正常 □ 松动 □

(5)用万用表测量起动后怠速运转的发电机输出电压：

测量值：＿＿＿＿＿＿＿＿＿＿

正常 □ 过高 □ 过低 □

3. 将交流发电机恢复到装配前的状态(不需要填写)

3. 实施条件

实施条件见下表。

发电系统的安装与检测实施条件

项目	实施条件	备注
场地	面积不小于 30 m²,照明、通风良好。	必备
设备	(可运行)发动机实训台架 1 台;	必备
工具	万用表 1 个; 工具车 1 台; 零件车 1 台。	必备

4. 考核时量

45 分钟。

5. 评价标准

评价标准见下表。

发电系统的安装与检测评价标准

考核内容		配分	评分标准	扣分	得分
职业素养（20分）	安全意识	3	不执行安全操作规程，扣1.5分；		
			不具备安全操作技能，扣1.5分。		
			考生出现人伤械损等安全事故，造成恶劣影响的，本题考核计零分。		
	组织纪律	2	不服从考试安排，扣1分；		
			不遵守考场纪律，扣1分。		
	工作准备	3	未清点工具、量具及设备，扣1分；		
			未检查工量具状况，扣1分；		
			未清洁工具、仪器、设备，扣1分。		
	文明生产	12	着装不规范，每处扣1分，扣完为止；		
			工量具与零件混放、或摆放零乱，每次每处扣1分，扣完为止；		
			未安装必要的防护物品，每项扣0.5分，扣完为止；		
			油水洒落地面、或零部件表面或车漆表面未及时清理，每次扣1分，扣完为止；		
			有损害工具设备和工件的野蛮操作行为，扣2分；		
			竣工后，未整理、清洁工具设备、台架或车辆、工作场地，扣3分；		
			不服从考官，出言不逊，每次扣3分，扣完为止。		
			考生严重违反考场纪律，造成恶劣影响的，本题考核计零分。		
工作质量（80分）	技术手册使用	10	每查错或漏查1个数据扣3分，扣完为止。		
	工量具选择与使用	10	工量具或仪器设备选择不当每次扣2分，扣完为止；		
			工量具或仪器设备使用方法不正确，每次扣2分，扣完为止。		
	发电系统的安装与检测	40	装配方法不正确，每处扣2分，扣完为止。		
			不能正确检查发电机外壳、型号、极桩、轴承的情况，每处扣2分。		
			不能按标准力矩拧紧螺栓，扣3分。		
			不能正确检查安装后的发电机系统的皮带，扣5分。		
			不能正确检查电极线，扣5分。		
			不能正确检测发电机输出电压，扣5分。		
	将发电机恢复到装配前的状态	10	拆解方法错误，每处扣2分，扣完为止。		
			未能将发电机恢复到装配前的状态，每错一处扣2分，扣完为止。		
	工单填写	10	装配方案（装配顺序或操作流程），每错一处扣1分，扣完为止；		
			操作记录字迹潦草扣2分；		
			工单填写不完整，每项扣1分，扣完为止。		
合计		100			

项目三　发电机的安装与检测

1. 试题编号：T-5-3

考核技能点编号：J-4-2*、J-5-1、J-5-3*、J-5-4*、J-5-5*、J-5-6

2. 任务描述

本项目在工作台上进行。通过查阅发电机相关技术资料，完成转子、定子、整流器、碳刷组件的检测并判断其性能好坏，之后完成发电机内部元器件的装配；最后按要求将零部件恢复到装配前的状态，并填写好操作工单。

发电机的安装与检测操作工单

一、场地及设备初步检查（考前对场地安全和设备的检查及准备）

1. 工量具检查准备；	
2. 仪器设备检查准备；	注：项目1至3不需要作记录
3. 技术资料检查准备；	

二、操作过程

1. 交流发电机元器件的检测

(1)转子的检查

① 转子绕组短路与断路的检查：

测量值：＿＿＿＿＿＿＿＿＿

正常 □　　　　短路 □　　　　断路 □

② 转子绕组绝缘检查：

测量值：＿＿＿＿＿＿＿＿＿

正常 □　　　　不绝缘 □

③ 滑环的检查：

正常 □　　　　脏污 □　　　　损坏 □

(2)定子的检查

① 定子绕组短路与断路的检查：

测量点	A—N	B—N	C—N
测量值			
正常			
短路			
断路			

② 定子绕组绝缘检查：

测量值：＿＿＿＿＿＿＿＿＿

正常 □　　　　不绝缘 □

(3)整流器的检查

① 检测正极管：

正向测量值：＿＿＿＿＿＿＿　　　　反向测量值：＿＿＿＿＿＿＿＿＿

正常 □　　　　损坏 □

② 检测负极管；

正向测量值：＿＿＿＿＿＿＿　　　　反向测量值：＿＿＿＿＿＿＿＿＿

正常 □　　　　损坏 □

(4)碳刷组件的检查

长度测量值：＿＿＿＿＿＿＿　　　　长度标准值：＿＿＿＿＿＿＿

异常磨损情况：_____

2. 交流发电机的装配（不需要填写）

目测交流发电机外壳是否破损：　正常 □　　　　　　损伤 □

用手转动发电机皮带轮,检查发电机轴承完好情况：

正常 □　　　　　　运转噪声 □

3. 将交流发电机恢复到装配前的状态(不需要填写)

---

3. 实施条件

实施条件见下表。

发电机的安装与检测实施条件

项目	实施条件	备注
场地	面积不小于 20 m^2,照明、通风良好。	必备
设备	(汽车用)普通整体式发电机1个。	必备
工具	万用表、游标卡尺各1个； 工具车1台； 零件车1台。	必备

4. 考核时量

45分钟。

5. 评价标准

评价标准见下表。

发电机的安装与检测评价标准

考核内容		配分	评分标准	扣分	得分
职业素养（20分）	安全意识	3	不执行安全操作规程,扣1.5分；		
			不具备安全操作技能,扣1.5分。		
			考生出现人伤械损等安全事故,造成恶劣影响的,本题考核计零分。		
	组织纪律	2	不服从考试安排,扣1分；		
			不遵守考场纪律,扣1分。		
	工作准备	3	未清点工具、量具及设备,扣1分；		
			未检查工量具状况,扣1分；		
			未清洁工具、仪器、设备,扣1分。		
	文明生产	12	着装不规范,每处扣1分,扣完为止；		
			工量具与零件混放、或摆放零乱,每次每处扣1分,扣完为止；		
			未安装必要的防护物品,每项扣0.5分,扣完为止；		
			油水洒落地面、或零部件表面或车漆表面未及时清理,每次扣1分,扣完为止；		
			有损害工具设备和工件的野蛮操作行为,扣2分；		
			竣工后,未整理、清洁工具设备、台架或车辆、工作场地,扣3分；		
			不服从考官、出言不逊,每次扣3分,扣完为止。		
			考生严重违反考场纪律,造成恶劣影响的,本题考核计零分。		

续表

考核内容		配分	评分标准	扣分	得分
工作质量（80分）	技术手册使用	10	每查错或漏查1个数据扣3分，扣完为止。		
	工量具选择与使用	10	工量具或仪器设备选择不当每次扣2分，扣完为止；		
			工量具或仪器设备使用方法不正确，每次扣2分，扣完为止。		
	交流发电机的装配	20	装配方法不正确，每处扣2分，扣完为止。		
			不能正确检查交流发电机外壳、型号、轴承的情况，每处扣2分。		
	交流发电机元器件的检测	20	转子绕组短路、断路、绝缘检测项目中，每缺少一项扣3分。		
			定子绕组短路、断路、绝缘检测项目中，每缺少一项扣3分。		
			正、负整流板的判别错误，扣2分。		
			二极管检测错误，扣2分。		
			碳刷长度检测错误，扣3分。		
			检测方法不正确，每次扣3分。		
			不能判断检测结果，每次扣3分。		
	将发电机恢复到装配前的状态	10	未能将发电机恢复到装配前的状态，每错一处扣2分，扣完为止。		
	工单填写	10	装配方案（装配顺序或操作流程），每错一处扣1分，扣完为止；		
			操作记录字迹潦草扣2分；		
			工单填写不完整，每项扣1分，扣完为止。		
合计		100			

项目四 起动系统的安装与检测

1. 试题编号：T-5-4

考核技能点编号：J-4-2*、J-5-2*、J-5-3*、J-5-4*、J-5-5*

2. 任务描述

本项目首先在工作台上完成对起动机的外观检测；之后在实验台架上完成起动机的安装，起动机线路的连接，起动机起动情况的检测；最后按要求将零部件恢复到装配前的状态，并填写好操作工单。

起动系统的安装与检测

一、场地及设备初步检查（考前对场地安全和设备的检查及准备）

1. 工量具检查准备；	注：项目1至3不需要作记录
2. 仪器设备检查准备；	
3. 技术资料检查准备；	

二、操作过程

1. 起动机外观的检测

（1）目测起动机外表面是否出现异常磨损和脏污：

有 □   无 □

（2）目测驱动齿轮是否有损坏：

有 □   无 □

（3）起动机型号：＿＿＿＿＿＿＿＿＿＿

2. 起动系统的安装与检测

(1)起动机安装螺栓的拧紧力矩：_____ N·m

(2)打开点火开关(不起动)，测量起动机"30端子"的电压值：

测量值：_____

(3)接通起动开关起动机运转情况：

正常 □   不转 □   无力 □

3. 将起动机恢复到装配前的状态(不需要填写)

3. 实施条件

实施条件见下表。

起动系统的安装与检测实施条件

项目	实施条件	备注
场地	面积不小于 30 m²，照明、通风良好。	必备
设备	(可运行)发动机实训台架 1 台； 起动机 1 个。	必备
工具	万用表 1 个； 工具车 1 台； 零件车 1 台。	必备

4. 考核时量

45 分钟。

5. 评价标准

评价标准见下表。

起动系统的安装与检测评价标准

考核内容		配分	评分标准	扣分	得分
职业素养（20分）	安全意识	3	不执行安全操作规程，扣 1.5 分； 不具备安全操作技能，扣 1.5 分。 考生出现人伤械损等安全事故，造成恶劣影响的，本题考核计零分。		
	组织纪律	2	不服从考试安排，扣 1 分； 不遵守考场纪律，扣 1 分。		
	工作准备	3	未清点工具、量具及设备，扣 1 分； 未检查工量具状况，扣 1 分； 未清洁工具、仪器、设备，扣 1 分。		
	文明生产	12	着装不规范，每处扣 1 分，扣完为止； 工量具与零件混放、或摆放零乱，每次每处扣 1 分，扣完为止； 未安装必要的防护物品，每项扣 0.5 分，扣完为止； 油水洒落地面、或零部件表面或车漆表面未及时清理，每次扣 1 分，扣完为止； 有损害工具设备和工件的野蛮操作行为，扣 2 分； 竣工后，未整理、清洁工具设备、台架或车辆、工作场地，扣 3 分； 不服从考官、出言不逊，每次扣 3 分，扣完为止。 考生严重违反考场纪律，造成恶劣影响的，本题考核计零分。		

续表

考核内容		配分	评分标准	扣分	得分
工作质量（80分）	技术手册使用	10	每查错或漏查1个数据扣3分,扣完为止。		
	工量具选择与使用	10	工量具或仪器设备选择不当每次扣2分,扣完为止;		
			工量具或仪器设备使用方法不正确,每次扣2分,扣完为止。		
	起动系统的安装与检测	40	不能正确判断起动机的外观的好坏,扣3分。		
			不能正确判断驱动齿轮的好坏,扣3分。		
			不能正确检查起动机型号,扣4分。		
			装配方法不正确,每处扣2分,扣完为止;		
			不能按标准力矩拧紧螺栓,扣3分;		
			不能正确检测"30端"电压值,扣5分;		
			不能正确判断起动系统的起动情况,扣5分。		
	将起动机恢复到装配前的状态	10	未能将起动机恢复到装配前的状态,每错一处扣2分,扣完为止。		
	工单填写	10	装配方案(装配顺序或操作流程),每错一处扣1分,扣完为止;		
			操作记录字迹潦草扣2分;		
			工单填写不完整,每项扣1分,扣完为止。		
合计		100			

项目五　起动机的安装与检测

1. 试题编号：T-5-5

考核技能点编号：J-4-2*、J-5-1、J-5-4*、J-5-5*

2. 任务描述

本项目在工作台上完成。首先通过查阅起动机相关技术资料,完成转子、定子、碳刷组件、电磁开关、单向离合器等元器件的检测并判断其性能好坏;之后完成起动机元器件的装配;最后按要求将零部件恢复到装配前的状态,并填写好操作工单。

起动机的安装与检测操作工单

一、场地及设备初步检查(考前对场地安全和设备的检查及准备)

1. 工量具检查准备;	注:项目1至3不需要作记录
2. 仪器设备检查准备;	
3. 技术资料检查准备;	

二、操作过程

1. 起动机的元器件的检测

(1)直流电机的检查

1)转子的检查

①目测换向器表面是否出现异常磨损和脏污：　有 □　　　　无 □

②目测换向器片绝缘槽深度：

测量值：＿＿＿＿＿＿＿＿＿　　　　正常 □　　　小于极限 □

③转子绕组断路检查：

测量值：_____　　　　　正常 □　　　　断路 □

④转子绕组绝缘检查：

测量值：_____　　　　　正常 □　　　　不绝缘 □

2)定子的检查

①定子绕组断路的检查：

测量值：_____　　　　　正常 □　　　　断路 □

②定子绕组绝缘检查：

测量值：_____　　　　　正常 □　　　　不绝缘 □

3)碳刷组件的检查

①目测碳刷是否有异常磨损：　　　　　有 □　　　　　无 □

②用手按压各弹簧，检查弹力是否一致：　一致 □　　　不一致 □

③碳刷长度的检查

测量值：_____　　　　　正常 □　　　　小于极限 □

(2)操纵机构的检查

1)电磁开关保持线圈的检查：

测量值：_____

正常 □　　　　　短路 □　　　　　断路 □

2)电磁开关吸拉线圈的检查：

测量值：_____

正常 □　　　　　短路 □　　　　　断路 □

用手压下电磁开关移动铁芯，检查主接柱是否导通：

导通 □　　　　　不导通 □

(3)传动机构的检查

1)目测各传动部件是否有损坏：　　　　有 □　　　　　无 □

2)单向离合器的检查：　　　　　　　　正常 □　　　　打滑 □

2. 起动机的装配(不需要填写)

起动机型号：_____

3. 将起动机恢复到装配前的状态(不需要填写)

---

3. 实施条件

实施条件见下表。

起动机的安装与检测实施条件

项目	实施条件	备注
场地	面积不小于 30 m²，照明、通风良好。	必备
设备	(汽车用)普通起动机 1 个。	必备
工具	万用表、游标卡尺各 1 个； 工具车 1 台； 零件车 1 台。	必备

4. 考核时量

45 分钟。

5. 评价标准

评价标准见下表。

起动机的安装与检测评价标准

考核内容		配分	评分标准	扣分	得分
职业素养（20分）	安全意识	3	不执行安全操作规程，扣1.5分；		
			不具备安全操作技能，扣1.5分。		
			考生出现人伤械损等安全事故，造成恶劣影响的，本题考核计零分。		
	组织纪律	2	不服从考试安排，扣1分；		
			不遵守考场纪律，扣1分。		
	工作准备	3	未清点工具、量具及设备，扣1分；		
			未检查工量具状况，扣1分；		
			未清洁工具、仪器、设备，扣1分。		
	文明生产	12	着装不规范，每处扣1分，扣完为止；		
			工量具与零件混放，或摆放零乱，每次每处扣1分，扣完为止；		
			未安装必要的防护物品，每项扣0.5分，扣完为止；		
			油水洒落地面、或零部件表面或车漆表面未及时清理，每次扣1分，扣完为止；		
			有损害工具设备和工件的野蛮操作行为，扣2分；		
			竣工后，未整理、清洁工具设备、台架或车辆、工作场地，扣3分；		
			不服从考官、出言不逊，每次扣3分，扣完为止。		
			考生严重违反考场纪律，造成恶劣影响的，本题考核计零分。		
工作质量（80分）	技术手册使用	10	每查错或漏查1个数据扣3分，扣完为止。		
	工量具选择与使用	10	工量具或仪器设备选择不当每次扣2分，扣完为止；		
			工量具或仪器设备使用方法不正确，每次扣2分，扣完为止。		
	起动机的安装与检测	40	装配方法不正确，每处扣2分，扣完为止；		
			转子绕组断路、绝缘检测中，每缺少一项扣3分；		
			定子绕组断路、绝缘检测中，每缺少一项扣3分；		
			保持线圈、吸拉线圈及主接柱的检测，每少检测一项扣2分；检测方法不正确，每次扣3分；		
			碳刷长度检测错误扣3分；		
			单向离合器的检查方法不正确，扣3分；		
			检测方法不正确，每次扣3分；		
			不能判断检测结果，每次扣3分；		
	将起动机恢复到装配前的状态	10	未能将起动机恢复到装配前的状态，每错一处扣2分，扣完为止。		
	工单填写	10	装配方案(装配顺序或操作流程)，每错一处扣1分，扣完为止；		
			操作记录字迹潦草扣2分；		
			工单填写不完整，每项扣1分，扣完为止。		
合计		100			

项目六　点火系统的安装与检测

1. **试题编号**：T-5-6

考核技能点编号：J-5-2*、J-5-3*、J-5-4*、J-5-5*、J-5-7*

2. **任务描述**

本项目在实验台架上完成。通过查阅点火系统的相关技术资料，完成火花塞、点火模块、发动机控制单元、曲轴位置传感器等元器件的检测、完成点火系统的线路连接；连接后的检查及功能验证；绘制所连接点火系统电路图，按要求填写好操作工单。

点火系统的安装与检测操作工单

一、场地及设备初步检查（考前对场地安全和设备的检查及准备）

1. 工量具检查准备；	
2. 仪器设备检查准备；	注：项目1至3不需要作记录
3. 技术资料检查准备；	

二、操作过程

1. **火花塞的检查**

(1)目测火花塞是否有积碳、油污、异常颜色：

正常 □　　积碳 □　　油污 □　　异常颜色 □

(2)检查火花塞间隙：

测量值：

正常 □　　过大 □　　过小 □

(3)检查火花塞绝缘情况：

正常 □　　不绝缘 □

2. **点火模块的检查**

(1)目测点火模块是否有老化、裂纹和损坏：

正常 □　　老化有裂纹 □　　损坏 □

(2)点火模块的电路检查

1)电源端子号：＿＿＿＿＿＿＿＿＿＿　　2)搭铁端子号：＿＿＿＿＿＿＿＿＿＿

3)点火信号端子号：＿＿＿＿＿＿＿＿＿＿

3. **发动机控制单元端子的检测**

(1)电源端子号：＿＿＿＿＿＿＿＿＿＿　　(2)搭铁端子号：＿＿＿＿＿＿＿＿＿＿

(3)CAN-L 端子号：＿＿＿＿＿＿＿＿＿＿　　(4)CAN-H 端子号：＿＿＿＿＿＿＿＿＿＿

4. **仪表控制单元端子的检测**

(1)电源端子号：＿＿＿＿＿＿＿＿＿＿　　(2)搭铁端子号：＿＿＿＿＿＿＿＿＿＿

(3)CAN-L 端子号：＿＿＿＿＿＿＿＿＿＿　　(4)CAN-H 端子号：＿＿＿＿＿＿＿＿＿＿

5. **磁感应式曲轴位置传感器的检查**

(1)测量电阻值：＿＿＿＿＿＿＿＿＿＿　　正常 □　　不正常 □

(2)测量信号电压：＿＿＿＿＿＿＿＿＿＿　　正常 □　　不正常 □

6. **画出所连接的点火系统电路图**

7. 将元器件恢复到装配前的状态(不需要填写)

3．实施条件
实施条件见下表。

点火系统的安装与检测实施条件

项目	实施条件	备注
场地	面积不小于 30 m²，照明、通风良好。	必备
设备	全车电路电器系统实训台架 1 台。	必备
工具	万用表，专用汽车检测仪各 1 个； 工具车 1 台； 零件车 1 台。	必备

4．考核时量
45 分钟。

5．评价标准
评价标准见下表。

点火系统的安装与检测评价标准

考核内容		配分	评分标准	扣分	得分
职业素养（20分）	安全意识	3	不执行安全操作规程，扣 1.5 分； 不具备安全操作技能，扣 1.5 分。 考生出现人伤械损等安全事故，造成恶劣影响的，本题考核计零分。		
	组织纪律	2	不服从考试安排，扣 1 分； 不遵守考场纪律，扣 1 分。		
	工作准备	3	未清点工具、量具及设备，扣 1 分； 未检查工量具状况，扣 1 分； 未清洁工具、仪器、设备，扣 1 分。		
	文明生产	12	着装不规范，每处扣 1 分，扣完为止； 工量具与零件混放、或摆放零乱，每次每处扣 1 分，扣完为止； 未安装必要的防护物品，每项扣 0.5 分，扣完为止； 油水洒落地面、或零部件表面或车漆表面未及时清理，每次扣 1 分，扣完为止； 有损害工具设备和工件的野蛮操作行为，扣 2 分； 竣工后，未整理、清洁工具设备、台架或车辆、工作场地，扣 3 分； 不服从考官，出言不逊，每次扣 3 分，扣完为止。 考生严重违反考场纪律，造成恶劣影响的，本题考核计零分。		

续表

考核内容		配分	评分标准	扣分	得分
工作质量（80分）	技术手册使用	10	每查错或漏查1个数据扣3分,扣完为止。		
	工量具选择与使用	10	工量具或仪器设备选择不当每次扣2分,扣完为止;		
			工量具或仪器设备使用方法不正确,每次扣2分,扣完为止。		
	元器件的检测	20	不能正确对火花塞进行检测,扣3~5分。		
			不能正确对高压导线进行检测,扣3~5分。		
			不能正确对点火线圈进行检测,扣3~5分。		
			不能正确对发动机控制单元进行检测,扣3~5分。		
			不能正确对曲轴位置传感器进行检测,扣3~5分。		
	线路连接及功能验证	30	在线路连接过程中就接入电源通电,扣10分。		
			线路连接方法不正确,扣5分。		
			线路连接错误,每处扣5分。		
			线路连接完成后,不进行检查就直接通电,扣10分。		
			线路连接完成后,不进行功能验证,扣10分。		
			不能正确判断连接结果,扣5分		
	工单填写	10	装配方案(装配顺序或操作流程),每错一处扣1分,扣完为止;		
			操作记录字迹潦草扣2分;		
			工单填写不完整,每项扣1分,扣完为止。		
			电路图绘制错误,每项扣2分,扣完为止。		
合计		100			

项目七　电控燃油喷射系统的安装与检测

1. 试题编号：T-5-7

考核技能点编号：J-5-2*、J-5-3*、J-5-4*、J-5-5*、J-5-7*

2. 任务描述

本项目在实验台架上完成。通过查阅电控燃油喷射系统的相关技术资料,完成发动机控制单元、曲轴位置传感器、燃油喷射咀等元器件的检测、完成电控燃油喷射系统的线路连接;连接后的检查及功能验证;绘制所连接电控燃油喷射系统电路图,按要求填写好操作工单。

电控燃油喷射系统的安装与检测操作工单

一、场地及设备初步检查(考前对场地安全和设备的检查及准备)

1. 工量具检查准备;	注:项目1至3不需要作记录
2. 仪器设备检查准备;	
3. 技术资料检查准备;	

二、操作过程

1. 发动机控制单元端子的检测
(1)电源端子号:＿＿＿＿＿＿＿＿＿＿＿ (2)搭铁端子号:＿＿＿＿＿＿＿＿＿＿＿
(3)CAN-L 端子号:＿＿＿＿＿＿＿＿＿＿ (4)CAN-H 端子号:＿＿＿＿＿＿＿＿＿＿

2. 仪表控制单元端子的检测
(1)电源端子号:＿＿＿＿＿＿＿＿＿＿＿ (2)搭铁端子号:＿＿＿＿＿＿＿＿＿＿＿
(3)CAN-L 端子号:＿＿＿＿＿＿＿＿＿＿ (4)CAN-H 端子号:＿＿＿＿＿＿＿＿＿＿

3. 磁感应式曲轴位置传感器的检查
(1)测量电阻值:＿＿＿＿＿＿＿＿＿＿＿ 　正常 □　　不正常 □
(2)测量信号电压值:＿＿＿＿＿＿＿＿＿ 　正常 □　　不正常 □

4. 电控燃油信号电压的检测
(1)1 缸信号电压:＿＿＿＿＿＿＿＿＿＿ (2)2 缸信号电压:＿＿＿＿＿＿＿＿＿＿
(3)3 缸信号电压:＿＿＿＿＿＿＿＿＿＿ (4)4 缸信号电压:＿＿＿＿＿＿＿＿＿＿

5. 画出所连接的电控燃油喷射系统电路图

6. 将元器件恢复到装配前的状态(不需要填写)

3. 实施条件

实施条件见下表。

电控燃油喷射系统的安装与检测实施条件

项目	实施条件	备注
场地	面积不小于 30 m²,照明、通风良好。	必备
设备	全车电路电器系统实训台架 1 台。	必备
工具	万用表,专用汽车检测仪各 1 个; 工具车 1 台; 零件车 1 台。	必备

4. 考核时量

45 分钟。

5. 评价标准

评价标准见下表。

电控燃油喷射系统的安装与检测评价标准

考核内容		配分	评分标准	扣分	得分
职业素养（20分）	安全意识	3	不执行安全操作规程,扣1.5分;		
			不具备安全操作技能,扣1.5分。		
			考生出现人伤械损等安全事故,造成恶劣影响的,本题考核计零分。		
	组织纪律	2	不服从考试安排,扣1分;		
			不遵守考场纪律,扣1分。		
	工作准备	3	未清点工具、量具及设备,扣1分;		
			未检查工量具状况,扣1分;		
			未清洁工具、仪器、设备,扣1分。		
	文明生产	12	着装不规范,每处扣1分,扣完为止;		
			工量具与零件混放、或摆放零乱,每次每处扣1分,扣完为止;		
			未安装必要的防护物品,每项扣0.5分,扣完为止;		
			油水洒落地面、或零部件表面或车漆表面未及时清理,每次扣1分,扣完为止;		
			有损害工具设备和工件的野蛮操作行为,扣2分;		
			竣工后,未整理、清洁工具设备、台架或车辆、工作场地,扣3分;		
			不服从考官、出言不逊,每次扣3分,扣完为止。		
			考生严重违反考场纪律,造成恶劣影响的,本题考核计零分。		
工作质量（80分）	技术手册使用	10	每查错或漏查1个数据扣3分,扣完为止。		
	工量具选择与使用	10	工量具或仪器设备选择不当每次扣2分,扣完为止;		
			工量具或仪器设备使用方法不正确,每次扣2分,扣完为止。		
	元器件的检测	20	不能正确对发动机控制单元端子进行检测,扣3~5分。		
			不能正确对仪表控制单元端子进行检测,扣3~5分		
			不能正确对电控燃油喷射端子进行检测,扣3~5分。		
			不能正确对曲轴位置传感器进行检测,扣3~5分。		
	线路连接及功能验证	30	在线路连接过程中就接入电源通电,扣10分。		
			线路连接方法不正确,扣5分。		
			线路连接错误,每处扣5分。		
			线路连接完成后,不进行检查就直接通电,扣10分。		
			线路连接完成后,不进行功能验证,扣10分		
			不能正确判断连接结果,扣5分		
	工单填写	10	装配方案(装配顺序或操作流程),每错一处扣1分,扣完为止;		
			操作记录字迹潦草扣2分;		
			工单填写不完整,每项扣1分,扣完为止;		
			电路图绘制错误,每项扣2分,扣完为止。		
合计		100			

项目八　前大灯的安装与检测

1. 试题编号：T-5-8

考核技能点编号：J-5-2*、J-5-3*、J-5-4*、J-5-5*、J-5-7*

2. 任务描述

本项目在实验台架上完成。通过查阅前大灯灯路系统的相关技术资料，完成大灯开关、变光开关、灯泡远近光信号、灯泡电阻的检测；完成灯路系统的线路连接；连接后的检查及功能验证；绘制所连接大灯电路图，按要求填写好操作工单。

前大灯的安装与检测操作工单

一、场地及设备初步检查（考前对场地安全和设备的检查及准备）

1. 工量具检查准备；	注：项目1至3不需要作记录
2. 仪器设备检查准备；	
3. 技术资料检查准备；	

二、操作过程

1. 大灯开关信号电压检测
(1)输入信号电压：＿＿＿＿＿＿＿＿＿　　(2)输出信号电压：＿＿＿＿＿＿＿＿＿
2. 变光开关信号电压检测
(1)近光信号电压：＿＿＿＿＿＿＿＿＿　　(2)远光信号电压：＿＿＿＿＿＿＿＿＿
(3)超车信号电压：＿＿＿＿＿＿＿＿＿
3. 灯泡远、近光信号电压检测
(1)左近光信号电压：＿＿＿＿＿＿＿＿＿　　右近光信号电压：＿＿＿＿＿＿＿＿＿
(2)左远光信号电压：＿＿＿＿＿＿＿＿＿　　右远光信号电压：＿＿＿＿＿＿＿＿＿
4. 灯泡电阻测量
(1)近光灯丝电阻：＿＿＿＿＿＿＿＿＿　　正常 □　　不正常 □
(2)远光灯丝电阻：＿＿＿＿＿＿＿＿＿　　正常 □　　不正常 □
5. 画出所连接的大灯电路图

6. 将元器件恢复到装配前的状态（不需要填写）

3. 实施条件

实施条件见下表。

前大灯的安装与检测实施条件

项目	实施条件	备注
场地	面积不小于 30 m²，照明、通风良好。	必备
设备	全车电路电器系统实训台架 1 台。	必备
工具	万用表、专用汽车检测仪各 1 个； 工具车 1 台； 零件车 1 台。	必备

4. 考核时量

45分钟。

5. 评价标准

评价标准见下表。

前大灯的安装与检测评价标准

考核内容		配分	评分标准	扣分	得分
职业素养（20分）	安全意识	3	不执行安全操作规程，扣1.5分；		
			不具备安全操作技能，扣1.5分。		
			考生出现人伤械损等安全事故，造成恶劣影响的，本题考核计零分。		
	组织纪律	2	不服从考试安排，扣1分；		
			不遵守考场纪律，扣1分。		
	工作准备	3	未清点工具、量具及设备，扣1分；		
			未检查工量具状况，扣1分；		
			未清洁工具、仪器、设备，扣1分。		
	文明生产	12	着装不规范，每处扣1分，扣完为止；		
			工量具与零件混放、或摆放零乱，每次每处扣1分，扣完为止；		
			未安装必要的防护物品，每项扣0.5分，扣完为止；		
			油水洒落地面、或零部件表面或车漆表面未及时清理，每次扣1分，扣完为止；		
			有损害工具设备和工件的野蛮操作行为，扣2分；		
			竣工后，未整理、清洁工具设备、台架或车辆、工作场地，扣3分；		
			不服从考官、出言不逊，每次扣3分，扣完为止。		
			考生严重违反考场纪律，造成恶劣影响的，本题考核计零分。		
工作质量（80分）	技术手册使用	10	每查错或漏查1个数据扣3分，扣完为止。		
	工量具选择与使用	10	工量具或仪器设备选择不当每次扣2分，扣完为止；		
			工量具或仪器设备使用方法不正确，每次扣2分，扣完为止。		
	元器件的检测	20	不能正确对大灯开关进行检测，扣3分。		
			不能正确对变光开关进行检测，扣3分。		
			不能正确对灯泡远近光信号进行检测，扣3分。		
			不能正确对灯泡电阻进行检测，扣3分。		
	线路连接及功能验证	30	在线路连接过程中就接入电源通电，扣10分。		
			线路连接方法不正确，扣5分。		
			线路连接错误，每处扣5分。		
			线路连接完成后，不进行检查就直接通电，扣10分。		
			线路连接完成后，不进行功能验证，扣10分		
			不能正确判断连接结果，扣5分		
	工单填写	10	装配方案（装配顺序或操作流程），每错一处扣1分，扣完为止；		
			操作记录字迹潦草扣2分；		
			工单填写不完整，每项扣1分，扣完为止；		
			电路图绘制错误，每项扣2分，扣完为止。		
合计		100			

项目九　转向灯的安装与检测

1. 试题编号：T-5-9

考核技能点编号：J-5-2*、J-5-3*、J-5-4*、J-5-5*、J-5-7*

2. 任务描述

本项目在实验台架上完成。通过查阅转向灯灯路系统的相关技术资料，完成转向灯开关端子的检测、转向灯泡电阻的检测；完成灯路系统的线路连接；连接后的检查及功能验证；绘制所连接转向灯电路图，按要求填写好操作工单。

转向灯的安装与检测操作工单

一、场地及设备初步检查（考前对场地安全和设备的检查及准备）

1. 工量具检查准备；	
2. 仪器设备检查准备；	注：项目1至3不需要作记录
3. 技术资料检查准备；	

二、操作过程

1. 转向灯开关端子的检测
(1)输入电压信号：＿＿＿＿＿＿＿＿＿　　正常 □　　　不正常 □
输出电压信号：＿＿＿＿＿＿＿＿＿　　正常 □　　　不正常 □
2. 转向灯灯泡电阻的检测
(1)左前转向灯灯丝电阻：＿＿＿＿＿＿＿　正常 □　　　不正常 □
右前转向灯灯丝电阻：＿＿＿＿＿＿＿　正常 □　　　不正常 □
左后转向灯灯丝电阻：＿＿＿＿＿＿＿　正常 □　　　不正常 □
右后转向灯灯丝电阻：＿＿＿＿＿＿＿　正常 □　　　不正常 □
3. 画出所连接的转向灯电路图

4. 将元器件恢复到装配前的状态（不需要填写）

3. 实施条件

实施条件见下表。

转向灯的安装与检测实施条件

项目	实施条件	备注
场地	面积不小于 30 m²，照明、通风良好。	必备
设备	全车电路电器系统实训台架 1 台。	必备
工具	万用表，专用汽车检测仪各 1 个； 工具车 1 台； 零件车 1 台。	必备

4. 考核时量

45分钟。

5. 评价标准

评价标准见下表。

转向灯的安装与检测评价标准

考核内容		配分	评分标准	扣分	得分
职业素养（20分）	安全意识	3	不执行安全操作规程，扣1.5分；		
			不具备安全操作技能，扣1.5分。		
			考生出现人伤械损等安全事故，造成恶劣影响的，本题考核计零分。		
	组织纪律	2	不服从考试安排，扣1分；		
			不遵守考场纪律，扣1分。		
	工作准备	3	未清点工具、量具及设备，扣1分；		
			未检查工量具状况，扣1分；		
			未清洁工具、仪器、设备，扣1分。		
	文明生产	12	着装不规范，每处扣1分，扣完为止；		
			工量具与零件混放，或摆放零乱，每次每处扣1分，扣完为止；		
			未安装必要的防护物品，每项扣0.5分，扣完为止；		
			油水洒落地面、或零部件表面或车漆表面未及时清理，每次扣1分，扣完为止；		
			有损害工具设备和工件的野蛮操作行为，扣2分；		
			竣工后，未整理、清洁工具设备、台架或车辆、工作场地，扣3分；		
			不服从考官、出言不逊，每次扣3分，扣完为止。		
			考生严重违反考场纪律，造成恶劣影响的，本题考核计零分。		
工作质量（80分）	技术手册使用	10	每查错或漏查1个数据扣3分，扣完为止。		
	工量具选择与使用	10	工量具或仪器设备选择不当每次扣2分，扣完为止；		
			工量具或仪器设备使用方法不正确，每次扣2分，扣完为止。		
	元器件的检测	20	不能判断转向灯开关端子，扣5分。		
			不能判断转向灯泡端子，每次扣3分。		
	线路连接及功能验证	30	在线路连接过程中就接入电源通电，扣10分。		
			线路连接方法不正确，扣5分。		
			线路连接错误，每处扣5分。		
			线路连接完成后，不进行检查就直接通电，扣10分。		
			线路连接完成后，不进行功能验证，扣10分		
			不能正确判断连接结果，扣5分		
	工单填写	10	装配方案（装配顺序或操作流程），每错一处扣1分，扣完为止；		
			操作记录字迹潦草扣2分；		
			工单填写不完整，每项扣1分，扣完为止。		
			电路图绘制错误，每项扣2分，扣完为止。		
合计		100			

项目十　危险报警灯的安装与检测

1. 试题编号：T-5-10

考核技能点编号：J-5-2*、J-5-3*、J-5-4*、J-5-5*、J-5-7*

2. 任务描述

本项目在实验台架上完成。通过查阅危险报警灯灯路系统的相关技术资料，完成危险警报灯开关的检测、危险警报灯泡的检测；完成灯路系统的线路连接；连接后的检查及功能验证；绘制所连接危险报警灯电路图，按要求填写好操作工单。

危险报警灯的安装与检测操作工单

一、场地及设备初步检查（考前对场地安全和设备的检查及准备）

1. 工量具检查准备；	
2. 仪器设备检查准备；	注：项目 1 至 3 不需要作记录
3. 技术资料检查准备；	

二、操作过程

1. 危险警报灯开关信号电压的检测
(1)输入电压信号：＿＿＿＿＿＿＿＿＿＿＿　　正常 □　　不正常 □
输出电压信号：＿＿＿＿＿＿＿＿＿＿＿　　正常 □　　不正常 □
2. 危险灯灯泡电阻的检测
(1)左前危险灯灯丝电阻：＿＿＿＿＿＿＿　　正常 □　　不正常 □
右前危险灯灯丝电阻：＿＿＿＿＿＿＿＿　　正常 □　　不正常 □
左后危险灯灯丝电阻：＿＿＿＿＿＿＿＿　　正常 □　　不正常 □
右后危险灯灯丝电阻：＿＿＿＿＿＿＿＿　　正常 □　　不正常 □
3. 画出所连接的危险警报灯电路图

4. 将元器件恢复到装配前的状态（不需要填写）

3. 实施条件

实施条件见下表。

危险报警灯的安装与检测实施条件

项目	实施条件	备注
场地	面积不小于 30 m²，照明、通风良好。	必备
设备	全车电路电器系统实训台架 1 台。	必备
工具	万用表，专用汽车检测仪各 1 个； 工具车 1 台； 零件车 1 台。	必备

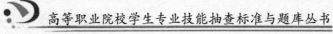

4. 考核时量

45分钟。

5. 评价标准

评价标准见下表。

危险报警灯的安装与检测评价标准

考核内容		配分	评分标准	扣分	得分
职业素养（20分）	安全意识	3	不执行安全操作规程,扣1.5分;		
			不具备安全操作技能,扣1.5分。		
			考生出现人伤械损等安全事故,造成恶劣影响的,本题考核计零分。		
	组织纪律	2	不服从考试安排,扣1分;		
			不遵守考场纪律,扣1分。		
	工作准备	3	未清点工具、量具及设备,扣1分;		
			未检查工量具状况,扣1分;		
			未清洁工具、仪器、设备,扣1分。		
	文明生产	12	着装不规范,每处扣1分,扣完为止;		
			工量具与零件混放、或摆放零乱,每次每处扣1分,扣完为止;		
			未安装必要的防护物品,每项扣0.5分,扣完为止;		
			油水洒落地面、或零部件表面或车漆表面未及时清理,每次扣1分,扣完为止;		
			有损害工具设备和工件的野蛮操作行为,扣2分;		
			竣工后,未整理、清洁工具设备、台架或车辆、工作场地,扣3分;		
			不服从考官、出言不逊,每次扣3分,扣完为止。		
			考生严重违反考场纪律,造成恶劣影响的,本题考核计零分。		
工作质量（80分）	技术手册使用	10	每查错或漏查1个数据扣3分,扣完为止。		
	工量具选择与使用	10	工量具或仪器设备选择不当每次扣2分,扣完为止;		
			工量具或仪器设备使用方法不正确,每次扣2分,扣完为止。		
	元器件的检测	20	不能判断危险警报灯开关端子,扣5分。		
			不能判断危险警报灯泡端子,每次扣3分。		
	线路连接及功能验证	30	在线路连接过程中就接入电源通电,扣10分。		
			线路连接方法不正确,扣5分。		
			线路连接错误,每处扣5分。		
			线路连接完成后,不进行检查就直接通电,扣10分。		
			线路连接完成后,不进行功能验证,扣10分		
			不能正确判断连接结果,扣5分		
	工单填写	10	装配方案(装配顺序或操作流程),每错一处扣1分,扣完为止;		
			操作记录字迹潦草扣2分;		
			工单填写不完整,每项扣1分,扣完为止;		
			电路图绘制错误,每项扣2分,扣完为止。		
合计		100			

项目十一　刹车灯的安装与检测

1. 试题编号：T-5-12

考核技能点编号：J-5-2*、J-5-3*、J-5-4*、J-5-5*、J-5-7*

2. 任务描述

本项目在实验台架上完成。通过查阅刹车灯灯路系统的相关技术资料，完成刹车灯开关端子的检测、刹车灯灯泡电阻的检测；完成灯路系统的线路连接；连接后的检查及功能验证；绘制所连接刹车灯电路图，按要求填写好操作工单。

刹车灯的安装与检测操作工单

一、场地及设备初步检查（考前对场地安全和设备的检查及准备）

1. 工量具检查准备；	
2. 仪器设备检查准备；	注：项目1至3不需要作记录
3. 技术资料检查准备；	

二、操作过程

1. 刹车开关信号电压的检测
(1)输入电压信号：＿＿＿＿＿＿＿＿＿　　正常 □　　不正常 □
输出电压信号：＿＿＿＿＿＿＿＿＿　　正常 □　　不正常 □
2. 刹车灯泡电阻的检测
(1)左刹车灯灯丝电阻：＿＿＿＿＿＿＿＿　　正常 □　　不正常 □
右侧刹车灯灯丝电阻：＿＿＿＿＿＿＿＿　　正常 □　　不正常 □
3. 画出所连接的刹车灯电路图

4. 将元器件恢复到装配前的状态（不需要填写）

3. 实施条件

实施条件见下表。

刹车灯的安装与检测实施条件

项目	实施条件	备注
场地	面积不小于 30 m²，照明、通风良好。	必备
设备	全车电路电器系统实训台架1台。	必备
工具	万用表，专用汽车检测仪各1个； 工具车1台； 零件车1台。	必备

4. 考核时量

45分钟。

5. 评价标准

评价标准见下表。

刹车灯的安装与检测评价标准

考核内容		配分	评分标准	扣分	得分
职业素养（20分）	安全意识	3	不执行安全操作规程，扣1.5分；		
			不具备安全操作技能，扣1.5分。		
			考生出现人伤械损等安全事故，造成恶劣影响的，本题考核计零分。		
	组织纪律	2	不服从考试安排，扣1分；		
			不遵守考场纪律，扣1分。		
	工作准备	3	未清点工具、量具及设备，扣1分；		
			未检查工量具状况，扣1分；		
			未清洁工具、仪器、设备，扣1分。		
	文明生产	12	着装不规范，每处扣1分，扣完为止；		
			工量具与零件混放、或摆放零乱，每次每处扣1分，扣完为止；		
			未安装必要的防护物品，每项扣0.5分，扣完为止；		
			油水洒落地面、或零部件表面或车漆表面未及时清理，每次扣1分，扣完为止；		
			有损害工具设备和工件的野蛮操作行为，扣2分；		
			竣工后，未整理、清洁工具设备、台架或车辆、工作场地，扣3分；		
			不服从考官、出言不逊，每次扣3分，扣完为止。		
			考生严重违反考场纪律，造成恶劣影响的，本题考核计零分。		
工作质量（80分）	技术手册使用	10	每查错或漏查1个数据扣3分，扣完为止。		
	工量具选择与使用	10	工量具或仪器设备选择不当每次扣2分，扣完为止；		
			工量具或仪器设备使用方法不正确，每次扣2分，扣完为止。		
	元器件的检测	20	不能判断刹车灯开关端子，扣5分。		
			不能判断刹车灯灯泡端子，每次扣3分。		
	线路连接及功能验证	30	在线路连接过程中就接入电源通电，扣10分。		
			线路连接方法不正确，扣5分。		
			线路连接错误，每处扣5分。		
			线路连接完成后，不进行检查就直接通电，扣10分。		
			线路连接完成后，不进行功能验证，扣10分		
			不能正确判断连接结果，扣5分		
	工单填写	10	装配方案（装配顺序或操作流程），每错一处扣1分，扣完为止；		
			操作记录字迹潦草扣2分；		
			工单填写不完整，每项扣1分，扣完为止。		
			电路图绘制错误，每项扣2分，扣完为止。		
合计		100			

项目十二 倒车灯的安装与检测

1. 试题编号：T-5-13

考核技能点编号：J-5-2*、J-5-3*、J-5-4*、J-5-5*、J-5-7*

2. 任务描述

本项目在实验台架上完成。通过查阅倒车灯灯路系统的相关技术资料,完成倒车灯开关端子的检测、倒车灯灯泡电阻的检测;完成灯路系统的线路连接;连接后的检查及功能验证;绘制所连接倒车灯电路图,按要求填写好操作工单。

倒车灯的安装与检测操作工单

一、场地及设备初步检查(考前对场地安全和设备的检查及准备)

1. 工量具检查准备;	
2. 仪器设备检查准备;	注:项目1至3不需要作记录
3. 技术资料检查准备;	

二、操作过程

1. 倒车开关信号电压的检测

(1)输入电压信号:＿＿＿＿＿＿＿＿＿　　　正常 □　　　不正常 □

输出电压信号:＿＿＿＿＿＿＿＿＿　　　正常 □　　　不正常 □

2. 倒车灯泡电阻的检测

(1)左倒车灯灯丝电阻:＿＿＿＿＿＿＿　　正常 □　　　不正常 □

右倒车灯灯丝电阻:＿＿＿＿＿＿＿　　正常 □　　　不正常 □

3. 画出所连接的倒车电路图

4. 将元器件恢复到装配前的状态(不需要填写)

3. 实施条件

实施条件见下表。

倒车灯的安装与检测实施条件

项目	实施条件	备注
场地	面积不小于 30 m²,照明、通风良好。	必备
设备	全车电路电器系统实训台架 1 台。	必备
工具	万用表,专用汽车检测仪各 1 个; 工具车 1 台; 零件车 1 台。	必备

4. 考核时量

45 分钟。

5. 评价标准

评价标准见下表。

倒车灯的安装与检测评价标准

考核内容		配分	评分标准	扣分	得分
职业素养（20分）	安全意识	3	不执行安全操作规程，扣1.5分；		
			不具备安全操作技能，扣1.5分。		
			考生出现人伤械损等安全事故，造成恶劣影响的，本题考核计零分。		
	组织纪律	2	不服从考试安排，扣1分；		
			不遵守考场纪律，扣1分。		
	工作准备	3	未清点工具、量具及设备，扣1分；		
			未检查工量具状况，扣1分；		
			未清洁工具、仪器、设备，扣1分。		
	文明生产	12	着装不规范，每处扣1分，扣完为止；		
			工量具与零件混放，或摆放零乱，每次每处扣1分，扣完为止；		
			未安装必要的防护物品，每项扣0.5分，扣完为止；		
			油水洒落地面、或零部件表面或车漆表面未及时清理，每次扣1分，扣完为止；		
			有损害工具设备和工件的野蛮操作行为，扣2分；		
			竣工后，未整理、清洁工具设备、台架或车辆、工作场地，扣3分；		
			不服从考官、出言不逊，每次扣3分，扣完为止。		
			考生严重违反考场纪律，造成恶劣影响的，本题考核计零分。		
工作质量（80分）	技术手册使用	10	每查错或漏查1个数据扣3分，扣完为止。		
	工量具选择与使用	10	工量具或仪器设备选择不当每次扣2分，扣完为止；		
			工量具或仪器设备使用方法不正确，每次扣2分，扣完为止。		
	元器件的检测	20	不能判断倒车灯开关端子，扣5分。		
			不能判断倒车灯灯泡电阻，每次扣3分。		
	线路连接及功能验证	30	在线路连接过程中就接入电源通电，扣10分。		
			线路连接方法不正确，扣5分。		
			线路连接错误，每处扣5分。		
			线路连接完成后，不进行检查就直接通电，扣10分。		
			线路连接完成后，不进行功能验证，扣10分		
			不能正确判断连接结果，扣5分		
	工单填写	10	装配方案(装配顺序或操作流程)，每错一处扣1分，扣完为止；		
			操作记录字迹潦草扣2分；		
			工单填写不完整，每项扣1分，扣完为止；		
			电路图绘制错误，每项扣2分，扣完为止。		
合计		100			

项目十三 仪表系统的安装与检测

1. 试题编号：T-5-19

考核技能点编号：J-5-2*、J-5-3*、J-5-4*、J-5-5*、J-5-7*

2. 任务描述

本项目在实验台架上完成。通过查阅仪表系统的相关技术资料，完成网关、仪表、诊断座等元器件的检测、完成仪表系统的线路连接；连接后的检查及转速表、车速表、水温表、燃油表、背景灯、警报声等各个仪表的功能验证；绘制所连接仪表系统电路图，按要求填写好操作工单。

仪表系统的安装与检测操作工单

一、场地及设备初步检查(考前对场地安全和设备的检查及准备)

1. 工量具检查准备;	
2. 仪器设备检查准备;	注:项目 1 至 3 不需要作记录
3. 技术资料检查准备;	

二、操作过程

  1. 网关端子的检测
  (1)CAN-L 信号:＿＿＿＿＿＿＿＿＿＿   (2)CAN-H 信号:＿＿＿＿＿＿＿＿＿＿
  (3)电源信号电压:＿＿＿＿＿＿＿＿   (4)搭铁信号电压:＿＿＿＿＿＿＿＿

  2. 仪表端子的检测
  (1)CAN-L 信号:＿＿＿＿＿＿＿＿＿＿   (2)CAN-H 信号:＿＿＿＿＿＿＿＿＿＿
  (3)电源信号电压:＿＿＿＿＿＿＿＿   (4)搭铁信号电压:＿＿＿＿＿＿＿＿

  3. 诊断座端子的检测
  (1)电源信号电压＿＿＿＿＿＿＿＿   (2)搭铁信号电压:＿＿＿＿＿＿＿＿
  (3)K 线信号电压＿＿＿＿＿＿＿＿

  4. 使用专用检测仪器检验仪表
  (1)转速表   正常 □   不正常 □
  (2)车速表   正常 □   不正常 □
  (3)水温表   正常 □   不正常 □
  (4)燃油表   正常 □   不正常 □
  (5)背景灯   正常 □   不正常 □
  (6)警报声   正常 □   不正常 □

  5. 画出所连接的仪表系统电路图

  6. 将元器件恢复到装配前的状态(不需要填写)

  3. 实施条件

  实施条件见下表。

仪表系统的安装与检测实施条件

项目	实施条件	备注
场地	面积不小于 30 m²,照明、通风良好。	必备
设备	全车电路电器系统实训台架 1 台。	必备
工具	万用表,专用汽车检测仪各 1 个; 工具车 1 台; 零件车 1 台。	必备

4. 考核时量

45 分钟。

5. 评价标准

评价标准见下表。

仪表系统的安装与检测评价标准

考核内容		配分	评分标准	扣分	得分
职业素养（20分）	安全意识	3	不执行安全操作规程,扣 1.5 分;		
			不具备安全操作技能,扣 1.5 分。		
			考生出现人伤械损等安全事故,造成恶劣影响的,本题考核计零分。		
	组织纪律	2	不服从考试安排,扣 1 分;		
			不遵守考场纪律,扣 1 分。		
	工作准备	3	未清点工具、量具及设备,扣 1 分;		
			未检查工量具状况,扣 1 分;		
			未清洁工具、仪器、设备,扣 1 分。		
	文明生产	12	着装不规范,每处扣 1 分,扣完为止;		
			工量具与零件混放、或摆放零乱,每次每处扣 1 分,扣完为止;		
			未安装必要的防护物品,每项扣 0.5 分,扣完为止;		
			油水洒落地面、或零部件表面或车漆表面未及时清理,每次扣 1 分,扣完为止;		
			有损害工具设备和工件的野蛮操作行为,扣 2 分;		
			竣工后,未整理、清洁工具设备、台架或车辆、工作场地,扣 3 分;		
			不服从考官、出言不逊,每次扣 3 分,扣完为止。		
			考生严重违反考场纪律,造成恶劣影响的,本题考核计零分。		
工作质量（80分）	技术手册使用	10	每查错或漏查 1 个数据扣 3 分,扣完为止。		
	工量具选择与使用	10	工量具或仪器设备选择不当每次扣 2 分,扣完为止;		
			工量具或仪器设备使用方法不正确,每次扣 2 分,扣完为止。		
	元器件的检测	20	不能正确对网关端子进行检测,扣 3～5 分。		
			不能正确对仪表端子进行检测,扣 3～5 分。		
			不能正确对诊断座端子进行检测,扣 3～5 分。		
	线路连接及功能验证	30	在线路连接过程中就接入电源通电,扣 10 分。		
			线路连接方法不正确,扣 5 分。		
			线路连接错误,每处扣 5 分。		
			线路连接完成后,不进行检查就直接通电,扣 10 分。		
			线路连接完成后,不进行功能验证,扣 10 分		
			不能正确判断连接结果,扣 5 分		
	工单填写	10	装配方案(装配顺序或操作流程),每错一处扣 1 分,扣完为止;		
			操作记录字迹潦草扣 2 分;		
			工单填写不完整,每项扣 1 分,扣完为止;		
			电路图绘制错误,每项扣 2 分,扣完为止。		
合计		100			

项目十四 喇叭系统的安装与检测

1. 试题编号：T-5-20

考核技能点编号：J-5-2*、J-5-3*、J-5-4*、J-5-5*、J-5-7*

2. 任务描述

本项目在实验台架上完成。通过查阅喇叭系统的相关技术资料，完成喇叭开关、喇叭等元器件的检测、完成喇叭系统的线路连接；连接后的检查及功能验证；绘制所连接喇叭系统电路图，按要求填写好操作工单。

喇叭系统的安装与检测操作工单

一、场地及设备初步检查（考前对场地安全和设备的检查及准备）

1. 工量具检查准备；	
2. 仪器设备检查准备；	注：项目1至3不需要作记录
3. 技术资料检查准备；	

二、操作过程

1. 喇叭开关端子的检测

测量值：＿＿＿＿＿＿＿＿＿　　　正常　☐　　　　不正常　☐

2. 喇叭端子的检测

测量值：＿＿＿＿＿＿＿＿＿　　　正常　☐　　　　不正常　☐

3. 画出所连接的喇叭系统电路图

4. 将元器件恢复到装配前的状态（不需要填写）

3. 实施条件

实施条件见下表。

危险报警灯的安装与检测实施条件

项目	实施条件	备注
场地	面积不小于 30 m²，照明、通风良好。	必备
设备	全车电路电器系统实训台架1台。	必备
工具	万用表，专用汽车检测仪各1个； 工具车1台； 零件车1台。	必备

4. 考核时量

45 分钟。

5. 评价标准

评价标准见下表。

喇叭系统的安装与检测评价标准

考核内容		配分	评分标准	扣分	得分
职业素养（20分）	安全意识	3	不执行安全操作规程，扣1.5分；		
			不具备安全操作技能，扣1.5分。		
			考生出现人伤械损等安全事故，造成恶劣影响的，本题考核计零分。		
	组织纪律	2	不服从考试安排，扣1分；		
			不遵守考场纪律，扣1分。		
	工作准备	3	未清点工具、量具及设备，扣1分；		
			未检查工量具状况，扣1分；		
			未清洁工具、仪器、设备，扣1分。		
	文明生产	12	着装不规范，每处扣1分，扣完为止；		
			工量具与零件混放、或摆放零乱，每次每处扣1分，扣完为止；		
			未安装必要的防护物品，每项扣0.5分，扣完为止；		
			油水洒落地面、或零部件表面或车漆表面未及时清理，每次扣1分，扣完为止；		
			有损害工具设备和工件的野蛮操作行为，扣2分；		
			竣工后，未整理、清洁工具设备、台架或车辆、工作场地，扣3分；		
			不服从考官、出言不逊，每次扣3分，扣完为止。		
			考生严重违反考场纪律，造成恶劣影响的，本题考核计零分。		
工作质量（80分）	技术手册使用	10	每查错或漏查1个数据扣3分，扣完为止。		
	工量具选择与使用	10	工量具或仪器设备选择不当每次扣2分，扣完为止；		
			工量具或仪器设备使用方法不正确，每次扣2分，扣完为止。		
	元器件的检测	20	不能正确对喇叭开关端子进行检测，扣3~5分。		
			不能正确对喇叭端子进行检测，扣3~5分。		
	线路连接及功能验证	30	在线路连接过程中就接入电源通电，扣10分。		
			线路连接方法不正确，扣5分。		
			线路连接错误，每处扣5分。		
			线路连接完成后，不进行检查就直接通电，扣10分。		
			线路连接完成后，不进行功能验证，扣10分		
			不能正确判断连接结果，扣5分		
	工单填写	10	装配方案（装配顺序或操作流程），每错一处扣1分，扣完为止；		
			操作记录字迹潦草扣2分；		
			工单填写不完整，每项扣1分，扣完为止；		
			电路图绘制错误，每项扣2分，扣完为止。		
合计		100			

项目十五　电动雨刮器系统的安装与检测

1. 试题编号：T-5-22

考核技能点编号：J-5-2*、J-5-3*、J-5-4*、J-5-5*、J-5-7*

2. 任务描述

本项目在实验台架上完成。通过查阅电动雨刮器系统的相关技术资料,完成控制单元、电动雨刮器等元器件的检测、完成电动雨刮器系统的线路连接;连接后的检查及功能验证;绘制所连接电动雨刮器系统电路图,按要求填写好操作工单。

电动雨刮器系统的安装与检测操作工单

一、场地及设备初步检查(考前对场地安全和设备的检查及准备)

1. 工量具检查准备;	
2. 仪器设备检查准备;	注:项目1至3不需要作记录
3. 技术资料检查准备;	

二、操作过程

　　1. 控制线路的检测

　　(1)电源线电压测量值:_____　　正常 ☐　　　　不正常 ☐

　　(2)搭铁线测量值:_____　　正常 ☐　　　　不正常 ☐

　　(3)低速控制端子测量值:_____　　正常 ☐　　　　不正常 ☐

　　(4)高速控制端子测量值:_____　　正常 ☐　　　　不正常 ☐

　　(5)复位端子测量值:_____　　正常 ☐　　　　不正常 ☐

　　2. 电动雨刮器的检测

　　(1)低速档电阻测量值:_____　　正常 ☐　　　　不正常 ☐

　　(2)高速档电阻测量值:_____　　正常 ☐　　　　不正常 ☐

　　(3)复位端子电阻测量值:_____　　正常 ☐　　　　不正常 ☐

　　3. 画出所连接的电动雨刮器系统电路图

　　4. 将元器件恢复到装配前的状态(不需要填写)

3. 实施条件

实施条件见下表。

电动雨刮器系统的安装与检测实施条件

项目	实施条件	备注
场地	面积不小于 30 m²,照明、通风良好。	必备
设备	全车电路电器系统实训台架 1 台。	必备
工具	万用表,专用汽车检测仪各 1 个; 工具车 1 台; 零件车 1 台。	必备

4. 考核时量

45 分钟。

5. 评价标准

评价标准见下表。

电动雨刮器系统的安装与检测评价标准

考核内容		配分	评分标准	扣分	得分
职业素养（20分）	安全意识	3	不执行安全操作规程,扣1.5分;		
			不具备安全操作技能,扣1.5分。		
			考生出现人伤械损等安全事故,造成恶劣影响的,本题考核计零分。		
	组织纪律	2	不服从考试安排,扣1分;		
			不遵守考场纪律,扣1分。		
	工作准备	3	未清点工具、量具及设备,扣1分;		
			未检查工量具状况,扣1分;		
			未清洁工具、仪器、设备,扣1分。		
	文明生产	12	着装不规范,每处扣1分,扣完为止;		
			工量具与零件混放、或摆放零乱,每次每处扣1分,扣完为止;		
			未安装必要的防护物品,每项扣0.5分,扣完为止;		
			油水洒落地面、或零部件表面或车漆表面未及时清理,每次扣1分,扣完为止;		
			有损害工具设备和工件的野蛮操作行为,扣2分;		
			竣工后,未整理、清洁工具设备、台架或车辆、工作场地,扣3分;		
			不服从考官、出言不逊,每次扣3分,扣完为止。		
			考生严重违反考场纪律,造成恶劣影响的,本题考核计零分。		
工作质量（80分）	技术手册使用	10	每查错或漏查1个数据扣3分,扣完为止。		
	工量具选择与使用	10	工量具或仪器设备选择不当每次扣2分,扣完为止;		
			工量具或仪器设备使用方法不正确,每次扣2分,扣完为止。		
	元器件的检测	20	不能正确对控制单元进行检测,扣3~5分。		
			不能正确对电动雨刮器端子进行检测,扣3~5分。		
	线路连接及功能验证	30	在线路连接过程中就接入电源通电,扣10分。		
			线路连接方法不正确,扣5分。		
			线路连接错误,每处扣5分。		
			线路连接完成后,不进行检查就直接通电,扣10分。		
			线路连接完成后,不进行功能验证,扣10分		
			不能正确判断连接结果,扣5分		
	工单填写	10	装配方案(装配顺序或操作流程),每错一处扣1分,扣完为止;		
			操作记录字迹潦草扣2分;		
			工单填写不完整,每项扣1分,扣完为止。		
			电路图绘制错误,每项扣2分,扣完为止。		
合计		100			

项目十六 防盗报警系统的安装与检测

1. **试题编号**：T-5-23

考核技能点编号：J-5-2*、J-5-3*、J-5-4*、J-5-5*、J-5-7*

2. **任务描述**

本项目在实验台架上完成。通过查阅防盗报警系统的相关技术资料，完成网关、防盗报警等元器件的检测、完成防盗报警系统的线路连接；连接后的检查及功能验证；绘制所连接防盗报警系统电路图，按要求填写好操作工单。

防盗报警系统的安装与检测操作工单

一、场地及设备初步检查（考前对场地安全和设备的检查及准备）

1. 工量具检查准备；	注：项目 1 至 3 不需要作记录
2. 仪器设备检查准备；	
3. 技术资料检查准备；	

二、操作过程

1. 开关端子的检测

(1)输入端子号：＿＿＿＿＿＿＿＿＿＿＿   (2)输出端子号：＿＿＿＿＿＿＿＿＿＿＿

2. 防盗报警端子的检测

(1)位置端子号：＿＿＿＿＿＿＿＿＿＿＿   (2)位置端子号：＿＿＿＿＿＿＿＿＿＿＿

3. 画出所连接的防盗报警系统电路图

4. 将元器件恢复到装配前的状态（不需要填写）

3. **实施条件**

实施条件见下表。

防盗报警系统的安装与检测实施条件

项目	实施条件	备注
场地	面积不小于 30 m²，照明、通风良好。	必备
设备	全车电路电器系统实训台架 1 台。	必备
工具	万用表，专用汽车检测仪各 1 个； 工具车 1 台； 零件车 1 台。	必备

4. **考核时量**

45 分钟。

5. 评价标准

评价标准见下表。

防盗报警系统的安装与检测评价标准

考核内容		配分	评分标准	扣分	得分
职业素养（20分）	安全意识	3	不执行安全操作规程，扣1.5分；		
			不具备安全操作技能，扣1.5分。		
			考生出现人伤械损等安全事故，造成恶劣影响的，本题考核计零分。		
	组织纪律	2	不服从考试安排，扣1分；		
			不遵守考场纪律，扣1分。		
	工作准备	3	未清点工具、量具及设备，扣1分；		
			未检查工量具状况，扣1分；		
			未清洁工具、仪器、设备，扣1分。		
	文明生产	12	着装不规范，每处扣1分，扣完为止；		
			工量具与零件混放，或摆放零乱，每次每处扣1分，扣完为止；		
			未安装必要的防护物品，每项扣0.5分，扣完为止；		
			油水洒落地面、或零部件表面或车漆表面未及时清理，每次扣1分，扣完为止；		
			有损害工具设备和工件的野蛮操作行为，扣2分；		
			竣工后，未整理、清洁工具设备、台架或车辆、工作场地，扣3分；		
			不服从考官、言言不逊，每次扣3分，扣完为止。		
			考生严重违反考场纪律，造成恶劣影响的，本题考核计零分。		
工作质量（80分）	技术手册使用	10	每查错或漏查1个数据扣3分，扣完为止。		
	工量具选择与使用	10	工量具或仪器设备选择不当每次扣2分，扣完为止；		
			工量具或仪器设备使用方法不正确，每次扣2分，扣完为止。		
	元器件的检测	20	不能正确对网关端子进行检测，扣3～5分。		
			不能正确对防盗报警端子进行检测，扣3～5分。		
	线路连接及功能验证	30	在线路连接过程中就接入电源通电，扣10分。		
			线路连接方法不正确，扣5分。		
			线路连接错误，每处扣5分。		
			线路连接完成后，不进行检查就直接通电，扣10分。		
			线路连接完成后，不进行功能验证，扣10分		
			不能正确判断连接结果，扣5分		
	工单填写	10	装配方案（装配顺序或操作流程），每错一处扣1分，扣完为止；		
			操作记录字迹潦草扣2分；		
			工单填写不完整，每项扣1分，扣完为止；		
			电路图绘制错误，每项扣2分，扣完为止。		
合计		100			

项目十七　电动车窗系统的安装与检测

1. 试题编号：T-5-24

考核技能点编号：J-5-2*、J-5-3*、J-5-4*、J-5-5*、J-5-7*

2. 任务描述

本项目在实验台架上完成。通过查阅电动车窗系统的相关技术资料,完成控制单元、网关、电动车窗等元器件的检测、完成电动车窗系统的线路连接;连接后的检查及功能验证;绘制所连接电动车窗系统电路图,按要求填写好操作工单。

电动车窗系统的安装与检测操作工单

一、场地及设备初步检查(考前对场地安全和设备的检查及准备)

1. 工量具检查准备;	
2. 仪器设备检查准备;	注:项目 1 至 3 不需要作记录
3. 技术资料检查准备;	

二、操作过程

    1. 控制线路端子的检测
    (1)电源线端子号:_____
    (2)搭铁线端子号:_____
    (3)电机接线端子号:_____
    (4)上升接线端子号:_____
    (5)下降接线端子号:_____
    2. 画出所连接的电动车窗系统电路图

    3. 将元器件恢复到装配前的状态(不需要填写)

3. 实施条件

实施条件见下表。

电动车窗系统的安装与检测实施条件

项目	实施条件	备注
场地	面积不小于 30 m²,照明、通风良好。	必备
设备	全车电路电器系统实训台架 1 台。	必备
工具	万用表,专用汽车检测仪各 1 个; 工具车 1 台; 零件车 1 台。	必备

4. 考核时量

45 分钟。

5. 评价标准

评价标准见下表。

电动车窗系统的安装与检测评价标准

考核内容		配分	评分标准	扣分	得分
职业素养（20分）	安全意识	3	不执行安全操作规程，扣1.5分；		
			不具备安全操作技能，扣1.5分。		
			考生出现人伤械损等安全事故，造成恶劣影响的，本题考核计零分。		
	组织纪律	2	不服从考试安排，扣1分；		
			不遵守考场纪律，扣1分。		
	工作准备	3	未清点工具、量具及设备，扣1分；		
			未检查工量具状况，扣1分；		
			未清洁工具、仪器、设备，扣1分。		
	文明生产	12	着装不规范，每处扣1分，扣完为止；		
			工量具与零件混放、或摆放零乱，每次每处扣1分，扣完为止；		
			未安装必要的防护物品，每项扣0.5分，扣完为止；		
			油水洒落地面、或零部件表面或车漆表面未及时清理，每次扣1分，扣完为止；		
			有损害工具设备和工件的野蛮操作行为，扣2分；		
			竣工后，未整理、清洁工具设备、台架或车辆、工作场地，扣3分；		
			不服从考官、出言不逊，每次扣3分，扣完为止。		
			考生严重违反考场纪律，造成恶劣影响的，本题考核计零分。		
工作质量（80分）	技术手册使用	10	每查错或漏查1个数据扣3分，扣完为止。		
	工量具选择与使用	10	工量具或仪器设备选择不当每次扣2分，扣完为止；		
			工量具或仪器设备使用方法不正确，每次扣2分，扣完为止。		
	元器件的检测	20	不能正确对控制单元进行检测，扣3~5分；		
			不能正确对网关端子进行检测，扣3~5分；		
			不能正确对电动车窗端子进行检测，扣3~5分。		
	线路连接及功能验证	30	在线路连接过程中就接入电源通电，扣10分。		
			线路连接方法不正确，扣5分。		
			线路连接错误，每处扣5分。		
			线路连接完成后，不进行检查就直接通电，扣10分。		
			线路连接完成后，不进行功能验证，扣10分		
			不能正确判断连接结果，扣5分		
	工单填写	10	装配方案（装配顺序或操作流程），每错一处扣1分，扣完为止；		
			操作记录字迹潦草扣2分；		
			工单填写不完整，每项扣1分，扣完为止。		
			电路图绘制错误，每项扣2分，扣完为止。		
合计		100			

项目十八　电动后视镜系统的安装与检测

1. **试题编号**：T-5-25

考核技能点编号：J-5-2* 、J-5-3* 、J-5-4* 、J-5-5* 、J-5-7*

2. **任务描述**

本项目在实验台架上完成。通过查阅电动后视镜系统的相关技术资料，完成控制单元、网关、电动后视镜等元器件的检测、完成电动后视镜系统的线路连接;连接后的检查及功能验证;绘制所连接电动后视镜系统电路图,按要求填写好操作工单。

电动后视镜系统的安装与检测操作工单

一、场地及设备初步检查(考前对场地安全和设备的检查及准备)

1. 工量具检查准备;	
2. 仪器设备检查准备;	注:项目1至3不需要作记录
3. 技术资料检查准备;	

二、操作过程

1. 控制线路端子的检测
(1)电源线端子号:＿＿＿＿＿＿＿＿＿＿
(2)搭铁线端子号:＿＿＿＿＿＿＿＿＿＿
(3)上下公共接线端子号:＿＿＿＿＿＿＿＿＿＿
(4)上下位置电机接线端子号:＿＿＿＿＿＿＿＿＿＿
(5)左右公共接线端子号:＿＿＿＿＿＿＿＿＿＿
(6)左右位置电机接线端子号:＿＿＿＿＿＿＿＿＿＿
2. 画出所连接的电动后视镜系统电路图

3. 将元器件恢复到装配前的状态(不需要填写)

3. 实施条件
实施条件见下表。

电动后视镜系统的安装与检测实施条件

项目	实施条件	备注
场地	面积不小于 30 m², 照明、通风良好。	必备
设备	全车电路电器系统实训台架 1 台。	必备
工具	万用表,专用汽车检测仪各 1 个; 工具车 1 台; 零件车 1 台。	必备

4. 考核时量
45 分钟。
5. 评价标准
评价标准见下表。

电动后视镜系统的安装与检测评价标准

考核内容		配分	评分标准	扣分	得分
职业素养（20分）	安全意识	3	不执行安全操作规程,扣1.5分;		
			不具备安全操作技能,扣1.5分。		
			考生出现人伤械损等安全事故,造成恶劣影响的,本题考核计零分。		
	组织纪律	2	不服从考试安排,扣1分;		
			不遵守考场纪律,扣1分。		
	工作准备	3	未清点工具、量具及设备,扣1分;		
			未检查工量具状况,扣1分;		
			未清洁工具、仪器、设备,扣1分。		
	文明生产	12	着装不规范,每处扣1分,扣完为止;		
			工量具与零件混放、或摆放零乱,每次每处扣1分,扣完为止;		
			未安装必要的防护物品,每项扣0.5分,扣完为止;		
			油水洒落地面、或零部件表面或车漆表面未及时清理,每次扣1分,扣完为止;		
			有损害工具设备和工件的野蛮操作行为,扣2分;		
			竣工后,未整理、清洁工具设备、台架或车辆、工作场地,扣3分;		
			不服从考官、出言不逊,每次扣3分,扣完为止。		
			考生严重违反考场纪律,造成恶劣影响的,本题考核计零分。		
工作质量（80分）	技术手册使用	10	每查错或漏查1个数据扣3分,扣完为止。		
	工量具选择与使用	10	工量具或仪器设备选择不当每次扣2分,扣完为止;		
			工量具或仪器设备使用方法不正确,每次扣2分,扣完为止。		
	元器件的检测	20	不能正确对控制单元进行检测,扣3~5分;		
			不能正确对网关端子进行检测,扣3~5分。		
			不能正确对电动后视镜端子进行检测,扣3~5分。		
	线路连接及功能验证	30	在线路连接过程中就接入电源通电,扣10分。		
			线路连接方法不正确,扣5分。		
			线路连接错误,每处扣5分。		
			线路连接完成后,不进行检查就直接通电,扣10分。		
			线路连接完成后,不进行功能验证,扣10分		
			不能正确判断连接结果,扣5分		
	工单填写	10	装配方案(装配顺序或操作流程),每错一处扣1分,扣完为止;		
			操作记录字迹潦草扣2分;		
			工单填写不完整,每项扣1分,扣完为止;		
			电路图绘制错误,每项扣2分,扣完为止。		
合计		100			

项目十九　中央门锁系统的安装与检测

1. 试题编号：T-5-26

考核技能点编号：J-5-2*、J-5-3*、J-5-4*、J-5-5*、J-5-7*

2. 任务描述

本项目在实验台架上完成。通过查阅中央门锁系统的相关技术资料,完成控制单元、网关、中央门锁等元器件的检测、完成中央门锁系统的线路连接；连接后的检查及功能验证；绘制所连接中央门锁系统电路图，按要求填写好操作工单。

中央门锁系统的安装与检测操作工单

一、场地及设备初步检查（考前对场地安全和设备的检查及准备）

1. 工量具检查准备；	
2. 仪器设备检查准备；	注：项目1至3不需要作记录
3. 技术资料检查准备；	

二、操作过程

1. 控制线路检测
(1)电源线信号电压（请标注端子号）：＿＿＿＿＿＿＿＿＿＿
正常 □　　　　　不正常 □
(2)搭铁线信号电压（请标注端子号）：＿＿＿＿＿＿＿＿＿＿
正常 □　　　　　不正常 □
2. 使用专用检测仪器检测
(1)左前门锁电机状态：　　开 □　　　关 □
(2)右前门锁电机状态：　　开 □　　　关 □
(3)左后门锁电机状态：　　开 □　　　关 □
(4)右后门锁电机状态：　　开 □　　　关 □
3. 画出所连接的中央门锁系统电路图

4. 将元器件恢复到装配前的状态（不需要填写）

3. 实施条件
实施条件见下表。

中央门锁系统的安装与检测实施条件

项目	实施条件	备注
场地	面积不小于 30 m²，照明、通风良好。	必备
设备	全车电路电器系统实训台架1台。	必备
工具	万用表，专用汽车检测仪各1个； 工具车1台； 零件车1台。	必备

4. 考核时量
45分钟。

5. 评价标准

评价标准见下表。

中央门锁系统的安装与检测评价标准

考核内容		配分	评分标准	扣分	得分
职业素养（20分）	安全意识	3	不执行安全操作规程，扣1.5分；		
			不具备安全操作技能，扣1.5分。		
			考生出现人伤械损等安全事故，造成恶劣影响的，本题考核计零分。		
	组织纪律	2	不服从考试安排，扣1分；		
			不遵守考场纪律，扣1分。		
	工作准备	3	未清点工具、量具及设备，扣1分；		
			未检查工量具状况，扣1分；		
			未清洁工具、仪器、设备，扣1分。		
	文明生产	12	着装不规范，每处扣1分，扣完为止；		
			工量具与零件混放、或摆放零乱，每次每处扣1分，扣完为止；		
			未安装必要的防护物品，每项扣0.5分，扣完为止；		
			油水洒落地面、或零部件表面或车漆表面未及时清理，每次扣1分，扣完为止；		
			有损害工具设备和工件的野蛮操作行为，扣2分；		
			竣工后，未整理、清洁工具设备、台架或车辆、工作场地，扣3分；		
			不服从考官、出言不逊，每次扣3分，扣完为止。		
			考生严重违反考场纪律，造成恶劣影响的，本题考核计零分。		
工作质量（80分）	技术手册使用	10	每查错或漏查1个数据扣3分，扣完为止。		
	工量具选择与使用	10	工量具或仪器设备选择不当每次扣2分，扣完为止；		
			工量具或仪器设备使用方法不正确，每次扣2分，扣完为止。		
	元器件的检测	20	不能正确对控制单元进行检测，扣3~5分。		
			不能正确对网关端子进行检测，扣3~5分。		
			不能正确对中央门锁端子进行检测，扣3~5分。		
	线路连接及功能验证	30	在线路连接过程中就接入电源通电，扣10分。		
			线路连接方法不正确，扣5分。		
			线路连接错误，每处扣5分。		
			线路连接完成后，不进行检查就直接通电，扣10分。		
			线路连接完成后，不进行功能验证，扣10分		
			不能正确判断连接结果，扣5分		
	工单填写	10	装配方案（装配顺序或操作流程），每错一处扣1分，扣完为止；		
			操作记录字迹潦草扣2分；		
			工单填写不完整，每项扣1分，扣完为止。		
			电路图绘制错误，每项扣2分，扣完为止。		
合计		100			

项目二十　倒车雷达（影像）系统的安装与检测

1. 试题编号：T-5-29

考核技能点编号：J-5-2*、J-5-3*、J-5-4*、J-5-5*、J-5-7*

2. 任务描述

本项目在实验台架上完成。通过查阅倒车雷达(影像)系统的相关技术资料,完成倒车雷达(影像)元器件的检测、完成倒车雷达(影像)系统的线路连接;连接后的检查及功能验证;绘制所连接倒车雷达(影像)系统电路图,按要求填写好操作工单。

倒车雷达(影像)系统的安装与检测操作工单

一、场地及设备初步检查(考前对场地安全和设备的检查及准备)

1. 工量具检查准备;	
2. 仪器设备检查准备;	注:项目1至3不需要作记录
3. 技术资料检查准备;	

二、操作过程

1. 倒车雷达(影像)电压检测
(1)电源信号电压:＿＿＿＿＿＿＿＿＿＿＿＿
(2)搭铁信号电压:＿＿＿＿＿＿＿＿＿＿＿＿
(3)输入信号电压:＿＿＿＿＿＿＿＿＿＿＿＿
2. 画出所连接的倒车雷达(影像)系统电路图

3. 将元器件恢复到装配前的状态(不需要填写)

3. 实施条件

实施条件见下表。

倒车雷达(影像)系统的安装与检测实施条件

项目	实施条件	备注
场地	面积不小于 30 m²,照明、通风良好。	必备
设备	全车电路电器系统实训台架 1 台。	必备
工具	万用表,专用汽车检测仪各 1 个; 工具车 1 台; 零件车 1 台。	必备

4. 考核时量

45 分钟。

5. 评价标准

评价标准见下表。

倒车雷达（影像）系统的安装与检测评价标准

考核内容		配分	评分标准	扣分	得分
职业素养（20分）	安全意识	3	不执行安全操作规程，扣1.5分；		
			不具备安全操作技能，扣1.5分。		
			考生出现人伤械损等安全事故，造成恶劣影响的，本题考核计零分。		
	组织纪律	2	不服从考试安排，扣1分；		
			不遵守考场纪律，扣1分。		
	工作准备	3	未清点工具、量具及设备，扣1分；		
			未检查工量具状况，扣1分；		
			未清洁工具、仪器、设备，扣1分。		
	文明生产	12	着装不规范，每处扣1分，扣完为止；		
			工量具与零件混放、或摆放零乱，每次每处扣1分，扣完为止；		
			未安装必要的防护物品，每项扣0.5分，扣完为止；		
			油水洒落地面、或零部件表面或车漆表面未及时清理，每次扣1分，扣完为止；		
			有损害工具设备和工件的野蛮操作行为，扣2分；		
			竣工后，未整理、清洁工具设备、台架或车辆、工作场地，扣3分；		
			不服从考官、出言不逊，每次扣3分，扣完为止。		
			考生严重违反考场纪律，造成恶劣影响的，本题考核计零分。		
工作质量（80分）	技术手册使用	10	每查错或漏查1个数据扣3分，扣完为止。		
	工量具选择与使用	10	工量具或仪器设备选择不当每次扣2分，扣完为止；		
			工量具或仪器设备使用方法不正确，每次扣2分，扣完为止。		
	元器件的检测	20	不能正确对倒车雷达（影像）进行检测，扣3～5分。		
	线路连接及功能验证	30	在线路连接过程中就接入电源通电，扣10分。		
			线路连接方法不正确，扣5分。		
			线路连接错误，每处扣5分。		
			线路连接完成后，不进行检查就直接通电，扣10分。		
			线路连接完成后，不进行功能验证，扣10分		
			不能正确判断连接结果，扣5分		
	工单填写	10	装配方案（装配顺序或操作流程），每错一处扣1分，扣完为止；		
			操作记录字迹潦草扣2分；		
			工单填写不完整，每项扣1分，扣完为止；		
			电路图绘制错误，每项扣2分，扣完为止。		
合计		100			

项目二十一　电动座椅系统的安装与检测

1. 试题编号：T-5-32

考核技能点编号：J-5-2*、J-5-3*、J-5-4*、J-5-5*、J-5-7*

2. 任务描述

本项目在实验台架上完成。通过查阅电动座椅系统的相关技术资料，完成控制单元、网关、电动座椅等元器件的检测、完成电动座椅系统的线路连接；连接后的检查及功能验证；绘制所连接电动座椅系统电路图,按要求填写好操作工单。

电动座椅系统的安装与检测操作工单

一、场地及设备初步检查(考前对场地安全和设备的检查及准备)

1. 工量具检查准备;	
2. 仪器设备检查准备;	注:项目1至3不需要作记录
3. 技术资料检查准备;	

二、操作过程

　　1. 控制线路端子的检测
　　(1)电源线端子号:＿＿＿＿＿＿＿＿＿＿＿
　　(2)搭铁线端子号:＿＿＿＿＿＿＿＿＿＿＿
　　(3)上下公共接线端子号:＿＿＿＿＿＿＿＿＿＿＿
　　(4)上下位置电机接线端子号:＿＿＿＿＿＿＿＿＿＿＿
　　(5)左右公共接线端子号:＿＿＿＿＿＿＿＿＿＿＿
　　(6)左右位置电机接线端子号:＿＿＿＿＿＿＿＿＿＿＿
　　2. 画出所连接的电动座椅系统电路图

　　3. 将元器件恢复到装配前的状态(不需要填写)

　　3. 实施条件
　　实施条件见下表。

电动座椅系统的安装与检测实施条件

项目	实施条件	备注
场地	面积不小于 30 m²,照明、通风良好。	必备
设备	全车电路电器系统实训台架 1 台。	必备
工具	万用表,专用汽车检测仪各 1 个; 工具车 1 台; 零件车 1 台。	必备

　　4. 考核时量
　　45 分钟。
　　5. 评价标准
　　评价标准见下表。

电动座椅系统的安装与检测评价标准

考核内容		配分	评分标准	扣分	得分
职业素养（20分）	安全意识	3	不执行安全操作规程，扣1.5分；		
			不具备安全操作技能，扣1.5分；		
			考生出现人伤械损等安全事故，造成恶劣影响的，本题考核计零分。		
	组织纪律	2	不服从考试安排，扣1分；		
			不遵守考场纪律，扣1分。		
	工作准备	3	未清点工具、量具及设备，扣1分；		
			未检查工量具状况，扣1分；		
			未清洁工具、仪器、设备，扣1分。		
	文明生产	12	着装不规范，每处扣1分，扣完为止；		
			工量具与零件混放、或摆放零乱，每次每处扣1分，扣完为止；		
			未安装必要的防护物品，每项扣0.5分，扣完为止；		
			油水洒落地面、或零部件表面或车漆表面未及时清理，每次扣1分，扣完为止；		
			有损害工具设备和工件的野蛮操作行为，扣2分；		
			竣工后，未整理、清洁工具设备、台架或车辆、工作场地，扣3分；		
			不服从考官、出言不逊，每次扣3分，扣完为止。		
			考生严重违反考场纪律，造成恶劣影响的，本题考核计零分。		
工作质量（80分）	技术手册使用	10	每查错或漏查1个数据扣3分，扣完为止。		
	工量具选择与使用	10	工量具或仪器设备选择不当每次扣2分，扣完为止；		
			工量具或仪器设备使用方法不正确，每次扣2分，扣完为止。		
	元器件的检测	20	不能正确对控制单元进行检测，扣3~5分。		
			不能正确对网关端子进行检测，扣3~5分。		
			不能正确对电动座椅端子进行检测，扣3~5分。		
	线路连接及功能验证	30	在线路连接过程中就接入电源通电，扣10分。		
			线路连接方法不正确，扣5分。		
			线路连接错误，每处扣5分。		
			线路连接完成后，不进行检查就直接通电，扣10分。		
			线路连接完成后，不进行功能验证，扣10分。		
			不能正确判断连接结果，扣5分。		
	工单填写	10	装配方案（装配顺序或操作流程），每错一处扣1分，扣完为止；		
			操作记录字迹潦草扣2分；		
			工单填写不完整，每项扣1分，扣完为止；		
			电路图绘制错误，每项扣2分，扣完为止。		
合计		100			

项目二十二　空调鼓风机的安装与检测

1. 试题编号：T-5-35

考核技能点编号：J-4-2*、J-5-1*、J-5-2*、J-5-3*、J-5-4*、J-5-5*

2. 任务描述

本项目主要测试学生对空调鼓风机及调速电阻进行安装、检测的能力，本项目分在实车和在工作台上两部分完成。首先在工作台上通过查阅相关技术资料,完成对鼓风机及调速电阻的外观、叶片、平衡配重的检测,之后使用万用表对鼓风机电极及调速电阻进行检测并判断其性能好坏;然后在实车上完成空调鼓风机及调速电阻的安装,最后按要求将零部件恢复到装配前的状态,并填写好操作工单。

空调鼓风机的安装与检测操作工单

一、场地及设备初步检查(考前对场地安全和设备的检查及准备)

1. 工量具检查准备;	
2. 仪器设备检查准备;	注:项目1至3不需要作记录
3. 技术资料检查准备;	

二、操作过程

　　1. 空调鼓风机外观检查是否正常
正常 □　　　　非正常 □
若非正常请描绘具体问题:

　　2. 空调鼓风机的检测并判断其性能好坏:

　　3. 调速电阻的检测并判断其性能好坏:

　　4. 空调鼓风机及调速电阻的安装步骤:

　　5. 将空调鼓风机及调速电阻恢复到装配前的状态(不需要填写)

　　3. 实施条件
　　实施条件见下表。

空调鼓风机的安装与检测实施条件

项目	实施条件	备注
场地	面积不小于 50 m²,照明、通风良好。	必备
设备	汽车1台; 鼓风机及调速电阻1个。	必备
工具	万用表1个; 工具车1台; 零件车1台。	必备

4. 考核时量

45分钟。

5. 评价标准

评价标准见下表。

空调鼓风机的安装与检测评价标准

考核内容		配分	评分标准	扣分	得分
职业素养（20分）	安全意识	3	不执行安全操作规程,扣1.5分;		
			不具备安全操作技能,扣1.5分。		
			考生出现人伤械损等安全事故,造成恶劣影响的,本题考核计零分。		
	组织纪律	2	不服从考试安排,扣1分;		
			不遵守考场纪律,扣1分。		
	工作准备	3	未清点工具、量具及设备,扣1分;		
			未检查工量具状况,扣1分;		
			未清洁工具、仪器、设备,扣1分。		
	文明生产	12	着装不规范,每处扣1分,扣完为止;		
			工量具与零件混放、或摆放零乱,每次每处扣1分,扣完为止;		
			未安装必要的防护物品,每项扣0.5分,扣完为止;		
			油水洒落地面、或零部件表面或车漆表面未及时清理,每次扣1分,扣完为止;		
			有损害工具设备和工件的野蛮操作行为,扣2分;		
			竣工后,未整理、清洁工具设备、台架或车辆、工作场地,扣3分;		
			不服从考官、出言不逊,每次扣3分,扣完为止。		
			考生严重违反考场纪律,造成恶劣影响的,本题考核计零分。		
工作质量（80分）	技术手册使用	10	每查错或漏查1个数据扣3分,扣完为止。		
	工量具选择与使用	10	工量具或仪器设备选择不当每次扣2分,扣完为止;		
			工量具或仪器设备使用方法不正确,每次扣2分,扣完为止。		
	空调鼓风机的安装与恢复	30	不能正确地按顺序装配,每次扣3分;		
			不能正确地按顺序拆除,每次扣3分;		
			不能按标准力矩拧紧螺栓,每次扣3分。		
	空调鼓风机的检测	20	外观检查项目中,每缺少一项扣3分;		
			不能正确使用万用表进行检测扣5分;		
			零部件表面未及时清理或掉落,每次扣3分;		
			检查方法不正确,每次扣3分;		
			不能正确判断检查结果,每次扣3分。		
	工单填写	10	装配方案(装配顺序或操作流程),每错一处扣1分,扣完为止;		
			操作记录字迹潦草扣2分;		
			工单填写不完整,每项扣1分,扣完为止。		

续表

考核内容	配分	评分标准	扣分	得分
合计	100			

项目二十三　免维护蓄电池的安装与检测

1. 试题编号：T-5-36

考核技能点编号：J-4-2*、J-5-2*、J-5-4*

2. 任务描述

本项目首先通过查阅相关技术资料,在工作台上完成免维护蓄电池的外观及电荷情况的检测并判断其性能好坏;之后在实车上完成车载免维护蓄电池、电源连接线的安装,并完成电源系统的接通;最后按要求将零部件恢复到装配前的状态,并填写好操作工单。

免维护蓄电池的安装与检测操作工单

一、场地及设备初步检查(考前对场地安全和设备的检查及准备)

1. 工量具检查准备;	
2. 仪器设备检查准备;	注:项目1至3不需要作记录
3. 技术资料检查准备;	

二、操作过程

　1. 车载免维护蓄电池的检测

　(1)外观检查

　①检查免维护蓄电池外壳是否有裂纹：　　正常 □　　　　损伤 □

　②检查正、负极柱是否腐蚀：　　　　　　正常 □　　　　腐蚀 □

　③免维护蓄电池型号：＿＿＿＿＿＿＿＿＿＿＿＿＿＿

　2. 电荷情况检查

　①利用数字万用表对免维护蓄电池进行检测：

　测量值：＿＿＿＿＿＿＿＿＿　　　正常 □　　　低于标准 □

　②利用高率放电计对免维护蓄电池进行检测：

　测量值：＿＿＿＿＿＿　　电量充足 □　　　需要充电 □　　　严重亏电 □

　3. 车载免维护蓄电池的安装

　(1)　连接正、负极电线的顺序：＿＿＿＿＿＿＿＿＿＿

　(2)　打开点火钥匙(不需要起动),检查仪表盘灯亮,电源系统：

　接通 □　　　　　　未接通 □

　3. 将车载免维护蓄电池恢复到装配前的状态(不需要填写)

　(1)拆卸正、负极电线的顺序：＿＿＿＿＿＿＿＿＿＿＿＿＿＿＿＿＿＿＿＿＿＿＿

　3. 实施条件

实施条件见下表。

免维护蓄电池的安装与检测实施条件

项目	实施条件	备注
场地	面积不小于 50 m²，照明、通风良好。	必备
设备	汽车 1 台； 车载免维护铅酸蓄电池 1 个。	必备
工具	万用表、高率放电计各 1 个； 工具车 1 台； 零件车 1 台。	必备

4. 考核时量

45 分钟。

5. 评价标准

评价标准见下表。

免维护蓄电池的安装与检测评价标准

考核内容		配分	评分标准	扣分	得分
职业素养（20分）	安全意识	3	不执行安全操作规程，扣 1.5 分； 不具备安全操作技能，扣 1.5 分。 考生出现人伤械损等安全事故，造成恶劣影响的，本题考核计零分。		
	组织纪律	2	不服从考试安排，扣 1 分； 不遵守考场纪律，扣 1 分。		
	工作准备	3	未清点工具、量具及设备，扣 1 分； 未检查工量具状况，扣 1 分； 未清洁工具、仪器、设备，扣 1 分。		
	文明生产	12	着装不规范，每处扣 1 分，扣完为止； 工量具与零件混放、或摆放零乱，每次每处扣 1 分，扣完为止； 未安装必要的防护物品，每项扣 0.5 分，扣完为止； 油水洒落地面、或零部件表面或车漆表面未及时清理，每次扣 1 分，扣完为止； 有损害工具设备和工件的野蛮操作行为，扣 2 分； 竣工后，未整理、清洁工具设备、台架或车辆、工作场地，扣 3 分； 不服从考官、出言不逊，每次扣 3 分，扣完为止。		
			考生严重违反考场纪律，造成恶劣影响的，本题考核计零分。		

续表

考核内容		配分	评分标准	扣分	得分
工作质量（80分）	技术手册使用	10	每查错或漏查1个数据扣3分,扣完为止。		
	工量具选择与使用	10	工量具或仪器设备选择不当每次扣2分,扣完为止;		
			工量具或仪器设备使用方法不正确,每次扣2分,扣完为止。		
	车载蓄电池的安装与恢复	30	装配方法不正确,每处扣2分,扣完为止。		
			不能正确按顺序连接电源线,扣5分;		
			安装完成后,无法接通电源系统,扣8分;		
			不能正确按顺序拆除电源线,扣5分;		
			恢复方法不正确,每处扣2分,扣完为止。		
	车载蓄电池电池的检测	20	外壳、极桩、型号检查项目中,每缺少一项扣3分;		
			不能正确使用万用表进行检测扣5分;		
			不能正确使用高率放电计进行检测扣5分;		
	工单填写	10	装配方案(装配顺序或操作流程),每错一处扣1分,扣完为止;		
			操作记录字迹潦草扣2分;		
			工单填写不完整,每项扣1分,扣完为止。		
合计		100			

六、汽车整车性能检测与调试模块

项目一 汽车发动机功率的检测

1. 试题编号:T-6-1

考核技能点编号：J-6-1*

2. 任务描述

根据给定的车型,查阅技术资料,完成车辆的基本信息与基本参数的查识;车辆的常规检查,用设备及工量具对汽车发动机功率进行检测(需考场提供辅助人员),对检测数据进行分析。按要求填写好操作工单。

汽车发动机功率的检测操作工单

信息获取	车型:＿＿＿＿＿＿＿＿＿ 发动机型号:＿＿＿＿＿＿＿＿

一、场地及设备初步检查(考前对场地安全和工量具及设备的检查及准备)

1. 工量具检查准备	2. 仪器设备检查准备	
3. 技术资料检查准备	4. 汽车停放位置检查	注:项目1至8不需要作记录
5. 放置车轮三角块	6. 放置车内四件套	
7. 放置车外三件套	8. 蓄电池状况检查	

二、操作过程

1. 无负荷发动机测功,测量原理:

2. 便携式测功仪预热时间:_____

3. 测量方法:

4. 检测结果:

第一次	第二次	第三次	平均值

三、检测结果的是否合格_____。

3. 实施条件

实施条件见下表。

汽车发动机功率的检测实施条件

项目	实施条件	备注
场地	每个工位面积不小于 40 m²,照明、通风良好。	必备
设备	小汽车 1 台; 便携式测功仪 1 台。	必备
工具	工具车 1 台; 车辆防护套件 1 套; 数字式万用表 1 台。	必备

4. 考核时量

45 分钟。

5. 评价标准

评价标准见下表。

汽车发动机功率的检测评价标准

考核内容		配分	评分标准	扣分	得分
职业素养（20分）	安全意识	3	不执行安全操作规程，扣1.5分；		
			不具备安全操作技能，扣1.5分。		
			考生出现人伤械损等安全事故，造成恶劣影响的，本题考核计零分。		
	组织纪律	2	不服从考试安排，扣1分；		
			不遵守考场纪律，扣1分。		
	工作准备	3	未清点工具、量具及设备，扣1分；		
			未检查工量具状况，扣1分；		
			未清洁工具、仪器、设备，扣1分。		
	文明生产	12	着装不规范，每处扣1分，扣完为止；		
			工量具与仪器设备混放，或摆放零乱，每次每处扣1分，扣完为止；		
			未安装必要的防护物品，每项扣0.5分，扣完为止；		
			油水洒落地面、或零部件表面或车漆表面未及时清理，每次扣1分，扣完为止；		
			有损害工具设备和工件的野蛮操作行为，扣2分；		
			竣工后，未整理、清洁工具设备、台架或车辆、工作场地，扣3分；		
			不服从考官、出言不逊，每次扣3分，扣完为止。		
			考生严重违反考场纪律，造成恶劣影响的，本题考核计零分。		
工作质量（80分）	技术手册使用	10	每查错或漏查1个数据扣3分，扣完为止。		
	工量具及设备选择与使用	10	工量具或仪器设备选择不当每次扣2分，扣完为止；		
			工量具或仪器设备使用方法不正确，每次扣2分，扣完为止。		
	检测设备确认	5	检测前未进行设备确认，每少做一项扣2分，扣完为止。		
	安全及基本检查	5	检测前未进行安全及基本检查，每少做一项扣1分。扣完为止。		
	车辆防护	2	未装或漏装车内三件套扣2分。		
	检测过程	28	未进行仪器校正扣4分；		
			未进行仪器预热扣4分；		
			未将发动机预热至正常工作温度扣4分；		
			未将变速器挂入空挡扣10分；		
			测试时，未将加速踏板踩到底每次扣2分，扣完为止；		
			每次测试前未将仪器复零每次扣2分，扣完为止。		
	检测结果判定	10	未进行检测结果是否合格判定扣10分。		
	工单填写	10	每写错一处扣1分，扣完为止；		
			操作记录字迹潦草扣2分；		
			工单填写不完整，每项扣1分，扣完为止。		
合计		100			

项目二　汽车发动机气缸压缩压力的检测

1. 试题编号：T-6-2

考核技能点编号：J-6-1*

2. 任务描述

根据给定的车型,查阅技术资料,完成车辆的基本信息与基本参数的查识;车辆的常规检查,用气缸压力表对发动机气缸压缩压力进行检测(需考场提供辅助人员),对检测数据进行分析。按要求填写好操作工单。

汽车发动机气缸压缩压力的检测操作工单

信息获取	发动机型号：＿＿＿＿＿＿＿＿＿＿＿	
一、场地及设备初步检查(考前对场地安全和工量具及设备的检查及准备)		
1. 工量具检查准备	2. 仪器设备检查准备	注:项目1至4不需要作记录
3. 技术资料检查准备	4. 蓄电池状况检查	

二、操作过程

查阅手册,气缸压力标准值：＿＿＿＿＿＿＿＿＿＿＿＿＿,每缸压力与各缸平均压力差不大于：＿＿＿＿＿＿＿＿＿＿。

用缸压表检测得：

	第一缸	第二缸	第三缸	第四缸
第一次				
第二次				
平均值				

三、检测结果的是否合格＿＿＿＿＿＿＿＿＿＿＿＿。

3. 实施条件

实施条件见下表。

汽车发动机气缸压缩压力的检测实施条件

项目	实施条件	备注
场地	每个工位面积不小于 10 m²,照明、通风良好。	必备
设备	发动机试验台架1台。	必备
工具	工具车1台； 汽车专业数字万用表1台； 气缸压力表1台。	必备

4. 考核时量

45 分钟。

5. 评价标准

评价标准见下表。

汽车发动机气缸压缩压力的检测评价标准

考核内容		配分	评分标准	扣分	得分
职业素养（20分）	安全意识	3	不执行安全操作规程,扣1.5分;		
			不具备安全操作技能,扣1.5分。		
			考生出现人伤械损等安全事故,造成恶劣影响的,本题考核计零分。		
	组织纪律	2	不服从考试安排,扣1分;		
			不遵守考场纪律,扣1分。		
	工作准备	3	未清点工具、量具及设备,扣1分;		
			未检查工量具状况,扣1分;		
			未清洁工具、仪器、设备,扣1分。		
	文明生产	12	着装不规范,每处扣1分,扣完为止;		
			工量具与零件混放、或摆放零乱,每次每处扣1分,扣完为止;		
			未安装必要的防护物品,每项扣0.5分,扣完为止;		
			油水洒落地面、或零部件表面或车漆表面未及时清理,每次扣1分,扣完为止;		
			有损害工具设备和工件的野蛮操作行为,扣2分;		
			竣工后,未整理、清洁工具设备、台架或车辆、工作场地,扣3分;		
			不服从考官、出言不逊,每次扣3分,扣完为止。		
			考生严重违反考场纪律,造成恶劣影响的,本题考核计零分。		
工作质量（80分）	技术手册使用	10	每查错或漏查1个数据扣3分,扣完为止。		
	工量具及设备选择与使用	10	工量具或仪器设备选择不当每次扣2分,扣完为止;		
			工量具或仪器设备使用方法不正确,每次扣2分,扣完为止。		
	检测设备确认	5	检测前未进行设备确认,每少做一项扣2分,扣完为止。		
	安全及基本检查	5	检测前未进行安全及基本检查,每少做一项扣1分。扣完为止。		
	检测过程	30	不能正确读出检测数据每次扣2分,扣完为止;		
			工量具或仪器设备使用方法不正确,每次扣2分,扣完为止;		
			检测方法不正确每次扣5分,扣完为止。		
	检测结果判定	10	未进行检测结果是否合格判定扣10分。		
	工单填写	10	每写错一处扣1分,扣完为止;		
			操作记录字迹潦草扣2分;		
			工单填写不完整,每项扣1分,扣完为止。		
合计		100			

项目三　汽车发动机点火系统的检测

1. 试题编号：T-6-5

考核技能点编号：J-6-1*

2. 任务描述

根据给定的车型,查阅技术资料,完成车辆的基本信息与基本参数的查识;车辆的常规检查,用仪器设备对汽车发动机点火系统性能进行检测,对检测波形进行分析。按要求填写好操作工单。

汽车发动机点火系统的检测操作工单

信息获取	车型:＿＿＿＿＿＿＿＿ 发动机型号:＿＿＿＿＿＿＿＿

一、场地及设备初步检查(考前对场地安全和工量具及设备的检查及准备)

1. 工量具检查准备	2. 仪器设备检查准备	
3. 技术资料检查准备	4. 汽车停放位置检查	注:项目1至8不需要作记录
5. 放置车轮三角块	6. 放置车内四件套	
7. 放置车外三件套	8. 蓄电池状况检查	

二、操作过程

1. 示波器连接方法:

2. 点火波形图:

三、检测结果是否合格＿＿＿＿＿＿＿＿＿。

3. 实施条件

实施条件见下表。

汽车发动机点火系统的检测实施条件

项目	实施条件	备注
场地	每个工位面积不小于40 m²,照明、通风良好。	必备
设备	小汽车1台; 示波器1台。	必备
工具	工具车1台; 车辆防护套件1套; 汽车专业数字万用表1台。	必备

4. 考核时量

45分钟。

5. 评价标准

评价标准见下表。

汽车发动机点火系统的检测评价标准

考核内容		配分	评分标准	扣分	得分
职业素养（20分）	安全意识	3	不执行安全操作规程，扣1.5分；		
			不具备安全操作技能，扣1.5分。		
			考生出现人伤械损等安全事故，造成恶劣影响的，本题考核计零分。		
	组织纪律	2	不服从考试安排，扣1分；		
			不遵守考场纪律，扣1分。		
	工作准备	3	未清点工具、量具及设备，扣1分；		
			未检查工量具状况，扣1分；		
			未清洁工具、仪器、设备，扣1分。		
	文明生产	12	着装不规范，每处扣1分，扣完为止；		
			工量具与仪器设备混放、或摆放零乱，每次每处扣1分，扣完为止；		
			未安装必要的防护物品，每项扣0.5分，扣完为止；		
			油水洒落地面、或零部件表面或车漆表面未及时清理，每次扣1分，扣完为止；		
			有损害工具设备和工件的野蛮操作行为，扣2分；		
			竣工后，未整理、清洁工具设备、台架或车辆、工作场地，扣3分；		
			不服从考官、出言不逊，每次扣3分，扣完为止。		
			考生严重违反考场纪律，造成恶劣影响的，本题考核计零分。		
工作质量（80分）	工量具及设备选择与使用	10	工量具或仪器设备选择不当每次扣2分，扣完为止；		
			工量具或仪器设备使用方法不正确，每次扣2分，扣完为止。		
	检测设备确认	5	检测前未进行设备确认，每少做一项扣2分，扣完为止。		
	安全及基本检查	5	检测前未进行安全及基本检查，每少做一项扣1分。扣完为止。		
	车辆防护	2	未装或漏装车内三件套扣1分。		
			未装或漏装车外三件套扣1分。		
	检测过程	38	示波器信号线连接不正确扣10分；		
			示波器搭铁线连接不正确扣8分；		
			不能正确调取波形或调取波形不稳定扣10分；		
			波形频率调试不准确的扣5分；		
			波形电压值调试不准确扣5分。		
	检测结果判定	10	未进行检测结果是否合格判定扣10分。		
	工单填写	10	每写错一处扣1分，扣完为止；		
			操作记录字迹潦草扣2分；		
			工单填写不完整，每项扣1分，扣完为止。		
合计		100			

项目四　汽车汽油机供油压力的检测

1. 试题编号：T-6-6

考核技能点编号：J-6-1*

2. 任务描述

根据给定的车型，查阅技术资料，完成车辆的基本信息与基本参数的查识；车辆的常规检查，用设备及工量具对汽油机供油压力的进行检测，对检测数据的进行分析。按要求填写好操作工单。

汽车汽油机供油压力项目操作工单

信息获取	发动机型号：_____	

一、场地及设备初步检查（考前对场地安全和工量具及设备的检查及准备）

1. 工量具检查准备	2. 仪器设备检查准备	注：项目1至4不需要作记录
3. 技术资料检查准备	4. 蓄电池状况检查	

二、操作过程

　　1. 查阅技术手册，燃油压力标准值：_____。

　　2. 泄压方法：

　　3. 燃油压力表的安装及测试方法：

　　4. 测试燃油压力值：_____。

　　三、检测结果的是否合格_____。

3. 实施条件

实施条件见下表。

汽车汽油机供油压力的检测实施条件

项目	实施条件	备注
场地	每个工位面积不小于 10 m²，照明、通风良好。	必备
设备	发动机试验台架1台。	必备
工具	工具车1台； 汽车专业数字万用表1台； 汽油压力表1台。	必备

4. 考核时量

45分钟。

5. 评价标准

评价标准见下表。

汽车汽油机供油压力的检测评价标准

考核内容		配分	评分标准	扣分	得分
职业素养（20分）	安全意识	3	不执行安全操作规程，扣1.5分；		
			不具备安全操作技能，扣1.5分。		
			考生出现人伤械损等安全事故，造成恶劣影响的，本题考核计零分。		
	组织纪律	2	不服从考试安排，扣1分；		
			不遵守考场纪律，扣1分。		
	工作准备	3	未清点工具、量具及设备，扣1分；		
			未检查工量具状况，扣1分；		
			未清洁工具、仪器、设备，扣1分。		
	文明生产	12	着装不规范，每处扣1分，扣完为止；		
			工量具与仪器设备混放，或摆放零乱，每次每处扣1分，扣完为止；		
			未安装必要的防护物品，每项扣0.5分，扣完为止；		
			油水洒落地面、或零部件表面或车漆表面未及时清理，每次扣1分，扣完为止；		
			有损害工具设备和工件的野蛮操作行为，扣2分；		
			竣工后，未整理、清洁工具设备、台架或车辆、工作场地，扣3分；		
			不服从考官、出言不逊，每次扣3分，扣完为止。		
			考生严重违反考场纪律，造成恶劣影响的，本题考核计零分。		
工作质量（80分）	技术手册使用	10	每查错或漏查1个数据扣3分，扣完为止。		
	工量具及设备选择与使用	10	工量具或仪器设备选择不当每次扣2分，扣完为止；		
			工量具或仪器设备使用方法不正确，每次扣2分，扣完为止。		
	检测设备确认	5	检测前未进行设备确认，每少做一项扣2分，扣完为止。		
	安全及基本检查	5	检测前未进行安全及基本检查，每少做一项扣1分。扣完为止。		
	检测过程	30	不能正确卸除燃油残余压力扣15分；		
			不能正确安装燃油压力表扣10分；		
			不能正确读出燃油压力表值的扣5分。		
	检测结果判定	10	未进行检测结果是否合格判定扣10分。		
	工单填写	10	每写错一处扣1分，扣完为止；		
			操作记录字迹潦草扣2分；		
			工单填写不完整，每项扣1分，扣完为止。		
合计		100			

项目五　汽油机喷油器技术状况的检测

1. **试题编号**：T-6-8

考核技能点编号：J-6-1*

2. **任务描述**

根据给定的汽油机喷油器，查阅技术资料，完成的基本信息与基本参数的查识；用喷油嘴测试仪对汽油机喷油器技术状况进行检测，对检测数据进行分析。按要求填写好操作工单。

汽油机喷油器技术状况的检测操作工单

信息获取	喷油器型号：＿＿＿＿＿＿＿＿＿＿＿

一、场地及设备初步检查（考前对场地安全和工量具及设备的检查及准备）

1. 技术资料检查准备	2. 设备检查准备	注：项目1至2不需要作记录

二、操作过程

查阅技术资料，各缸喷油量差值范围：＿＿＿＿＿＿＿＿＿＿＿＿＿；
喷油器密封保压时间应为：＿＿＿＿＿＿＿＿＿＿＿；
喷雾质量应符合：＿＿＿＿＿＿＿＿＿＿＿＿；

喷油器	1	2	3	4
喷油量				

1. 检测最大喷油量差值为：＿＿＿＿＿＿＿＿＿＿＿；
2. 检测喷雾质量为：＿＿＿＿＿＿＿＿＿＿＿；
3. 检测喷油器滴漏现象为：＿＿＿＿＿＿＿＿＿＿；

三、检测结果的是否合格＿＿＿＿＿＿＿＿＿＿＿。

3. **实施条件**

实施条件见下表。

汽油机喷油器技术状况的检测实施条件

项目	实施条件	备注
场地	每个工位面积不小于 10 m²，照明、通风良好。	必备
设备	喷油嘴 4 个； 喷油嘴测试仪；	必备
工具	工具车 1 台； 车辆防护套件 1 套。	必备

4. **考核时量**

45 分钟。

5. **评价标准**

评价标准见下表。

汽油机喷油器技术状况的检测评价标准

考核内容		配分	评分标准	扣分	得分
职业素养（20分）	安全意识	3	不执行安全操作规程,扣1.5分;		
			不具备安全操作技能,扣1.5分。		
			考生出现人伤械损等安全事故,造成恶劣影响的,本题考核计零分。		
	组织纪律	2	不服从考试安排,扣1分;		
			不遵守考场纪律,扣1分。		
	工作准备	3	未清点工具、量具及设备,扣1分;		
			未检查工量具状况,扣1分;		
			未清洁工具、仪器、设备,扣1分。		
	文明生产	12	着装不规范,每处扣1分,扣完为止;		
			工量具与仪器设备混放、或摆放零乱,每次每处扣1分,扣完为止;		
			未安装必要的防护物品,每项扣0.5分,扣完为止;		
			油水洒落地面、或零部件表面或车漆表面未及时清理,每次扣1分,扣完为止;		
			有损害工具设备和工件的野蛮操作行为,扣2分;		
			竣工后,未整理、清洁工具设备、台架或车辆、工作场地,扣3分;		
			不服从考官、出言不逊,每次扣3分,扣完为止。		
			考生严重违反考场纪律,造成恶劣影响的,本题考核计零分。		
工作质量（80分）	工量具及设备选择与使用	10	仪器设备选择不当扣5分;		
			仪器设备使用方法不正确扣5分。		
	检测设备确认	10	检测前未进行设备确认,每少做一项扣2分,扣完为止。		
	检测过程	40	未能正确安装喷油器扣10分;		
			未能正确检测喷油量扣10分;		
			未能正确检测喷雾质量扣10分;		
			未正确检测喷油器密封情况扣10分。		
	检测结果判定	10	未进行检测结果是否合格判定扣10分。		
	工单填写	10	每写错一处扣1分,扣完为止;		
			操作记录字迹潦草扣2分;		
			工单填写不完整,每项扣1分,扣完为止。		
合计		100			

项目六　汽车发动机润滑系的检测

1. 试题编号：T-6-9

考核技能点编号：J-6-1*

2. 任务描述

根据给定的车型,查阅技术资料,完成车辆的基本信息与基本参数的查识;车辆的常规检查,用设备及工量具对发动机润滑系统进行检测,对检测数据进行分析。按要求填写好操作工单。

汽车发动机润滑系的检测操作工单

信息获取	发动机型号：_____

一、场地及设备初步检查(考前对场地安全和工量具及设备的检查及准备)

1. 工量具检查准备	2. 仪器设备检查准备	注:项目1至4不需要作记录
3. 技术资料检查准备	4. 蓄电池状况检查	

二、操作过程

　　1. 查阅手册,润滑系统机油压力值：_____。
　　2. 机油压力表的连接方法：

　　3. 机油压力检测值：_____。
　　4. 机油油量的检查：

三、检测结果的是否合格_____。

　　3. 实施条件
　　实施条件见下表。

汽车发动机润滑系的检测实施条件

项目	实施条件	备注
场地	每个工位面积不小于 10 m^2,照明、通风良好。	必备
设备	发动机试验台架1台。	必备
工具	工具车1台; 机油压力表1台; 汽车专业数字万用表1台。	必备

　　4. 考核时量
　　45分钟。
　　5. 评价标准
　　评价标准见下表。

汽车发动机润滑系的检测评价标准

考核内容		配分	评分标准	扣分	得分
职业素养（20分）	安全意识	3	不执行安全操作规程,扣1.5分;		
			不具备安全操作技能,扣1.5分。		
			考生出现人伤械损等安全事故,造成恶劣影响的,本题考核计零分。		
	组织纪律	2	不服从考试安排,扣1分;		
			不遵守考场纪律,扣1分。		
	工作准备	3	未清点工具、量具及设备,扣1分;		
			未检查工量具状况,扣1分;		
			未清洁工具、仪器、设备,扣1分。		
	文明生产	12	着装不规范,每处扣1分,扣完为止;		
			工量具与仪器设备混放、或摆放零乱,每次每处扣1分,扣完为止;		
			未安装必要的防护物品,每项扣0.5分,扣完为止;		
			油水洒落地面、或零部件表面或车漆表面未及时清理,每次扣1分,扣完为止;		
			有损害工具设备和工件的野蛮操作行为,扣2分;		
			竣工后,未整理、清洁工具设备、台架或车辆、工作场地,扣3分;		
			不服从考官、出言不逊,每次扣3分,扣完为止;		
			考生严重违反考场纪律,造成恶劣影响的,本题考核计零分。		
工作质量（80分）	技术手册使用	10	每查错或漏查1个数据扣3分,扣完为止。		
	工量具及设备选择与使用	10	工量具或仪器设备选择不当每次扣2分,扣完为止;		
			工量具或仪器设备使用方法不正确,每次扣2分,扣完为止。		
	检测设备确认	5	检测前未进行设备确认,每少做一项扣2分,扣完为止。		
	安全及基本检查	5	检测前未进行安全及基本检查,每少做一项扣1分。扣完为止。		
	检测过程	30	不能正确找到机油压力表安装位置扣10分;		
			不能正确安装机油压力表扣15分;		
			不能正确读出机油压力表值的扣5分。		
	检测结果判定	10	未进行检测结果是否合格判定扣10分。		
	工单填写	10	每写错一处扣1分,扣完为止;		
			操作记录字迹潦草扣2分;		
			工单填写不完整,每项扣1分,扣完为止。		
合计		100			

项目七 汽车发动机冷却系统的检测

1. **试题编号**：T-6-10

考核技能点编号：J-6-1*

2. 任务描述

根据给定的车型,查阅技术资料,完成车辆的基本信息与基本参数的查识;车辆的常规检查,用设备及工量具对发动机冷却系统进行检测,对检测数据进行分析。按要求填写好操作工单。

汽车发动机冷却系统的检测操作工单

信息获取	车型:＿＿＿＿＿＿＿＿＿＿ 发动机型号:＿＿＿＿＿＿＿＿＿＿

一、场地及设备初步检查(考前对场地安全和工量具及设备的检查及准备)

1. 工量具检查准备	2. 仪器设备检查准备	
3. 技术资料检查准备	4. 汽车停放位置检查	注:项目1至8不需要作记录
5. 放置车轮三角块	6. 放置车内四件套	
7. 放置车外三件套	8. 蓄电池状况检查	

二、操作过程

1. 冷却系统水量检查:

2. 冷却系统的压力检查方法:

三、检测结果的是否合格＿＿＿＿＿＿＿＿＿＿。

3. 实施条件

实施条件见下表。

汽车发动机冷却系统的检测实施条件

项目	实施条件	备注
场地	每个工位面积不小于 40 m²,照明、通风良好。	必备
设备	小汽车 1 台; 冷却系统渗漏检测仪 1 台。	必备
工具	工具车 1 台; 车辆防护套件 1 套; 汽车专业数字万用表 1 台。	必备

4. 考核时量

45 分钟。

5. 评价标准

评价标准见下表。

汽车发动机冷却系统的检测评价标准

考核内容		配分	评分标准	扣分	得分
职业素养（20分）	安全意识	3	不执行安全操作规程,扣1.5分;		
			不具备安全操作技能,扣1.5分。		
			考生出现人伤械损等安全事故,造成恶劣影响的,本题考核计零分。		
	组织纪律	2	不服从考试安排,扣1分;		
			不遵守考场纪律,扣1分。		
	工作准备	3	未清点工具、量具及设备,扣1分;		
			未检查工量具状况,扣1分;		
			未清洁工具、仪器、设备,扣1分。		
	文明生产	12	着装不规范,每处扣1分,扣完为止;		
			工量具与仪器设备混放、或摆放零乱,每次每处扣1分,扣完为止;		
			未安装必要的防护物品,每项扣0.5分,扣完为止;		
			油水洒落地面、或零部件表面或车漆表面未及时清理,每次扣1分,扣完为止;		
			有损害工具设备和工件的野蛮操作行为,扣2分;		
			竣工后,未整理、清洁工具设备、台架或车辆、工作场地,扣3分;		
			不服从考官、出言不逊,每次扣3分,扣完为止。		
			考生严重违反考场纪律,造成恶劣影响的,本题考核计零分。		
工作质量（80分）	技术手册使用	10	每查错或漏查1个数据扣3分,扣完为止。		
	工量具及设备选择与使用	10	工量具或仪器设备选择不当每次扣2分,扣完为止;		
			工量具或仪器设备使用方法不正确,每次扣2分,扣完为止。		
	检测设备确认	5	检测前未进行设备确认,每少做一项扣2分,扣完为止。		
	安全及基本检查	5	检测前未进行安全及基本检查,每少做一项扣1分。扣完为止。		
	车辆防护	2	未装或漏装车内三件套扣1分。		
			未装或漏装车外三件套扣1分。		
	检测过程	28	不能正确检查冷却水量扣5分;		
			不能正确安装冷却系统检漏仪扣10分;		
			检漏方法不正确扣13分。		
	检测结果判定	10	未进行检测结果是否合格判定扣10分。		
	工单填写	10	每写错一处扣1分,扣完为止;		
			操作记录字迹潦草扣2分;		
			工单填写不完整,每项扣1分,扣完为止。		
合计		100			

项目八 汽车底盘功率的检测

1. 试题编号：T-6-11

考核技能点编号：J-6-1*

2. 任务描述

根据给定的车型，查阅技术资料，完成车辆的基本信息与基本参数的查识；车辆的常规检查，用设备及工量具对汽车底盘功率进行检测，对检测数据进行分析。按要求填写好操作工单。

汽车底盘功率的检测操作工单

信息获取	发动机型号：_____

一、场地及设备初步检查（考前对场地安全和工量具及设备的检查及准备）

  1. 底盘测功试验台的检查

  □滚筒处于静止状态检查指示仪表是否在零点上；

  □滚筒上是否沾有油、水、泥、砂等杂物；

  □检查举升器的升降动作是否自如；

  □导线的连接情况是否良好。

  2. 被测车辆的检查

  □轮胎上是否有水、油、泥和嵌夹石子；

  检测轮胎气压为_____；标准值为_____。

二、操作过程
_____

  底盘测功过程：

_____

三、检测结果记录

  底盘功率：_____。

_____

四、检测结果是否合格_____。

_____

3. 实施条件

实施条件见下表。

汽车底盘功率的检测实施条件

项目	实施条件	备注
场地	每个工位面积不小于 40 m²，照明、通风良好。	必备
设备	小汽车 1 台； 底盘测功试验台 1 台。	必备
工具	工具车 1 台； 车辆防护套件 1 套。	必备

4. 考核时量

45 分钟。

5. 评价标准

评价标准见下表。

汽车底盘功率的检测评价标准

考核内容		配分	评分标准	扣分	得分
职业素养（20分）	安全意识	3	不执行安全操作规程,扣1.5分;		
			不具备安全操作技能,扣1.5分。		
			考生出现人伤械损等安全事故,造成恶劣影响的,本题考核计零分。		
	组织纪律	2	不服从考试安排,扣1分;		
			不遵守考场纪律,扣1分。		
	工作准备	3	未清点工具、量具及设备,扣1分;		
			未检查工量具状况,扣1分;		
			未清洁工具、仪器、设备,扣1分。		
	文明生产	12	着装不规范,每处扣1分,扣完为止;		
			工量具与仪器设备混放、或摆放零乱,每次每处扣1分,扣完为止;		
			未安装必要的防护物品,每项扣0.5分,扣完为止;		
			油水洒落地面、或零部件表面或车漆表面未及时清理,每次扣1分,扣完为止;		
			有损害工具设备和工件的野蛮操作行为,扣2分;		
			竣工后,未整理、清洁工具设备、台架或车辆、工作场地,扣3分;		
			不服从考官、出言不逊,每次扣3分,扣完为止。		
			考生严重违反考场纪律,造成恶劣影响的,本题考核计零分。		
工作质量（80分）	技术手册使用	10	每查错或漏查1个数据扣3分,扣完为止。		
	工量具及设备选择与使用	10	工量具或仪器设备选择不当每次扣2分,扣完为止。		
			工量具或仪器设备使用方法不正确,每次扣2分,扣完为止。		
	检测设备确认	5	检测前未进行设备确认,每少做一项扣2分,扣完为止。		
	安全及基本检查	5	检测前未进行安全及基本检查,每少做一项扣1分。扣完为止。		
	车辆防护	2	未装或漏装车内三件套扣2分。		
	检测过程	28	检测前未进行仪器预热扣5分;		
			检测时,试验台操作每错一处扣2分,扣完为止;		
			不能正确读取检测结果扣5分。		
	检测结果判定	10	未进行检测结果是否合格判定扣10分。		
	工单填写	10	每写错一处扣1分,扣完为止;		
			操作记录字迹潦草扣2分;		
			工单填写不完整,每项扣1分,扣完为止。		
合计		100			

项目九　汽车传动系的检测

1. 试题编号：T-6-12

考核技能点编号：J-6-1*

2. 任务描述

根据给定的车型，查阅技术资料，完成车辆的基本信息与基本参数的查识；车辆的常规检查，用设备及工量具对汽车传动系进行检测，对检测数据进行分析。按要求填写好操作工单。

汽车传动系的检测操作工单

信息获取	车型：＿＿＿＿＿＿＿＿＿＿	发动机型号：＿＿＿＿＿＿＿＿＿＿

一、场地及设备初步检查（考前对场地安全和工量具及设备的检查及准备）

　　1. 底盘测功试验台的检查
　　□滚筒处于静止状态检查指示仪表是否在零点上；
　　□滚筒上是否沾有油、水、泥、砂等杂物；
　　□检查举升器的升降动作是否自如；
　　□导线的连接情况是否良好。
　　2. 被测车辆的检查
　　□轮胎上是否有水、油、泥和嵌夹石子；
　　检测轮胎气压为＿＿＿＿＿＿＿＿＿＿；标准值为＿＿＿＿＿＿＿＿＿＿。

二、操作过程

　　滑行距离的检测要点：

　　传动系消耗功率检测要点：

四、检测结果记录
　　滑行距离：＿＿＿＿＿＿＿＿＿＿。
　　传动系的机械传动效率：＿＿＿＿＿＿＿＿＿＿。

五、检测结果是否合格＿＿＿＿＿＿＿＿＿＿。

3. 实施条件

实施条件见下表。

汽车传动系的检测实施条件

项目	实施条件	备注
场地	每个工位面积不小于 40 m²，照明、通风良好。	必备
设备	小汽车 1 台； 底盘测功试验台 1 台。	必备
工具	工具车 1 台； SST 工具 1 套； 车辆防护套件 1 套。	必备

4. 考核时量

45 分钟。

5. 评价标准

评价标准见下表。

汽车传动系的检测评价标准

考核内容		配分	评分标准	扣分	得分
职业素养（20分）	安全意识	3	不执行安全操作规程，扣1.5分；		
			不具备安全操作技能，扣1.5分。		
			考生出现人伤械损等安全事故，造成恶劣影响的，本题考核计零分。		
	组织纪律	2	不服从考试安排，扣1分；		
			不遵守考场纪律，扣1分。		
	工作准备	3	未清点工具、量具及设备，扣1分；		
			未检查工量具状况，扣1分；		
			未清洁工具、仪器、设备，扣1分。		
	文明生产	12	着装不规范，每处扣1分，扣完为止；		
			工量具与仪器设备混放，或摆放零乱，每次每处扣1分，扣完为止；		
			未安装必要的防护物品，每项扣0.5分，扣完为止；		
			油水洒落地面、或零部件表面或车漆表面未及时清理，每次扣1分，扣完为止；		
			有损害工具设备和工件的野蛮操作行为，扣2分；		
			竣工后，未整理、清洁工具设备、台架或车辆、工作场地，扣3分；		
			不服从考官、出言不逊，每次扣3分，扣完为止；		
			考生严重违反考场纪律，造成恶劣影响的，本题考核计零分。		
工作质量（80分）	技术手册使用	10	每查错或漏查1个数据扣3分，扣完为止。		
	工量具及设备选择与使用	10	工量具或仪器设备选择不当每次扣2分，扣完为止；		
			工量具或仪器设备使用方法不正确，每次扣2分，扣完为止。		
	检测设备确认	5	检测前未进行设备确认，每少做一项扣2分，扣完为止。		
	安全及基本检查	5	检测前未进行安全及基本检查，每少做一项扣1分。扣完为止。		
	车辆防护	2	未装或漏装车内三件套扣2分。		
	滑行距离检测过程	14	检测前未进行车辆基本检查，每项扣2分，扣完为止；		
			检测前未进行仪器预热扣2分；		
			检测前未将车速加到规定车速，扣2分；		
			检测时，试验台操作每错一处扣2分，扣完为止；		
			不能正确读取检测结果扣2分。		
	传动系消耗功率检测过程	14	检测前未将车辆预热至正常工作温度扣2分；		
			检测时，试验台操作每错一处扣2分，扣完为止；		
			不能正确读取检测结果扣2分；		
			不能计算出机械传动效率扣2分。		
	检测结果判定	10	未进行检测结果是否合格判定扣10分。		
	工单填写	10	每写错一处扣1分，扣完为止；		
			操作记录字迹潦草扣2分；		
			工单填写不完整，每项扣1分，扣完为止。		
合计		100			

项目十　汽车转向系的检测

1. 试题编号：T-6-14

考核技能点编号：J-6-4*

2. 任务描述

根据给定的车型,查阅技术资料,完成车辆的基本信息与基本参数的查识;车辆的常规检查,用设备及工量具对汽车转向系统进行检测,对检测数据进行分析。按要求填写好操作工单。

汽车转向系的检测操作工单

信息获取	车型：_____　　发动机型号：_____	
一、场地及设备初步检查(考前对场地安全和工量具及设备的检查及准备)		
1. 工量具检查准备	2. 仪器设备检查准备	注:项目1至6不需要作记录
3. 技术资料检查准备	4. 汽车停放位置检查	
5. 放置车轮三角块	6. 放置车内四件套	

二、操作过程

查阅手册,标准值：

转向盘外缘最大切向力不得大于：_____。

转向盘最大自由行程从中间位置向左或向右的转角：_____。

转向盘转向力的检测方法：

检测得,转向力：_____。

转向盘自由行程的检测方法：

检测得,转向盘自由行程：_____。

三、检测结果是否合格_____。

3. 实施条件

实施条件见下表。

汽车转向系的检测实施条件

项目	实施条件	备注
场地	每个工位面积不小于 40 m²,照明、通风良好。	必备
设备	小汽车 1 台; 转向参数检测仪 1 台。	必备
工具	工具车 1 台; 车辆防护套件 1 套。	必备

4. 考核时量

45 分钟。

5. 评价标准

评价标准见下表。

汽车转向系的检测评价标准

考核内容		配分	评分标准	扣分	得分
职业素养（20分）	安全意识	3	不执行安全操作规程,扣1.5分;		
			不具备安全操作技能,扣1.5分。		
			考生出现人伤械损等安全事故,造成恶劣影响的,本题考核计零分。		
	组织纪律	2	不服从考试安排,扣1分;		
			不遵守考场纪律,扣1分。		
	工作准备	3	未清点工具、量具及设备,扣1分;		
			未检查工量具状况,扣1分;		
			未清洁工具、仪器、设备,扣1分。		
	文明生产	12	着装不规范,每处扣1分,扣完为止;		
			工量具与仪器设备混放、或摆放零乱,每次每处扣1分,扣完为止;		
			未安装必要的防护物品,每项扣0.5分,扣完为止;		
			油水洒落地面、或零部件表面或车漆表面未及时清理,每次扣1分,扣完为止;		
			有损害工具设备和工件的野蛮操作行为,扣2分;		
			竣工后,未整理、清洁工具设备、台架或车辆、工作场地,扣3分;		
			不服从考官、出言不逊,每次扣3分,扣完为止。		
			考生严重违反考场纪律,造成恶劣影响的,本题考核计零分。		
工作质量（80分）	技术手册使用	10	每查错或漏查1个数据扣3分,扣完为止。		
	工量具及设备选择与使用	10	工量具或仪器设备选择不当每次扣2分,扣完为止;		
			工量具或仪器设备使用方法不正确,每次扣2分,扣完为止。		
	检测设备确认	5	检测前未进行设备确认,每少做一项扣2分,扣完为止。		
	安全及基本检查	5	检测前未进行安全及基本检查,每少做一项扣1分。扣完为止。		
	车辆防护	2	未装或漏装车内三件套扣2分。		
	检测过程	28	不能正确安装转向参数测量仪扣10分;		
			不能正确读取转向力扣4分;		
			不能正确安装转向盘自由行程检测仪的扣10分;		
			不能正确读取转向盘自由行程扣4分。		
	检测结果判定	10	未进行检测结果是否合格判定扣10分。		
	工单填写	10	每写错一处扣1分,扣完为止;		
			操作记录字迹潦草扣2分;		
			工单填写不完整,每项扣1分,扣完为止。		
合计		100			

项目十一 汽车车轮定位的检测与调试

1. **试题编号**：T-6-15

考核技能点编号：J-6-4*

2. **任务描述**

根据给定的车型，查阅技术资料，完成车辆的基本信息与基本参数的查识；车辆的常规检查，用设备及工量具对车轮定位进行检测，对检测数据进行分析，根据检测结果对前轮前束进行调试。按要求填写好操作工单。

汽车车轮定位检测与调试操作工单

信息获取	车型：_____ 发动机型号：_____	

一、场地及设备初步检查（考前对场地安全和工量具及设备的检查及准备）

1. 工量具检查准备	2. 仪器设备检查准备	注：项目1至6不需要作记录
3. 技术资料检查准备	4. 汽车停放位置检查	
5. 放置车轮三角块	6. 放置车内四件套	

二、操作过程

　　1. 操作前的准备：

□是否将车放水平

轮胎胎压标准值：_____，检测值：_____。

　　2. 车轮定位操作

(1)主销后倾角：_____；

(2)主销内倾角：_____；

(3)前轮外倾角：_____；

(4)前轮前束值：_____；

三、检测结果是否合格_____。

四、前轮前束的调试方法

_____

3. **实施条件**

实施条件见下表。

汽车车轮定位的检测与调试实施条件

项目	实施条件	备注
场地	每个工位面积不小于 40 m²，照明、通风良好。	必备
设备	小汽车1台； 四轮定位仪1台。	必备
工具	气压表； 工具车1台； 车辆防护套件1套。	必备

4. **考核时量**

45分钟。

5. 评价标准

评价标准见下表。

汽车车轮定位的检测与调试评价标准

考核内容		配分	评分标准	扣分	得分
职业素养（20分）	安全意识	3	不执行安全操作规程，扣1.5分；		
			不具备安全操作技能，扣1.5分。		
			考生出现人伤械损等安全事故，造成恶劣影响的，本题考核计零分。		
	组织纪律	2	不服从考试安排，扣1分；		
			不遵守考场纪律，扣1分。		
	工作准备	3	未清点工具、量具及设备，扣1分；		
			未检查工量具状况，扣1分；		
			未清洁工具、仪器、设备，扣1分。		
	文明生产	12	着装不规范，每处扣1分，扣完为止；		
			工量具与仪器设备混放，或摆放零乱，每次每处扣1分，扣完为止；		
			未安装必要的防护物品，每项扣0.5分，扣完为止；		
			油水洒落地面、或零部件表面或车漆表面未及时清理，每次扣1分，扣完为止；		
			有损害工具设备和工件的野蛮操作行为，扣2分；		
			竣工后，未整理、清洁工具设备、台架或车辆、工作场地，扣3分；		
			不服从考官、出言不逊，每次扣3分，扣完为止。		
			考生严重违反考场纪律，造成恶劣影响的，本题考核计零分。		
工作质量（80分）	检测前准备工作	20	未将车辆放平扣4分；		
			未检查轮胎胎压扣4分；		
			未将方向回正扣4分；		
			不能正确安装传感器支架及传感器，每错一处扣2分，扣完为止。		
	检测过程	30	车辆参数输入不正确，每个扣2分，扣完为止；		
			未调整传感器水平，直接检测，每个扣2分，扣完为止；		
			不按软件流程操作，每错一处扣2分，扣完为止。		
	检测结果判定	10	未进行检测结果是否合格判定扣10分。		
	调试	10	不能正确调试前轮前束，扣5分；		
			调试结果不正确扣5分。		
	工单填写	10	每写错一处扣1分，扣完为止；		
			操作记录字迹潦草扣2分；		
			工单填写不完整，每项扣1分，扣完为止。		
合计		100			

项目十二　汽车车轮动平衡的检测与调试

1. 试题编号：T-6-16

考核技能点编号：J-6-3*

2. 任务描述

根据给定的车轮,完成车轮的基本信息与基本参数的查识,用设备及工量具完成车轮动平衡检测的准备工作,利用车轮动平衡仪检测车轮动平衡,根据检测结果,调试平衡车轮。按要求填写好操作工单。

汽车车轮动平衡的检测与调试操作工单

信息获取	发动机型号:_____	
一、场地及设备初步检查(考前对场地安全和工量具及设备的检查及准备)		
1. 工量具检查准备		注:1、2 项不需要记录
2. 仪器设备检查准备		
二、操作过程		

　1. 检测前的准备工作:
□是否去除车轮上的异物;
□是否检测轮胎胎压并恢复标准。
轮胎标准气压为:_____ (kg/cm^2)。
　2. 车轮检测:
(1)轮辋边缘到测试机边缘的距离:_____ mm;
(2)车轮的直径为:_____ 英寸;
(3)轮胎断面宽度为:_____ 英寸。
　3. 检测结果:

车轮内侧不平衡质量(g)	车轮外侧不平衡质量(g)

　4. 车轮平衡:

车轮内侧平衡配重质量(g)	车轮外侧平衡配重质量(g)

　5. 复查:

车轮内侧不平衡质量(g)	车轮外侧不平衡质量(g)

三、检测标准值
　车轮最低不平衡值:_____ g。

3. 实施条件

实施条件见下表。

汽车车轮动平衡的检测与调试实施条件

项目	实施条件	备注
场地	每个工位面积不小于 10 m^2,照明、通风良好。	必备
设备	车轮 1 个; 车轮动平衡仪 1 台。	必备
工具	深度尺 1 把; 轮胎胎压表 1 个; 工具车 1 台。	必备

4. 考核时量

45分钟。

5. 评价标准

评价标准见下表。

汽车车轮动平衡的检测与调试评价标准

考核内容		配分	评分标准	扣分	得分
职业素养（20分）	安全意识	3	不执行安全操作规程,扣1.5分;		
			不具备安全操作技能,扣1.5分。		
			考生出现人伤械损等安全事故,造成恶劣影响的,本题考核计零分。		
	组织纪律	2	不服从考试安排,扣1分;		
			不遵守考场纪律,扣1分。		
	工作准备	3	未清点工具、量具及设备,扣1分;		
			未检查工量具状况,扣1分;		
			未清洁工具、仪器、设备,扣1分。		
	文明生产	12	着装不规范,每处扣1分,扣完为止;		
			工量具与零件混放、或摆放零乱,每次每处扣1分,扣完为止;		
			未安装必要的防护物品,每项扣0.5分,扣完为止;		
			油水洒落地面、或零部件表面或车漆表面未及时清理,每次扣1分,扣完为止;		
			有损害工具设备和工件的野蛮操作行为,扣2分;		
			竣工后,未整理、清洁工具设备、台架或车辆、工作场地,扣3分;		
			不服从考官、出言不逊,每次扣3分,扣完为止。		
			考生严重违反考场纪律,造成恶劣影响的,本题考核计零分。		
工作质量（80分）	检测准备工作	20	未去除车轮上的异物扣5分;		
			未去除车轮上原有的平衡快扣5分;		
			未检测轮胎压并恢复到标准值扣5分;		
			未检测轮胎花纹深度,扣5分。		
	检测过程	40	不能正确使用仪器,每错一处扣2分,扣完为止;		
			输入参数值不正确,每个扣5分,扣完为止;		
			不能找出不平衡位置,每处扣5分,扣完为止;		
			平衡块打入方法不正确,每个扣2分,扣完为止。		
	复查	10	车轮配重后,未进行复查,扣10分;		
			最终复查后,不符合配重标准,每处扣2分。		
	工单填写	10	每写错一处扣1分,扣完为止;		
			操作记录字迹潦草扣2分;		
			工单填写不完整,每项扣1分,扣完为止。		
合计		100			

项目十三 汽车制动性能的检测

1. 试题编号:T-6-17

考核技能点编号:J-6-3*

2. 任务描述

根据给定的车型,查阅技术资料,完成车辆的基本信息与基本参数的查识;车辆的常规检查,用设备及工量具对汽车制动性能进行检测,对检测数据进行分析。按要求填写好操作工单。

汽车制动性能的检测操作工单

信息获取	车型:_____

一、场地及设备初步检查(考前对场地安全和工量具及设备的检查及准备)

    1. 制动试验台的检查
    □滚筒处于静止状态检查指示仪表是否在零点上;
    □滚筒上是否沾有油、水、泥、砂等杂物;
    □检查举升器的升降动作是否自如;
    □导线的连接情况是否良好。
    2. 被测车辆的检查
    □轮胎上是否有水、油、泥和嵌夹石子;
    检测轮胎气压为_____;标准值为_____。

二、操作过程

反力式制动试验台检测方法:

三、检测结果的记录

四、检测结果是否合格_____。

3. 实施条件

实施条件见下表。

汽车制动性能的检测实施条件

项目	实施条件	备注
场地	每个工位面积不小于 40 m²,照明、通风良好。	必备
设备	小汽车 1 台; 反力式制动性能试验台 1 台。	必备
工具	工具车 1 台; 车辆防护套件 1 套。	必备

4. 考核时量

45 分钟。

5. 评价标准

评价标准见下表。

汽车制动性能的检测评价标准

考核内容		配分	评分标准	扣分	得分
职业素养（20分）	安全意识	3	不执行安全操作规程，扣1.5分；		
			不具备安全操作技能，扣1.5分。		
			考生出现人伤械损等安全事故，造成恶劣影响的，本题考核计零分。		
	组织纪律	2	不服从考试安排，扣1分；		
			不遵守考场纪律，扣1分。		
	工作准备	3	未清点工具、量具及设备，扣1分；		
			未检查工量具状况，扣1分；		
			未清洁工具、仪器、设备，扣1分。		
	文明生产	12	着装不规范，每处扣1分，扣完为止；		
			工量具与仪器设备混放、或摆放零乱，每次每处扣1分，扣完为止；		
			未安装必要的防护物品，每项扣0.5分，扣完为止；		
			油水洒落地面、或零部件表面或车漆表面未及时清理，每次扣1分，扣完为止；		
			有损害工具设备和工件的野蛮操作行为，扣2分；		
			竣工后，未整理、清洁工具设备、台架或车辆、工作场地，扣3分；		
			不服从考官、出言不逊，每次扣3分，扣完为止；		
			考生严重违反考场纪律，造成恶劣影响的，本题考核计零分。		
工作质量（80分）	技术手册使用	10	每查错或漏查1个数据扣3分，扣完为止。		
	工量具及设备选择与使用	10	工量具或仪器设备选择不当每次扣2分，扣完为止；		
			工量具或仪器设备使用方法不正确，每次扣2分，扣完为止。		
	检测设备确认	5	检测前未进行设备确认，每少做一项扣2分，扣完为止。		
	安全及基本检查	5	检测前未进行安全及基本检查，每少做一项扣1分。扣完为止。		
	车辆防护	2	未装或漏装车内三件套扣2分。		
	检测过程	28	检测前制动试验台滚筒未清理扣4分；		
			车辆驶入前，未将举升器升起扣4分；		
			车辆驶入滚筒后，未将举升器降下扣4分；		
			车辆驶入滚筒后，变速器未挂入空挡扣4分；		
			车辆驶入滚筒后，未装脚踏开关套装扣4分；		
			车辆驶入滚筒后，制动未完全释放扣4分；		
			测试完成，未将举升器升起扣4分。		
	检测结果判定	10	未进行检测结果是否合格判定扣10分。		
	工单填写	10	每写错一处扣1分，扣完为止；		
			操作记录字迹潦草扣2分；		
			工单填写不完整，每项扣1分，扣完为止。		
合计		100			

项目十四 汽车汽油机废气分析

1. 试题编号：T-6-19

考核技能点编号：J-6-5*

2. 任务描述

根据给定的车型，查阅技术资料，完成车辆的基本信息与基本参数的查识；车辆的常规检查，用设备及工量具对汽油机废气进行检测，对检测数据进行分析。按要求填写好操作工单。

汽车汽油机废气分析操作工单

信息获取	车型：＿＿＿＿＿＿＿＿＿＿ 发动机型号：＿＿＿＿＿＿＿＿＿＿	
一、场地及设备初步检查（考前对场地安全和工量具及设备的检查及准备）		
1. 工量具检查准备	2. 仪器设备检查准备	注：项目1至8不需要作记录
3. 技术资料检查准备	4. 汽车停放位置检查	
5. 放置车轮三角块	6. 放置车内四件套	
7. 放置车外三件套	8. 蓄电池状况检查	

二、操作过程

怠速法检测废气

1. 仪器预热时间：＿＿＿＿＿＿＿＿＿＿。

2. 取样管插入深度：＿＿＿＿＿＿＿＿＿＿。

3. 检漏时间：＿＿＿＿＿＿＿＿＿＿。

4. 检测结果：

HC：＿＿＿＿＿＿＿＿＿＿；CO：＿＿＿＿＿＿＿＿＿＿；CO_2：＿＿＿＿＿＿＿＿＿＿；

O_2：＿＿＿＿＿＿＿＿＿＿；NQ：＿＿＿＿＿＿＿＿＿＿。

三、检测结果是否合格＿＿＿＿＿＿＿＿＿＿。

3. 实施条件

实施条件见下表。

汽车汽油机废气分析实施条件

项目	实施条件	备注
场地	每个工位面积不小于40 m²，照明、通风良好。	必备
设备	小汽车1台； 废气分析仪1台。	必备
工具	汽车专业数字万用表1台； 工具车1台； 车辆防护套件1套。	必备

4. 考核时量

45分钟。

5. 评价标准

评价标准见下表。

汽车汽油机废气分析评价标准

考核内容		配分	评分标准	扣分	得分
职业素养（20分）	安全意识	3	不执行安全操作规程,扣1.5分;		
			不具备安全操作技能,扣1.5分。		
			考生出现人伤械损等安全事故,造成恶劣影响的,本题考核计零分。		
	组织纪律	2	不服从考试安排,扣1分;		
			不遵守考场纪律,扣1分。		
	工作准备	3	未清点工具、量具及设备,扣1分;		
			未检查工量具状况,扣1分;		
			未清洁工具、仪器、设备,扣1分。		
	文明生产	12	着装不规范,每处扣1分,扣完为止;		
			工量具与仪器设备混放、或摆放零乱,每次每处扣1分,扣完为止;		
			未安装必要的防护物品,每项扣0.5分,扣完为止;		
			油水洒落地面、或零部件表面或车漆表面未及时清理,每次扣1分,扣完为止;		
			有损害工具设备和工件的野蛮操作行为,扣2分;		
			竣工后,未整理、清洁工具设备、台架或车辆、工作场地,扣3分;		
			不服从考官、出言不逊,每次扣3分,扣完为止;		
			考生严重违反考场纪律,造成恶劣影响的,本题考核计零分。		
工作质量（80分）	技术手册使用	10	每查错或漏查1个数据扣3分,扣完为止。		
	工量具及设备选择与使用	10	工量具或仪器设备选择不当每次扣2分,扣完为止;		
			工量具或仪器设备使用方法不正确,每次扣2分,扣完为止。		
	检测设备确认	5	检测前未进行设备确认,每少做一项扣2分,扣完为止。		
	安全及基本检查	5	检测前未进行安全及基本检查,每少做一项扣1分。扣完为止。		
	车辆防护	2	未装或漏装车内三件套扣2分。		
	检测过程	28	未将尾气排放管接入排气管,扣3分;		
			仪器未进行预热或预热时间不够,扣3分;		
			未进行仪器捡漏或捡漏不正常,扣3分;		
			取样管插入深度不够,扣3分;		
			未将发动机预热至正常温度,扣3分		
			不能正确操作仪器,扣3分;		
			不能正确读出检测数据每项扣2分,扣完为止;		
	检测结果判定	10	未进行检测结果是否合格判定扣10分。		
	工单填写	10	每写错一处扣1分,扣完为止;		
			操作记录字迹潦草扣2分;		
			工单填写不完整,每项扣1分,扣完为止。		
合计		100			

项目十五　汽车侧滑性能的检测

1. 试题编号:T-6-21

考核技能点编号:J-6-3*

2. 任务描述

根据给定的车型,查阅技术资料,完成车辆的基本信息与基本参数的查识;车辆的常规检查,用设备及工量具对汽车侧滑性能进行检测,对检测数据进行分析。按要求填写好操作工单。

汽车侧滑性能的检测操作工单

信息获取	车型:_____

一、场地及设备初步检查(考前对场地安全和工量具及设备的检查及准备)

　　1. 侧滑试验台的检查
　　□试验台导线的连接情况是否良好;
　　□指针是否在机械零点或数码管是否亮度在零位;
　　□报警装置在规定值是否报警;
　　□试验台表面及周围是否清洁;
　　□滑动板是否正常。
　　2. 被测车辆的检查
　　□轮胎上是否有油污、泥土、水和嵌夹石子;
　　检测轮胎气压为_____;标准值为_____。

二、操作过程

侧滑试验操作方法:

三、检测结果的记录

四、检测结果是否合格_____。

3. 实施条件

实施条件见下表。

汽车侧滑性能的检测实施条件

项目	实施条件	备注
场地	每个工位面积不小于 40 m²,照明、通风良好。	必备
设备	小汽车 1 台; 侧滑试验台 1 台。	必备
工具	工具车 1 台; 车辆防护套件 1 套。	必备

4. 考核时量

45 分钟。

5. 评价标准

评价标准见下表。

汽车侧滑性能的检测评价标准

考核内容		配分	评分标准	扣分	得分
职业素养（20分）	安全意识	3	不执行安全操作规程,扣1.5分;		
			不具备安全操作技能,扣1.5分。		
			考生出现人伤械损等安全事故,造成恶劣影响的,本题考核计零分。		
	组织纪律	2	不服从考试安排,扣1分;		
			不遵守考场纪律,扣1分。		
	工作准备	3	未清点工具、量具及设备,扣1分;		
			未检查工量具状况,扣1分;		
			未清洁工具、仪器、设备,扣1分。		
	文明生产	12	着装不规范,每处扣1分,扣完为止;		
			工量具与仪器设备混放、或摆放零乱,每次每处扣1分,扣完为止;		
			未安装必要的防护物品,每项扣0.5分,扣完为止;		
			油水洒落地面、或零部件表面或车漆表面未及时清理,每次扣1分,扣完为止;		
			有损害工具设备和工件的野蛮操作行为,扣2分;		
			竣工后,未整理、清洁工具设备、台架或车辆、工作场地,扣3分;		
			不服从考官、出言不逊,每次扣3分,扣完为止。		
			考生严重违反考场纪律,造成恶劣影响的,本题考核计零分。		
工作质量（80分）	技术手册使用	10	每查错或漏查1个数据扣3分,扣完为止。		
	工量具及设备选择与使用	10	工量具或仪器设备选择不当每次扣2分,扣完为止;		
			工量具或仪器设备使用方法不正确,每次扣2分,扣完为止。		
	检测设备确认	5	检测前未进行设备确认,每少做一项扣2分,扣完为止。		
	安全及基本检查	5	检测前未进行安全及基本检查,每少做一项扣1分。扣完为止。		
	车辆防护	2	未装或漏装车内三件套扣2分。		
	检测前的准备	10	检测前,未进行轮胎气压、油污、泥土等检查,扣2分;		
			未检查侧滑试验台导线连接情况,扣2分;		
			未查看指针式仪表指针是否在机械零点或未查看数码管是否亮度正常并在零位,扣2分;		
			未检查侧滑试验台的锁止机构,扣2分;		
			未检查报警装置,扣2分。		
	检测过程	18	未观察侧滑方向扣4分;		
			不能正确读取并打印最大侧滑量扣10分;		
			测试完成,未切断电源并锁止滑动板扣4分;		
	检测结果判定	10	未进行检测结果是否合格判定扣10分。		
	工单填写	10	每写错一处扣1分,扣完为止;		
			操作记录字迹潦草扣2分;		
			工单填写不完整,每项扣1分,扣完为止。		
合计		100			

项目十六　汽车燃油经济性的检测

1. **试题编号**：T-6-22

考核技能点编号：J-6-2*

2. **任务描述**

根据给定的车型,查阅技术资料,完成车辆的基本信息与基本参数的查识;车辆的常规检查,用设备及工量具对汽车整车燃油经济性进行检测,对检测数据进行分析。按要求填写好操作工单。

汽车燃油经济性检测操作工单

信息获取	车型：_____

一、场地及设备初步检查(考前对场地安全和工量具及设备的检查及准备)

　　1. 底盘测功试验台的检查

□滚筒处于静止状态检查指示仪表是否在零点上;

□滚筒上是否沾有油、水、泥、砂等杂物;

□检查举升器的升降动作是否自如;

□导线的连接情况是否良好。

　　2. 被测车辆的检查

□轮胎上是否有水、油、泥和嵌夹石子;

□水温是否为正常工作温度,发动机正常工作温度是：_____;

检测轮胎气压为_____,标准值为_____。

二、操作过程

　　以试验车速 20 km/h 为标准,操作要点：

三、检测结果的记录

　　以试验车速 20 km/h 为标准,百公里耗油：_____。

3. **实施条件**

实施条件见下表。

汽车燃油经济性的检测实施条件

项目	实施条件	备注
场地	每个工位面积不小于 40 m²,照明、通风良好。	必备
设备	小汽车 1 台; 油耗计 8 台。	必备
工具	工具车 1 台; 车辆防护套件 1 套。	必备

4. **考核时量**

45 分钟。

5. **评价标准**

评价标准见下表。

汽车燃油经济性的检测评价标准

考核内容		配分	评分标准	扣分	得分
职业素养（20分）	安全意识	3	不执行安全操作规程,扣1.5分;		
			不具备安全操作技能,扣1.5分。		
			考生出现人伤械损等安全事故,造成恶劣影响的,本题考核计零分。		
	组织纪律	2	不服从考试安排,扣1分;		
			不遵守考场纪律,扣1分。		
	工作准备	3	未清点工具、量具及设备,扣1分;		
			未检查工量具状况,扣1分;		
			未清洁工具、仪器、设备,扣1分。		
	文明生产	12	着装不规范,每处扣1分,扣完为止;		
			工量具与仪器设备混放、或摆放零乱,每次每处扣1分,扣完为止;		
			未安装必要的防护物品,每项扣0.5分,扣完为止;		
			油水洒落地面、或零部件表面或车漆表面未及时清理,每次扣1分,扣完为止;		
			有损害工具设备和工件的野蛮操作行为,扣2分;		
			竣工后,未整理、清洁工具设备、台架或车辆、工作场地,扣3分;		
			不服从考官、出言不逊,每次扣3分,扣完为止。		
			考生严重违反考场纪律,造成恶劣影响的,本题考核计零分。		
工作质量（80分）	技术手册使用	10	每查错或漏查1个数据扣3分,扣完为止。		
	工量具及设备选择与使用	10	工量具或仪器设备选择不当每次扣2分,扣完为止;		
			工量具或仪器设备使用方法不正确,每次扣2分,扣完为止。		
	检测设备确认	5	检测前未进行设备确认,每少做一项扣2分,扣完为止。		
	安全及基本检查	5	检测前未进行安全及基本检查,每少做一项扣1分。扣完为止。		
	车辆防护	2	未装或漏装车内三件套扣2分。		
	油耗计的安装	10	油耗计安装不正确扣10分		
	检测过程	28	检测前未进行车辆基本检查,每项扣2分,扣完为止;		
			检测前未进行仪器预热扣5分;		
			检测时,试验台操作每错一处扣2分,扣完为止;		
			不能正确读取检测结果扣5分。		
	工单填写	10	每写错一处扣1分,扣完为止;		
			操作记录字迹潦草扣2分;		
			工单填写不完整,每项扣1分,扣完为止。		
合计		100			

项目十七　汽车车速表的检测

1. 试题编号：T-6-23

考核技能点编号：J-6-6

2. 任务描述

根据给定的车型，查阅技术资料，完成车辆的基本信息与基本参数的查识；车辆的常规检查，用设备及工量具对汽车车速表基本性能进行检测，对检测数据进行分析。按要求填写好操作工单。

汽车车速表的检测操作工单

信息获取	车型：＿＿＿＿＿＿＿ 车速表允许误差范围：＿＿＿＿＿＿＿＿

一、场地及设备初步检查（考前对场地安全和工量具及设备的检查及准备）

1. 车速表试验台的检查
   □滚筒处于静止状态检查指示仪表是否在零点上；
   □滚筒上是否沾有油、水、泥、砂等杂物；
   □检查举升器的升降动作是否自如；
   □导线的连接情况是否良好。
   2. 被测车辆的检查
   □轮胎上是否有水、油、泥和嵌夹石子；
   检测轮胎气压为＿＿＿＿＿＿＿＿＿，标准值为＿＿＿＿＿＿＿＿＿＿。

二、操作过程

滚筒式车速表试验台操作方法：

三、检测结果的记录

车速表试验仪指示值		
车速表指示值		
车速表误差		

五、检测结果是否合格＿＿＿＿＿＿＿＿＿＿。

3. 实施条件

实施条件见下表。

汽车车速表的检测实施条件

项目	实施条件	备注
场地	每个工位面积不小于 40 m²，照明、通风良好。	必备
设备	小汽车 1 台； 车速表试验台 1 台。	必备
工具	气压表 1 个； 工具车 1 台； 车辆防护套件 1 套。	必备

4. 考核时量

45 分钟。

5. 评价标准

评价标准见下表。

汽车车速表的检测评价标准

考核内容		配分	评分标准	扣分	得分
职业素养（20分）	安全意识	3	不执行安全操作规程,扣1.5分;		
			不具备安全操作技能,扣1.5分。		
			考生出现人伤械损等安全事故,造成恶劣影响的,本题考核计零分。		
	组织纪律	2	不服从考试安排,扣1分;		
			不遵守考场纪律,扣1分。		
	工作准备	3	未清点工具、量具及设备,扣1分;		
			未检查工量具状况,扣1分;		
			未清洁工具、仪器、设备,扣1分。		
	文明生产	12	着装不规范,每处扣1分,扣完为止;		
			工量具与仪器设备混放、或摆放零乱,每次每处扣1分,扣完为止;		
			未安装必要的防护物品,每项扣0.5分,扣完为止;		
			油水洒落地面、或零部件表面或车漆表面未及时清理,每次扣1分,扣完为止;		
			有损害工具设备和工件的野蛮操作行为,扣2分;		
			竣工后,未整理、清洁工具设备、台架或车辆、工作场地,扣3分;		
			不服从考官、出言不逊,每次扣3分,扣完为止。		
			考生严重违反考场纪律,造成恶劣影响的,本题考核计零分。		
工作质量（80分）	技术手册使用	10	每查错或漏查1个数据扣3分,扣完为止。		
	工量具及设备选择与使用	10	工量具或仪器设备选择不当每次扣2分,扣完为止;		
			工量具或仪器设备使用方法不正确,每次扣2分,扣完为止。		
	检测设备确认	5	检测前未进行设备确认,每少做一项扣2分,扣完为止。		
	安全及基本检查	5	检测前未进行安全及基本检查,每少做一项扣1分。扣完为止。		
	车辆防护	2	未装或漏装车内三件套扣2分。		
	检测过程	28	不能正确读出检测数据每项扣2分,扣完为止;		
			工量具或仪器设备使用方法不正确,每次扣2分,扣完为止		
			检测方法不正确每次扣5分,扣完为止。		
	检测结果判定	10	未进行检测结果是否合格判定扣10分。		
	工单填写	10	检测方法每写错一处扣1分,扣完为止;		
			操作记录字迹潦草扣2分;		
			工单填写不完整,每项扣1分,扣完为止。		
合计		100			

项目十八　汽车前照灯的检测与调试

1. **试题编号**：T-6-24

考核技能点编号：J-6-3*

2. 任务描述

根据给定的车型,查阅技术资料,完成车辆的基本信息与基本参数的查识;车辆的常规检查,用设备及工量具对汽车前照灯基本性能进行检测,对检测数据进行分析,根据检测结果对检测项目进行调试。按要求填写好操作工单。

汽车前照灯的检测与调试操作工单

信息获取	车型:_____

一、场地及设备初步检查(考前对场地安全和工量具及设备的检查及准备)

1. 工量具检查准备	2. 仪器设备检查准备	
3. 技术资料检查准备	4. 汽车停放位置检查	注:项目1至8不需要作记录
5. 放置车轮三角块	6. 放置车内四件套	
7. 放置车外三件套	8. 蓄电池状况检查	

二、操作过程

1. 发光强度检测:
(1)左前大灯远光灯发光强度:_____;
(2)右前大灯远光灯发光强度:_____。
2. 前照灯光束照射位置偏斜
(1)左前大灯近光灯左右偏移量:_____;
(2)左前大灯近光灯上下偏移量:_____;
(3)右前大灯近光灯左右偏移量:_____;
(4)右前大灯近光灯上下偏移量:_____。

三、检测结果是否合格_____。

前大灯的调试方法:

3. 实施条件

实施条件见下表。

汽车前照灯的检测与调试实施条件

项目	实施条件	备注
场地	每个工位面积不小于 40 m²,照明、通风良好。	必备
设备	小汽车1台; 大灯检测仪1台。	必备
工具	汽车专业数字万用表1台; 工具车1台; 车辆防护套件1套。	必备

4. 考核时量

45 分钟。

5. 评价标准

评价标准见下表。

汽车前照灯的检测与调试评价标准

考核内容		配分	评分标准	扣分	得分
职业素养（20分）	安全意识	3	不执行安全操作规程,扣1.5分;		
			不具备安全操作技能,扣1.5分。		
			考生出现人伤械损等安全事故,造成恶劣影响的,本题考核计零分。		
	组织纪律	2	不服从考试安排,扣1分;		
			不遵守考场纪律,扣1分。		
	工作准备	3	未清点工具、量具及设备,扣1分;		
			未检查工量具状况,扣1分;		
			未清洁工具、仪器、设备,扣1分。		
	文明生产	12	着装不规范,每处扣1分,扣完为止;		
			工量具与仪器设备混放、或摆放零乱,每次每处扣1分,扣完为止;		
			未安装必要的防护物品,每项扣0.5分,扣完为止;		
			油水洒落地面、或零部件表面或车漆表面未及时清理,每次扣1分,扣完为止;		
			有损害工具设备和工件的野蛮操作行为,扣2分;		
			竣工后,未整理、清洁工具设备、台架或车辆、工作场地,扣3分;		
			不服从考官、出言不逊,每次扣3分,扣完为止。		
			考生严重违反考场纪律,造成恶劣影响的,本题考核计零分。		
工作质量（80分）	技术手册使用	10	每查错或漏查1个数据扣3分,扣完为止。		
	工量具及设备选择与使用	10	工量具或仪器设备选择不当每次扣2分,扣完为止;		
			工量具或仪器设备使用方法不正确,每次扣2分,扣完为止。		
	检测设备确认	5	检测前未进行设备确认,每少做一项扣2分,扣完为止。		
	安全及基本检查	5	检测前未进行安全及基本检查,每少做一项扣1分。扣完为止。		
	车辆防护	2	未装或漏装车内三件套扣1分。		
			未装或漏装车外三件套扣1分。		
	检测过程	28	不能正确读出检测数据每项扣2分,扣完为止;		
			工量具或仪器设备使用方法不正确,每次扣2分,扣完为止;		
			检测方法不正确每次扣5分,扣完为止。		
	检测结果判定	10	未进行检测结果是否合格判定扣10分。		
	工单填写	10	调试方法每写错一处扣1分,扣完为止;		
			操作记录字迹潦草扣2分;		
			工单填写不完整,每项扣1分,扣完为止。		
合计		100			

项目十九　汽车噪声的检测

1. **试题编号**:T-6-25

考核技能点编号:J-6-5*

2. 任务描述

根据给定的车型,查阅技术资料,完成车辆的基本信息与基本参数的查识;车辆的常规检查,用设备及工量具对汽车噪声进行检测,对检测数据进行分析。按要求填写好操作工单。

汽车噪声的检测操作工单

信息获取	车型:_____

一、场地及设备初步检查(考前对场地安全和工量具及设备的检查及准备)

1. 工量具检查准备	2. 仪器设备检查准备	
3. 技术资料检查准备	4. 汽车停放位置检查	注:项目1至6不需要作记录
5. 放置车轮三角块	6. 放置车内四件套	

二、操作过程

1. 查阅手册,车辆车外最大允许噪声:_____;
2. 车内最大允许噪声:_____;
3. 加速行驶车外噪声测量方法:

4. 怠速时车内噪声测量方法:

三、检测结果

1. 车外噪声:

测量次数	左侧第一次	左侧第二次	右侧第一次	右侧第二次

2. 车内噪声:_____。

四、检测结果是否合格_____。

3. 实施条件

实施条件见下表。

汽车噪声的检测实施条件

项目	实施条件	备注
场地	每个工位面积不小于 40 m²,照明、通风良好。	必备
设备	小汽车1台; 声级计2台。	必备
工具	工具车1台; 车辆防护套件1套。	必备

4. 考核时量

45 分钟。

5. 评价标准

评价标准见下表。

汽车噪声的检测评价标准

考核内容		配分	评分标准	扣分	得分
职业素养（20分）	安全意识	3	不执行安全操作规程,扣1.5分;		
			不具备安全操作技能,扣1.5分。		
			考生出现人伤械损等安全事故,造成恶劣影响的,本题考核计零分。		
	组织纪律	2	不服从考试安排,扣1分;		
			不遵守考场纪律,扣1分。		
	工作准备	3	未清点工具、量具及设备,扣1分;		
			未检查工量具状况,扣1分;		
			未清洁工具、仪器、设备,扣1分。		
	文明生产	12	着装不规范,每处扣1分,扣完为止;		
			工量具与仪器设备混放、或摆放零乱,每次每处扣1分,扣完为止;		
			未安装必要的防护物品,每项扣0.5分,扣完为止;		
			油水洒落地面、或零部件表面或车漆表面未及时清理,每次扣1分,扣完为止;		
			有损害工具设备和工件的野蛮操作行为,扣2分;		
			竣工后,未整理、清洁工具设备、台架或车辆、工作场地,扣3分;		
			不服从考官、出言不逊,每次扣3分,扣完为止。		
			考生严重违反考场纪律,造成恶劣影响的,本题考核计零分。		
工作质量（80分）	技术手册使用	10	每查错或漏查1个数据扣3分,扣完为止。		
	工量具及设备选择与使用	10	工量具或仪器设备选择不当每次扣2分,扣完为止;		
			工量具或仪器设备使用方法不正确,每次扣2分,扣完为止。		
	检测设备确认	5	检测前未进行设备确认,每少做一项扣2分,扣完为止。		
	安全及基本检查	5	检测前未进行安全及基本检查,每少做一项扣1分。扣完为止。		
	车辆防护	2	未装或漏装车内三件套扣2分。		
	检测过程	28	不能正确找取安装车外声级计位置扣10分;		
			不能正确安装车外声级计每次扣4分,扣完为止;		
			不能正确读取声级计测量数据每次扣2分,扣完为止;		
			不能正确找取车内声级计摆放位置扣5分。		
	检测结果判定	10	未进行检测结果是否合格判定扣10分。		
	工单填写	10	每写错一处扣1分,扣完为止;		
			操作记录字迹潦草扣2分;		
			工单填写不完整,每项扣1分,扣完为止。		
合计		100			

项目二十　汽车表面间隙面差的检测

1. **试题编号及名称**：T-6-26　汽车表面间隙面差的检测（1）

考核技能点编号：J-6-7

2. **任务描述**

根据给定的车型，查阅技术资料，完成车辆的基本信息与基本参数的查识；车辆的常规检查，用设备及工量具对汽车表面的间隙面差进行检测，对检测数据进行分析。按要求填写好操作工单。

汽车表面间隙面差（1）的检测操作工单

信息获取	车型：_____	
一、场地及设备初步检查（考前对场地安全和工量具及设备的检查及准备）		
1. 工量具检查准备	2. 仪器设备检查准备	注：项目1至6不需要作记录
3. 技术资料检查准备	4. 汽车停放位置检查	
5. 放置车轮三角块	6. 放置车内四件套	

二、操作过程

　　工作记录：

　　1. 发动机舱盖与前保险杠的间隙：_____面差：_____；

　　2. 发动机舱盖与左翼子板的间隙：_____面差：_____；

　　3. 发动机舱盖与右翼子板的间隙：_____面差：_____；

　　4. 左翼子板与前保险杠的间隙：_____面差：_____；

　　5. 右翼子板与前保险杠的间隙：_____面差：_____。

三、检测结果是否合格_____。

四、查阅手册，间隙面差超差的位置记录（没有可以不填写）

_____

_____

3. **实施条件**

实施条件见下表。

汽车表面间隙面差（1）的检测实施条件

项目	实施条件	备注
场地	每个工位面积不小于 40 m²，照明、通风良好。	必备
设备	小汽车1台。	必备
工具	间隙面差检测量具1套； 工具车1台； 车辆防护套件1套。	必备

4. **考核时量**

45分钟。

5. **评价标准**

评价标准见下表。

汽车表面间隙面差(1)的检测评价标准

考核内容		配分	评分标准	扣分	得分
职业素养（20分）	安全意识	3	不执行安全操作规程,扣1.5分;		
			不具备安全操作技能,扣1.5分。		
			考生出现人伤械损等安全事故,造成恶劣影响的,本题考核计零分。		
	组织纪律	2	不服从考试安排,扣1分;		
			不遵守考场纪律,扣1分。		
	工作准备	3	未清点工具、量具及设备,扣1分;		
			未检查工量具状况,扣1分;		
			未清洁工具、仪器、设备,扣1分。		
	文明生产	12	着装不规范,每处扣1分,扣完为止;		
			工量具与仪器设备混放、或摆放零乱,每次每处扣1分,扣完为止;		
			未安装必要的防护物品,每项扣0.5分,扣完为止;		
			油水洒落地面、或零部件表面或车漆表面未及时清理,每次扣1分,扣完为止;		
			有损害工具设备和工件的野蛮操作行为,扣2分;		
			竣工后,未整理、清洁工具设备、台架或车辆、工作场地,扣3分;		
			不服从考官、出言不逊,每次扣3分,扣完为止;		
			考生严重违反考场纪律,造成恶劣影响的,本题考核计零分。		
工作质量（80分）	技术手册使用	10	每查错或漏查1个数据扣3分,扣完为止。		
	工量具及设备选择与使用	10	工量具或仪器设备选择不当每次扣2分,扣完为止;		
			工量具或仪器设备使用方法不正确,每次扣2分,扣完为止。		
	安全及基本检查	5	检测前未进行安全及基本检查,每少做一项扣1分。扣完为止。		
	检测过程	35	未检查发动机舱盖与前保险杠罩的间隙、面差,扣7分;		
			未检查发动机舱盖与左翼子板的间隙、面差,扣7分;		
			未检查发动机舱盖与右翼子板的间隙、面差,扣7分;		
			未检查左翼子板与前保险杠罩的间隙、面差,扣7分;		
			未检查右翼子板与前保险杠罩的间隙、面差,扣7分。		
	检测结果判定	10	未进行检测结果是否合格判定扣10分。		
	工单填写	10	每写错一处扣1分,扣完为止;		
			操作记录字迹潦草扣2分;		
			工单填写不完整,每项扣1分,扣完为止。		
合计		100			

项目二十一　汽车外观的检查

1. 试题编号及名称：T-6-29　汽车外观的检查(1)

考核技能点编号：J-6-7

2. 任务描述

根据给定的车型,查阅技术资料,完成车辆的基本信息与基本参数的查识;车辆的常规检查,用设备及工量具对汽车外观进行检查。按要求填写好操作工单。

汽车外观的检查(1)操作工单

信息获取	车型:＿＿＿＿＿＿＿＿＿＿	
一、场地及设备初步检查(考前对场地安全和工量具及设备的检查及准备)		
1. 工量具检查准备	2. 仪器设备检查准备	注:项目1至6不需要作记录
3. 技术资料检查准备	4. 汽车停放位置检查	
5. 放置车轮三角块	6. 放置车内四件套	

二、操作过程

钣金检查:
□发动机舱盖检查;
□左翼子板检查;
□右翼子板检查;
□左前车门检查;
□右前车门检查;
□左后车门检查;
□右后车门检查;
□车顶检查;
□尾箱盖检查;
□左后围板检查;
□右后围板检查。

三、检测结果是否合格＿＿＿＿＿＿＿＿＿＿＿＿。

四、根据标准,异常现象记录(没有可以不填写)

3. 实施条件

实施条件见下表。

汽车外观的检查(1)实施条件

项目	实施条件	备注
场地	每个工位面积不小于 40 m²,照明、通风良好。	必备
设备	小汽车1台。	必备
工具	工具车1台; 车辆防护套件1套。	必备

4. 考核时量

45分钟。

5. 评价标准

评价标准见下表。

汽车外观的检查(1)评价标准

考核内容		配分	评分标准	扣分	得分
职业素养（20分）	安全意识	3	不执行安全操作规程,扣1.5分;		
			不具备安全操作技能,扣1.5分。		
			考生出现人伤械损等安全事故,造成恶劣影响的,本题考核计零分。		
	组织纪律	2	不服从考试安排,扣1分;		
			不遵守考场纪律,扣1分。		
	工作准备	3	未清点工具、量具及设备,扣1分;		
			未检查工量具状况,扣1分;		
			未清洁工具、仪器、设备,扣1分。		
	文明生产	12	着装不规范,每处扣1分,扣完为止;		
			工量具与仪器设备混放、或摆放零乱,每次每处扣1分,扣完为止;		
			未安装必要的防护物品,每项扣0.5分,扣完为止;		
			油水洒落地面、或零部件表面或车漆表面未及时清理,每次扣1分,扣完为止;		
			有损害工具设备和工件的野蛮操作行为,扣2分;		
			竣工后,未整理、清洁工具设备、台架或车辆、工作场地,扣3分;		
			不服从考官、出言不逊,每次扣3分,扣完为止。		
			考生严重违反考场纪律,造成恶劣影响的,本题考核计零分。		
工作质量（80分）	技术手册使用	5	每查错或漏查1个数据扣1分,扣完为止。		
	检测过程	55	未检查发动机舱盖钣金问题,扣5分;		
			未检查左翼子板是否异常钣金问题,扣5分;		
			未检查右翼子板是否异常钣金问题,扣5分;		
			未检查左前车门是否异常钣金问题,扣5分;		
			未检查右前车门是否异常钣金问题,扣5分;		
			未检查左后车门是否异常钣金问题,扣5分;		
			未检查右后车门是否异常钣金问题,扣5分;		
			未检查车顶是否异常钣金问题,扣5分;		
			未检查尾箱盖是否异常钣金问题,扣5分;		
			未检查左后围板是否异常钣金问题,扣5分;		
			未检查右后围板是否异常钣金问题,扣5分。		
	检测结果判定	10	未进行检测结果是否合格判定扣10分。		
	工单填写	10	每写错一处扣1分,扣完为止;		
			操作记录字迹潦草扣2分;		
			工单填写不完整,每项扣1分,扣完为止。		
合计		100			

项目二十二　汽车内饰的检查

1. 试题编号：T-6-31

考核技能点编号：J-6-7

2. 任务描述

根据给定的车型，查阅技术资料，完成车辆的基本信息与基本参数的查识；车辆的常规检查，用设备及工量具对汽车内饰进行检查。按要求填写好操作工单。

汽车内饰的检查操作工单

信息获取	车型：＿＿＿＿＿＿＿＿＿＿＿＿	
一、场地及设备初步检查（考前对场地安全和工量具及设备的检查及准备）		
1. 工量具检查准备	2. 仪器设备检查准备	注：项目1至6不需要作记录
3. 技术资料检查准备	4. 汽车停放位置检查	
5. 放置车轮三角块	6. 放置车内四件套	

二、操作过程

内饰件检查：
□仪表板检查；
□左前 A 柱装饰件检查；
□左中 B 柱装饰件检查；
□左后 C 柱装饰件检查；
□右前 A 柱装饰件检查；
□右中 B 柱装饰件检查；
□右后 C 柱装饰件检查；
□左前车门板检查；
□左后车门板检查；
□右前车门板检查；
□右后车门板检查；

三、检测结果是否合格＿＿＿＿＿＿＿＿＿＿＿＿。

四、根据标准，异常现象记录（没有可以不填写）

3. 实施条件

实施条件见下表。

汽车内饰的检查实施条件

项目	实施条件	备注
场地	每个工位面积不小于 40 m²，照明、通风良好。	必备
设备	小汽车1台。	必备
工具	工具车1台； 车辆防护套件1套。	必备

4. 考核时量

45分钟。

5. 评价标准

评价标准见下表。

汽车内饰的检查评价标准

考核内容		配分	评分标准	扣分	得分
职业素养（20分）	安全意识	3	不执行安全操作规程,扣1.5分;		
			不具备安全操作技能,扣1.5分。		
			考生出现人伤械损等安全事故,造成恶劣影响的,本题考核计零分。		
	组织纪律	2	不服从考试安排,扣1分;		
			不遵守考场纪律,扣1分。		
	工作准备	3	未清点工具、量具及设备,扣1分;		
			未检查工量具状况,扣1分;		
			未清洁工具、仪器、设备,扣1分。		
	文明生产	12	着装不规范,每处扣1分,扣完为止;		
			工量具与仪器设备混放、或摆放零乱,每次每处扣1分,扣完为止;		
			未安装必要的防护物品,每项扣0.5分,扣完为止;		
			油水洒落地面、或零部件表面或车漆表面未及时清理,每次扣1分,扣完为止;		
			有损害工具设备和工件的野蛮操作行为,扣2分;		
			竣工后,未整理、清洁工具设备、台架或车辆、工作场地,扣3分;		
			不服从考官、出言不逊,每次扣3分,扣完为止。		
			考生严重违反考场纪律,造成恶劣影响的,本题考核计零分。		
工作质量（80分）	技术手册使用	5	每查错或漏查1个数据扣3分,扣完为止。		
	检测过程	55	未检查仪表板检查,扣5分;		
			未检查左前A柱装饰件检查,扣5分;		
			未检查左中B柱装饰件检查,扣5分;		
			未检查左后C柱装饰件检查,扣5分;		
			未检查右前A柱装饰件检查,扣5分;		
			未检查右中B柱装饰件检查,扣5分;		
			未检查右后C柱装饰件检查,扣5分;		
			未检查左前车门板检查,扣5分;		
			未检查左后车门板检查,扣5分;		
			未检查右前车门板检查,扣5分;		
			未检查右后车门板检查,扣5分。		
	检测结果判定	10	未进行检测结果是否合格判定扣10分。		
	工单填写	10	每写错一处扣1分,扣完为止;		
			操作记录字迹潦草扣2分;		
			工单填写不完整,每项扣1分,扣完为止。		
合计		100			

项目二十三 汽车静态功能的检测

1. **试题编号及名称**：T-6-32 汽车静态功能的检测(1)

考核技能点编号：J-6-4*

2. **任务描述**

根据给定的车型,查阅技术资料,完成车辆的基本信息与基本参数的查识;车辆的常规检查,用设备及工量具对汽车静态功能进行检测,对检测数据进行分析。按要求填写好操作工单。

汽车静态功能的检测(1)操作工单

信息获取	车型：	
一、场地及设备初步检查(考前对场地安全和工量具及设备的检查及准备)		
1. 工量具检查准备	2. 仪器设备检查准备	注:项目1至8不需要作记录
3. 技术资料检查准备	4. 汽车停放位置检查	
5. 放置车轮三角块	6. 放置车内四件套	
7. 放置车外三件套	8. 蓄电池状况检查	

二、操作过程

□发动机舱盖检查;

□左前车门检查;

□左后车门检查;

□尾箱检查;

□备胎检查;

□随车工具检查;

□燃油箱盖检查;

□右后车门检查;

□右前车门检查;

□机油液位检查;

□冷却液液位检查;

□制动液液位检查;

□雨刮喷洗液液位检查;

三、检测结果是否合格＿＿＿＿＿＿＿＿＿＿。

四、检查异常现象(没有可以不填写)

3. **实施条件**

实施条件见下表。

汽车静态功能的检测(1)实施条件

项目	实施条件	备注
场地	每个工位面积不小于 40 m²,照明、通风良好。	必备
设备	小汽车 1 台。	必备
工具	汽车专业数字万用表 1 台; 工具车 1 台; 车辆防护套件 1 套。	必备

4. **考核时量**

45 分钟。

5. 评价标准

评价标准见下表。

汽车静态功能的检测(1)评价标准

考核内容		配分	评分标准	扣分	得分
职业素养（20分）	安全意识	3	不执行安全操作规程,扣1.5分;		
			不具备安全操作技能,扣1.5分。		
			考生出现人伤械损等安全事故,造成恶劣影响的,本题考核计零分。		
	组织纪律	2	不服从考试安排,扣1分;		
			不遵守考场纪律,扣1分。		
	工作准备	3	未清点工具、量具及设备,扣1分;		
			未检查工量具状况,扣1分;		
			未清洁工具、仪器、设备,扣1分。		
	文明生产	12	着装不规范,每处扣1分,扣完为止;		
			工量具与仪器设备混放、或摆放零乱,每次每处扣1分,扣完为止;		
			未安装必要的防护物品,每项扣0.5分,扣完为止;		
			油水洒落地面、或零部件表面或车漆表面未及时清理,每次扣1分,扣完为止;		
			有损害工具设备和工件的野蛮操作行为,扣2分;		
			竣工后,未整理、清洁工具设备、台架或车辆、工作场地,扣3分;		
			不服从考官、出言不逊,每次扣3分,扣完为止。		
			考生严重违反考场纪律,造成恶劣影响的,本题考核计零分。		
工作质量（80分）	检测准备工作	10	未安装车内四件套扣2分;		
			未拉起发动机舱盖释放柄扣2分;		
			未安装车外三件套扣2分;		
			未放置车轮挡块扣4分。		
	检测过程	50	未检查发动机舱盖干涉、异响问题扣5分;		
			未检查车门干涉、异响问题扣5分;		
			未检查尾箱干涉、异响问题扣5分;		
			未检查备胎胎压及异物扣5分;		
			未检查随车工具是否齐全扣5分;		
			未检查燃油箱盖门盖及扭矩限制器扣5分;		
			未检查机油液位扣5分;		
			未检查冷却液液位扣5分;		
			未检查制动液液位扣5分;		
			未检查雨刮喷洗液液位扣5分。		
	检测结果判定	10	未进行检测结果是否合格判定扣10分。		
	工单填写	10	每写错一处扣1分,扣完为止;		
			操作记录字迹潦草扣2分;		
			工单填写不完整,每项扣1分,扣完为止。		
合计		100			

项目二十四　汽车车底的检测

1. **试题编号及名称**：T-6-36　汽车车底的检测(1)

考核技能点编号：J-6-3*

2. **任务描述**

根据给定的车型,查阅技术资料,完成车辆的基本信息与基本参数的查识;车辆的常规检查,用设备及工量具对汽车车底进行检测,对检测数据进行分析。按要求填写好操作工单。

汽车车底的检测(1)操作工单

信息获取	车型：_____

一、场地及设备初步检查(考前对场地安全和工量具及设备的检查及准备)

1. 工量具检查准备	2. 仪器设备检查准备	
3. 技术资料检查准备	4. 汽车停放位置检查	注：项目1至6不需要作记录
5. 放置车轮三角块	6. 车辆举升支点确认	

二、操作过程

查阅手册：
　下臂 * 横梁连接螺栓标准扭矩：_____;
　转向节 * 减振器螺栓标准扭矩：_____;
　车轮螺栓标准扭矩：_____。

二、检测结果是否合格_____。

四、检查异常现象(没有可以不填写)

3. **实施条件**

实施条件见下表。

汽车车底的检测(1)实施条件

项目	实施条件	备注
场地	每个工位面积不小于 40 m²,照明、通风良好。	必备
设备	小汽车1台; 两柱式举升机1台。	必备
工具	扭力扳手1把; 工具车1台; 车辆防护套件1套。	必备

4. **考核时量**

45分钟。

5. **评价标准**

评价标准见下表。

汽车车底的检测(1)评价标准

考核内容		配分	评分标准	扣分	得分
职业素养（20分）	安全意识	3	不执行安全操作规程,扣1.5分;		
			不具备安全操作技能,扣1.5分。		
			考生出现人伤械损等安全事故,造成恶劣影响的,本题考核计零分。		
	组织纪律	2	不服从考试安排,扣1分;		
			不遵守考场纪律,扣1分。		
	工作准备	3	未清点工具、量具及设备,扣1分;		
			未检查工量具状况,扣1分;		
			未清洁工具、仪器、设备,扣1分。		
	文明生产	12	着装不规范,每处扣1分,扣完为止;		
			工量具与仪器设备混放、或摆放零乱,每次每处扣1分,扣完为止;		
			未安装必要的防护物品,每项扣0.5分,扣完为止;		
			油水洒落地面、或零部件表面或车漆表面未及时清理,每次扣1分,扣完为止;		
			有损害工具设备和工件的野蛮操作行为,扣2分;		
			竣工后,未整理、清洁工具设备、台架或车辆、工作场地,扣3分;		
			不服从考官、出言不逊,每次扣3分,扣完为止。		
			考生严重违反考场纪律,造成恶劣影响的,本题考核计零分。		
工作质量（80分）	检测准备工作	10	未检查举升器扣2分;		
			未对车辆停放位置进行检查扣2分;		
			未放置车轮挡块扣2分;		
			未确定车辆举升位置扣4分。		
	检测过程	50	未检查车轮扭紧力,每个车轮扣2分,共8分;		
			未检查驱动轴安装、损伤(左右)扣2分;		
			未检查驱动轴护套扣4分;		
			未检查制动分泵扣2分;		
			未检查转向连接机构扣2分;		
			未检查动力转向机构扣2分;		
			未检查前桥减震器扣2分;		
			未检查前悬架弹簧、平衡杆扣4分;		
			未检查排气管扣2分;		
			未检查排气管减振橡胶扣2分;		
			未检查后桥损坏情况扣2分;		
			未检查后桥平衡杆安装情况扣2分;		
			未检查后桥减震器扣2分;		
			未检查后桥弹簧扣2分;		
			未检查螺栓紧固情况每处扣2分,共计12分。		
	检测结果判定	10	未进行检测结果是否合格判定扣10分。		
	工单填写	10	每写错一处扣1分,扣完为止;		
			操作记录字迹潦草扣2分;		
			工单填写不完整,每项扣1分,扣完为止。		
合计		100			

项目二十五 汽车行驶平顺性性能检测

1. **试题编号**：T-6-39

考核技能点编号：J-6-9

2. **任务描述**

根据给定的车型，查阅技术资料，完成的基本信息与基本参数的查识；车辆的常规检查，用谐振式悬架装置试验台对悬架装置进行检测，对检测数据进行分析。按要求填写好操作工单。

汽车行驶平顺性性能检测操作工单

信息获取	车型：_____

一、场地及设备初步检查（考前对场地安全和工量具及设备的检查及准备）

1. 技术资料检查准备	2. 仪器设备检查准备	注：项目1至2不需要作记录

二、操作过程

　　查阅手册，用悬架检测台检测时受检车辆的车轮在受外界激励振动下测得的吸收率不得小于：_____，同轴左右吸收率之差不得大于：_____。

　　1. 汽车轮胎规格：_____；

　　2. 轮胎气压：_____；

　　3. 衰减振动曲线：

三、检测结果是否合格_____。

3. **实施条件**

实施条件见下表。

汽车行驶平顺性性能检测实施条件

项目	实施条件	备注
场地	每个工位面积不小于 40 m²，照明、通风良好。	必备
设备	小汽车1台； 谐振式悬架装置试验台1台。	必备
工具	工具车1台； 车辆防护套件1套。	必备

4. **考核时量**

45分钟。

5. **评价标准**

评价标准见下表。

汽车行驶平顺性性能检测评价标准

考核内容		配分	评分标准	扣分	得分
职业素养（20分）	安全意识	3	不执行安全操作规程，扣1.5分；		
			不具备安全操作技能，扣1.5分。		
			考生出现人伤械损等安全事故，造成恶劣影响的，本题考核计零分。		
	组织纪律	2	不服从考试安排，扣1分；		
			不遵守考场纪律，扣1分。		
	工作准备	3	未清点工具、量具及设备，扣1分；		
			未检查工量具状况，扣1分；		
			未清洁工具、仪器、设备，扣1分。		
	文明生产	12	着装不规范，每处扣1分，扣完为止；		
			工量具与仪器设备混放、或摆放零乱，每次每处扣1分，扣完为止；		
			未安装必要的防护物品，每项扣0.5分，扣完为止；		
			油水洒落地面、或零部件表面或车漆表面未及时清理，每次扣1分，扣完为止；		
			有损害工具设备和工件的野蛮操作行为，扣2分；		
			竣工后，未整理、清洁工具设备、台架或车辆、工作场地，扣3分；		
			不服从考官、出言不逊，每次扣3分，扣完为止；		
			考生严重违反考场纪律，造成恶劣影响的，本题考核计零分。		
工作质量（80分）	设备选择与使用	10	仪器设备选择不当扣5分；		
			仪器设备使用方法不正确扣5分。		
	检测设备确认	10	检测前未进行设备确认，每少做一项扣2分，扣完为止。		
	检测过程	40	检测前未进行轮胎规格，气压的确认，扣8分；		
			检测前未进行车辆位置的确认，扣8分；		
			试验中，振荡频率未过振荡的共振频率，扣8分；		
			电机稳定后未及时切断电源，扣8分；		
			未记录衰减振荡曲线，扣8分。		
	检测结果判定	10	未进行检测结果是否合格判定扣10分。		
	工单填写	10	每写错一处扣1分，扣完为止；		
			操作记录字迹潦草扣2分；		
			工单填写不完整，每项扣1分，扣完为止。		
合计		100			

后　记

　　本书是根据湘教通[2014]55号文件的精神开发的高职汽车制造与装配技术专业技能抽查标准及题库,其内容包括"湖南省高等职业院校汽车制造与装配技术专业技能抽查标准"和"题库"两个部分。本标准及题库的开发由广汽长丰集团商品企划部部长朱清喜研究员级高工,以及湖南工业职业技术学院教务处处长任成高副教授共同主持,由湖南工业职业技术学院牵头,联合湖南交通职业技术学院、湖南汽车工程职业学院等高职院校,以及广汽长丰汽车股份有限公司、博世汽车部件(长沙)有限公司等单位组成校企联合开发团队,历时两年,于2015年9月完成并获省级评审通过。

　　开发团队成员深入相关企业和高职院校开展了广泛的调研,明确了本专业学生面向的主要就业岗位,认真分析了岗位群的职业技能、知识和素质要求。本着本专业学生必须具备的基本专业能力和素质,并考虑到目前湖南省各相关高职院校对本专业的专业定位、岗位面向以及实训条件的差异,同时按照《标准》应具有引导和指导各院校进行专业建设的要求,经过开发小组成员的多次讨论及多次专家论证会的论证,最终确定本专业的基本技能要求分为基本技能类和专业核心技能类两大类,其中,基本技能类包括:汽车零件检验、焊接加工和装配钳工等三个模块;专业核心技能类包括:汽车机械部件装配与调整、汽车电气安装与检测和汽车整车性能检测与调试等三个模块,共六个模块45个技能点。经专家评审认为,本《标准》符合科学性、发展性、可操作性、规范性等相关要求。

　　题库的设计紧扣湖南省高职院校汽车制造与装配技术专业技能抽查标准的要求,依据国家、行业、企业相关标准,利用企业真实的案例、工艺流程、操作规范、技术文献、技术图片等资源,并对接相应职业标准开发而成,试题难易适中,可操作性强,题量符合规定的考试要求。试题库经过试做验证,以及团队成员和企业专家的数次审核和修订,并经过了2015年度技能抽查的实战检验,效果良好,获得了上级领导的肯定。

　　本书的出版,凝聚了团队成员的心血,是以广泛深入企业和学校调研为基础,通过岗位分析得出的,既反映出高职院校专业人才培养的特点、兼顾学院现有实习实训条件和技能状况,又体现企业对高技能人才的实际要求和技术发展的趋势,符合高技能人才就业和持续发展的要求。本书是湖南省高等职业院校汽车制造与装配技术专业技能抽查的指定教材,也可作为评价学校专业教学质量和专业建设水平的基本依据,并为汽车制造与装配技术专业在校学生的职业技能培养提供参考。

　　本书由湖南工业职业技术学院任成高、王宏峰、何忆斌等编著,参加编写的主要人员还有湖南工业职业技术学院易宏彬、骆锐、孙忠刚、龙凤凉、张静,广汽长丰汽车股份有限公司朱清喜、湖南科技工业职业技术学院郭凯文,湖南交通职业技术学院李秋艳,湖南汽车工程职业学院侯谭刚、湖南吉利汽车工业有限公司任石金等。本标准及题库的开发,得到了湖南工业职业技术学院、湖南交通职业技术学院、湖南汽车工程职业学院、湖南科技工业职业技术学院、益阳职业技术学院、潇湘职业学院、湖南吉利汽车职业技术学院、广汽长丰汽车股份有限公司、湖南吉利汽车工业有限公司、博世汽车部件(长沙)有限公司、长沙日立汽车零部件有限公司、长沙比亚迪汽车有限公司、武汉职业技术学院、长沙广汽菲亚特有限公司等单位的领导、专家和老师的大力支持,同时,也得到了湖南省教育厅领导的帮助和精心指导。在本书的出版过程中,还得到了湖南大学出版社领导和编辑们的大力支持与帮助。在此,向上述有关领导、专家和老师,向为本书的出版付出辛勤劳动的所有人员一并表示衷心的感谢!

尽管我们本着严肃认真的态度进行本专业的技能抽查标准及题库的开发,但限于编者的学识和水平,书中难免存在错误或不足之处,恳请专家、读者批评指正。

编　者
2016 年 9 月